OSKAR NEGT

# ERFAHRUNGSSPUREN

OSKAR NEGT

# ERFAHRUNGS SPUREN

## EINE AUTOBIOGRAPHISCHE DENKREISE

STEIDL

Hegel an Niethammer:

*»Die theoretische Arbeit, überzeuge ich mich täglich mehr, bringt mehr zustande in der Welt als die praktische; ist erst das Reich der Vorstellungen revolutioniert, so hält die Wirklichkeit nicht aus.«*[1]

Kant dagegen:

*»Der praktische Philosoph, der Lehrer der Weisheit durch Lehre und Beispiel, ist der eigentliche Philosoph. Denn Philosophie ist die Idee einer vollkommenen Weisheit, die uns die letzten Zwecke der menschlichen Vernunft zeigt.«*[2]

# VORWORT

## I

Der zweite Teil meiner Spurensuche ist nun doch viel umfangreicher geworden als ursprünglich geplant; die Gründe dafür sind vielfältig. Entscheidend war am Ende, dass ich oft meiner Neigung gefolgt bin, den autobiographischen Erzählschwung an dem Punkt zu unterbrechen, an dem ich in die lebensgeschichtliche Berichterstattung tiefer hätte eindringen können, aber stattdessen Lust verspürte, lieber am Faden eines Theorieproblems weiterzuspinnen. Mir erschien es zu dürftig, über einen Lebensabschnitt oder eine Tätigkeit nur zu berichten. Vielmehr wollte ich mich der Anstrengung unterwerfen, das Problem, um das es ging, zu erweitern und zu vertiefen – immer die Frage im Nacken: Was bedeutet denn das? In manchen Fällen habe ich zunächst das Theorieproblem diskutiert, bevor ich die lebensgeschichtliche Entscheidung in Worte zu fassen versuchte, obwohl es doch in der Realität so gewesen sein wird, dass zunächst die Erfahrungen bestimmter Entscheidungssituationen die Denkfähigkeit angeregt haben, bevor eine allgemeine Theorie dazu entwickelt wurde. Deshalb kam immer wieder die Warnung von Freundinnen und Freunden, die Zielvorstellungen einer Autobiographie zu verfehlen, indem das Ganze zu einer klugen Ansammlung von Aufsätzen versteinert wird.

Wie immer bei solchen Unternehmungen, die sich im Arbeitsprozess noch einmal nach allen Seiten ausdehnen und krakenhaft Gegenstände an sich ziehen, sind viele am Gelingen beteiligt gewesen. Die kritische Begleitung, an der auch das beharrliche Interesse erkennbar ist, haben wenige durchgehalten. Da sind Hendrik Wallat zu nennen, Michael Schumann, Richard Detje, Stefan Lohr und, wie immer bei meiner Arbeit, Christine Morgenroth. Ihnen gilt besonderer Dank.

Manche Personen, Situationen oder einflussreiche Lektüren kommen in dieser autobiographischen Spurensuche mehrmals vor. Doch es handelt sich nicht um einfache Wiederholungen; vielmehr sind es Deutungen derselben Person oder Situation, desselben Werks aus verschiedenen Perspektiven, denn sie treten in einem ausgedehnten Leben in ganz unterschiedlichen Konstellationen auf. Das alles auf eine Linie zu bringen, wäre mir abstrakt und leblos erschienen. Ich habe viel Mühe darauf verwendet, die Stellung der einzelnen Kapitel im Ganzen immer wieder zu erproben. Häufiger als in anderen Büchern habe ich deshalb den kritischen Hinweis gehört: Das kommt doch schon einmal vor! Das ist kein Versehen, sondern gehört zu den konstitutiven Prinzipien dieses Buchs.

Einige Worte zu dem, worüber ich nicht spreche. Autobiographien haben den Anspruch einer Persönlichkeitsdeutung aus Sicht des Autors. Das ist das Markenzeichen dieses Buchtyps. Leserinnen und Leser, die von diesem zweiten autobiographischen Band Auskunft über meine Privatverhältnisse erwarten, werden enttäuscht sein, dass sie darüber nichts erfahren. Den Schutzraum meiner Familienverhältnisse und meiner Beziehungsarbeit, soweit sie nicht öffentliche Arbeitsfelder betrifft, habe ich sehr weit gefasst. Außerdem habe ich darauf verzichtet, Hinweise oder gar längere Ausführungen zu einzelnen, von mir allein oder in Kooperation mit Anderen geschriebenen Büchern zu geben.

Der Bogen zum ersten Band der Autobiographie, *Überlebensglück*,[3] lässt sich am besten spannen, indem ich die Schreiberfahrung zitiere, die ich bei dem gesamten Biographieprojekt gemacht habe: Am Ende sieht es so aus, als gäbe es eine Art Lebensplan, der umgesetzt wird. Das ist jedoch eine Täuschung, der wohl die meisten Autobiographen unterliegen. Tatsächlich blickt man am Ende – mit viel gutem Willen – mehr oder minder freundlich zustimmend auf ein Fragment.

## II

Dieser zweite Teil meiner autobiographischen Spurensuche trägt – wie stark die Verästelungen auch auf die Vergangenheit bezogen sein mögen – eine zentrale Botschaft für die Gegenwart und für die Zukunft: *Wir dürfen nicht warten, bis das Gemeinwesen verrottet ist und die moralische Verkrüppelung ein gesellschaftliches Betriebsklima geschaffen hat, das die Mühe um Anstand und politische Urteilskraft immer beschwerlicher und vielfach aussichtslos werden lässt.* Das Erstarken der Rechtsradikalen liefert den Beweis, dass die neoliberal inszenierte Rücknahme des Klassenkompromisses der Nachkriegszeit nicht ohne Folgen bleibt. Sie bewirkt soziale Pathologien und Instabilität, die letztlich in der Delegitimierung des Systems enden. Dabei verstärken sich nationale und internationale Phänomene: Globalisierung und Digitalisierung, Migration und Ausgrenzung, rechter Autokratismus und Populismus der Trump, Erdoğan, Orbán und Le Pen. Der Angstrohstoff, der Bearbeitung erfordert, hat ein furchterregendes Gewicht bekommen. Dieser zweite Teil der Autobiographie steht im Zeichen einer inneren Zerrissenheit der Gesellschaft, wie es sie in der durch sozialstaatliche Kompromisse geprägten Nachkriegszeit nicht gegeben hat.

Die hier vorgelegten Texte haben autobiographische Motive, aber sie folgen nicht den Maßstäben einer Autobiographie. Ich will damit bekennen, dass ich die Erwartung an Vollständigkeit und schließende Übergänge in diesem Lebensabschnitt der *Vita activa* nur in wenigen Bezügen erfüllen kann. *Nicht nur das Ganze ist ein Fragment, auch die einzelnen Abschnitte sind fragmentarisch und fügen sich nicht in einen geordneten Gesamtzusammenhang, dem ich mich sonst wissenschaftlich verpflichtet fühle.*

Die Bezüge zum ersten Teil meiner Autobiographie sind so verfasst, dass die beiden Teile auch unabhängig voneinander gelesen werden können. Ich habe mehr Zeit als bei meinen anderen Büchern benötigt, um eine überzeugende Darstellungsstruktur zu finden. Meine Frau, Mitinitiatorin dieses autobiographischen Buchprojekts, wurde immer nervöser, wenn sie mitansehen musste, wie ich fortwährend die einzelnen Textteile von einem Zimmer zum nächsten trug. In diesem Sinne einer offenen Suchbewegung änderte ich immer wieder den Rahmen, zu dem meine politische Lebensgeschichte passt.

Jede Biographie ist ein Fragment – auch die, die sich auf Archivmaterial stützt und darauf bedacht ist, möglichst viele Daten zu sichern und die vielfältigen Meinungen, die den Porträtierten mit Bildern und Symbolen umgeben, in einen lesbaren Text zu bringen. Der erste Teil dieses autobiographischen Buchprojekts bewegt sich in einem Handlungsrahmen, in dem alltäglich lebenswichtige Entscheidungen zu treffen waren, weitgehend aber nicht zu selbst gewählten Bedingungen. Im »Überlebensglück« stecken viele Zufallsmomente, die den Handlungsspielraum einschränken oder auch Perspektiven aufblitzen lassen, die ein wahrnehmungsfähiger Mensch sofort zu nutzen versteht. Meine beiden Schwestern Ursel und Margot, mit denen ich mich fast drei Jahre auf der Flucht befand, zunächst von Ostpreußen nach Dänemark, dann in dänischen Flüchtlingslagern, hatten eine *besondere Sensibilität für offene Situationen* entwickelt, die für Augenblicke kleine, aber folgenreiche Vorteile anzeigten. Selten sah ich meine Schwestern sitzen und ihr Schicksal beklagen. Wo immer Angebote zur Betätigung gemacht wurden oder auch nur erkennbar waren, nutzten sie diese. So ermöglichte mir die Arbeit einer meiner Schwestern als Küchengehilfin im dänischen Flüchtlingslager, hin und wieder das Lager zu verlassen – was für mich eine enorme Bedeutung hatte.

Der philosophische Spannungsbogen, der im zweiten Teil der Autobiographie aufgezeigt wird, hat eine ganz andere Dimension. Bei dieser Fortsetzung des autobiographischen Berichts, der zum Nachdenken über das eigene Leben anregen sollte, ist eine entscheidende Frage: Welches sind *meine bestimmenden Erkenntnisinteressen* und auf welche Gegenstände richten sie sich? Bedenke ich das Ausmaß an Energie, Ausdauer und Arbeitskraft, mit denen ich jahrzehntelang immer wieder an denselben Baustellen experimentiert habe, dann lässt sich unschwer ein großer geistesgeschichtlicher Bogen spannen: *von Kant bis Marx*. Philosophischer ausgedrückt: Es geht um *Genesis und Geltung*, um *Sein und Sollen*. Das sind aber traditionelle Formeln und Symbole, die an Heidegger erinnern oder an Erich Fromm *(Sein und Haben)*. Mir geht es jedoch um die erfahrungsbezogene Ausfüllung dieses gewaltigen Spannungsbogens zwischen Kant und Marx: *Wie konstituiert sich das Allgemeine durch das Besondere?* Die Sache ist kompliziert und vertrackt. In der kantischen Moralphilosophie sind die Individuen und das Allgemeine *direkt* miteinander verknüpft. »Handle so, dass die höchst individuelle Maxime deines Wollens jederzeit allgemeines Gesetz werden kann«, bedeutet, dass ich das Allgemeine in meine Individualität aufnehme. Indem ich so handle, wie Kant es vorsieht, bin ich ein *allgemeines Individuum* geworden, um nicht zu sagen: das *Prinzip der Individualität*, das mit autonomer Macht angefüllt ist. »Der bestirnte Himmel über mir und das moralische Gesetz in mir«[4], wie es die Schlusspassage der *Kritik der praktischen Vernunft* ausdrückt, erfordern fortwährende Bewunderung, ja Ehrfurcht, je öfter und anhaltender sich das Nachdenken damit beschäftigt. *Aber wie sind sie in der Alltagsphilosophie der Menschen konkret miteinander vermittelt?* Das autonome Individuum kennt keine Vermittlungsebenen. *Moralität kennt keine Kompromisse.* Der kategorische Imperativ steckt als Motiv des Handelns in jedem Menschen. Bei Marx ist es umgekehrt; der Zwang der Verhältnisse und die sich daran entzündende Empörung bringen die Menschen dazu, sich zu wehren und gegen ihr Elend zu kämpfen. Es gibt bei Marx so etwas wie den *Bildungswert des Elends.* Auch bei ihm fehlt jedoch jene Ebene, auf der ein Mensch mit begrifflichen und sonstigen Möglichkeiten, sich kollektiv zu wehren, ausgestattet wird. Bei beiden Denkern gibt es keine *politische Psychologie.* Es sind zwei Abstraktionen, die sich gegenüberstehen. Hegel versucht eine Vermittlung. Dialektik ist dabei ein wesentlicher Punkt.

Wollte man nun den zweiten Teil meiner autobiographischen Spurensuche auf einen Zentralbegriff bringen, dann müsste ich alle Mühe darauf richten, einer beschädigten Denkweise wieder *Reflexionsraum* zu sichern, die einst dies geistige Geschehen maßgeblich prägte: der *Dialektik.* Von Ernst Bloch stammt der Satz, der Kapitalismus in seiner entfalteten Gestalt erzeuge *keine Ambivalenzen.* Das ist ein Irrtum! Nur Ambivalenzen halten ihn am Leben. *Dialektisches Denken ist inhaltsvolles Denken,* das gerade das Aufdecken solcher Ambivalenzen und Widersprüche zum leitenden Motiv hat. Es folgt der Erfahrungsspur der Verhältnisse, und seit Platon wird ein auf Zusammenhang gehendes Denken mit der Dialektik verknüpft. Wo die Dialektik zu einem klappernden Argumentationsskelett wird, hört das lebendige Denken jedoch auf. Beispielhaft führt Adorno in den *Noten zur Literatur* an der Lyrik Eichendorffs vor, was er unter dialektischem Denken, dem *reinen Zusehen* gegenüber der Selbstentwicklung der Sache, versteht. Erst die Vertiefung in das Subjekt macht das Gesellschaftliche kenntlich. Immer wieder: Die Vertiefung ins Subjekt, die Versenkung in den Gegenstand, ins Besondere, treibt das Gesellschaftlich-Allgemeine hervor. Dialektik spricht aus, dass philosophische Erkenntnis nicht dort zu Hause ist, wo das Herkommen sie ansiedelt: im toten Schema eines wiederholbaren Dreiklangs.

Teile dieser autobiographischen Spurensuche gliedern sich nach *Erfahrungszentren* und *Handlungsfeldern*, die sich nur schwer einer chronologischen Anordnung fügen. Ein Zusammenhang stellt sich zwar dadurch her, *dass ich es bin*, der an diesen Erfahrungszentren beteiligt ist, aber Einzelkausalitäten zwischen den konkreten Erfahrungen lassen sich nur schwer ausmachen; Adornos Erfahrungsbegriff deckt empirische Sozialforschung genauso ab wie das, was er *metaphysische Erfahrung* nennt. Der Zeitverlauf ist unterbrochen. Es entsteht der Eindruck von Gleichzeitigkeit der Ereignisse oder das Gegenteil: periodische Ungleichzeitigkeit der Entwicklung. Das betrifft auch die Veränderung in der Beziehung zwischen Privatem und Öffentlichem, das Politische lässt sich immer schwerer institutionell identifizieren. Es ist charakteristisch für dieses am Ende um Marx und einen Sozialismus mit menschlichem Antlitz organisierte Buch, dass ich die Chronologie der Ereignisse sprenge. Gleichwohl kann dieser Band als zweiter Teil meiner Autobiographie gelesen werden.

Was kennzeichnet die *geistige Situation der Zeit*, um diesen Begriff von Karl Jaspers hier zu verwenden? Die Denkpositionen sind klar polarisiert; Links und Rechts bezeichnen Wegmarkierungen, die den Suchenden auf radikal verschiedene Wege verweisen, die ihre ganz eigene Symbolwelt haben. Alles was sich im *sozialistischen Begriffshorizont* bewegt, verbindet mit der Kritik des Bestehenden die Aussicht auf Veränderung, im Grunde auf die Neukonstitution der Gesellschaft. Da sind jetzt noch Unterschiede in der Radikalität dieser Neukonstitution festzumachen, aber das geistige Milieu enthält auf allen Stufen ein Plädoyer für das Neue.

Ich muss gestehen, dass mir die Atmosphäre im Frankfurter SDS, als ich in diesem sozialistischen Verband Fuß zu fassen versuchte, etwas fremdartig vorkam. Hätte ich die Einzelnen befragt, was sie in diesem Verband suchen, wäre mit Sicherheit prompt die Antwort gekommen: »Wir erstreben eine sozialistische Gesellschaft.« Das war nun selbst im Frankfurter SDS ein sehr weites Spektrum. Es reichte von vorstandstreuen Positionen (damals SPD-Orientierungen) über Formen des ethischen Sozialismus bis zu radikalen marxistischen Positionen. Aber Sozialist wollte jeder sein. Warum eigentlich? Die Mitglieder waren überwiegend Bürgerkinder. Im Frankfurter SDS gab es zwei Ausnahmen: Alfred Schmidt war Arbeitersohn, ich kam vom Bauernhof. Wollte man dieselbe Frage an Leute, die sich als links verstehen, heute stellen, würde man kaum eine positive oder gar eindeutige Antwort bekommen. Das ist der Hintergrund des Ausblicks auf Marx am Ende des Buchs.

## III

Verständlich wird das, wenn wir uns bewusst werden, in welcher Krise wir leben. Ich spreche von einer kulturellen Erosionskrise. Alte Normen, Verpflichtungen, Haltungen, Grundsätze gelten nicht mehr unbesehen, können deshalb der jüngeren Generation auch nicht mit großer Überzeugungskraft vermittelt werden. Es gibt sie aber noch. So entsteht eine Zwischenwelt, die Émile Durkheim als einen *anomischen Zustand* beschreibt; alte Regeln und Haltungen sind ausgehöhlt. Tendenzen zeichnen sich ab und verweisen auf neue Orientierungen, ihnen fehlt aber noch die Realitätsmacht einer zweifelsfreien Zuordnung. Das Neue wird gesucht; man kann das gegenwärtige Zeitalter als eines der intensiven kulturellen Suchbewegungen bezeichnen. Was können die Alten dazu beitragen, dass diese Suchbewegung nicht in die Irre führt? Ich bin der Überzeugung: sehr viel! In allen Handlungsfeldern, die eines *Ackerbaus der Vernunft* bedürfen, kann die Generation derer, die Diktatur, Krieg, Flucht oder Vertreibung überlebt haben, erheblich zur Aufklärung über den Nutzen von Demokratie und individueller Freiheit, über die Richtung von Lernprozessen und menschlicher Gestaltung der Lebensverhältnisse beitragen.

Das gegenwärtige Herrschaftssystem, das die Prinzipien der Warenproduktion bis in die letzten Winkel des Körpers und der Seele getrieben hat, zehrt von der Störung der Balance. Der Historiker Eric Hobsbawm hat aus guten Grund vom »Zeitalter der Extreme« gesprochen; das ist ein milder Ausdruck für die Gebrochenheit der Maßverhältnisse, wie sie heute auftritt. Eine totalisierende Warenproduktion, die fortwährend auf Neues setzt, zerstört jenen Boden kultureller Produktion, die gleichgewichtig von Erfahrung, Bindung und Erinnerung lebt. Wenn ich diese drei menschlichen Existenzialien für meine eigene Biographie zulasse, dann ist es mir unmöglich, anders zu denken und zu handeln, als auf der Linie einer Friedensordnung, die die demokratischen Bedürfnisse ebenso wie die Emanzipationskraft der Menschen einbezieht. Ein friedensfähiges Europa ist deshalb für mich kein bloßes Postulat, sondern ein aus Erfahrung gewachsener kategorischer Imperativ, der gerade anlässlich der bedrohlichen Entwicklungen in Europa wach gehalten werden muss – auch durch Erfahrungen, Bindungen und Erinnerungen.

Hannover, Herbst 2018
Oskar Negt

# SUCHBEWEGUNGEN UND ORTSBESTIMMUNG

## Der Altersblick

Überprüft man die Suchbewegungen, zufälligen Begegnungen, weitschweifigen Assoziationen, die ich zu meinem Leben gesammelt habe, auf Inhalt und Tendenz, dann wird man unschwer feststellen können, wie uneinheitlich die Blicke des Achtzigjährigen auf vergangene Wünsche, Hoffnungen, Bedürfnisse sind, wenn er sich ein Gesamtbild machen will. Die Hilflosigkeit, mit der ich Stoff und Gedanken für die Spurensuche im Erwachsenenleben einsammelte, hat mir nahestehende Menschen und wohlwollende Kritiker zutiefst irritiert. Die ausgebreiteten Materialien machten häufig den Eindruck einer organisierten Anarchie. Man müsse doch erst einmal eine strategische Linie formulieren, die es ermöglicht, Tatbestände, Berichte, Erinnerungen zu sortieren. Genau das ist es, was fehlt. Nimmt man aber diesen gut gemeinten Vorschlag auf und versucht, ihn umzusetzen, dann bemerkt man schnell, dass dies nicht so umstandslos und einfach umzusetzen ist, wie es ein formalisiertes Konzeptpapier vorsieht. Aus Verlegenheit, den roten Faden nicht sichtbar machen zu können, habe ich immer neue Textvarianten produziert. Diese Textvariationen, im Einzelnen weiterverfolgt, hätten Ansätze für spezifische Essays sein können, aber sie hatten nichts zu tun mit dem Hauptzweck dieses Buchs: der Abfassung einer autobiographischen Schrift.

Je mehr ich mich vertiefte und mich zu wiederholen drohte, desto stärker wurde mir bewusst, wie wenig ich im Zuge meiner lebenslangen Schreibarbeit und der ausgiebigen Vortragstätigkeit von meiner Person preisgegeben habe. Über Neigungen,

Bedürfnisse, Ansprüche, also jenen Bereich individueller Charaktereigenschaften, habe ich weitgehend geschwiegen. Das scheint in einem krassen Widerspruch zu meiner Tätigkeit zu stehen, in der ich die Öffentlichkeit nie gemieden habe.

### Auf Motivsuche

Um einen tragfähigen Prozess des autobiographischen Schreibens in Gang zu bringen, schließt die Motivsuche verschiedene Erweiterungen und Gewichtungen von Theorien und die Überprüfung ihres Gebrauchswerts für meine Zwecke ein. Auf der Suche nach einer *verlässlichen und glaubwürdigen Theorie der Gesellschaft*, die mir Handlungsmöglichkeiten anbot, ohne sie auf technisch-didaktische Strategien der Umsetzung zu reduzieren, lagen Auseinandersetzungen mit Marx und den Grundpositionen der Frankfurter Schule nahe. Indem ich mir aber vor Augen hielt, wie viel Zeit ich aufgewendet habe, Praktiker oder Philosophen der Linken in meine Betrachtungen einzuschließen, muss doch mehr dahintergesteckt haben als das individuelle Bildungsbedürfnis. Als Sozialist, der ich sein wollte, hatte ich den Imperativ im Kopf, mich niemals auf die bloße *Interpretation* der Welt zu beschränken, sondern zu deren Veränderung beizutragen. *Die elfte Feuerbach-These war mir zu einer fixen Idee geworden:* »Die Philosophen haben die Welt nur verschieden interpretiert; es kömmt drauf an, sie zu verändern.«[5] Deshalb stellte ich schon sehr früh die Frage, wie eine Theorie auszusehen hätte, die beide Bedürfnisse angemessen erfüllt: *die Interpretation der Welt mit der Perspektive der Veränderung.* Als Schüler der Adorno'schen Dialektik sollte es mir nicht schwerfallen, einen Ausweg aus diesem Dilemma zu finden. So war es aber nicht.

*Adornos Satz, Theorie selber sei eine Form der Praxis, konnte mich nicht befriedigen. Je weiter ich die sozialistische Theoriebildung mit ihren Praxiskonzepten entwickelte, umso deutlicher wurden mir die Grenzen der herkömmlich definierten Frankfurter Schule.* Ich begann mit einem intensiven Studium politischer Leitfiguren der sozialistischen Bewegung, die mir immer näher rückten, je entschiedener die jeweils spezifische Logik des Handelns und der Begriffsbildung entwickelt wurden. Dabei achtete ich weniger auf die Resultate, die Darstellungsformen dieser Theorien, als vielmehr auf den Produktionsprozess des Wissens und der Grundlagen des Handelns. Diese spezifischen Erweiterungen der kritischen Theorie eröffnen Handlungsfelder, welche den ursprünglichen philosophischen Ansatz bewahren und gleichzeitig um bisher ausgegrenzte Theorietraditionen erweitern. In dieser erfahrungserweiterten Dimension der kritischen Theorie haben auch Denkformen wie die des frühen Georg Lukács oder die von Karl Korsch ihren Platz.

Wenn heute verstärkt der Gedanke auftaucht, auch die linken Erbschaften aufzuarbeiten, die des guten Willens mit ihren ungewollten Nebenfolgen ebenso wie die des Machtmissbrauchs und der menschenverachtenden Strategien, dann ist mit dieser Idee ein Projekt verknüpft, das man als *Phänomenologie des Marxismus* bezeichnen kann. Lernprozesse in dieser geschichtlichen Dimension lassen sich nur noch in Gang setzen, wenn es um die Konstitution der gesamtgesellschaftlichen Verhältnisse menschlicher Einrichtungen geht. So sehr der Adorno'sche Satz von der *Unwahrheit des Ganzen* berechtigt sein mag (er war ja auf die Allmachtsvorstellungen des Idealismus gemünzt), sobald es um den Begriff einer *vernünftigen Organisation der Gesellschaft* geht, kommt das Ganze doch wieder ins Spiel. Gerade dafür sind vereinseitigte *philosophische Schulbildungen institutionell befestigte Irrtümer*. Der dogmatische Eifer zerstört jede Wahrheitssuche. Die durch Macht verzerrten Resultate von Denkbewegungen sind keine Bausteine einer vernünftigen Einrichtung der Gesellschaft.

Bei meinen Versuchen, eine Theorie zu begründen, die gesellschaftliche Prozesse begreifbar macht und gleichzeitig Anleitung zum Handeln ist, bin ich in vielfacher Weise auf Positionen gestoßen, die bei näherem Hinsehen deutlich *Motive* enthüllen, die im Begriff des revolutionären Prozesses enthalten sein müssen, wenn er gelingen soll. Ich habe mir in der Auseinandersetzung mit marxistisch orientierten Theorien oft die Frage gestellt, warum ich mich so intensiv mit bestimmten politischen Positionen oder Philosophen auseinandersetzte. Was sind die Gründe dafür, dass ich mich mit Rosa Luxemburg befasst habe oder mit Karl Korsch? Es ist kaum anzunehmen, dass es sich dabei um Spezialprobleme handelt, deren Lösung ich bei den jeweiligen Autoren zu finden hoffte. Immer ging es um die *Denkweise und die philosophische Haltung gegenüber den Dingen und den Entwicklungsprozessen*; es war stets eine Art *Ethik des Intellektuellen*, die ich mit diesen Sozialisten verknüpfte. Ich stellte mir die Frage: Was eigentlich unterscheidet Adornos Denkweise von der Rosa Luxemburgs, wenn man die Verschiedenartigkeit der geschichtlichen Kampfsituation in Betracht zieht?

Wie stark der Druck auf einem lastet, in den herkömmlichen Linien der Abgrenzung zu denken und die krummen Wege zu vermeiden, konnte ich daran ablesen, wie schwer es mir fiel, bestimmte Theorien unbeachtet zu lassen. In einer autobiographischen Schrift mag es zulässig sein, diesen Schritt der Integration zu wagen; ich berücksichtige deshalb Texte einer Reihe origineller Denker der politischen Philosophie, die den gleichen Geist atmen wie die Ursprungstexte der *kritischen Theorie*. Für mich gehören Denker, politische Menschen wie Rosa Luxemburg, der frühe Lukács, Karl Korsch, Lelio Basso und andere zur

Frankfurter Schule, wie ich sie verstehe, weil sie sich in ihren Denkstilen ähneln.

Es ist erstaunlich, was einem so alles durch den Kopf geht, nachdem die Entwicklung vollzogen ist, sich mit sich selbst zu beschäftigen, die eigene Person als Beziehungsgeflecht zu verstehen, und am Ende daraus ein Buch zu machen. Ich öffne den Assoziationshorizont sehr weit.

## Exterritoriale Distanz – Einladung nach Wien

Um im Rückblick auf die eigene Lebensgeschichte Situationen wieder lebendig werden zu lassen, die in den Alltagserinnerungen verloren gegangen sind, bedarf es der Verfremdung, einer gleichsam *exterritorialen Distanz*. 2014 erhielt ich eine Einladung des Internationalen Forschungszentrums für Kulturwissenschaften (IFK) und der Kulturabteilung der Stadt Wien, mich für vier Monate als Gast dieser beiden Institutionen zu betrachten, ohne große Vortrags- oder sonstige Verpflichtungen. Sämtliche Kosten würden übernommen. Die Rede war von nur einem Vortrag im Wiener Rathaus im Rahmen der berühmten *Wiener Vorlesungen*. Ich empfand das als eine große Ehrung, die man in meinem Alter nicht ausschlagen darf. Meine Frau rief begeistert aus: »Das machen wir!« Da war es schon entschieden. Aber ich erschrak: Vier Monate *allein* in Wien?

Meine erste Reaktion auf den Brief des Direktors des IFK, an seinem Institut für vier Monate Forschungen zu betreiben – nach selbstgesetzter Methodik, ohne Lehrverpflichtungen –, war ein reserviertes Misstrauen: Meine Gefühle spalteten sich auf. Welche Absicht verfolgte Helmut Lethen – unbewusst, versteckt? Die zweite Reaktion bezog sich auf den Sinn eines solchen Forschungsaufenthalts. Ich bin kein Museumsmensch.

Was sollte ich vier Monate in Wien? Es bedurfte der Überredungskunst meiner Frau, es zu versuchen. Ich reduzierte die Zeit auf drei Monate – und schon bei den Überlegungen zu einer Antwort schossen tausend Gedanken durch meinen Kopf, *was ich mit diesem exterritorialen Zeitgewinn machen könne.* Diese Assoziationen setzten kraftvolle Akzente, lange bevor sich das Arbeitspensum auf die autobiographische Spurensuche konzentrierte. Aber diese Assoziationen gehörten schon zum autobiographischen Schreiben.

Als ich mich im IFK vorstellte und im Gespräch mit Helmut Lethen, dem damaligen Direktor dieser Wissenschaftseinrichtung, andeutete, dass ich gerne ein *Forschungsprojekt Autobiographie* verfolgen würde, kam es zu einem Missverständnis: Ich dachte an ein abgetrenntes Forschungsprojekt, er an *meine* Autobiographie. Aus Höflichkeit wagte ich nicht zu widersprechen, als er große Zustimmung bekundete, und es war die Verabredung, dass neben den geringen Diskussionsverpflichtungen mit Doktoranden (genauer *Junior* und *Senior Fellows)* dieses Instituts nur diese Autobiographie als Arbeitsleistung von mir erwartet wurde. Vielfach erinnerte Erlebnisse und theoretische Zusammenhänge, die mit Lebensentscheidungen zu tun haben, hatte ich aufgezeichnet, aber nie in der Absicht einer systematischen öffentlichen Darstellung *meines Lebens.* Ich hatte eher an ein kleines Forschungsprojekt gedacht, das mit mir persönlich nichts zu tun hat.

## Lösung aus der Klammer der Näheverhältnisse – Arbeitsplatz zwischen zwei Kirchen

Nun saß ich grübelnd in einer kleinen Suite in der Josefstadt, einem angenehmen Stadtteil Wiens, den ich schon ein bisschen erkundet hatte, und zermarterte mein Gehirn, um Stufe für Stufe mein Leben für eine Autobiographie zurechtzurücken. Meine Frau, die mich in den mir völlig fremden Single-Alltag eingeführt hatte, war gerade zum Flughafen abgereist. Ich hatte mich bemüht, meine kleine Hotelsuite in ein Arbeitszimmer umzuwandeln, hatte den Glastisch in die Mitte des Zimmers gerückt, sodass ich von allen Seiten an meine Papiere kommen und diktieren konnte. Zunächst wirkten die Taubengeräusche im Innenhof des Hotels störend, aber mit der Zeit fand ich selbst die Kabbeleien von Taubenpaaren, die versuchten, sich gegenseitig von der Dachrinne zu stoßen, als wohltuende Abwechslung – vielleicht auch, weil sie mich an unseren quicklebendigen Jack Russel Terrier Luis erinnerten.

Um keine Zeit zu verlieren und die *drohende Leere* gar nicht erst aufkommen zu lassen, setzte ich mich sofort hin und fing an zu diktieren, was wir in den fünf Tagen Gesprächen an *Problemen einer Autobiographie* auf den Tisch bekommen hatten. Denn die Autobiographie hat nicht nur die Dialoge mit meiner Frau aufgesogen; *sie* war auch die Kraftquelle beim Weitermachen. Als kompetente Interviewerin hatte sie schon während vieler Ferienaufenthalte mit einer unglaublichen Hartnäckigkeit in die in mir verankerte Abwehrschicht eingegriffen: Die Autobiographie sollte zur Information und zum Nachdenken dienen – Wissen für die nachkommende Generation.

Am nächsten Tag würde ich in das Institut gehen und meine Arbeitsmittel ausbreiten, die aus einem Diktiergerät, einigen leeren Kassetten, angespitzten Bleistiften, Schere und Prittstift bestanden. Die Arbeitsphase verteilte ich je nach Bedarf auf meine Unterkunft in der Laudongasse 8 im achten Bezirk der Josefstadt und das Institut in der Reichsratsstraße 17. Die Wegstrecke vom Hotel zum Arbeitsplatz organisierte sich sehr leicht zwischen den Kirchtürmen, denen der *Dreifaltigkeitskir-*

*che,* in deren Nähe ich wohnte, und denen der *Votivkirche,* auf die ich von meinem Arbeitsplatz blickte.

Ich hatte jetzt elf Arbeitswochen vor mir. In meiner schriftstellerischen Tätigkeit sind mir immer wieder Menschen begegnet, über die ich Portraits verfasst habe. Aber systematisch über mich selbst zu reflektieren und das für die Öffentlichkeit niederzuschreiben, ist mir nie in den Sinn gekommen – was Freunde und Freundinnen allseits als Mangel bekundeten. So war diese Art des *subjektbezogenen Nachdenkens* für mich ein völlig neuer Auftrag – vielleicht aber doch nicht ganz neu. Seit ich die Einladung nach Wien bekommen hatte, hatte ich schon einige Texte formuliert, die sich mit meiner Kindheit, der Flucht und dänischen Internierungslagern beschäftigen (Texte, die später in den ersten Teil der Autobiographie, *Überlebensglück,* einflossen). Aber die durchgängig organisierenden Gedanken einer solchen Autobiographie waren mir noch nicht klar geworden. Auch nicht die entscheidenden Bruchlinien. Und, was noch wichtiger ist: Der rote Faden fehlte.

*Was ist eine geglückte Autobiographie?* Ich habe mich beim Diktat in Wien immer wieder gefragt: Was könnte Leserinnen oder Leser an meinem Leben interessieren, was sie nicht schon aus den Medien oder meinen Schriften erfahren haben? Da es sich um eine Autobiographie handelt, würde ich die Daten, wann ich wo gewesen bin, zwar überprüfen, aber das ist nicht das Wesentliche des Berichts, den ich hier in Wien (und in den folgenden Jahren) formulierte. Wenn ich einmal die postmoderne Redeweise von den *großen und kleinen Erzählungen* zitieren darf, dann handelt es sich bei meinen Lebensberichten um kleine Erzählungen, aber eben doch um Erzählungen. Es geht also nicht um die Aufklärung von Umständen und Verhältnissen, die auf gesellschaftlichen und politischen Arbeitsfeldern standortgebunden sind; darüber habe ich genug geschrieben und öffentlich geredet. *Vielmehr geht es mir in dieser Autobiographie darum, bestimmte Charakterprägungen, die gelebten Erfahrungen entspringen, öffentlich kenntlich zu machen. Es sind Erfahrungsspuren, die ich suche.* Die Chancen, die mir das Wiener Schreibexil gewährte, lagen in einer merkwürdigen Verfremdung meiner Lebensgeschichte.

Erst als ich den Schritt wagte, *mich neben mich zu stellen,* also mich mir selbst zu entfremden, war ich imstande, eine Art Fließtext zu formulieren. Erst der Standpunkt, den ich als fremder Betrachter meiner eigenen Lebensgeschichte errungen hatte, ermöglichte mir, unbefangen zu schreiben und Geschichten zu erzählen. *Wenn man sich aus der Klammer der Näheverhältnisse kaum zu lösen vermag, engt Scham die Lebensberichte nach Art eines inneren Zensors ein.* Es ist die Distanz eines Beobachters nötig, der gewissermaßen als »Fremder« aufzeichnet und berichtet. Christen könnten von *syneidēsis* oder *conscientia* sprechen, einer Gewissensinstanz. Es ist etwas von dem enthalten, was Livius, laut Cicero der *pater historiae,* unter Geschichtsschreibung versteht – aufzeichnen und wiedergeben, was erzählt wird, oder genauer: *erzählen, was erzählt wird.* Das nimmt zwar diesem autobiographischen Erzählen die vom Primärautor ausgehende Zuspitzung der Verhältnisse, aber es ist reichhaltiger und unbefangener als das, was durch zahlreiche Prüfstellen gefiltert ist.

### Fremdheit und Ankommen – Die Arbeitssituation

Die ersten Wochen in Wien waren mir sehr lang vorgekommen, vieles war mir fremd, auch hatte ich Probleme mit meinem Status im Institut. Die Einladung galt an sich ohne weitere Verpflichtungen, außer der Rede im Rathaus im Zusammenhang der *Wiener Vorlesungen,* die Christian Ehalt von der Kulturbehörde der Stadt seit über zehn Jahren organisiert. Aber innerlich hatte ich das Gefühl, dass ich mehr tun müsste als das, was offiziell erwartet wurde. Zwei Tage nach meiner Vorlesung im Wiener Rathaus hatte ich sogar eine Art Albtraum, was meine Situation am IFK betrifft. Die Atmosphäre war in diesem Traum sehr angespannt, mir wurde vorgeworfen, nur an einem Teil der Vortragssitzungen teilgenommen zu haben. Es war ein merkwürdig bedrückender Traum, der mich zu diesem Zeitpunkt umso mehr überraschte, als ich nun auf die Frage, wie es mir gehe, eindeutig positiv antwortete: Gerade sei ich dabei, mich hier aufgenommen zu fühlen.

Gegen Ende meiner Zeit in Wien war ich selbst überrascht, wie schnell dann doch die drei Monate vergangen waren, die ich als Gast des IFK verbringen durfte. In der letzten Phase meines Wien-Aufenthalts verspürte ich eine *Sprachveränderung.* Wenn ich angeben wollte, wo ich mich mit jemandem treffe oder wo ein Interview stattfinden sollte, bezeichnete ich den Ort des Treffens nicht mehr als Hotel, sondern als ein Zuhause: *Treffen wir uns zu Hause.*

Etwas Ähnliches könnte ich in Bezug auf das Institut sagen, in dem ich mich nur zeitweilig aufhielt. Als ich das erste Mal an einem Arbeitstag mein Zimmer aufsuchte, herrschte Totenstille in den Räumen, so als seien hier gar keine sprechenden und handelnden Menschen anwesend. Aber das war eine Täuschung. Durch die offenen Türen konnte man sehen, dass alle Räume besetzt waren. Ich nahm allerdings nur Schattenrisse wahr von Menschen, die bewegungslos vor ihren Computerbildschirmen saßen und keinen Blick davon abwendeten. Erst nach Tagen wagte ich, diese Totenstille zu durchbrechen, indem ich an einzelne Türen klopfte, um mich vorzustellen. Ich merkte aber, dass dieser Wunsch nach Begrüßung zwar sehr freundlich aufgenommen wurde, aber der Blick starr zum Bildschirm gerichtet blieb, und ich kürzte deshalb die Vorstellungsrunde ab. Nur einzelne Mitarbeiter gingen auf ein etwas längeres Gespräch ein; alle waren konzentriert beschäftigt.

Allmählich lockerte sich jedoch die Fremdheit der Situation. Immer wieder verwickelte ich mich mit meinem Arbeitsnachbarn Moshe, einem leidenschaftlichen Pessimisten, in Gespräche, die wir in radebrechendem Englisch führten. Dass die Dinge in der Regel schieflaufen, versuchte er mir nicht nur durch geschichtliche Beispiele zu beweisen, sondern auch durch alltägliche Vorkommnisse. Als ich ihm von einem Zoobesuch berichtete und erwähnte, dass der Eisbär einen Pfau gefressen hatte, bestätigte er mir sofort, dass das auch in der menschlichen Gesellschaft üblich sei: Fressen und Gefressenwerden scheine zur anthropologischen Grundausstattung zu gehören.

Die Zahl der Stipendiatinnen und Stipendiaten, die Gesprächswünsche äußerten, wuchs mit der Zeit merklich. So schmolz gegen Ende das Eis. Als ich am 1. Juni 2014 aus meinem autobiographischen Bericht vortrug, hatte sich ein großer Teil der Junior Fellows versammelt. Ich las einige Passagen aus der Storchengeschichte, die ich später in den ersten Band der Autobiographie, *Überlebensglück*, aufgenommen habe.[6] Sie stießen auf Begeisterung. Die Diskussion in diesem zum Abschied versammelten Kreis konzentrierte sich auf meine Bildungsgeschichte und die meiner Familie: Wie kam ein ostpreußischer Kleinbauer darauf, allen fünf Töchtern eine Berufsausbildung zu ermöglichen? Wie konnte ich, trotz Flucht, Internierung und Jahren ohne Schulbesuch, eine so erfolgreiche akademische Laufbahn einschlagen? Ich berichtete etwas ausführlicher über meinen Bildungsgang, der in bestimmenden Zügen unabhängig vom offiziellen Schulsystem verlief. Aber es waren auch andere Zeiten; man kann das nicht einfach auf unsere Verhältnisse übertragen. Ich fand nie einen vernünftigen Anschluss an die Leistungsstandards der offiziellen Schule, wollte aber ab einem bestimmten Alter gerne das Gymnasium besuchen, wollte Griechisch und Latein lernen, hatte jedoch praktisch keine Voraussetzungen dafür. Deshalb wurde ich in die Oberrealschule und – strafverschärfend – in den mathematisch-naturwissenschaftlichen Zweig geschickt. Es war ausgeschlossen, hier festen Boden unter die Füße zu bekommen.

Bei dieser Abschlussrunde mit den Junior Fellows hatte ich den Eindruck, dass einige traurig waren, als ich mich offiziell verabschiedete. Ich verließ das IFK mit einem weinenden und einem lachenden Auge. Meine Hochachtung vor diesem Institut und seinen Mitarbeiterinnen und Mitarbeitern war von Woche zu Woche gewachsen.[7] Auf meine Rede zu Europa im Wiener Rathaus habe ich viele Rückmeldungen bekommen, gerade von Stipendiatinnen und Stipendiaten. Die Reaktionen des IFK, der Presse, des Fernsehens und Rundfunks signalisierten mir, dass ich in Wien wahrgenommen worden war.[8]

## Er dreht sich nicht um – Tierischer Eigensinn

Nachdem ich mit Vorträgen, Interviews und Diskussionen gesättigt war, hatte ich während meines Studienaufenthalts in Wien schon mehrmals daran gedacht, den Zoo zu besuchen, fand aber in meinen Reiseführern nicht einmal einen Hinweis darauf. Der junge Mann, den ich schließlich fragte, hielt eine Lobrede auf den Wiener Zoo, einen der ältesten der Welt, wie er sagte. Warum denn keine Hinweise darauf zu finden seien? Es heiße hier eben nicht Zoo, sondern Tiergarten – Tiergarten Schönbrunn. Er sei um 1730 eingerichtet worden, auf Wunsch von Maria Theresia, versteckt, aber großräumig als einheitlicher Bestandteil der Palastanlage.

Am nächsten Tag machte ich mich auf den Weg, fand den Tiergarten und stellte fest, dass er ebenso weiträumig angelegt ist wie die historischen Schlossbauten. Gleich am Eingang wird ein großer Panda angekündigt. Ich war erfreut, dieses Prachtexemplar unmittelbar vor mir zu sehen. Der Panda kehrte mir den Rücken zu, war aber zwischen zwei Baumstümpfen gut zu erkennen; bedächtig knabberte er an einem Bambusstab nach dem anderen. Ich war entschlossen zu warten, bis er sich umdreht. Den Wunsch teilte ich mit vielen Kindern, die sich hier versammelt hatten, um dieses »Kuscheltier« in wirklicher Größe zu sehen. Aber nichts passierte, Bambusstäbchen auf Bambusstäbchen wurde sorgfältig auseinandergenommen und irgendetwas daraus verzehrt. Ich dachte: Der muss sich doch irgendwann einmal umdrehen! Gab mir eine halbe Stunde. Als eine Dreiviertelstunde vergangen war und der Panda sich keinen Zentimeter bewegt hatte, verließ ich den privilegierten Beobachtungsposten und ging zu den Nilpferden. Unbeweglich standen die schweren Tiere neben dem Wasserbecken, sammelten Krümel für Krümel vom Boden auf und verzehrten sie; auch sie entzogen sich meinem Wunsch, sich zu rühren. Nach Beobachtung dieser Tiere verließ ich den Tiergarten Schönbrunn in nachdenklicher Stimmung. Ich erinnerte mich daran, dass ich eigentlich in allen größeren Städten, die ich besucht habe, wenn irgend möglich einen Zoo besuchte.

Was faszinierte mich im Tiergarten Schönbrunn an diesen Tieren, die angesichts meines aufdringlichen Wunsches, sie mögen sich bewegen und etwas vorführen, Haltung bewahrten? Gerade dann, wenn bei meinen Vorträgen Diskussionsturbulenzen entstanden, fühlte ich mich zu den Zoos und ihren Tieren hingezogen.[9]

Verschweigen möchte ich aber auch nicht, dass mich bei jüngsten Zoobesuchen immer stärker das beklemmende Gefühl ergriff, dass diese Tiere, obwohl versorgt, in ihrer Gefangenschaft doch entsetzlich leiden. Selbst für Tiere ist die Versorgung nur eine Seite ihres Lebens; der Bewegungsraum, die Grenzen, auf die sie stoßen, sind ein ebenso wesentlicher Aspekt.

Wollte man das, was ich an diesem Vormittag in Wien erlebt habe, auf eine kulturkritische Ebene heben, so könnte man sagen, dass diese Tiere mit einer demonstrativen Missachtung der Wünsche der Zoobesucher den *Eigensinn der Natur* ausdrücken wollten. Das ist aber gewiss eine unzulässige Verallgemeinerung dieser zwei Einzelsituationen. Irgendwann werden sie sich drehen oder bewegen, irgendwann wird das Flusspferd ins Wasser springen, der Pandabär den Bambusstab verlassen – aber nicht dann, wenn wir es wollen.

## Offene Gedanken – Abschied von Wien

Es war der 28. Juni. Am nächsten Tag würde ich nach Hannover zurückfliegen; die drei Monate Wiener Schreibarbeit waren beendet. Ich hatte über eine ganze Reihe von Stadien meiner Lebensgeschichte in einer Weise nachgedacht wie zu keinem Zeitpunkt vorher. Meine diktierten Formulierungen waren so offen gehalten, dass es nicht zu einer kontinuierlichen Linie der Rechtfertigungen kommen kann. Jedenfalls wäre das ein Fehlgriff. Nach wie vor fehlte mir der organisierende Obertitel: Sind es Lebensberichte? Sind es Erzählungen aus meinen Leben? Kann man das, was ich niedergeschrieben habe, überhaupt als eine Autobiographie bezeichnen?

Nur nachträglich sieht es so aus, als stünde ein geheimer Plan im Hintergrund. Man könnte meinen, ich hätte immer die richtigen Leute getroffen, die mir Schritt für Schritt weiterhalfen, hätte sie vielleicht sogar ausdrücklich gesucht: Theodor W. Adorno, Max Horkheimer, Jürgen Habermas, Alexander Kluge, Hans Matthöfer, Michael Schumann, Herbert Marcuse und viele andere, zu denen ich freundschaftliche Beziehungen aufbauen konnte. Schon von Kindheit an sind mir, selbst in bedrohlichen und gefährlichen Situationen, auf der Flucht oder bei der Bombardierung der Festung Königsberg, die freundlichen und wohlwollenden Menschen entgegengekommen, haben mich großzügig gefördert und beschützt. Wie kommt eine Haltung zustande, in der jemand sagen kann, *ihm sei die Welt nichts schuldig geblieben?*

## Über meine Familie

Wie sehr zwei meiner fünf Schwestern, Ruth und Ursel, diese Haltung schon in meiner Kindheit und Jugend prägten, erzähle ich im ersten Band meiner Autobiographie. Nicht zuletzt ihnen ist es zu verdanken, dass ich die Erfahrungen der Kindheitsjahre auf der Flucht und in den Internierungslagern mit dem Titel *Überlebensglück* überschreiben kann.[10]

Ich kann nicht sagen, dass meine Ursprungsfamilie eine einheitliche Frontstellung einnahm, wie bei manchen Widerstandskämpfern, die sich der Kommunistischen Partei zugehörig fühlten. Mein Vater war seit Jahrzehnten Sozialdemokrat; er wurde es immer mehr. Mein fünf Jahre älterer Bruder war ein Schwerstarbeiter mit großem Verantwortungsgefühl für das Wohlergehen des Betriebs, von dem er sprach, als sei *er* der Eigentümer. Über die Gewerkschaften hatte er bei Tischgesprächen in der Familie nur Abfälliges zu berichten. In einer Straßenbaufirma in der Nähe von Gütersloh hatte er es zu einer

Art Vorarbeiter gebracht. Häufig schlief er in den Baugruben, um sie zu bewachen und die Geräte vor Diebstahl zu schützen. Wenn man heute von grenzenloser *Selbstausbeutung* spricht, könnte man diese Ideologie auch schon bei meinem Bruder finden. Er behandelte die Teerwalze, die er bediente, wie sein kostbarstes Gut. Sein Tod durch Lungenkrebs wurde jedoch von den Behörden nicht als berufsbedingt anerkannt – ein besonders tragisches Moment am Lebensende meines über die Maßen fleißigen Bruders.

Meine Mutter verfolgte eine strikte Familienpolitik. Sie gab sich nach außen hin politisch neutral. Im Grunde ihres Herzens waren alle ihre Entscheidungen auf Sicherung des familiären Lebenszusammenhangs gerichtet. Sie wusste, wie gefährlich die Flugblätter waren, die der Dorfschmied, ein alter Kommunist, in der Zeit des Nationalsozialismus immer wieder über den Zaun unseres ostpreußischen Hofes warf. Sie sammelte alle sorgfältig ein und verbrannte sie. Sie brachte den Mut auf, nach dem Polenfeldzug Hermann Göring zu schreiben und darauf hinzuweisen, dass nunmehr der Krieg zu Ende sei und die Ernte eingebracht werden müsse. Vier Wochen später wurde mein Vater aus dem Dienst entlassen. Ich bin nicht sicher, ob meine Mutter nicht tatsächlich glaubte, ihr Brief an den Reichsmarschall habe diese Entlassung bewirkt; es ist unwahrscheinlich, aber nicht völlig auszuschließen. Das Lebenswerk meiner Mutter bedürfte einer eigenen Darstellung. Zwei Bauernhöfe hatte sie aufgebaut und verloren – einen in Ostpreußen und einen nach dem Zweiten Weltkrieg nahe Berlin. Das war genug. Als das niedersächsische Landwirtschaftsministerium meinen Eltern nach der Flucht aus der DDR erneut einen Hof anbot, sagten beide entschlossen: *Nein! Nicht noch einmal!* Sie arbeiteten lieber bei Bauern in Großenkneten in der Nähe Oldenburgs, bis sie nach Gütersloh umzogen. Der Bruder meines Vaters,

Vorarbeiter in dem Hartpappenwerk »Wirus«, lockte nach und nach alle Verwandten nach Gütersloh. Auch ich war als Werkstudent in diesem Betrieb tätig. Mein Vater arbeitete in einem kleinen Holz verarbeitenden Betrieb, in dem er sofort einen Betriebsrat bildete, der sich äußerst produktiv auf das Unternehmen auswirkte.

Viele Jahre war mein Vater SPD-Abgeordneter im Stadtrat von Gütersloh. Über den Bauausschuss hatte er großen Einfluss auf die Industriepolitik der Stadt und die Ansiedlung von Kaufhäusern. Bei seiner Aktivität wäre es wohl gut möglich gewesen, eine Beamtenstelle zu erlangen. Er wollte es nicht. Als Nicht-Studierter hat er es sich auch nicht zugetraut; darüber haben wir immer wieder geredet. In den innerparteilichen Frontstellungen der SPD bezog mein Vater eine Linksposition, die auf der Linie von Peter von Oertzen und Wolfgang Abendroth lag. Die »Abschaffung des Zwischenhandels«, wie Heinrich Deist das nannte, und die Liquidierung der marxistischen Traditionsbestände – diese Zielrichtung des Godesberger Programms empfand mein Vater als ruinös für die Partei. Da gab es keine Meinungsverschiedenheit zwischen uns. Ich hatte meinem Vater versprochen, am 1. August 1954, an meinem zwanzigsten Geburtstag, in die Partei einzutreten. Ob ich genau an diesem Tag dieses Versprechen eingelöst habe, weiß ich nicht. Nachträgliche Erinnerungshinweise lassen vermuten, dass der Parteieintritt mit einer Art feierlichem Ritual verknüpft war.

Sein Leben lang war mein Vater *verlässlicher Parteisoldat*. Zuweilen haderte er mit dieser Partei, zum Beispiel bei der von ihm als zu schwach betrachteten Politik gegen die Notstandsgesetze und bei der Ostpolitik Willy Brandts. Aber er kündigte nie seine Loyalität auf. Am deutlichsten zeigte sich das in seiner Kritik von Brandts Ostpolitik. Den Verlust der Ostgebiete völkerrechtlich zu legalisieren, widerstrebte völlig dem innerlichen

Heimatgefühl meines Vaters. Mit zunehmendem Alter wuchs die Zahl der Erinnerungsstücke an das ostpreußische Kapkeim, die die Wohnzimmerwände schmückten – und zum Leidwesen meiner Mutter immer mehr Raum ergriffen. Diese ostpreußische Symbolwelt wurde übrigens ergänzt durch die Dokumente meines Bildungswegs: eingerahmt das Abiturzeugnis (alles andere als ein Glanzstück) und später die Berufungsurkunde auf den Lehrstuhl in Hannover mit der Unterschrift des von meinem Vater sehr verehrten Peter von Oertzen, der mir im Amt des Kultusministers den Lehrstuhl für Sozialwissenschaften angeboten hatte. Diese Dokumente »auszustellen«, war Ausdruck des Vaterstolzes. Seine Kritik der sozialdemokratischen Ostpolitik hinderte ihn jedoch nicht, ganze Straßenzüge, die von Ostflüchtlingen bewohnt wurden, bei Kommunalwahlen für die SPD zu organisieren. Da er die Leute besuchte und mit ihnen diskutierte, erreichte er am Ende ein Wahlergebnis, das den DDR-Fälschungen nahe kam: 95 Prozent oder mehr für die SPD. Als Höhepunkt seiner SPD-Karriere betrachtete er, mittlerweile Alterspräsident des Gütersloher Stadtparlaments, die öffentliche Vereidigung des Oberbürgermeisters (der Mitglied der CDU war).

## Nachholende Bildung – Lebensbegleitendes Grundstudium

*Neben den persönlichen Erfahrungen und Begegnungen war und blieb bei meinen Suchbewegungen das Buch das Objekt der erfahrbaren Gegenstandswelt, das meine Phantasie am intensivsten fesselte.* Das klingt reichlich geschwollen, trifft aber den entscheidenden Punkt eines Bildungsprozesses, der ganz auf nachholende Aneignung von Wissen gerichtet war. Im ersten Teil meiner Autobiographie, *Überlebensglück*, habe ich schon berichtet, dass ich gegen Naturalien, die unser Bauernhof bot, *Meyers Konversationslexikon in 16 Bänden* (Leipzig/Wien, Bibliographisches Institut 1890) und *Schlossers Weltgeschichte* (Original Volksausgabe, 23. Gesamtauflage, Berlin, Verlag von Oswald Seehagen 1892) eingetauscht hatte. Diese Entwicklung setzte sich fort mit Überlegungen, was von dem gewaltigen Gesamtvorrat an Wissen unbedingt gelernt werden muss. Gut nachvollziehen konnte ich Fausts bittere Klage, es verbrenne ihm schier das Herz, dass wir nicht alles wissen können. *Aber was ist wichtig zu wissen*? Ganz einfach: Die bekannten klassischen Texte.

In der Literatur fing ich an, Goethe systematisch zu lesen, von Band 1 bis 32 in einer handlichen Werkausgabe. Zwar besuchte ich später während meines Studiums auch Germanistikvorlesungen über moderne Lyrik bei Walter Höllerer, aber das war der Neugierde auf den Dozenten geschuldet, nicht eigentlich der Sache. Weil ich ein Doppelstudium im Auge hatte, nämlich Philosophie *und* Soziologie, musste ich für mich entscheiden, was die Grundtexte in *diesen* Wissensgebieten sind. In der Soziologie schien es mir am sinnvollsten, dort zu beginnen, wo sie als Wissenschaft zum ersten Mal auftritt: bei Auguste Comte, bei Spencer, bei Durkheim und Max Weber. Da ich während meines gesamten Studiums selten in öffentlichen Büchereien oder Bibliotheken gearbeitet habe, aber auch nicht besonders viel Geld für den Ankauf von Büchern verfügbar hatte, beschränkte ich mich auf den Erwerb der Grundtexte in Philosophie und Soziologie. Auch das war schon ziemlich viel; Platos *Politeia* gehörte dazu, die *Metaphysik* des Aristoteles und seine *Nikomachische Ethik*. Eine große Lücke bildete die mittelalterliche philosophische Literatur. Eher kursorisch habe ich mich mit dem Thomismus beschäftigt; vor allem dann mit der über Avicenna und Averhoes vermittelten Aristoteles-Rezeption –

kurioserweise vermittelten zwei arabische Philosophen den Europäern die Schriften des Aristoteles. Dabei spielte der Thomist Joseph Pieper, ein Philosoph aus Münster, für mich eine bedeutende Vermittlungsrolle; über die Tugendlehren hat er die Tradition des aristotelisch zurechtgebogenen Thomismus in die moderne Welt hinüberretten wollen. Schon in der Oberstufe der Oldenburger Hindenburg-Schule hatte ich das Glück, einen Schüler Joseph Piepers zum Klassenlehrer zu haben, sodass die Deutschstunden immer mit tiefergehenden philosophischen Fragestellungen verknüpft waren.

Während meines Studiums las ich gründlich und immer wieder die griechischen Texte der Vorsokratiker und von Platon und Aristoteles. Mein philosophisches Hauptinteresse konzentrierte sich jedoch auf die Auseinandersetzung mit den Schriften des deutschen Idealismus, mit Kant, Fichte, Hegel, sowie dem frühen Marx. Immer wieder: *Kritik der reinen Vernunft*, die gesellschaftsphilosophischen Schriften Kants, Hegels *Große Logik* und die *Phänomenologie des Geistes*, Fichtes *Wissenschaftslehre*. Vielleicht war es einfach die drängende Orientierungsnot, die mich veranlasste, nach sicheren Fundamenten der Aufklärung und des Vernunftzeitalters zu suchen, dem ich von Jugend an mit einem gewissen Vernunftglauben anhing. Das ist bis heute so geblieben.

Bei jedem Problem, für dessen Lösung ich wissenschaftliche Anleitung suchte, gehörte der Rückgriff auf die Grundtexte der europäischen Philosophie zu einer Art spontaner Hinwendung. Schon zu Beginn meines Studiums hatte ich den Eindruck, man müsse, um an die Erkenntnisquellen zu kommen, eine Menge sekundärer Überlagerungen beiseiteschaffen. Ich habe das später die *Palimpsest-Methode* genannt, das Abkratzen der Überlagerungen, die das Original unkenntlich gemacht oder verzerrt haben. Ich hatte mir eine Art *Grundstudium* verordnet, um Boden unter die Füße zu bekommen, von dem aus ich auch größere Zusammenhänge entwickeln konnte, die jedoch nie den Legitimationsfaden überprüfbarer Erfahrungen und Erkenntnisse zerrissen haben. Dieses »Grundstudium« ist sehr weitreichend selbst in den spekulativen Verästelungen meiner Erkenntnisse noch spürbar.

Immer spielt in meiner Arbeit der Erfahrungszusammenhang, auf den ich mich stütze und der für mich eine Leitlinie der Sinnvermutung ist, eine entscheidende Rolle. Wenn ich mich in spekulativen Verbindungen zu verlieren drohe, stelle ich die Frage: Was haben Platon und Aristoteles darüber gedacht? Was Hegel oder Kant oder Marx? Max Weber und Freud? Ich befrage sie nicht, um mich von der weiteren Wahrheitssuche zu entlasten, sondern um den großen Denkern der Vergangenheit meinen Respekt zu zollen, bevor ich mich in als wahr geglaubten Spekulationen aufs Glatteis begebe. Aber diese Überprüfungen gehen stets nicht nur »nach oben«, zum Reflexionsvorrat der Philosophen, sondern auch »nach unten«, zu den Erfahrungen des Alltagslebens.

Angesichts der enormen Bedeutung dessen, was ich »lebensbegleitendes Grundstudium« nenne, kamen viele intellektuelle Vergnügungen, die sich bei jedem Denken und Lesen einstellen, zu kurz. Diese Zeitnot hat mich immer wieder irritiert, wenn ich mich auf die Lektüre großer Romane eingelassen habe. Dazu zählten Tolstois *Krieg und Frieden,* Dostojewskis *Der Idiot,* Musils *Mann ohne Eigenschaften,* der lange Zeit mein literarischer Leitfaden war, Goethes *Wilhelm Meister,* auch seine frühe Arbeit *Wilhelm Meisters theatralische Sendung,* einige Erzählungen von Kafka, *Die Blechtrommel* von Günter Grass. Es mag bei diesem »Zeitraub« durch die Lektüre von Romanen eine Rolle gespielt haben, dass ich sehr langsam lese und bei jedem Stolperstein anfange nachzugrübeln, was natürlich den Lesefluss beträchtlich behindert. Die klassischen Texte der philosophischen Tradition habe ich jedoch gründlich und immer wieder studiert.

# FRANKFURTER LEHRJAHRE

## Frühe Wissensaneignung – Regulierte Anarchie

Die Frau an der Garderobe des Oldenburger Museums rief mit lauter Stimme: »Fragen Sie doch den Herrn dort, der hat sich bisher sämtliche Vorträge angehört. Er wird wissen, ob der Vortrag von Martin Heidegger stattfindet oder nicht.« Ich erschrak etwas, denn der Finger wies eindeutig auf mich. Ein Besucher war aufgrund einer missverständlichen Zeitungsmeldung im Zweifel, ob der große Philosoph tatsächlich sprechen würde. Er hat gesprochen. Es war das Jahr 1954, ein Jahr vor meinem Abitur. Ich war an diesem Abend sehr aufgeregt. Es war zu dieser Zeit keineswegs unproblematisch, Heidegger zu einem Vortrag einzuladen, schon gar nicht am Heimatort seines bedeutendsten Rivalen, des liberalen Karl Jaspers. Ich saß in der zweiten oder dritten Reihe, also ziemlich weit vorne, als Heidegger sich gemächlichen Schrittes zum Rednerpult bewegte. Er erschien mir kleiner als auf den Bildern, die ich kannte. Entweder war das Rednerpult zu hoch eingestellt oder der Mann war so klein, wie ich es nicht vermutet hatte. Er war hinter dem Pult praktisch nicht zu sehen. Das machte auch nichts, weil er ohnehin Blickkontakt mit dem Publikum vermied.

Ich erzähle diese Begebenheit, weil ich nach Anhaltspunkten suche, wo der Name Adorno mir zum ersten Mal aufgefallen sein könnte. Zeitweilig genoss ich den Gedanken, Heidegger könnte ihn in diesem Vortrag erwähnt haben, der ein Hölderlin-Zitat als Titel trug: *... und dichterisch wohnet der Mensch.* Das ist aber unwahrscheinlich. Näher liegt die Vermutung, dass wir in der Klasse mit unserem Deutschlehrer über Heidegger und seine Kritiker gesprochen haben. Es gab auch Zeiten, in denen ich ziemlich sicher war, die *Dialektik der Aufklärung* von Horkheimer und Adorno in der Oldenburger Stadtbibliothek ausgeliehen und gelesen zu haben. Aber auch das ist nicht besonders überzeugend. Die Nazis hatten die Bibliotheken von marxistischer Literatur und jüdischen Autoren mit fanatischer Gründlichkeit gesäubert.

Während die schöne Geschichte von der Garderobenfrau meine lückenlose Präsenz bei den »Göttinger Vorträgen« in Oldenburg bekundet, erinnere ich von vielen Vorträgen nur Versatzstücke, die mit meinem Leben oft gar nichts zu tun hatten. So sprach ein Professor Stich über moderne Methoden der chirurgischen Eingriffe, was mich wegen des Wortspiels mit seinem Namen belustigte, und ein Professor Kopfermann über die Elektronenschleuder. Es wäre zu schön gewesen, wenn Heidegger bei seinem Vortrag seinen schärfsten Kritiker erwähnt hätte: Adorno.

Warum ist das von Interesse? Wer möchte schon wissen, wann und wo ich in Berührung mit den Philosophen Horkheimer und Adorno gekommen bin? Warum hat mich Heidegger mit einem tiefsinnigen Vortrag nicht für seine Philosophie gewinnen können? Vieles in dieser Frühphase der Wissensaneignung macht den Eindruck einer *regulierten Anarchie*. Gerade Linien sind nur schwer erkennbar. Bildungsprozesse haben ihre eigene Entwicklungslogik, die nur selten planbar und mit Sicherheit von Erfolg gekrönt ist. Über lange Strecken können es Irrwege und Nebenpfade sein, die man in vollem Bewusstsein und gutem Glauben auf vernünftige Ziele beschreitet, ohne das Gefühl zu haben, in einer Sackgasse zu enden.

## Fluchterfahrungen und Erkenntnissuche[11]

Wie kommt es zu Charakterprägungen, die sich durchhalten und einer Lebensgeschichte einen unverkennbaren Stempel aufdrücken? Ich wüsste nicht, wie man einen roten Faden konstruieren könnte von dem ostpreußischen Bauernhof, auf dem ich mich als Kind zehn Jahre tummelte, zum Studium bei Horkheimer und Adorno, die mich in eine Denkweise einführten, mit deren Erkenntniswerkzeugen ich mir eine *lebenswürdige Welt* erschloss. Es mag sein, dass die bitteren Erfahrungen während der Flucht dazu beigetragen haben, meine Aufmerksamkeit auf den gesellschaftlichen Zustand und die zerstörerischen Folgen des Krieges und des Faschismus zu konzentrieren. Es mag solche Verbindungen geben, aber sicher bin ich nicht. Von meinen beiden Schwestern hatte ich jedenfalls gelernt, meine Traumwelt auf die wechselnden Bedingungen zu beziehen, ohne sie zu opfern und in eine individuelle Leidensgeschichte einzugliedern.

Nachdem ich das Abitur mit einem Notendurchschnitt bestanden hatte, der leicht über dem erforderlichen Minimum lag, verspürte ich ein Gefühl der Erleichterung und der Freiheit, wie ich es selten vorher und bestimmt nicht nachher empfunden habe. Wäre ich nicht immer wieder auf verständnisvolle Förderer gestoßen, die ihr Lehramt nicht nur als Brotverdienst und bloße Wissensvermittlung betrachteten, sondern sich als wirkliche Erzieher, als *Lehrer*, sahen, dann hätte ich diese beschwerliche Lebensphase nicht mit einem staatlich anerkannten Dokument, dem Abiturzeugnis, abschließen können. Schreckliches hatte ich in der Totenstadt Königsberg erlebt. Danach war die Schule, so wie sie sich in ihrer bräsigen Normalgestalt in Westdeutschland präsentierte, für mich eine albtraumhafte Einrichtung, in der man sich so verhielt, als wäre überhaupt nichts passiert. In keinem einzigen Fach war der epochale Bruch dieser Gesellschaft fassbar, wurde darüber nachgedacht, warum Deutschland diesen Krieg angezettelt und dann diese entsetzliche Niederlage erlitten hatte, warum es Besatzungszonen gab, wie die Zukunft dieses Staates aussehen sollte. Nichts von dem habe ich in der Schule vernommen. Zum Teil unterrichteten uns die alten Lehrer, die einfach zwölf Jahre Verbrechensgeschichte aus ihrem Gedächtnis getilgt hatten. Nun könnte man einwenden: Wie hätte es anders sein können mit einer Lehrerschaft, die ihre SA-Uniformen weggesteckt hatte, aber in ihrer Gesinnung unverändert geblieben war?

Es mag sein, dass einer der Gründe für mein Schulversagen darin bestand, dass meine Gedanken immer woanders waren als dort, wohin die Lehrer sie lenken wollten. Schon als Elfjähriger war ich besessen von dem Gedanken, die Schuldigen an diesem Grauen und Elend, das ich in Königsberg erfahren hatte, zu bestrafen. Wie – das wusste ich noch nicht. Als ich in Oldenburg Abitur machte, wohnten meine Eltern und ich in einer zwölf Quadratmeter großen Dachwohnung; wir waren glücklich, dass wir überhaupt eine Behausung hatten. Aber die Geschichte meiner Familie während der letzten Jahre erregte meine Phantasie nachdrücklich, nach Strukturen und Personen Ausschau zu halten, die dieses *kollektive Unglück*, das ja nicht nur uns betraf, verursacht haben könnten.

Gedanken über die zweite Flucht meiner Familie, die aus der DDR, beschäftigten mich intensiver als die Flucht aus Ostpreußen. Das mag daran gelegen haben, dass meine Eltern die Flucht aus ihrer ostpreußischen Heimat als gerechte Strafe für den Überfall Deutschlands auf die Sowjetunion betrachteten. *Die zweite Flucht konnte keiner so recht verstehen: Wir waren ja gutwillige Neubauern, aber mit eigener Meinung.* Wie war es möglich, dass bewusste Sozialisten wie mein Vater aus einem Land flüchten mussten, das den Aufbau eines freien und gerechten Deutschlands für sich reklamierte? Nie in der Geschichte hat sich ein Staatsgebilde derart umfassend und eng auf Legitimation durch eine wissenschaftlichen Theorie gestützt wie die Gesellschaft, die sich seit 1949 Deutsche Demokratische Republik nannte.

Das hatte ich auch während meiner Schulzeit in der DDR erfahren. Als sich herausgestellt hatte, dass ich nicht auf einen Ausbildungsplatz hoffen durfte, war ich in die Einheitsschule Falkensee abgeschoben worden. Dort gab es in der Klasse heftige politische Auseinandersetzungen mit jungen Lehrerinnen und Lehrern, die sich als Propagandisten der neuen staatlichen Ordnung betätigten. Unter dem Stichwort des Antifaschismus wurde allerlei untergebracht, Kapitalismuskritik ebenso wie die These von der Restauration alter Herrschaftsverhältnisse im Westen. Daran war viel Wahres, aber es reichte für die Errichtung der Freiheit auf dem Boden der DDR nicht aus.

## Irrwege – Jurastudium und schlagende Verbindung in Göttingen

Mit Willen und Bewusstsein Entscheidungen zu treffen, welche die Richtung des Lebenswegs bestimmen, ist gewiss an Voraussetzungen gebunden, in die objektive Faktoren maßgeblich mit eingehen. Wenn auch der Wunsch, mit geistigen Dingen zu tun zu haben, schon früh in meinem Leben auftauchte, so waren doch Überlegungen, die meine konkreten Berufsvorstellungen betrafen, von ganz anderer Dringlichkeit und Reichweite. Der Wunsch meines Vaters, ich solle etwas studieren, »das Hand und Fuß hat«, verengte meinen Entscheidungsspielraum auf zwei Studienbereiche, die überhaupt in Frage kamen: *Volks-*

*wirtschaft oder Jura.* Um Argumente für das Volkswirtschaftsstudium zu bekräftigen, suchte ich einen Studenten dieser Fachrichtung auf, den mir der Oldenburger Ortsvereinsvorsitzende der SPD empfohlen hatte. Doch dieser Student schilderte mir das Volkswirtschaftsstudium in so düsteren Farben, dass ich sofort davon Abstand nahm. Die Deutlichkeit, mit der er in einem fast fünfstündigen Beratungsgespräch dieses Studium als geisttötend beschrieb, hat mich so aufgewühlt, dass ich mir sogar den Namen dieses Beraters bis heute gemerkt habe. Er gab sich die größte Mühe, die Licht- und Schattenseiten zu begründen. Am Ende verließ ich den Raum wie betäubt. Eine richtige Entscheidungshilfe war es nicht, was dieser Student im achten Semester Volkswirtschaft darlegte, aber es diente gefühlsmäßig der klaren Bestätigung: Nein, dieses Studium nicht!

Demzufolge steuerte ich auf Jura zu. Aber in einem Zwischenspiel von Überlegungen hatte ich noch den Wunsch, bei Wolfgang Abendroth in Wilhemshaven-Rüstersiel das Studium zu beginnen; warum das gescheitert ist, erinnere ich nicht mehr. Ich nehme jedoch an, dass Rüstersiel einen Numerus Clausus hatte, der mich mit meinem grenzwertigen Abitur ausschloss. So stieg ich, demonstrativ entschlossen, Jura zu studieren, 1955 auf dem Oldenburger Bahnhof in den Zug Richtung Göttingen, der Stadt der Landesuniversität. Deren juristische Fakultät hatte einen großen Namen. Auf der Fahrt kreisten meine Gedanken unentwegt darum, wie das akademische Leben aussehen könnte. Es war der Wunsch meines Vaters, dass ich Jura studierte; also stellte ich mich darauf ein. Alles andere war noch offen. Von der Entschiedenheit, mit der ich später das Studium der Rechtswissenschaften aufgab, um Philosophie und Soziologie zu studieren, war noch nichts zu spüren.

Als mein Englischlehrer gehört hatte, dass ich nach Göttingen zum Studium aufbrach, hatte er um ein Gespräch gebeten, um mir einige freundliche Ratschläge mit auf den Weg zu geben. Er hatte in Göttingen studiert, sprach in freundlichem Ton über die Stadt und über die akademische Atmosphäre. Erst im Laufe des Gesprächs merkte ich, dass er auf ein bestimmtes Ziel hinsteuerte: Für einen Bauernsohn wie mich sei es doch sehr schwierig, als Einzelner in einer solchen Stadt zu leben, zumal es im Elternhaus keine Erfahrung mit Studienorten und Studienzwecken gebe. Er sei Mitglied einer Burschenschaft, jetzt »Alter Herr«; es handele sich zwar um eine schlagende Verbindung, aber mit vielfältigen geistigen und politischen Interessen. Diese Burschenschaft mit dem kuriosen Namen *Holzminda* sei von sechs Theologen gegründet worden und verfüge über ein komfortables Verbindungshaus in der Wilhelm-Weber-Straße, in dem ich wohnen könnte. Wenn ich wollte, würden mich die »Bundesbrüder« am Bahnhof abholen und mir ein Zimmer im Verbindungshaus zur Verfügung stellen, ohne dass da irgendein Zwang bestünde. Das Angebot war für mich so verlockend, dass ich sofort Ja sagte. In der Tat wurde ich auf dem Bahnhof Göttingen von zwei Studenten mit Mütze und Band in Empfang genommen und in mein vorbereitetes Zimmer begleitet. Mein Mitbewohner war mir auf Anhieb sympathisch; ich hatte das angenehme Gefühl, hier von einer Gemeinschaft freundlicher Menschen aufgenommen zu werden.

Die ersten zwei Monate studierte ich fleißig Jura. Es war ein intellektueller Genuss, den großen Juristen dieser Zeit zuzuhören: Bockelmann im Strafrecht, Leibholz und Werner Weber im Verfassungsrecht (Letzterer war zu meiner Zeit Rektor der Göttinger Universität; er verpflichtete die Studenten in der Aula per Handschlag); Wieacker las über Römisches Recht, Schaffstein über Humboldt. Alles verlief so, wie ich es mir vorgestellt hatte – bis zu dem Tag, als einer der »Bundesbrüder« mit ernstem Blick auf mich zukam und mir eine Frage stellte, die ich zunächst überhaupt nicht verstand: »Was studierst du eigentlich?« Ich entgegnete ihm prompt: »Was meinst du damit? Du weißt doch, dass ich Jura studiere.« »Du studierst Jura?«, fing er an nachzubohren. »Das ist aber kein Jurastudium, was du da machst. Du studierst *Rechtsphilosophie*. Das wirkliche Jurastudium vollzieht sich beim Repetitor, bei der Einübung von Rechtsfällen, das ändert sich auch bis zum Ende des Studiums kaum.« Die Aussage dieses Studenten, der jetzt auf das zwölfte Semester zuging, verwirrte mich und stieß Überlegungen an, meine Studienwahl noch einmal zu überdenken.

Hinzu kam das wachsende Unbehagen an dem Leben in der Burschenschaft. Während meiner Schulzeit hatte ich nie das Gefühl gehabt, dass meine Herkunft vom Kleinbauernhof mein Ansehen beeinträchtigte, dass mich meine Mitschüler von oben herab betrachteten. Aber dem Lebensstil der Burschenschaft, in die man mich gelockt hatte, war ich nicht gewachsen. Die Tanzveranstaltungen, das »gemütliche Zusammensein« waren für mich quälend. Ich bewegte mich in einem akademischen Lebenszusammenhang, in dem Karrieren informell festgelegt wurden. So kam schon bald einer der »Alten Herren« auf mich zu und stellte sich als Staatsanwalt vor; er wolle meine Karriere begleiten und fördern. Als ich einwandte, ich sei doch erst am Beginn meines Studiums, antwortete er, man könne seine Karriere nicht früh genug aufbauen. Sehr schnell bekam ich den Eindruck, nicht wirklich zu dieser Gesellschaft mit ihren festen Ritualen zu gehören – ja, *ich wollte nicht dazugehören*. Je unbefangener ich von meiner Herkunft aus ostpreußischen Kleinbauernverhältnissen, von der Familientradition der Schäfer und der sozialdemokratischen Gesinnung meines Vaters erzählte, desto entschiedener rückte ich von dieser Art der Privilegienordnung ab, die festgelegt war, bevor auch nur eine einzige Leistung erkennbar war.

Wenn ich aber nicht zu dieser Form der Gesellschaft gehörte, zu welcher hätte ich mich sonst zugehörig fühlen können? Es war mir schon damals bekannt, dass seinerzeit weniger als fünf Prozent der Studierenden in der Bundesrepublik aus Bauern- und Arbeiterfamilien stammten. War es vielleicht doch zu kurzsichtig gedacht, wenn ich die Umwälzungen in der DDR mit den privilegierten Arbeiter- und Bauernfakultäten unter dem Gesichtspunkt repressiver Herrschaft betrachte? Nun konnte ich hautnah erleben, wie sich die Restauration alter Herrschaftsverhältnisse im Westen abspielte. Konnte man unterprivilegierten Arbeiter- und Bauernkindern vielleicht gar nicht anders als durch eine radikale Umwälzung der Herrschaftsverhältnisse zum Studium verhelfen?

*In dieser kurzen Göttinger Zeit begann ich mit einem intensiven Marx-Studium.* Natürlich fand ich in diesem ersten Semester nicht ein einziges Seminar oder eine Vorlesung, die sich mit Marx oder sozialgeschichtlichen Problemen befassten. Die während der Nazi-Zeit von marxistischer Literatur »gesäuberten« Bibliotheken waren angesichts des sich verschärfenden Ost-West-Konflikts und der Ideologie des Antikommunismus auch nicht aufgefüllt worden. Also beschaffte ich mir einige Reclam-Bändchen zu entsprechenden Themen.

Bisher war mir der Sozialismus hauptsächlich in meinen spärlichen Erfahrungszusammenhängen begegnet. Eine entscheidende Rolle für die Änderung meines Blicks auf das Experiment einer sozialistischen Gesellschaftsordnung spielte die Lektüre der 1953 von Siegfried Landshut herausgegeben Sammlung von Marx'schen Frühschriften. *Die Texte wirkten wie eine Erleuchtung; sie eröffneten mir Theoriewege.*

## Wendepunkt

Nach kurzer Zeit in Göttingen traf ich drei lebenswichtige Entscheidungen: Ich trat aus der Burschenschaft aus und wurde zwei Tage später Mitglied des SDS (des Sozialistischen Deutschen Studentenbundes). Und ich entschied, nach Frankfurt zu gehen, um *Philosophie und Soziologie* zu studieren. Alle drei Entscheidungen markierten Wendepunkte in meinem Leben, die Resultat von Willen und Bewusstsein waren. Niemand hatte mich dazu gezwungen. Auch erinnere ich mich nicht, ob mir vorher jemand Hinweise auf eine solche Studienverbindung von Philosophie und Soziologie gegeben hatte. Ich ließ mir die Vorlesungsverzeichnisse aus München und Frankfurt zuschicken, um ganz sicherzugehen, dass die Entscheidung richtig war. Die Lektüre dieser Vorlesungsverzeichnisse bestätigte sie.

Es war meine erste Entscheidung, die ich aus freiem Willen und mit Bewusstsein traf. Als Flüchtling sind einem die freien Entscheidungen weitgehend genommen. Man mag es drehen und wenden, wie man will: Die Linie, auf der Rettung in Aussicht steht, rangiert für den Flüchtling immer an oberster Stelle. Rettung ist für den Flüchtling der Zweck jeden vernünftigen Handelns. Ich kann nicht sagen, dass eine solche Entscheidung wie meine in Göttingen nur durch rationale Gründe bestimmt ist; es spielte schon eine Rolle, welche Empfindungen ich mit einem Studium verband. In allen meinen Bildungsprozessen bis zum Abitur hatte mich immer die Frage fasziniert, *wie Dinge entstehen und welche Geltung sie haben*. Adorno hat das als die *Dialektik von Genesis und Geltung* bezeichnet – in *Zur Metakritik der Erkenntnistheorie*, seiner Auseinandersetzung mit Husserl. Das spielt auf den *Zeitkern von Wahrheit* an. So hatte ich mir einen Begriff von Soziologie zurechtgemacht, in dem die Erforschung der Lebensbedingungen der Menschen und die objektiven Verhältnisse die Seite der *Genesis* ausmachen. Die Seite des *Wahrheitsgehalts* und damit der *Geltung* von Verhältnissen und Normen ist damit nicht entschieden. Ich glaubte sogar, dass das Wort *Dialektik*, von dem ich bereits in der Schule gehört hatte, mit diesem Spannungsverhältnis zwischen Entstehungsbedingungen und Geltung zu tun hat. Ich packte also meine Sachen und fuhr so schnell wie möglich nach Frankfurt. Das war der *erste Wendepunkt* in meinem Leben, der eine freie Entscheidung zur Grundlage hatte.

### Genesis und Geltung

Obwohl ich das philosophische Begriffspaar noch gar nicht kannte, hatte mich schon während der Schulzeit beschäftigt, wie Geltung und Genesis zusammenpassen: Wie entsteht ein Geltungsanspruch, wenn er *innerweltlich* begründet sein soll, also nicht auf religiösen Fundamenten ruht? Einfacher ausgedrückt: Wie lassen sich verpflichtende Normen, Sollensvorschriften, empirisch so begründen, dass die Geltungsquelle nicht als willkürlich erscheint? Worauf kann sich der Allgemeinheitsanspruch gründen – so, wie Kant das formuliert: *Handle so, dass die Maxime (Norm) deines Willens jederzeit allgemeines Gesetz werden kann?*

Ich hatte mit meinem Umzug nach Frankfurt die Hoffnung verbunden, dass mir diese Frage sehr schnell beantwortet werden könnte. Das war eine Täuschung – und auch eine Enttäuschung über meine neuen akademischen Lehrer, deren Veranstaltungen ich zunächst zurückhaltend besuchte, die mir aber auch wenig dazu verhalfen, ein *eigenes Theoriemodell* zu entwickeln, an dem ich meine Erkenntnisinteressen orientieren konnte. Als ich mein altes Studienbuch wieder zur Hand nahm, war ich erschrocken über die Orientierungslosigkeit, mit der ich die ersten Semester in Frankfurt verbracht habe. Da finden sich eine Vorlesung über die römische Republik, eine Interpretation des deutschen Dramas des 19. Jahrhunderts, Veranstaltungen über die Geschichte der Russischen Revolution, die analytische Betrachtung der Werke von Bach und Händel, die Geschichte des deutschen Romans, auch ein Proseminar von Horkheimer zu Descartes und eine Übung zu Kierkegaard – ferner epische Bibeldichtung von Heliand bis ins 12. Jahrhundert, Quellen zur Geschichte der Arbeiterbewegung, auch über Marx, Engels, Lenin, Stalin, Mao Tse-tung. Ein Außenstehender, der sich ein solches Studienbuch unter dem Gesichtspunkt organisierter Studienleistung ansehen würde, könnte da nur von einer durch *diffuse Erkenntnisinteressen regulierten Anarchie sprechen.* Natürlich spielten auch fehlende Berufsperspektiven bei diesen in strukturlose Breite gehenden Studieninteressen eine Rolle. Und selbstverständlich kann man das auch positiv bewerten: als *weltoffene Suchbewegung.*

Ich habe es jedenfalls als drückenden Mangel empfunden, dass mir die *Perspektive einer produktiven Theorieentwicklung* zunächst nicht so recht gelingen wollte. Was ich mir selbst in meinen Auseinandersetzungen mit Marx an Positionen des westlichen Marxismus angeeignet hatte, erschien mir durchaus fundiert, ihnen fehlte aber die Anerkennung. Ich hatte anfangs keinen, der mir überzeugend die Richtung wies. Zwar bewegte ich mich durchaus in einem öffentlichen Raum von Anerkennung, aber dieser *Denkraum* war politisch motiviert; es waren die entweder zustimmenden oder kritisierenden Genossen, die Respekt auch dann bekundeten, wenn sie mit meinen Positionen nicht vollständig einverstanden waren.

## Frankfurt: Das neue Milieu

Die Frankfurter Lehrjahre waren hart – nicht wegen der widrigen studentischen Lebensverhältnisse. Diese ließen sich gut regulieren und ich hatte viel freundschaftliche Hilfe. Anstrengend und belastend war vielmehr mein *Anspruch an mich selbst*. Dazu gehörte die Kritik an der Sorglosigkeit, mit der im linken Milieu mit Begriffen und Sichtweisen umgegangen wurde, die ihren Wahrheitsgehalt genauso verloren hatten wie ihre Wirklichkeitsmacht. Plötzlich war das aus den traditionellen Zwängen gelöste Denken zu einem Spielball riskanter Unternehmungen geworden. Die geduldige Arbeit an Vermittlungsprozessen galt als reformistisches Ausweichmanöver; die Arbeiterbewegung wurde allenfalls in der Form eines Massenstreiks anerkannt. Wie aber Erziehung und Bildung zum machtbewussten Klassenkämpfer zustande kommen, das genoss in den Reihen der kritisch mobilisierten Intelligenz kaum nennenswerte Bedeutung. Das Bild, das Heinrich Heine vom Intellektuellen dieses Schlages entwirft, der den Liktor als Scharfrichter der Gedanken immer bei Fuß hat, charakterisiert treffend die Situation dieses Intellektuellentyps – nämlich die Menschen durch exemplarischen Terror zu erschrecken, damit sie aufwachen. Das missglückt aber auf ganzer Linie. Die Komplexität einer entwickelten Gesellschaft verändert das gesamte Kategoriensystem, ohne das eine sichtbare Veränderung und Verbesserung der Dinge unmöglich ist. Das betrifft Begriffe wie negative Dialektik, bestimmte Negation, Ideologie, Fetischcharakter der Ware, Entfremdung. Im Komplex eines terroristischen Revolutionsverständnisses geht *nichts*. Es entsteht nichts weiter außer der Angst der Menschen.

Als ich in Frankfurt Fuß gefasst hatte und mir diese Stadt etwas vertrauter wurde, wenn auch die Fremdheit nur langsam einem zwanglosen Umgang mit Menschen und Dingen wich, war ich darum bemüht, Kontakte zu Gewerkschaftern und SPD-Leuten herzustellen. Das war nicht besonders schwer, denn überall begegneten mir Aufgeschlossenheit und die Bereitschaft, politisch zu diskutieren. Das galt insbesondere für jene Gewerkschafter, die aus der Emigration zurückgekehrt waren und jetzt mit der verblüffenden Erfahrung konfrontiert wurden, dass im Klima des beginnenden Kalten Krieges und der politischen Restauration linke Themen keineswegs besonders beliebt waren. So ergaben sich sofort gemeinsame Interessen in der Auseinandersetzung über den richtigen Weg zum Sozialismus. Natürlich waren auch die alten Fraktionen wieder im Spiel, die Trotzkisten, die orthodoxen KP-Anhänger, die Anarchosyndikalisten. Die aus der Emigration zurückgekehrten Gewerkschafter hatten, um Welterfahrung bereichert, einen in der Regel sehr eigensinnigen politischen Standpunkt. Die offene Form, in der Auseinandersetzungen zwischen den verschiedenen Fraktionen stattfanden, schuf schon vor der Protestbewegung in Frankfurt eine politische Öffentlichkeit, wie es sie in der »Frontstadt« Westberlin nicht gegeben hat.

Wenn ich beschreiben sollte, wo meine lebensgeschichtlichen Schwerpunkte in jener Zeit lagen, da ich Göttingen verlassen hatte und Frankfurt mir allmählich vertrauter wurde, dann könnte ich auch das nur als eine Suchbewegung bezeichnen. Nachdem ich mit dem Oldenburger Abitur gefühlsmäßig eine Art Zertifikat der Sesshaftigkeit erworben, also für mich selbst das Flüchtlingsdasein für beendet erklärt hatte, *begab ich mich jetzt auf eine Denkreise, auf der es um überzeugende und verlässliche Formen des Sozialismus ging.* Diese Suchbewegungen tasteten schon sehr früh ein Begriffsspektrum ab, das außerhalb der engeren Bezirke der Kritischen Theorie lag. Marcuse konnte man leicht auf die Kernbereiche der Kritischen Theorie beziehen, da er ja auch lebensgeschichtlich eher damit verknüpft war. Da ich mich in dieser Zeit intensiv mit Rosa Luxemburg, Karl Korsch und anderen großen Sozialisten, wie Antonio Gramsci und Lelio Basso, beschäftigte, konnte ich nicht begreifen, warum nicht auch sie zur Kritischen Theorie zu rechnen sind, denn diese war ja auf *verändernde* Praxis angelegt und nicht auf Diskurse, welche die akademische Festung nicht verlassen.

*Wenn Sozialismus zum Hauptthema meiner theoretischen und praktischen Tätigkeit wurde, dann auch im Sinne der Kritik aller theoretischen Missbildungen, der machtpolitischen Funktionalisierungen des Denkens.* Es ist kein Zufall, dass eine meiner ersten systematischen Arbeiten nach der Dissertation die Transformation des Marxismus in eine allseitig verfügbare Legitimationswissenschaft, eine eigentümliche Rechtfertigungsordnung, zum Gegenstand hat. Es handelt sich zwar nur um die Einleitung zu dem Band *Kontroversen über dialektischen und mechanistischen Materialismus*,[12] der den historischen Kampf zwischen Nikolai Bucharin und Abram Deborin dokumentiert; dieser Text zeigt aber unzweideutig, wie aus einem kritischen und selbstkritischen Modell der materialistischen Dialektik ein Legitimationsinstrument für Herrschaftsverhältnisse, ein normatives Gefüge, wird. Die Maßstäbe, die ich in diesen Aufsatz für eine kritische Marx-Rezeption entwickelt habe, sind Leitnormen für meine späteren Arbeiten gewesen.

## Dialektik und Erfahrung – Auf der Suche nach einem undogmatischen Marx-Verständnis

Schon sehr früh, während der ersten Jahre meiner Studentenzeit, ist mir auf der Suche nach einem undogmatischen Marx-Verständnis die Bedeutung *kooperativer Arbeitskreise* bewusst gewesen. Das individuelle Lernen, wie ich es bis dahin praktiziert hatte, entzog sich der Kontrolle durch andere, die sich, wie ich, auf ein emanzipatives Selbstverständnis eingelassen hatten. Der Marx-Arbeitskreis, den ich gegründet hatte (davon berichte ich später), entwickelte sich unter meiner Federführung zu einem bestimmenden *Kommunikationszentrum des Frankfurter SDS* und später auch der Protestbewegung. Hier verknüpften sich Nähe und Distanz durch Bildungsarbeit. Ich war – auch bei später initiierten Arbeitskreisen – stets darauf bedacht, dass sich aus den Gemeinschaften *Gleichgesinnter* nicht Sekten bildeten; Tendenzen dahin gab es immer wieder – umso stärker, je mehr die gesellschaftliche Situation zerfaserte.

Doch gerade die Aufnahme widerständiger Theorien im Begriffshorizont Marx'schen Denkens und anderer diesem Denken nahestehender Theoretiker und Politiker bildeten *kritische Blöcke*, die eine solche sektiererische Abkopplung erschwerten. Rosa Luxemburgs Kampf um eine lebendige Dialektik von Spontaneität und Organisation verbot jedes Schmieden von Kadern oder linken Eliten, die sich gegenüber den Massen schulmeisterlich verhielten. Korschs Forderung der Selbstreflexion des historischen Materialismus wies in eine andere Richtung, war aber von demselben Geist des rebellischen Protests gegen sektiererische Verkapselungen getragen; Korsch war geprägt durch die Bewegung der Fabianer, die die Revolution als eine geduldige Veränderung der Alltagsverhältnisse definierten. Namensgeber und Vorbild war jener Quintus Fabius Maximus, der Hannibal besiegte, aber nicht in offener Feldschlacht, sondern mit einer langfristigen Zermürbungstaktik. Lelio Basso, dieser großartige Organisator von Marxismus-Tagungen, den ich persönlich kennenlernte, war ein leidenschaftlicher Sozialist und eine bestimmende Figur bei der Konstitution dessen, was man westlichen Marxismus nannte. Er wirkte als Generalsekretär der italienischen Sozialisten, verließ die Partei jedoch, als sie einen Anpassungskurs verfolgte. Basso hatte die Idee von zwei antagonistischen Logiken, die geschichtlich wirksam sind. *Damit meinte er, dass die Logik der Auflösung eines Herrschaftssystems und die Logik des Aufbaus einer neuen Gesellschaft die Entwicklung ganz eigentümlicher Handlungsfelder voraussetzen. Es sind Systeme, die aufeinanderstoßen, und gerade, wenn die Legitimationskraft beider Systeme unverbraucht ist, ergeben sich auch tragische Situationen auf der Subjektseite. Menschen zerbrechen an ihrem guten Willen.* Wir können heute anschaulich begreifen, was dieses Aufeinanderstoßen zweier Systeme bedeutet, wenn zwar die Herrschaftsfiguren von der Bildfläche verschwinden, aber die neue Gesellschaft ihre Anfangslegitimation verbraucht hat, sodass die alten Herrschaftsfiguren plötzlich wieder (vielleicht in verkleideter Gestalt) auf die Bühne treten.

Da es überwiegend in Frankfurt Studierende waren, die an diesem Marx-Arbeitskreis teilnahmen, war die Auseinandersetzung mit Adorno und Horkheimer gleichsam auf natürliche Weise mit Studienleistungen verknüpft. Es war aber ein von vornherein erweiterter Horizont, in dem Theorien verarbeitet wurden, um neue Grundlagen für eine erfahrungsfundierte Marx'sche Theorie zu legen. *Erfahrung wurde zu einem Zentralbegriff dieses Lernprozesses.* Für meine eigene politische und wissenschaftliche Entwicklung spielte dieser Marx-Arbeitskreis eine zentrale Rolle. Das Diskussionsklima, das hier vorherrschte, war solidarisch und überzeugte durch Kooperation. Ich habe damals zum ersten Mal das *Kooperationskapitel* im ersten Band des Marx'schen *Kapital* gelesen. Marx spricht darin von »animal spirits«, der Erregung der Lebensgeister durch eine kooperative Beziehung zwischen den arbeitsteilig Arbeitenden und den miteinander Kommunizierenden. Es war mir deshalb fremd, mit Abgrenzungsüberlegungen zu operieren.

Der Wahrheitsgehalt einer Theorie bemisst sich nicht daran, wie scharf die Abgrenzungen gelingen, wer dazu gehört und wer auszuschließen ist. Maßstab ist vielmehr, wie ich mit einer theoretischen Konzeption arbeiten und die Erkenntnis vorantreiben kann. Es ist mir deshalb nie in den Sinn gekommen, aus der Begrenztheit von Adornos kulturkritischem Ansatz einen Mangel philosophischer Wahrheitsgehalte abzuleiten.

Im Marx-Arbeitskreis schälte sich ein Grundbegriff der politischen Philosophie heraus, der dann auf vielen Ebenen mein Denken und Handeln bestimmt hat: *Erfahrung*. Das scheint auf den ersten Blick ein Alltagsbegriff zu sein, der keiner besonderen Begründung bedarf. Adorno verschafft ihm jedoch einen sehr weiten Bedeutungsgehalt. Darunter ist auch zu verstehen: der Lernprozess eines Studenten oder einer Studentin, die im Seminar erfahren, dass Argumente, die sie im Privaten formuliert haben, durch Bestätigung ihrer akademischen Lehrer wirksame Geltung bekommen. Jedenfalls vermittelt einem dies das Gefühl, auf der Seite der Wahrheitssuchenden zu stehen. Noch wichtiger ist dabei jedoch die Verknüpfung von Dialektik und Erfahrung. *Erfahrung ist das Bewegungszentrum dialektischer Erkenntnis,* so habe ich es bei Adorno gelernt. Dialektik ist inhaltliches Philosophieren, es ist Versenkung in den Gegenstand.

### Der akademische Lehrer – Horkheimers Faszination

Als ich zum Wintersemester 1955/56 nach langen Suchaktionen in Frankfurt-Höchst eine schäbige Unterkunft gefunden hatte – ein Zimmer, das durch einen Vorhang geteilt wurde und das ich mit einem arroganten Schnösel bewohnte, der Medizin studierte und der Sohn eines Jenaer Professors war –, da befiel mich ein Trennungsschmerz. Ich hatte das Gefühl, eine falsche Entscheidung getroffen zu haben. In Oldenburg, einer Kleinstadt, war ich in kurzer Zeit relativ sesshaft geworden; Göttingen, wo ich die kurze Episode meines Jurastudiums erlebte, war überschaubar. Dagegen erschien mir Frankfurt, wo in dieser Zeit noch zahlreiche Trümmer herumlagen, kalt und unwegsam. Bisher hatte ich in übersichtlichen Verhältnissen gelebt. Ich hatte große Lust, in eine kleine Universitätsstadt umzuziehen.

Als ich mir aus Anlass dieses autobiographischen Berichts mein Studienbuch noch einmal ansah, stellte ich verblüfft fest, dass ich mich zu Beginn meiner Frankfurter Zeit für eine einzige Adorno-Veranstaltung eingeschrieben hatte, nämlich *Probleme der Ästhetik*, eine Vorlesung, die Adorno in einem alten, halb zerstörten und kalten Biologiesaal hielt. Die übrigen Veranstaltungen, die ich anfangs besuchte, hatten gar nichts mit meiner Entscheidung für Frankfurt zu tun. Ich hörte *Vorlesungen in Germanistik, über römisches Recht und Sozialgeschichte*. Diese Zusammenstellung dokumentiert sehr genau meine anfängliche Unzufriedenheit mit dem Ortswechsel.

Deshalb freute ich mich im Sommersemester 1956 darauf, Horkheimer zu hören. Das von ihm angekündigte philosophische Proseminar fiel allerdings aus, weil er zu dieser Zeit in Amerika war. Es waren dann zwei Einführungsveranstaltungen Horkheimers im Wintersemester 1956/57, also in meinem dritten Semester in Frankfurt, die mich in einer Weise faszinierten, wie ich es bei Adorno in seiner Ästhetik-Vorlesung nicht erfahren hatte. Es handelte sich um ein Proseminar über Schopenhauer und eines über die *Meditationen* von Descartes – eine Art Einleitung.

Worin bestand das Faszinierende an Horkheimers Unterrichtsstil, das die Studierenden in Bann schlug? Horkheimer hatte die Fähigkeit, auch den dümmsten und abwegigsten Fragen einen rationalen Kern abzugewinnen; das ermutigte sehr viele, sich an dem philosophischen Gespräch zu beteiligen. Horkheimer versuchte Antworten auf jegliche Interventionen, er sprach kritisch Vorlesungsprobleme an oder gab auch ganz außerhalb des Zusammenhangs Hilfestellung für den Fragenden: »Wenn ich Sie richtig verstanden habe, meinen Sie ...?« Nur wenige gaben zu bedenken, dass die von Horkheimer gedrehte Fragestellung nicht das bezeichnete, was gemeint war. So entwickelte sich in Horkheimers philosophischen Proseminaren eine Atmosphäre, in der auf dem Hintergrund umfassender Kenntnis der philosophischen Tradition lebendig und ausgreifend diskutiert wurde. Ich selbst fühlte mich angeregt, die Texte Horkheimers zu lesen. Meinem Studienbuch entnehme ich, dass erst im vierten Semester, also zwei Jahre nach Studienbeginn, die Vorlesungs- und Seminarliste mit Veranstaltungen von Horkheimer und Adorno gefüllt ist. Zehn Stunden in der Woche verbrachte ich in Seminaren und Vorlesungen über die Geschichte des Denkens, über Materialismus, Sozialgeschichte und soziologische Grundbegriffe.

Ich war vorsichtig und zögerlich. Sog diesen philosophischen und soziologischen Lernstoff mit großer Begierde auf. Es war dieselbe Zeit, in der ich im Sozialistischen Deutschen Studentenbund aktiv war und bei jedem philosophischen Problem die Frage stellte: Was unterscheidet Kritische Theorie von einer philosophischen Tradition, wie sie üblicherweise gelehrt wird? Einige Sätze aus dem 1937 geschriebenen Aufsatz *Traditionelle und kritische Theorie,* den ich sehr viel später gelesen habe, mögen bestätigen, worin mein Zugang zur Definition eines Charaktertyps bestand, der in meinen Vorstellungen mit dem *politischen Intellektuellen* verknüpft ist. Die elfte Feuerbach-These so zu drehen, dass die *Interpretation* der Welt ganz verschwindet, das konnte unmöglich das Neue in der Theoriebildung sein. Es war immer die *dialektische Spannung zwischen Interpretation und praktischer Veränderung* gemeint. Die kritische Dimension des Denkens werde unter keinen Umständen geopfert; die kritische Gesellschaftstheorie als Ganze sei ein einziges entfaltetes Existenzialurteil. *Horkheimer erscheinen die Urteilsformen abhängig von den jeweiligen Gesellschaftsepochen.* »Zwischen den Urteilsformen und den geschichtlichen Epochen bestehen Zusammenhänge, über die eine kurze Andeutung gestattet sei. Das kategorische Urteil ist typisch für die vorbürgerliche Gesellschaft: So ist es, der Mensch kann nichts daran ändern. Die hypothetische wie die disjunktive Urteilsform gehören im Besonderen zur bürgerlichen Welt: Unter gewissen Umständen kann dieser Effekt eintreten, entweder es ist so oder anders. Die Kritische Theorie erklärt: es muss nicht so sein, die Menschen können das Sein ändern, die Umstände dafür sind jetzt vorhanden.«[13]

Solche kantigen Formulierungen begeisterten mich.

## Zwei Bildungserlebnisse – Protokoll und Referat bei Adorno

Es gibt Konstellationen im Leben, die so aussehen, als hätte sie tatsächlich eine *invisible hand* gesteuert, wie Adam Smith das für eine Marktgesellschaft beschrieben hat – oder die an Mandevilles These erinnern: *private vices, public benefits*. Im Sommersemester 1959, als ich im achten Semester Philosophie und Soziologie studierte, löste sich ein Knoten.

Horkheimer hielt eine Einleitungsveranstaltung in Philosophie über den Begriff der Arbeit; so steht es in meinem Studienbuch. Adorno veranstaltete ein Seminar zu Kants *Kritik der reinen Vernunft* in Philosophie, und in seinem soziologischen

Lehrangebot ging es um die Frage: »Was ist Gesellschaft?« Ich belegte diese Veranstaltungen und erklärte mich bereit, im philosophischen Hauptseminar ein Protokoll anzufertigen und in Soziologie ein größeres Referat. Dabei wusste ich, dass das Protokollschreiben in Philosophie schwieriger war als ein Referat. Häufig wurde bei Adorno die Hälfte der Sitzung darauf verwendet, die Protokolle vorzutragen und kritisch zu überprüfen (ein unter Gesichtspunkten des Bildungswerts sehr nützliches Verfahren). Im soziologischen Hauptseminar im alten Institut für Sozialforschung in der Senckenberganlage hatte ich mich für ein Referat über den Gesellschaftsbegriff von Marx eingetragen. In diesen beiden Seminaren beschäftigte ich mich aufs Intensivste mit den Philosophen, die mein Denken bis heute prägen: Kant und Marx.

Das philosophische Hauptseminar thematisierte eines der dunkelsten Kapitel der *Kritik der reinen Vernunft*, nämlich den *transzendentalen Schematismus* – jene Passagen, in denen Kant mit größten Mühen die Apriorisierung der Kategorien wieder ein Stück rückgängig machen muss, weil sonst Erkenntnis, die auf zwei Stämmen beruht – Sinnlichkeit *und* Verstand – nicht möglich ist. Eine ganze Woche hatte ich buchstäblich Tag und Nacht an dem Protokoll gearbeitet. Es war mühsam, bereitete dennoch Vergnügen, denn Kant laboriert hier mit dem Begriff eines »transzendentalen Hundes« als eine Art Vermittlungszentrum. Auch die Diskussionsfragen des Seminars galt es zu rekonstruieren sowie die darüber hinausgehenden Probleme noch einmal thesenhaft zu artikulieren. Adorno zeigte sich aufs Höchste beeindruckt von meinem Vortrag, nickte jeden zweiten Satz ab und erklärte, dieses Protokoll sei ein Musterbeispiel für eine Metareflexion des Diskussionsstoffs. Am Ende der Sitzung kam er auf mich zu und verabschiedete sich mit großem Lob für meine Leistung. In diesen Tagen spielte sich in mir ein merkwürdiger Lernprozess ab. Es war ja nicht die Doppelung zweier Philosophien – es war die dialektische Verbindung zweier Denkweisen, die genau das beinhalteten, worüber ich seit Langem nachgedacht hatte. Es war ein wirkliches Bildungserlebnis.

Ich war reichlich verwirrt, denn eine erste, in früheren Semestern versuchte Kant-Interpretation hatte Adorno mit der zurechtweisenden Bemerkung quittiert, ich solle mir den Text noch einmal genauer ansehen. Seitdem hatte ich mich (etwas gekränkt) in Schweigen gehüllt. Dieses Protokoll war meine erste schriftliche Leistung im philosophischen Hauptseminar. Damit aber nicht genug: Im soziologischen Hauptseminar zwei Wochen später hatte ich das Thema »Über das Verhältnis von Ökonomie und Gesellschaftstheorie bei Marx« am Wickel. Im Grunde ging es um den *dialektischen Begriff von Gesellschaft*, um Balancearbeit zwischen Subjekt und Objekt. Diese Referate wurden vor dem Vortrag von Assistenten des Instituts durchgesehen, korrigiert und in der Regel auch gekürzt. Mein Referat über Marx hatte ich zur Kontrolle Jürgen Habermas überreicht mit der Bemerkung, dass es leider viel zu lang geworden sei und ich ihm dankbar wäre, wenn er selbst die Kürzungen vornähme. Acht Tage vor der Seminarsitzung gab er mir den Text zurück und ich war äußerst überrascht, dass er einige ergänzende Anmerkungen gemacht hatte, aber den Text in voller Länge zum Vortrag freigab. Ich erlaubte mir die Bemerkung, dass es mehrere Sitzungen erfordere, wenn man das Referat in voller Länge vortrage. Das ginge in Ordnung, er hätte mit Adorno darüber gesprochen.

Ich trug langsam den ganzen Text vor; um ihn nicht zu langatmig erscheinen zu lassen, nannte ich die Zwischenüberschriften. Adorno unterbrach meine Rede nur, wenn er das Gefühl hatte, dass Ergänzungen nötig sind. Im Wesentlichen bestätigte er durch zustimmendes Nicken oder kurze Statements das, was ich vorgetragen hatte. Ich kannte ja Sitzungen des soziologischen Hauptseminars aus vorherigen Semestern und wusste diese einhellige Bestätigung dessen, was ich vortrug, richtig einzuschätzen. Denn ich hatte den ausdrücklichen Auftrag, die elementaren Grundlagen der Marx'schen Theorie im Zusammenhang seines Gesellschaftsbegriffs zu erörtern, nicht irgendwelche originellen Thesen zu formulieren.

Was ich vortrug, war in der Tat elementares Wissen über die Marx'sche Gesellschaftstheorie. Da Adorno keinen Grund hatte, seine kritischen Interventionen zurückzuhalten, ging ich davon aus, dass er im Wesentlichen mit den Marx'schen Positionen übereinstimmte, wie ich sie vortrug. *Ich fragte mich, ob ich ihn für einen orthodoxen Marxisten halten sollte.* Mir war diese Frage vorher nie in den Sinn gekommen, weil die Formen der Marx'schen Denkweisen, die ich in meinem Arbeitskreis mit politischen Freunden diskutiert hatte, durchaus Varianten der Marx'schen Theorie nahelegten. Dass Jürgen Habermas mein Marx-Referat nicht mit großen Fragezeichen versehen hatte und Adorno jetzt bestätigend und lobend meine Arbeit akzeptierte, löste bei mir einen weitreichenden Reflexionsprozess aus, in dem sich immer deutlicher herausschälte, *dass diese zwei Seminarsitzungen, die eine über Kant, die andere über Marx, gleichsam symbolhaft repräsentieren, was ich dann unter westlichem Marxismus verstand.*

## Die Veränderungskraft der bestimmten Negation

Ich war auf der Suche nach einer Theorie, die mir die während meines Flüchtlingsdaseins schmerzhaft erfahrene kaputte Welt erklären konnte, ohne mich in depressive Untätigkeit über das Elend zu drücken. Die Phantasien, die sich auf dem Bauernhof hatten entfalten können, trafen auf eine Welt, in der Trümmer auf Trümmer und Leichen auf Leichen geschichtet waren. Das empörte mich. Meine individuellen Bildungsinteressen luden sich immer mehr mit einer Protestenergie auf, die mein Leben bestimmte. Aber schon sehr früh (ich kann freilich nicht sagen, wann) war mir klar, dass die *Akkumulation* von Empörung nur dann nachhaltig ist und zu kritischem Handeln anreizt, wenn sie von der Orientierungsmacht einer hinreichend begründeten Theorie getragen wird.

Ganz neu war für mich Adornos These von der Macht der »*bestimmten Negation*«. Es ist eine mit Abstraktionen verknüpfte Zuspitzung, wie Adorno davon spricht, dass Dialektik das »reine Zusehen« sei. Die *Arbeit des Begriffs* ist, im Interesse des Zusammenhangsdenkens, dabei jedoch nicht zu vernachlässigen. »Der Nerv der Dialektik als Methode ist die bestimmte Negation. Sie basiert auf der Erfahrung der Ohnmacht der Kritik, solange sie im Allgemeinen sich hält, etwa den kritisierten Gegenstand erledigt, indem sie ihn von oben her einem Begriff als dessen bloßen Repräsentanten subsumiert. Fruchtbar ist nur der kritische Gedanke, der die in seinen eigenen Gegenstand aufgespeicherte Kraft entbindet [...].«[14]

## Im Frankfurter SDS

Ist der Begriff des Politischen in dieser Dialektik von Theorie und Praxis verankert, so konnte es in dem von Horkheimer und Adorno bestimmten Bildungsklima nicht ausbleiben, dass ich mich auch im engeren Sinne politisch betätigte: als Mitglied des Sozialistischen Deutschen Studentenbundes (SDS), der Mitte der 1950er Jahre noch Organisationsteil der SPD war. Die Symbole kamen meinem Politikverständnis entgegen; bei der

Gründung des SDS in Hamburg hingen zwei Großportraits an den Wänden des Versammlungsorts: die von *Kant und Marx*. Man kann ohne Übertreibung festhalten, dass vielleicht neunzig Prozent derer, die bei Adorno und Horkheimer, im Institut für Sozialforschung oder im philosophischen Hauptseminar, Philosophie und Soziologie studierten, gleichzeitig Mitglied des SDS waren. In dieser Linken der Frankfurter Schule war ein kritischer und antidogmatischer Marxismus lebendig, der bis zum heutigen Tag eine große Zahl von politischen Intellektuellen prägt, die sich der 68er-Bewegung angeschlossen und deren Interessen und Bedürfnisse öffentlich artikuliert hatten, aber nicht ausschließlich von deren Erfahrungsquellen zehrten. Die Geschichte der Frankfurter Protestbewegung der Studenten und Jugendlichen geht weiter zurück und ist in ihrem Ursprung durch eine intensive theoretische Sozialisation geprägt.

Als ich um das Jahr 1958 in Frankfurt zum Vorsitzenden dieser hochkarätigen, aber sehr kleinen Organisation gewählt wurde, fühlte ich mich aufs Höchste geehrt und begann in aller Naivität sofort mit der Herstellung von Austauschkontakten zur FDJ-Organisation der Technischen Hochschule Dresden. Ich hatte durchaus im Sinn, den versteinerten DDR-Marxismus in der Konfrontation mit meinem Marx-Verständnis aufzubrechen, was natürlich schon bei der ersten Begegnung in Dresden nicht richtig gelang. Ich wollte aber nicht aufgeben. So bemerkte ich nicht, dass im Frankfurter SDS eine Minderheit von Mitgliedern im Geheimen gegen mich agitierte, indem sie das Gerücht streute, ich würde die stalinistischen Praktiken der DDR verharmlosen und das »Bauernlegen« rechtfertigen, also die rigorose Praxis der Enteignung der Bauern, die in Produktionskollektive gedrängt wurden. Als Beweismittel diente meinen Gegenspielern ein Buch mit der Widmung eines hohen FDJ-Sekretärs im Mai 1957, die er mit der Formel einleitete: »Immer für den Fortschritt.« Diese harmlose persönliche Widmung war schon zu viel.

Als im Sommersemester 1959 erneut die Wahl des SDS-Vorsitzenden anstand, gab ich, wie üblich, einen Rechenschaftsbericht. Über die große Zahl der neuen Mitglieder war ich jedoch so irritiert, dass ich deren Mitgliedschaft überprüfen ließ. Es erwies sich, dass praktisch der ganze Jahrgang der Akademie der Arbeit, einer der Frankfurter Universität angegliederten gewerkschaftlichen Bildungsstätte für Funktionäre, wenige Tage zuvor in den SDS eingetreten war. Erst jetzt dämmerte mir, dass eine Intrige im Spiel war. In der Tat wurde nicht ich zum SDS-Vorsitzenden gewählt, sondern mit überwältigender Mehrheit ein DDR-Flüchtling, der allerdings, wie sich bald zeigte, dem Frankfurter SDS wenig Glück brachte.

Meine Betroffenheit war groß. Es verschlug mir buchstäblich die Sprache. Gerhard Brandt und Werner Thönissen, zwei Altgenossen, die großen Einfluss auf den SDS hatten, nahmen meine Verbitterung wahr und waren selbst schockiert. Sie schlugen vor, mich mit der Gründung eines Marx-Arbeitskreises im SDS zu beauftragen, um jüngere Mitglieder, die immer zahlreicher den SDS aufsuchten, mit der Geschichte des Sozialismus vertraut zu machen und ihnen die weitgehend vergessenen theoretischen Grundlagen marxistischen Denkens zu vergegenwärtigen.

### Marx-Arbeitskreis

Dieser Marx-Arbeitskreis wurde zu einer kollektiven *Schlüsselerfahrung* dessen, was für mich linke Politik ist – und was sie unter keinen Umständen sein darf: technische Manipulation zur Herstellung von Mehrheiten. Schon nach kurzer Zeit entwickelte sich der Marx-Arbeitskreis, zu dem übrigens auch viele kamen, die gegen mich gestimmt hatten, zu einem politisch-theoretischen Zentrum des Frankfurter SDS. Die jeweiligen Vorsitzenden besuchten ihn genauso wie die neuen Mitglieder, unter ihnen auch später so erfolgreiche und allseits anerkannte politische Intellektuelle wie Michael Schumann und Dieter Sterzel, die verlässliche Freunde geblieben sind.

Es ist eine eigentümliche *Ironie der Geschichte*, dass ich als abgewählter SDS-Vorsitzender durch die Gründung des Marx-Arbeitskreises einen viel größeren Einfluss auf den SDS gewann als in meiner Vorstandsfunktion. Die Erfahrung der Intrige, die meine Wiederwahl verhinderte, hat mich immun gemacht gegen alle Geheimabsprachen, in die man mich später einzubinden versuchte. Vielleicht gewann schon hier der Begriff »Öffentlichkeit« die Dimensionen, die ich ihm in meiner späteren politischen Entwicklung, auch in dem gemeinsam mit Alexander Kluge geschriebenen Buch *Öffentlichkeit und Erfahrung*,[15] zuschreibe.

Trotzdem: Es war eine große Infamie, mir stalinistische Neigungen und Praktiken zu unterstellen. *Es war gerade nicht meine Absicht, stalinistische Methoden einzuführen.* Im Marx-Arbeitskreis konnte ich vielmehr Schritt für Schritt den Beweis antreten, dass die *Kritik stalinistischer Praktiken* der Marx'schen Theorie innewohnt. Es ging hier allerdings nicht nur um Theoriearbeit; vielmehr hatte die Beschäftigung mit dem Marx'schen *Kapital*, mit Rosa Luxemburgs Schriften, dann mit Karl Korsch und den anarchistischen Traditionen immer die Frage im Blick: Wie überträgt man wissenschaftliches und philosophisches Wissen in den Verstehenshorizont der Menschen, die für den Sozialismus gewonnen werden sollen? *In diesem Marx-Arbeitskreis wurde die Vermittlungsarbeit ins Zentrum gerückt – nicht, wie man annehmen könnte, in einseitiger Kausalität, also von der Theorie in den praktischen Verstehenshorizont, sondern auch umgekehrt: Wie werden Erfahrungszusammenhänge der Menschen, wie wird deren Lebenswelt in Theorie und Weltanalysen aufgenommen?* Es war Gedankenarbeit an einem der schwierigsten Probleme in unserem wissenschaftlichen Zeitalter. Und es war sehr nützlich, dass wir Älteren durch Adornos Philosophie geschult waren, die der Eigenlogik der Reflexion und dem Eigensinn des Denkens einen so hohen Rang beimisst.

## Grundlegende Theoriearbeit

*Die Theoriearbeit im Marx-Arbeitskreis war auf eine praktische Dimension politischer Tätigkeit gerichtet, aber sie verstand sich nie als eine verkürzte praktische Maßnahme nach Art einer »Trichterpädagogik«, mit der von oben herab etwas in die Gehirne und die Seelen der Menschen hineingeträufelt wird.* Die Orientierungsfunktion dieses Marx-Arbeitskreises, in dem man sich in freier Reflexion über den Zustand der Gesellschaft und über die Möglichkeiten einer sozialistischen Politik verständigte, gewann in dem Maße an Bedeutung, wie nach Verabschiedung des Godesberger Programms die Führungsgruppe der SPD unter Leitung Herbert Wehners immer deutlicher darauf drang, den SDS als eine linksradikale Gruppierung auszugrenzen und schließlich die einzelnen SPD-Mitglieder, die im SDS bleiben wollten, aus der Partei auszuschließen. Auch ich selbst war von diesem Ausschluss betroffen. Mein Vater, eher ein traditionelles Mitglied der SPD, allerdings schon seit der Zeit des Arbeiter- und Soldatenrats von 1918, hatte diese Ausgliederung der sozialistischen Studenten aus dem politischen Spektrum der SPD als fatal betrachtet. Gegen den SDS wurde eine Konkurrenzorganisation aufgebaut, der SHB (Sozialdemokratischer Hochschulbund, ab 1972 Sozialistischer Hochschulbund); mit dem SHB hatte die Parteiführung Ende der 1960er Jahre ein ähnliches Problem wie zuvor mit dem SDS.

Politisch an den Rand gedrängt, entwickelte sich der SDS allmählich zu einem *Kristallisationszentrum marxistisch orientierter Theoriebildung und einer sozialistischen Politik, die zum Hoffnungsträger einer grundlegenden Veränderung der Gesellschaft wurde.* Nicht in ganz Westdeutschland, aber doch in Frankfurt entstand eine sehr intensive Bindung des SDS an die Gewerkschaften, insbesondere an die IG Metall. Theoretisch stark beeinflusst durch André Gorz, der einen *revolutionären Syndikalismus* als Alternative zu Vorstellungen eines staatsorientierten Sozialismus vorschlug, wurde politische Bildungsarbeit zu einem immer wichtigeren Tätigkeitsfeld für jene Absolventen wissenschaftlicher Bildungsprozesse, die eigentlich eine Karriere in der SPD angestrebt hatten, dort aber zunehmend unerwünscht waren. Auf dem Höhepunkt dieser Verbindungen zwischen dem Rebellischen der Protestbewegung, den SDS-Intellektuellen, der IG Metall und der Frankfurter Schule spielten gemeinsame Veranstaltungen gegen die Verabschiedung der Notstandsgesetze eine bedeutende Rolle. Das Buch *Gefahr im Verzuge. Zur Problematik der Notstandsgesetzgebung* von Jürgen Seifert[16], einem dieser SDS-Intellektuellen, wurde in Hunderttausenden von Exemplaren in den Gewerkschaften verteilt und trug mit dazu bei, dass man begriff: Hier ist für die Demokratie Gefahr im Verzug.

Solche Schlüsselerfahrungen, wie die in den Seminaren von Adorno und Horkheimer, im SDS und im Marx-Arbeitskreis, bestimmten *meinen* Begriff von Politik. Die nächste Stufe dieser Prägung bestand in der aktiven Beteiligung an der gewerkschaftlichen Bildungsarbeit. Wie viel Mühe und Arbeit erforderlich sind, um Vorurteile sichtbar und überwindbar zu machen, ein Bewusstsein für die eigenen gesellschaftlichen Abhängigkeiten zu schaffen und Perspektiven der Veränderung aufzuzeigen, *das habe ich in konkreten Lernprozessen mit Betriebsräten und gewerkschaftlichen Vertrauensleuten erfahren, also in der gewerkschaftlichen Bildungsarbeit.*

## Es ist genug! – Erschöpftes Lernen

Wenn es so etwas wie eine gefühlte Kompetenz geben sollte, also die emotionale Sicherheit, das Gelernte im Universitätsstudium nicht mehr erweitern zu können, so rieb sich dieses Sicherheitsgefühl bei mir immer deutlicher mit dem keineswegs nur gefühlten Tatbestand, sondern der harten Realität, dass mir die Abschlusszertifikate fehlten. Ich hatte frei und selbstbestimmt ungefähr zehn Semester studiert. Dass das mit einer Art Prüfung enden musste, war mir völlig aus dem Gedächtnis gerutscht. Alte Schul- und Prüfungsängste tauchten in den Träumen wieder auf. Mit schulischem Stoff war ich durch ergänzende Nacharbeiten in Berührung gekommen: Für bestimmte Fächer benötigte man Graecum und Latinum; und selbst wenn sie nicht vorgeschrieben waren, waren sie nützlich. Ich wollte ja schließlich bei Adorno promovieren – und das bedeutete unmissverständlich: Plato in der Originalsprache lesen zu können.

Im Grunde hatte ich nach meinem Studium, nach gut zehn Semestern, erreicht, was ich mir vorgenommen hatte. Einen großen Teil des Studiums hatte ich darauf verwendet, den *Umgang mit Theorien* zu erproben – ich hatte also Theoriearbeit betrieben. *Jetzt hatte ich genug davon.* Es war nicht so ganz ersichtlich, was ich mit dem Wissenschaftspaket »Kant und Marx,

Philosophie und Sozialforschung, Theorie und Praxis« anfangen könnte, um meinen Lebensunterhalt zu verdienen. Wie manche Konstellationen im Zusammenhang meines Flüchtlingsdaseins kam mir auch jetzt das Glück zu Hilfe. Innerhalb von acht Wochen wurden mir zwei völlig verschiedene Assistentenstellen angeboten, die eine an einer DGB-Bundesschule, die andere an der Universität. Ich war auch deshalb so überrascht, weil beide Angebote nicht mit einem Hinweis auf ein Examen verknüpft waren. Entweder wusste man nicht, dass ich noch kein Examen hatte, oder man spielte es herunter, weil man mit einem großen Vertrauensvorschuss die Abschlüsse als eine Kleinigkeit betrachtete – was sie nicht waren. Mir persönlich war es jedoch äußerst peinlich, denn es war buchstäblich Prüfungsangst, die die Verzögerung verursachte, nichts sonst.

### Neue Schlüsselerfahrungen – Assistent an der Gewerkschaftsschule Oberursel

Nie hätte ich, als ich das Studium der Rechtswissenschaften in Göttingen aufgab, um nach Frankfurt zu gehen und dort Philosophie und Soziologie zu studieren, auch nur im Traum daran gedacht, Schlüsselerfahrungen aus praktischen Lernprozessen, die nicht lediglich berufliche Qualifikation betreffen, sondern politische Ansprüche, aus der Tätigkeit an einer Gewerkschaftsschule zu gewinnen. Der Zufall wollte es, dass ich im Winter 1960 – ich war mit dem Studienabschluss beschäftigt, hatte aber keineswegs schon das Examen in der Tasche – von einem IG-Metall-Funktionär angesprochen wurde, ob ich Interesse an einer Assistentenstelle in einer DGB-Bundesschule habe. Die Bezahlung sei nicht üppig, 250 DM Monatslohn, aber freie Kost und Logis. Nach der Erfahrung, mit dem Lastenausgleichs-Stipendium von 105 DM das Leben zu bestreiten, erschien mir das durchaus attraktiv. Ich willigte schließlich ein, war dann, was ich vorher nicht wusste, anderthalb Jahre praktisch Schulleiter, weil sich Herbert Tulatz, der Leiter der DGB-Bundesschule in Oberursel, überwiegend in Afrika aufhielt. Er leistete dort im Auftrag von Willi Richter, dem Vorsitzenden des Internationalen Bunds Freier Gewerkschaften, den nachkolonialen Gewerkschaften in den afrikanischen Ländern Organisationshilfe.

Ich wuchs allmählich in die Leitungsfunktion dieser Schule hinein, aber was mich mehr interessierte, war die Beobachtung dessen, was in diesen Gewerkschaftsschulungen unter *Lernen* verstanden wurde. Ich war erschrocken, ja bestürzt, als ich mich in verschiedene Vortragsrunden schlich, mit der Bemerkung, ich wolle von den Referenten etwas lernen. Da referierte ein ehemaliger Staatsanwalt, dem man offenbar die Lizenz entzogen hatte, über Arbeiterrechte. Wenn ein Ökonomiekurs Keynes zur Grundlage hatte, war das ein Aufleuchten ökonomischer Aufklärung. Auf die stumpfe Aneinanderreihung von zerfaserten Informationen folgten die von mir eingeladenen Gewerkschaftsfunktionäre, die das proletarische Bewusstsein anheizten, deren Vorträge aber mit den Lehrgehalten überhaupt nichts zu tun hatten. Ich habe nicht eingegriffen, aber dort, an der DGB-Bundesschule Oberursel, bildete sich bei mir *eine neue Art Suchbewegung* aus: Ich wollte *andere Formen politischer Bewusstseinsbildung finden und praktizieren* als die ruinösen Zerfaserungen jeder Form politischen Lernens, die hier vor meinen Augen abliefen. Ich kann sagen, diese anderthalb Jahre in Oberursel haben mein Leben grundlegend verändert, weil ich hier erfuhr, wie beschwerlich und reich an Umwegen politisches Bewusstsein sich bildet und wie kompliziert Lernprozesse sind, die emanzipative Inhalte und Ziele haben.

Mit Begeisterung hatte ich eine Schrift von Martin Wagenschein über das exemplarische Lernen in der Physik gelesen und dachte, das müsse sich auch für gesellschaftspolitische Lernprozesse umformulieren lassen. Ich hatte nicht selbst die *Idee des exemplarischen Lernens*, aber ich fand sie sofort faszinierend und setzte mich in den nächsten Jahren daran, sie für die Erwachsenenbildung fruchtbar zu machen. Das exemplarische Lernen ist ein roter Faden in *meiner* Lerntheorie.[17]

## Erfahrungszusammenhänge des politischen Intellektuellen

Schon in meiner Schrift *Der politische Mensch*[18] skizziere ich Antworten auf Fragen, die sich die Leserinnen und Leser auch dieser autobiographischen Spurensuche stellen werden: *Was sind die Erfahrungsquellen der politischen Urteilskraft des Autors? Was sind die konkreten Erfahrungsräume? Wie definiert sich sein Begriff des Politischen, wenn es sich nicht nur um eine akademische Betrachtungsweise handelt?* Und selbst wenn es sich nur um eine wissenschaftliche Analyse der Politikfelder handeln würde, könnte man doch mit Sicherheit erkenntnisleitende Interessen ausmachen, die auf Schlüsselerlebnisse mit dem Politischen zurückgehen.

Es sind fünf *Erfahrungszusammenhänge,* aus denen sich die spezifische Prägung *meines* Begriffs des politischen Intellektuellen speist:

Da ist zum einen mein Studium bei Horkheimer und Adorno, mit der in ihrer Philosophie entwickelten eigentümlichen Dialektik von Theorie und Praxis, die das öffentliche Denken als eine Form der Praxis bestimmt.

Zum anderen ist es das bereits während des Studiums beackerte Tätigkeitsfeld der gewerkschaftlichen Bildungsarbeit.

Gewerkschaften hatten schon in der Zeit meines Studiums eine über Organisationsfragen hinausgehende Bedeutung.

Hinzu kommen drittens die Theoriearbeit und die Organisationspraxis im Sozialistischen Deutschen Studentenbund (SDS) wie auch die Öffentlichkeitsarbeit in der außerparlamentarischen Opposition, die von der Studentenbewegung kräftige Impulse empfing.

Viertens ist es der Erfahrungszusammenhang des »Sozialistischen Büros«, in dessen von spezifischen Arbeitsfeldern ausgehender Organisation das Politische als Produktionsprozess begriffen wurde.

Fünftens ist für mich der Begriff des Politischen schließlich von einer Seite aus mitgeprägt, die unmittelbar mit dem Politischen im herkömmlichen Verständnis nichts zu tun zu haben scheint; ich meine *die Auseinandersetzung mit Kindheit und Schule, vor allem die Gründung und inhaltliche Gestaltung einer Alternativschule,* die in meinem Leben weit mehr Zeit und Aufwand erfordert hat, als in meinen Schriften erkennbar ist.

Betrachtet man im reflektierenden Rückblick, wie sich Politik in *meinem* Verständnis zusammensetzt, dann haben die fünf genannten Erfahrungszusammenhänge durchgängig einen existenziellen Punkt des Politischen gemeinsam, für den das Wort *Basisorientierung* eine angemessene Beschreibung ist. Definitorisch lässt sich schwerlich daraus etwas ableiten wie Max Webers »langsames Bohren von harten Brettern« oder Carl Schmitts Feinddefinition, die das wesentlich Politische charakterisiert.

### Theorie und Praxis

Wenn ich von einem Prozess der Politisierung spreche, setzen meine Fragestellungen immer dort an, wo es um Erziehung,

Bildung und Entwicklung des Mutes zu öffentlich eingreifender Urteilskraft geht. Mir ist sehr früh klar gewesen, dass eine Politisierung des Privaten, der menschlichen Bedürfnisse und Interessen nur in einem weiten Spannungsfeld von gesamtgesellschaftlicher Theorie und emanzipationsbedürftigen, aber keineswegs bereits emanzipierten Interessen gelingen kann. Nur so kann sich dieser Prozess als haltbar erweisen. In dieser Hinsicht hat mir die für die Frankfurter Schule charakteristische Verknüpfung von *kritischer Gesellschaftstheorie* und *empirischer Sozialforschung* einen verlässlichen Rahmen der Orientierung verschafft, in dem die Bestätigung der jeweiligen *Eigenlogik* von Theorie und Praxis nicht mit einer strikten Trennung verbunden ist, sondern sich aus einer geschichtlich spezifischen Dialektik ergibt und als notwendig begründet ist.

Es ist ein geschichtlich immer wieder neu zu bestimmendes Verhältnis zwischen Theorie und Praxis, wenn die Mechanik der Identifikation, der Umsetzung oder der Trennung vermieden werden soll. Nachdem ich mich mit Begeisterung in die Marx'schen Frühschriften vertieft und in meinem Innern gerade größtes Vertrauen zum Wahrheitsgehalt der Feuerbach-Thesen gewonnen hatte, war es für mich ein harter Brocken des kritischen Umdenkens, als ich zu Beginn meines Studiums in Frankfurt Adornos *Prismen* las. Da war zu lesen: »Seitdem jedes avancierte wirtschaftspolitische Gremium es für selbstverständlich hält, dass es darauf ankomme, die Welt zu verändern, und es für Allotria erachtet, sie zu interpretieren, fällt es schwer, die Thesen gegen Feuerbach schlicht zu unterstellen. Dialektik schließt auch das Verhältnis von Aktion und Kontemplation ein.«[19]

Es bedeutete ja keineswegs Verachtung gegenüber der begrifflichen Weltinterpretation, wenn Marx im antiidealistischen Überschwang den Philosophen jetzt auch noch die Aufgabe zuschob, die Verhältnisse der Welt zu bessern, also verändernd einzugreifen. Aber in der Entwicklung des Marxismus des 20. Jahrhunderts ist das Denkverbot mit dieser elften Feuerbach-These durchaus begründet worden. (Das Bedrohliche der verändernden Kraft der analytischen und kritischen Phantasie für jegliches Herrschaftssystem wurde stets erkannt und gefürchtet.) Bloße Theoriearbeit galt nicht nur als nutzlos, vielmehr in sich, ohne praktische Rückbindung, überhaupt nicht als wahrheitshaltig.

So hatte schon der späte Engels davon gesprochen, dass Praxis die Wahrheitshaltigkeit des Denkens erweise: »The proof of the pudding is in the eating«. Damit meinte er allerdings zunächst nur die Gegenstandsbezogenheit des Denkens im erkenntnistheoretischen Sinn, also keineswegs Kritikverbot gegenüber objektiven Verhältnissen und einer irregeleiteten Praxis. Lenin dagegen schmiedete den Grundsatz, dass Praxis stets entscheidendes Kriterium der Wahrheit ist.[20] Wenn aber Praxis sich ausschließlich dadurch auszeichnet, dass sie eine im materialistischen Sinne gegenständliche Tathandlung ist, ganz unabhängig davon, ob durch diese Praxis die Menschen freier werden oder ihre Unfreiheit ideologisch verbrämt wird, dann geht eben jene Instanz der Aufklärung und des Bewusstseins verloren, welche unterdrückende Herrschaftspraktiken von Emanzipationsschritten der Menschen unterscheidbar macht. An diesem Problem einer wahrheitshaltigen Beziehung zwischen Theorie und Praxis arbeiteten ihr Leben lang Adorno und Horkheimer, denen ja von manchen Linken der marxistischen Orthodoxien Praxisferne und unpolitisches Verhalten vorgeworfen wurden. Das betrifft auch die unverwechselbare Rolle des Intellektuellen, der sich weder in die Bereiche »freischwebender Intelligenz« verbannen lässt, wie Karl Mannheim das behauptet, noch ein in Praxis verwickelter Legitimationsproduzent ist. In der materialistischen Dialektik von Theorie und Praxis, wie Horkheimer und Adorno sie verstehen, ist die Bindung zwischen Theorie und Praxis unaufhebbar und gleichwohl im Eigensinn beider Sphären begründet.

### Kritische Theorie

Schon in dem für die Frankfurter Schule und deren Philosophie grundlegenden Aufsatz *Traditionelle und kritische Theorie* aus dem Jahr 1937 ist Horkheimer darum bemüht, im Unterschied zur Theorie im traditionellen Sinn, *kritischer Theorie* einen Wahrheitsbegriff zuzuschreiben, der durchaus auf Veränderung der Verhältnisse geht, in diesem Sinn ähnlich wie die elfte Feuerbach-These klingt, aber doch dieses Kriterium der Praxisanbindung inhaltlich mit Emanzipationsschritten verknüpft. So sind Kritische Theorie und Funktion des Intellektuellen in einer Weise miteinander verknüpft, dass *Eigenlogik der Theorie und Eigensinn des Intellektuellen* in ihrer wesentlichen Verbindung zu jeder überhöhten Praxisinstanz, wie dem zur Agentur weltgeschichtlicher Veränderungen dogmatisierten Proletariat, in eine wahrheitsprüfende Distanz gehen. Schon hier wird formuliert, was Adorno später noch einmal ausführlich begründet, dass Theorie und Praxis nicht einfach einander gegenüberstehende Sphären sind, sondern dass *Theoriearbeit selbst eine Form der Praxis* ist und alle Gestalten der Praxis mit legitimatorischen Versatzstücken philosophischer und sonstiger Analysen durchdrungen sind. Die Theorie arbeitet nicht im Dienst einer schon vorhandenen Realität, sie verdoppelt diese nicht einfach, sie spricht nur ihr Geheimnis aus, auch denen gegenüber, die ihre kritische Dimension ausblenden möchten.

Die andere Richtung der Kritik ist an jene gewandt, die sich im akademischen Elfenbeinturm einschließen und nicht begreifen wollen, dass Theoriearbeit nicht ein wertfreies Geschäft ist, sondern so oder so in die Legitimationsbedürfnisse der politischen Kräfte eingreift. Die Kritik an der Substanzialisierung der Weisheit des Proletariats richtet sich bei Horkheimer deshalb genauso gegen die akademische Profession. »Es gibt keine Theorie der Gesellschaft, auch nicht die des generalisierenden Soziologen, die nicht politische Interessen mit einschlösse, über deren Wahrheit anstatt in scheinbar neutraler Reflexion nicht selbst wieder handelnd und denkend, eben in konkreter geschichtlicher Aktivität, entschieden werden müsste. Dass der Intellektuelle sich so hinstellt, als bedürfe es zunächst einer nur von ihm zu leistenden schwierigen Denkarbeit, um zwischen revolutionären, liberalistischen und faschistischen Zielen und Wegen die Wahl zu treffen, ist überhaupt verwirrend. Die Situation ist seit Jahrzehnten nicht mehr danach. Die Avantgarde bedarf der Klugheit im politischen Kampf, nicht der akademischen Belehrung über ihren sogenannten Standort.«[21]

Beide Positionen sind falsch, die Substanzialisierung des Proletariats genauso wie die Substanzialisierung wertfreier akademischer Theoriebildung. Es ist deshalb der Eigensinn, der den politischen Intellektuellen auszeichnet, ein Pathos der Wahrheitssuche ganz eigener Art. Der Gegenpol dazu, die absolute Verneinung der Wahrheitssuche, die mit Realitätsblindheit geschlagen ist, ist die Phantasielosigkeit der professionellen Funktionäre im akademischen Betrieb genauso wie in einer Gewerkschaft oder in einer Partei. Deshalb stellt Horkheimer die Phantasie des *eigensinnigen Intellektuellen* ins Zentrum seiner Bestimmung des zeitgemäßen politischen Intellektuellen, der natürlich in einem Milieu, das Horkheimer 1937 wahrnahm, Aufgaben zu erledigen hatte, die sich von den heutigen doch erheblich unterscheiden. Gleichwohl ist seine Bestimmung des Intellektuellen von großer Aktualität. Was an Utopischem darin enthalten ist, ist einer Realität abgerungen, die auch für ihn, den politischen Intellektuellen, einen nicht weiter diskutierbaren kategorischen Imperativ enthält. Horkheimer schrieb 1937: »Das eine hat dieses Denken mit Phantasie gemeinsam, dass ein freilich aus dem tiefsten Verständnis der Gegenwart entspringendes Bild der Zukunft auch in solchen Perioden Gedanken und Aktionen bestimmt, in denen der Gang der Dinge weit von ihr wegzuführen und jede Lehre eher zu begründen scheint als den Glauben an die Erfüllung. Zu diesem Denken gehört zwar nicht das Willkürliche und vermeintlich Unabhängige, aber der Eigensinn der Phantasie. Innerhalb der avanciertesten Gruppen ist es der Theoretiker, der diesen Eigensinn aufbringen muss.«[22]

Dieses Plädoyer prägte zutiefst mein Theorieverständnis, das vom Praxisbezug, also der Frage der Umsetzung in praktisches Verhalten, nie getrennt war. Es ist mir in meinen politischen Aktionen nie in den Sinn gekommen, Theorie in Praxis umsetzen zu wollen; Theorie, Philosophie, analytische Phantasie – das waren immer Bewegungsräume des Denkens, die Orientierungsmaßstäbe der politischen Intervention sicherten. Dass die Realität andere Kompromisse forderte, als in den analytischen Zugangsweisen zur Realität vorgesehen waren, war mir durch diese Dialektik von Theorie und Praxis sehr früh bewusst. Dass sie diese Dialektik nicht erkannten, ist einer der Gründe, warum die marxistischen Dogmatiker, in proletarischen Kleinparteien genauso wie in den nachstalinistischen Parteien, nie in Gefahr waren, ihr Verhalten zu ändern – bis zum totalen Zusammenbruch ihrer Parteien.

### Eigensinn der Theoriebildung

So ist vieles, was ich später unter westlichem Marxismus verstand, durch diese doppelte Wahrnehmung geprägt. Die eigensinnige Theoriebildung, der ich mich als politischer Intellektueller verpflichtet fühle, ist strukturell verknüpft mit konkreten didaktischen Fragestellungen der Arbeiterbildung. Das Glück, von zwei akademischen Lehrern lernen zu können, hat die Unbefangenheit und den Eigensinn meiner Theorieentwicklung bis zum heutigen Tag bestimmt. Ich habe mich immer als Schüler betrachtet, als Lernender, und habe das, was meine Lehrer gelehrt haben, als kritisches Fundament aufgenommen, auf dem man einen *eigenen Hausbau der Vernunft* betreiben kann. Es ist nicht weiter erstaunlich, dass Horkheimer und Adorno, die ja ihre urbürgerliche Herkunft überhaupt nicht verleugnet haben und aus diesem Zusammenhang auch nicht aussteigen konnten, unter einem Marxisten den *politischen Intellektuellen* mit proletarischer Sichtweise verstanden, dies aber aufgrund ihrer eigenen existenziellen Disposition nicht praktizieren konnten. In dieser Hinsicht drückten die Angriffe der Studenten und Jahre später die Gewaltakte gerade das aus, was ihre Lehrer verworfen hatten. Es mag heute schon eine Seltenheit sein, wenn die frühen Arbeiten von Horkheimer zitiert werden. Das sagt aber wenig über ihren Wahrheitswert aus. Horkheimers Versuch, *das Marx'sche Denken von den verdinglichten Machtkonstellationen der Linksparteien zu befreien* und dem politischen Intellektuellen einen Sonderstatus im Befreiungsprozess zuzuschreiben, ohne ihn zum *Mitglied einer Elite* aufzuwerten – dieser Ansatz hätte eine Entwicklung des marxistischen Denkens initiieren können, die eine kritische Begleitung der historischen Ereignisse ermöglicht hätte. *Die Katastrophengeschichte des 20. Jahrhunderts ist auch eine der politi-*

*schen Intellektuellen.* Auf dem Friedhof der Eliten ruhen auch jene zahllosen politischen Intellektuellen, die Verrat am eigenen Denken begangen haben, indem sie jeden Machtanspruch mit *Legitimationswissen* eilfertig bedienten, aber oft genug selbst damit ihre Haut nicht retten konnten.

Was ist dann unter dem Eigensinn und der Würde des Intellektuellen zu verstehen? Unter Verhältnissen, da Lebensprobleme ganz anderer Dringlichkeit nahegerückt sind, scheint es ein moralisch anfechtbares Unternehmen zu sein, über die Intellektuellen Worte zu verlieren. Erschwerend ist dem der traurige Tatbestand hinzuzufügen, dass sich die Intellektuellen untereinander in Revierkämpfen verschleißen, die auf die Festigung einer neuen Hackordnung zielen. Ganz unten rangieren die, die am *Eigensinn ihrer Traumphantasien und Utopien* beharrlich festhalten; ganz oben die neuen Realisten, die durch Schaden klug geworden und jetzt darauf versessen sind, die wiedergewonnene Realität nicht wieder aus den Augen zu verlieren. Aber die zum ästhetischen Genuss stilisierte Selbstanklage der Intellektuellen, vieles so nicht gesehen zu haben, wie die Geschichte tatsächlich verlaufen ist, weckt eher Langeweile als Aufmerksamkeit.

## Ende aller idealistischen Auswege

Mit dem von Adorno so klar bezeichneten Ende des Idealismus in all seinen Varianten, der Husserl'schen Phänomenologie ebenso wie der Fundamentalontologie Heideggers, beginnt ein ganz neues Kapitel philosophischer Reflexion. Es ist der absolute Gegenschlag gegen Hegels Allmacht des Geistes. Denn das Ich, das, wie Kant sagt, alle meine Vorstellungen begleiten können muss, ist der Wirklichkeit und der gebrochenen Mannigfaltigkeit der Verhältnisse ebenso wenig mächtig wie der absolute Geist Hegels, dem die Kraft der Sinnstiftung abhandengekommen ist.

Das ist nun der zentrale Punkt, an dem erkennbar wird, in welcher Weise sich die Philosophie der Frankfurter Schule von allen anderen philosophischen Strömungen jener Zeit unterscheidet. Da Philosophie nicht mehr imstande ist, aus ihren eigentümlichen, seit Platon fortwährend angereicherten Quellen die Wirklichkeit in ihrer Totalität zu begreifen, ist sie auf die Hilfe einer *Erfahrungswissenschaft* angewiesen. Die Not philosophischen Begreifens ist der Grund dafür, dass es unabdingbar empirische Sozialforschung geben muss – nicht als bloße Ergänzung, die notfalls auch weggelassen werden könnte, sondern als konstitutiven Bestandteil der Philosophie. Keine andere der philosophischen Schulen des 20. Jahrhunderts hat diesen Weg bestritten, um aus den machtlosen idealistischen Konstruktionen auszubrechen.

## Adorno als Marxist?

Vielleicht sind es kleine Alltagserfahrungen, die uns einen Weg weisen, den wir ohne Anregungen durch Menschen, denen wir vertrauen, gar nicht gehen würden. Wie Philosophie und Soziologie, Geltung und Genesis von Verhältnissen und Sachverhalten zusammenhängen, ja unabdingbar aufeinander angewiesen sind, das habe ich in den zwei Hauptseminaren des Sommersemesters 1959 gelernt. Nimmt man die Dialektik aus diesem Kampffeld der kritischen Erkenntnis heraus, bleibt der fade Parallelismus von zwei Entwicklungssträngen übrig, der in diesen isolierten Formen gut rekonstruierbar ist, aber nichts erklärt. Dialektik ist nichts den Dingen Äußerliches, keine Organisationsgröße, *sondern das vitale Lebensprinzip der Dinge und der Methode, Dinge und Verhältnisse aus ihren verdinglichten, versteinerten Formen zu lösen und für Alternativen freizusetzen.* Erst als ich begriffen hatte, dass Dialektik nicht jene bereits von Hegel in der *Phänomenologie* als klapperndes Gerüst verurteilte Erkenntnisform ist, sondern die treibende Kraft der Reflexion und der Veränderung, hatte für mich die elfte Feuerbach-These einen praktischen Sinnbezug zur politischen Philosophie, wie ich sie verstand.

Seit dem Hauptseminar bei Adorno, in dem ich über Marx referierte, stellte ich mir die Frage, ob man Adorno nun einen Marxisten nennen kann – eine Frage, die schwer zu beantworten ist. Ich kenne wenige Textpassagen von ihm, die man als Kritik an fundamentalen Aussagen der Marx'schen Theorie verstehen könnte. Er hat nicht über alle Komplexe der Marx'schen Gesellschaftstheorie nachgedacht; zum Beispiel hat er sich über die Gültigkeit der Arbeitswerttheorie für die Wertschöpfung der Gesellschaft keine Gedanken gemacht, aber selbstverständlich ist die Wertschöpfung einer Gesellschaft bestimmt durch die Verausgabung lebendiger Arbeit, in sehr verschiedenen Formen und sicherlich in forcierten Modernisierungsprozessen in verdrehten Verhältnissen. Seit dem Sommer 1959 habe ich Adorno als einen *dialektischen Materialisten* verstanden. Das zu behaupten, wäre für viele, die sich heute auf Adorno beziehen und als Schüler der Frankfurter Schule verstehen, sicherlich eine provokante These. *Ich wage trotz aller verständlichen Einwände die These, dass Adorno bis zu seinem Lebensende am entschiedensten an Grundannahmen der Marx'schen Theorie festgehalten hat.* Ob man ihn aus diesen Gründen zu einem Marxisten machen kann, ist eine ganz andere Frage. Die mit einzelnen Leitfiguren im Denken verknüpften Totalisierungen sind insgesamt fragwürdig. Wer seine wissenschaftlichen Arbeiten an Max Weber orientiert, muss nicht notwendigerweise als Weberianer bezeichnet werden. Es kann aber durchaus sein, dass die grundlegenden Problemstellungen Max Webers das Gesamtwerk des Betreffenden so dominieren, dass eine Art wissenschaftliche Erbfolge durchaus anzunehmen ist. Adorno hat meines Erachtens bis zum Lebensende die Marx'sche Theorie als Grundlage seines Denkens akzeptiert.

Ich befürchte, dass es sich dabei um einen *unterschlagenen Adorno* handelt. Was da unterschlagen wurde, mag nicht auf Nebensachen beschränkt sein, sondern ist vermutlich etwas Substanzielles. Mit Verblüffung hatte ich zur Kenntnis genommen, dass in den Nachrufen auf Adorno und den Würdigungen seines Werks im Adorno-Jahr 2003 ein Zentralbegriff seiner Gesellschaftstheorie und Philosophie, nämlich *Dialektik*, nie verwendet wurde – oder nur schamhaft, so als ob es der verzeihliche Irrtum eines genialen Menschen gewesen sei, sich ins Gestrüpp dialektischer Begriffe zu verwickeln. Die zweite Unterschlagung ist Adornos *Herkunft von Marx*. Die *Naturalisierung Adornos zum Genie* und zu einer einzigartigen Figur bekräftigte die Tendenz, die kritischen Blöcke, die Stachel in seiner Denkweise wegzuschaffen. Ich glaube, heute wäre es angebracht, gerade diese kritischen und sperrigen Seiten in den Vordergrund zu rücken.

### Die »Fülle der Wirklichkeiten« und das Ich

Ich will von dem ausgehen, was ich bei Adorno erfahren und von ihm gelernt habe. Er gehörte zu jenen großen Denkern, die praktisch die gegenwärtige Wirklichkeit durch Theorien und Philosophien wahrgenommen haben. Auch darin ist er seinem Lehrmeister Marx gefolgt, der Wirklichkeit ebenfalls wesentlich durch den im Londoner Museum aufbewahrten Bücherbestand des Weltdenkens aufgenommen und kritisch verarbeitet hat. Am Anfang von Adornos Denken steht eine philosophische Grundfrage. Schon als Schüler hat er sich offenbar mit Husserl auseinandergesetzt, von dem wir wissen, dass er immer forderte: Zu den Sachen! Und ich erinnere mich an eine Vorlesung von Horkheimer, der auch Husserl-Schüler war (das waren eigentlich alle in dieser Zeit, auch Heidegger). Horkheimer erzählte, dass Husserl in seinen Vorlesungen stets auf seine flache Hand blickte mit der Bemerkung: Sehen wir doch einmal, *was uns die Sache selbst sagt*. Das habe sichtbar komische Züge gehabt, weil der Blick ja doch nur auf die flache Hand gerichtet gewesen sei, aber die Sache, zum Beispiel eine logische Konstruktion, dabei überhaupt nicht gesehen werden konnte. Eine *ideierende Abstraktion* nannte Husserl das Verfahren; würde man von einem Sachverhalt die Raum- und Zeitkoordinaten wegnehmen, könnte man auf den Wesenskern der Sache stoßen. In diesem Zusammenhang fällt auch der Begriff der *epochē*. Diese beinhaltet das Weglassen aller Überlagerungen einer Sache, auch der geschichtlichen Tradition der Interpretationen.

Wir leben in einem Zeitalter, in dem *Philosophie* und die *empirische Erforschung* der Welt die entscheidenden zwei Stammbäume moderner Erkenntnis sind. Weder empirische Forschung allein noch bloße Philosophie kann der Welt mächtig sein und sie erklären. Das ist ein Wesentliches im Adorno'schen Denken, der erste wirklich dialektische Gedanke von Adorno, der bereits hier Züge einer *negativen Dialektik* angenommen hat. Wenn die Idee des Seins in der Philosophie ohnmächtig geworden ist, nicht mehr ist als ein leeres Formalprinzip, dessen archaische Würde beliebige Inhalte umkleiden hilft, dann ergreift diese »Fülle der Wirklichkeiten«, wie Adorno sagt, auch die idealistische Grundlage: das *Ich*. Aber der Bruch mit der traditionellen Philosophie bedeutet keine Aufopferung ihrer bewährten Erkenntnismedien und der normativen Weltansprüche, die sich in der Philosophie auch gegenüber der Wirklichkeit ausgebildet haben. Wenn das Ich Prinzip aller Philosophie werden soll, wie der frühe Schelling das formuliert, und der darauf gegründete Idealismus der Fülle der Welt nicht mehr mächtig ist, dann muss eben diese Ich-Substanz in ihrer Geltung überprüft und in einen erfahrungswissenschaftlichen Zusammenhang einbezogen werden.

Es ist für Adorno deshalb zwingend, der Psychoanalyse als *gesellschaftstheoretischer* Reflexion Zugang zu seinem Begriff von Philosophie zu verschaffen. Auch hier kann man sagen, dass die Wissenschaft vom Subjektaufbau, wie sich die Psychoanalyse ja versteht, keine bloße Ergänzung der Philosophie ist, sondern sie mit konstituiert. Die gebrochene und disparate Wirklichkeit zieht alle Subjektkonstruktionen, ob es nun das transzendentale Ich Kants oder Fichtes Tathandlung oder das absolute Ich Hegels ist, in die *Niederungen der materiellen Welt hinein, für die das Ich jedenfalls kein verlässlicher Fixpunkt einheitlichen Begreifens mehr sein kann.*

Das Ich ist nicht mehr Herr im eigenen Hause, hat Freud gesagt. Bei Kant hingegen ist das Ich noch Herr im eigenen Hause – und nicht nur das, es produziert die ganze Wirklichkeit noch einmal. Und im Hegel'schen System marschiert es in der Substanzverkleidung von subjektivem, objektivem und absolutem Geist noch durch die ganze Weltgeschichte.

Das *Ich* wird also selbst zu einem *Entwicklungsprodukt*, das in seinen Aufbauprinzipien kritischer Analyse bedarf. Was mit den Subjekten passiert, wie das Ich aufgebaut und beschädigt wird, ist daher eine zentrale Frage des philosophischen Begreifens der Welt geworden. *Philosophie, wie ich sie verstehe, muss sich daher sowohl zur Erfahrungswelt des Ich als auch zu den gebrochenen Objekten gesellschaftlicher Produktion öffnen.* Die kopernikanische Wende des Denkens, wie Kant sie verstanden hat, bestand ja darin, die Sonne des Ich in den Mittelpunkt der Weltbewegungen zu rücken. Wenn nun dieses Ich den festen Haltepunkt verliert, in den Wirklichkeitsstrudel mit einbezogen wird, dann ist der Weg geebnet vom transzendentalen Idealismus zum Materialismus, genauer gesagt: zur *materialistischen Dialektik*.

So liegt es nahe, einen wesentlichen Teil der Wirklichkeitsanalyse darauf zu konzentrieren, wie Ich-Bildung stattfindet, was Über-Ich, Ich und Es im funktionalen Zusammenhang des Subjekts ausmachen, wie autoritäre und autoritätsgebundene Charaktere entstehen. Über diesen Untersuchungsansatz zum autoritären Charakter, wie Erich Fromm das genannt hat, ist in verschiedenen Forschungszusammenhängen viel nützliche Erkenntnis gewonnen worden. Das betrifft die normative Seite, die der Geltung, ebenso wie die Seite der Entstehungsbedingungen, der gesellschaftlichen Genesis. Übrigens geht Lukács, der auf eine ähnliche geistesgeschichtliche Situation der Selbstdestruktion des Idealismus reagiert, einen anderen Weg. Das Proletariat wird in den Rang einer *Fichte'schen Tathandlung* erhoben, es ist das Subjekt-Objekt der sozialen Veränderung. Objekt der Ausbeutung, erhebt es sich im revolutionären Akt zum gestaltenden Subjekt der Geschichte, das alle Verdinglichung und Entfremdung aufhebt. Diesen Optimismus, den Georg Lukács in *Geschichte und Klassenbewusstsein* formuliert, teilt Adorno zu keinem Zeitpunkt seines Lebens. Auch für die Marx'sche Theorie, in der idealistisch verbrämten Gestalt einer geschlossenen Weltanschauung, gilt der Satz Adornos: »Denkbar, dass die gegenwärtige Gesellschaft einer in sich kohärenten Theorie sich entwindet.«[23]

Das bedeutet nun keineswegs, dass beliebige Stücke der philosophischen Tradition und der Erfahrungswissenschaften aufgerafft und zu einem heterogenen, aber Einheit stiftenden Denkgebäude zusammengefügt werden. Die Theorieverbündeten, um die Adorno wirbt und die dann – wenn nicht zu einer kohärenten Theorie, so doch zu einer konsistenten Denkweise – zusammengefügt werden, lassen sich eindeutig und unmissverständlich bestimmen. Nicht zuletzt dokumentierten Adornos Seminarveranstaltungen – ein öffentlicher Raum, der lebendiges Denken zuließ – diese von ihm bevorzugten Traditionsbestände, auf die er auch in seiner Lehre immer wieder zurückgriff: Da ist Sigmund Freud, da sind Kant und Hegel, die Philosophen der französischen Aufklärung, vor allem aber die Schriften von Karl Marx. Wenn ich meine Überlegungen unter den Gedanken gestellt habe, dass ein Akzent auf Dialektik und Materialismus erkennbar ist, dann darf die Formulierung »Adorno als Marxist« kaum buchstäblich genommen werden. Gegen eine solche Totalisierung eines einzelnen Theorieansatzes rebelliert ja seine ganze Denkweise. Er ist weder Kantianer noch Hegelianer oder Freudianer oder Marxist; diese Theorien gehen aber substanziell in seine Philosophie ein.

Ich kann nicht verhehlen, dass Adornos öffentliches Lob für meine Seminarleistungen meine Neugier weckte und meine Erkenntnismotivation erheblich beförderte, jetzt auch die übrigen Schriften der Frankfurter Schule eingehender zu studieren. Ich war ja bemüht, zunächst die Grundlagen für ein sozialphilosophisches Denken zu sichern, das sich als verlässlicher Orientierungsmaßstab eignet. Das über Kant und Marx zu versuchen, konnte, so dachte ich, nicht falsch sein. Kulturkritik, wie ich sie in den ersten Semestern wahrgenommen hatte, war für mich eine bürgerliche Angelegenheit, die zum Bereich der Überbauphänomene gehörte. Dass gerade diese abstrakte Trennung von

Basis und Überbau der Grundirrtum der Gesellschaftskonstruktion ist, erkannte ich erst, als ich mich auf die kulturkritische Dimension der Philosophie einließ. Eine dialektische Theorie der Gesellschaft hat Kulturkritik zur Voraussetzung; anderenfalls bleiben die Kategorien mit den Etiketten einer verdinglichten Denkweise behaftet: Sie verbleiben im vorurteilsbesetzten Gehäuse der Ideologien.

## Kritik an der Verdinglichung – Notwendigkeit von Kulturkritik

Adornos Ästhetik in ihrer reichhaltigen und umfangreichen Ausbreitung ist ohne Rückgriff auf den Marx'schen Gedanken des *Warenfetischs* kaum verständlich; denn *dieser* bezeichnet den Ursprung und das Urbild von Verdinglichung, Entfremdung und allen sonstigen phantasmagorischen Verdrehungen. Zwar hatte schon Lukács 1923 in *Geschichte und Klassenbewusstsein* die Verdinglichungsproblematik ins Zentrum seines philosophischen Denkens gerückt, aber nie in die konkrete Analyse seiner Literaturbetrachtungen einbezogen. Die *Dialektik von Gebrauchswert und Tauschwert* ist dagegen Leitgedanke in der literarischen Kritik Adornos ebenso wie in seiner Kritik des Musikbetriebs. An zwei längeren Zitaten will ich diesen Zusammenhang erörtern. Das erste stammt aus dem Aufsatz *Über den Fetischcharakter in der Musik und die Regression des Hörens* – in dem sich, wie Adorno erläutert, erstmals die amerikanischen Erfahrungen niederschlagen. Er hatte diesen Aufsatz als Leiter des Musikteils des Princeton Radio Research Project entworfen und 1938 in der *Zeitschrift für Sozialforschung* veröffentlicht. Das zweite Zitat stammt aus der 1948 erschienen *Philosophie der neuen Musik*. Adorno hebt mit Recht hervor und ist in gewisser Weise auch ein bisschen stolz darauf, dass über den Fetischcharakter in der Musik und über die Regression des Hörens nicht frei spekuliert wird, sondern dass die Beweiskraft auch in einem Stück empirischer Sozialforschung besteht. Er schreibt 1938: »Der Begriff des musikalischen Fetischismus ist nicht psychologisch herzuleiten. Dass ›Werte‹ konsumiert werden und Affekte auf sich ziehen, ohne dass ihre spezifischen Qualitäten vom Bewusstsein des Konsumenten überhaupt noch erreicht würden, ist ein später Ausdruck ihres Warencharakters. Denn das gesamte gegenwärtige Musikleben wird von der Warenform beherrscht: die letzten vorkapitalistischen Rückstände sind beseitigt. [...] Marx bestimmt den Fetischcharakter der Ware als die Veneration des Selbstgemachten, das als Tauschwert Produzenten und Konsumenten – den ›Menschen‹ – sich gleichermaßen entfremdet: ›Das Geheimnisvolle der Warenform besteht also einfach darin, dass sie den Menschen die gesellschaftlichen Charaktere ihrer eigenen Arbeit als gegenständliche Charaktere der Arbeitsprodukte selbst, als gesellschaftliche Natureigenschaften dieser Dinge zurückspiegelt, daher auch das gesellschaftliche Verhältnis der Produzenten zur Gesamtarbeit als ein außer ihnen existierendes gesellschaftliches Verhältnis von Gegenständen.‹ [...] Freilich setzt sich im Bereich der Kulturgüter der Tauschwert auf besondere Weise durch. Denn dieser Bereich erscheint in der Warenwelt eben als von der Macht des Tausches ausgenommen, als einer der Unmittelbarkeit zu den Gütern, und dieser Schein ist es wiederum, dem die Kulturgüter ihren Tauschwert allein verdanken. Zugleich jedoch fallen sie vollständig in die Warenwelt hinein, werden für den Markt verfertigt und richten sich nach dem Markt. [...] Der Funktionswechsel der Musik rührt an Grundbestände des Verhältnisses von Kunst und Gesellschaft. Je unerbittlicher das Prinzip des Tauschwert mit dem Verfall der bürgerlichen Wirtschaft die Menschen um die Lust an den Gebrauchswerten betrügt, um so dichter vermummt sich der Tauschwert selbst als Gegenstand der Lust.«[24]

Diese Verdrehungen in der *Beziehung von Gebrauchswert und Tauschwert* in den ästhetischen Ausdrucksformen sichtbar zu machen und den im Tauschverkehr verschleierten und verdeckten Wahrheitsgehalt der Kunstwerke zu erkennen, ist ein wesentliches Element der ästhetischen Urteilskraft, wie Adorno sie versteht. *Kritik an der Verdinglichung muss deshalb in die Poren der Gesellschaft, in deren Zellstrukturen eindringen, um die Betonschicht der Kommerzialisierung und der Verdrehung der ästhetischen Wahrheitsgehalte aufzubrechen.* Ideologiekritik ist daher für Adorno die einzig authentische Anstrengung des Begriffs. Dass sich die Warenform bis in die subtilsten musikalischen Gebilde einschleicht und die Suggestion des Unmittelbaren, des ursprünglich Originellen, selbst noch an den offenkundigen Tauschwerten kleben bleibt, diese Erkenntnis bezieht sich nicht nur auf die populären Formen der Musik, sondern dringt auch in die Produkte der sogenannten klassischen Moderne.

Freilich verharrt Adornos kritischer Blick nicht bei diesen Verdrehungen und phantasmagorischen Verdinglichungen. Denn Verdinglichung und Verhärtung der Welt, die durch die erkalteten Tauschformen erzeugt und bekräftigt werden, sind durch verklärende Formen der Hoffnung und des Glücks nicht aufzubrechen, sondern nur durch diese Verhärtungen hindurch: »Alle Formen der Musik, nicht erst die des Expressionismus, sind niedergeschlagene Inhalte. In ihnen überlebt, was sonst vergessen ist und unmittelbar nicht mehr zu reden vermag. Was einmal Zuflucht suchte bei der Form, besteht namenlos in deren Dauer. *Die Formen der Kunst verzeichnen die Geschichte der Menschheit gerechter als die Dokumente.* Keine Verhärtung der Form, die nicht als Negation des harten Lebens sich lesen ließe.«[25] An Schönberg, Webern, Alban Berg erörtert Adorno diese Positionen der Auflösung von Enge, Angst und Einsamkeit durch deren Zuspitzung. Nur dadurch kommen sie in Bewegung und verraten die besseren Möglichkeiten einer unterschlagenen Wirklichkeit.

# AM ANFANG STAND MARX – ASSISTENT BEI HABERMAS IN HEIDELBERG

## Paradoxes Kennenlernen

Das erste, was ich von Jürgen Habermas gelesen habe, war eine breit gefächerte Literaturübersicht, die kritisch die marxistischen Positionen in der (überwiegend) deutschsprachigen Literatur durchmusterte. Wenn ich mich recht erinnere, lautete der Titel *Zur philosophischen Diskussion um Marx und den Marxismus.*[26] Viele der Autoren im marxistisch orientierten Spektrum der politischen Auseinandersetzungen lernte ich erst durch diese Habermas-Schrift kennen. Sie gab einen vorzüglichen Einblick in die Nachkriegsliteratur zum Thema, die dann – im Großen und Ganzen – zu dem zusammengefasst wurde, was man schließlich westlichen Marxismus nannte. Die äußere Form eines Literaturberichts täuscht darüber hinweg, dass es sich bei diesen kritischen Positionsbewertungen um eine Neubegründung und erkenntnispraktische Öffnung der materialistischen Dialektik handelt, wie sie für die Forschungszusammenhänge der Frankfurter Schule charakteristisch ist.

Das Paradoxe dieser Publikation hatte mehrere Facetten. Die einzelnen Theoriepositionen waren in einer gedanklichen Schärfe formuliert, die weit über das hinausging, was man von einem guten Literaturbericht erwarten kann. Als Autor vermutete ich dahinter einen klugen Marxisten, wie ich ihn mir vorstellte, als ich einen Teil der von Landshut herausgegebenen Marx'schen *Frühschriften* gelesen hatte. Habermas jedoch war mir nicht als marxistisch orientierter Sozialforscher und Philosoph bekannt. Noch mehr erstaunte mich, wer der Herausgeber dieser Zeitschrift war, in der über Marx und Marxismus derart frei diskutiert werden konnte – in einer politischen Atmosphäre, die immerhin durch den Kalten Krieg gekennzeichnet war. Gadamer, der Herausgeber der *Philosophischen Rundschau*, stand in weiter Distanz zur Kritischen Theorie der Frankfurter Schule und war meilenweit entfernt vom Marx'schen Denken. Doch in der Tat stand Marx am Anfang meiner Begegnung mit Jürgen Habermas. Viel später, als ich schon sein Assistent war, machte er mir den Vorschlag, die Fortsetzung der Literaturübersicht zu übernehmen. Ich lehnte ab, mit der Begründung, ich müsse mich an die Habilitation setzen, eine Arbeit über Fichte. Sie ist nie zustande gekommen. Ich hätte das Angebot von Habermas annehmen sollen, im Zusammenhang mit Marx zu habilitieren. Denn im Laufe meines akademischen Bildungswegs wurde mir immer klarer, dass ich Geduld bei Schreibprojekten nur aufbringe, wenn ich damit politische Interessen verknüpfen kann.

Die zweite Begegnung mit Habermas bestand in einer durch das Abhängigkeitsverhältnis von Lehrer und Schüler bestimmten Kommunikation. Es war üblich, dass Habermas oder ein anderer Assistent des Frankfurter Instituts für Sozialforschung die Referate durchsah, bevor sie im Adorno-Seminar präsentiert wurden. Ich hatte mich für ein Referat über Marx gemeldet und es mit großer Mühe und Ausführlichkeit verfasst; es war sehr lang ausgefallen. Da ich wusste, wie schwer es einem fällt, selbst zu kürzen, hatte ich Habermas ausdrücklich gebeten, mir Kürzungen vorzuschlagen. Als wir uns einige Tage vor der Sitzung trafen, war ich überrascht, dass mein »Zensor« eine Reihe von Umformulierungen vorschlug, aber keine Kürzungen. Ich wandte ein, dass bei dieser Länge für das Referat mehrere Sitzungen notwendig seien. Habermas ließ es in voller Länge. Und tatsächlich zog sich der Vortrag über drei Sitzungen hin. Adorno lobte den Text; seine Einschätzung mag dann bei der Prüfung für das Soziologiediplom und bei der philosophischen Promotion eine gewisse Rolle gespielt haben. Dieses Marx-Referat wurde später in Tausenden von Exemplaren vervielfältigt und in gewerkschaftlichen Lehrgängen für Betriebsräte verwendet.

Das politische Klima in der zweiten Hälfte der 1950er Jahre, die Zuspitzung der Konflikte zwischen den beiden deutschen Teilstaaten bis zu dem Punkt, da schließlich die Mauer die Fluchtbewegungen in den Westen aufhalten sollte – all das ließ es ratsam erscheinen, sich nicht offen zu Marx und einer marxistischen Denkweise zu bekennen. Aus dem Ausland zurückgekehrte Emigranten, die es ohnehin schwer hatten, in Deutschland wieder Boden unter die Füße zu bekommen, hatten allen Grund, vorsichtig zu sein und nicht als Kommunistenfreunde denunziert zu werden. Ich hatte seit einiger Zeit, nach meiner Abwahl als Frankfurter SDS-Vorsitzender, im Auftrag dieser Organisation einen Marx-Arbeitskreis aufgebaut, der regelmäßig in der Friedrichstraße 7 tagte, der Wohnung von Werner Sörgel, die einige Quadratmeter größer war als meine eigene. Habermas wohnte in der Nähe, sodass wir zuweilen auch auf dem Weg zum Institut politische Gespräche führten. An eines dieser Gespräche erinnere ich mich sehr genau. Es ging um die Frage, ob die Stalinisten in Ungarn es wagen würden, Imre Nagy und den Armeechef Maléter, wie angekündigt, tatsächlich hinzurichten. Wir waren verschiedener Meinung; *Habermas behielt Recht*. Sie wurden, nachdem die Stalinisten wieder Fuß gefasst hatten, hingerichtet.

*Solche politischen Nebengespräche und vor allem die Reaktionen von Adorno und Habermas auf mein Marx-Referat waren Bildungserlebnisse eigener Art, weil sie mir im Großen und Ganzen alles bestätigten, was ich mir privat angeeignet hatte und was mein kritisches Marxismusverständnis beinhaltete.* Ich war der

Überzeugung, dass die auf Veränderung zielende Theorie der Frankfurter Lehrer *in wesentlichen Zügen Wahrheitsgehalte des Marx'schen Denkens* trifft. Niemand von ihnen hätte sich öffentlich als Marxist bezeichnet oder so nennen lassen. Ich habe sie aber so wahrgenommen, als könnten sie es jederzeit tun. (Im halbgeschützten Raum der Vorlesung und der Seminare konnte Adorno übrigens geradezu leidenschaftlich werden, wenn Kritik an Marx geübt wurde, die er als unbegründet oder politisch motiviert empfand. An dieser Haltung hat sich bis zu seinem Lebensende nichts geändert.)

Es muss dieser vermutete marxistische Hintergrund gewesen sein, der einen auf die Positionen eines Extraordinarius für Philosophie berufenen jungen Wissenschaftler veranlasste, einem Studierenden, der noch kein Examen hatte, eine hoch begehrte Assistentenstelle anzubieten. Einige Monate nachdem er 1961, nach der Habilitation bei Wolfgang Abendroth, das Extraordinariat für Sozialphilosophie an der Universität Heidelberg bekommen hatte (wohl für ihn selbst auch etwas unerwartet), war Habermas zu mir gekommen und hatte mich gefragt: »Wollen Sie Assistent bei mir werden?« Ich war über dieses Angebot äußerst verblüfft, denn er kannte mich überhaupt nicht, hatte eigentlich nur das Referat über Marx korrigiert, das ich im Adorno-Seminar halten sollte. Ich erlaubte mir, Bedenkzeit zu erbitten. Als Habermas das Zimmer verließ, sagte mir eine innere Stimme: Das war der entscheidende Fehler deines Lebens – er kommt nicht wieder. Aber er kam wieder.

Doch mein akademischer Status entsprach noch nicht wirklich einem solchen Angebot. Meine Diplomarbeit mit dem Titel *Strukturbeziehungen zwischen den Gesellschaftslehren Comtes und Hegels* hatte ich zwar abgeschlossen und eingereicht, und sie war von der Institutsleitung, namentlich von Helge Pross, mit »Sehr gut« benotet worden, aber in der mündlichen Diplom-Prüfung war ich im Fach Volkswirtschaft durchgefallen. Habermas wusste von dieser persönlichen Misere. Um ganz sicher zu sein, dass ich in der Wiederholungsprüfung nicht noch einmal scheitere, informierte er einen der Beisitzer der mündlichen Prüfung, Ludwig von Friedeburg, falls sich die Katastrophe erneut abzeichnen sollte, eine Unterbrechung der Prüfung zu beantragen und dem prüfenden Volkswirt zu übermitteln, dass der Kandidat bereits eine Assistenzstelle habe und er in der Benotung doch Milde walten lassen möge. Dazu musste es nicht kommen, die Wiederholungsprüfung lief ganz anders. Beim ersten Mal hatte ich auf die Frage des Volkswirtschaftsprüfers, womit ich mich denn beschäftigt hätte, drei Themen angegeben. Darauf hatte er erklärt: »Damit müssen wir uns dann also nicht auseinandersetzen.« Bei der zweiten Prüfung stellte er wieder die Frage: »Womit haben Sie sich beschäftigt?« Ich antwortete jetzt: »Herr Professor, ich habe mich nicht spezialisiert.« Darauf entgegnete er: »Dann wissen Sie ja alles.« Ich bekundete Bescheidenheit und erklärte, davon könne keine Rede sein. Auf diese zweite Prüfung war ich gut vorbereitet. Wie viele Ordinarien dieser Zeit war der Professor ein eitler Mensch. Er hatte gerade ein Buch über Währungsfragen geschrieben, und ich war ziemlich sicher, dass er aus diesem Buch prüfen würde. Deshalb hatte ich die wichtigsten Passagen auswendig gelernt, sodass der Prüfer selbst über meine umfangreichen Kenntnisse in Sachen Währungspolitik etwas irritiert war. Ich hätte eine glatte Eins verdient gehabt, aber er gab mir nur ein mattes Befriedigend. Bestanden hatte ich diese Prüfung jedenfalls.

Auch bei der Doktorarbeit bot mir Habermas freundschaftliche Hilfe an – nicht in der Sache, sondern im Verfahren. Nebenbei hatte er wohl Adorno gegenüber erwähnt, dass er mir die Assistentenstelle angeboten habe, die ihm in Heidelberg zustand. Bedauerlicherweise sei ich aber noch nicht promoviert.

Was die beiden in meinem Fall im Einzelnen verhandelt haben, ist mir nicht bekannt. Ich hatte das Gefühl, Adorno wollte einen Doktoranden, der schon als Student eine Assistentenstelle angeboten bekam, nicht verlieren. Jedenfalls teilte mir Habermas mit, Adorno wolle meine Diplomarbeit, die ja mit »Sehr gut« benotet worden sei, selbst lesen und Anmerkungen dazu machen. Schon wenige Tage später erhielt ich ein Exemplar meiner Diplomarbeit mit Adornos kritischen Anmerkungen, die mir von seiner Sekretärin übersetzt wurden. Ich verarbeitete diese Anmerkungen sehr schnell und konnte im August, also drei Monate nach der Diplomprüfung, das Doktorexamen in Philosophie machen. Im Rigorosum prüften neben Adorno Bruno Liebrucks (ein in klassischem ostpreußischen Dialekt sprechender Kantianer) und der Staatsrechtler Schlochauer.

## Heidelberger Schatten- und Sonnenseiten

Mir war völlig unverständlich, wie es möglich sein konnte, dass Habermas einen Ruf nach Heidelberg, in diese politisch verquollene Nachkriegsatmosphäre, erhalten hatte. Alle waren wieder in Amt und Würden: die Leute von Forsthoff, von Carl Schmitt, der Ethnologe Mühlmann mit seiner Truppe – es war so, als wäre das »Dritte Reich« nur ein Albtraum gewesen, keine Realität. Als ich eines Tages in einer Heidelberger Buchhandlung Mühlmanns Rasseschriften in voller Breite ausgestellt sah, sprach ich Habermas darauf an und erklärte, wir müssten doch in der Öffentlichkeit etwas unternehmen: »Dieser Mann darf doch nicht weiter Professor an einer deutschen Universität bleiben!« Habermas dachte einen Augenblick nach und erklärte dann: »*Wollen Sie sich mit der ganzen Heidelberger Universität anlegen?*« Natürlich, das wollte ich nicht. Aber als Einzelner konnte ich auch nichts ausrichten gegen diese Ausstellung der Nazi-Schriften eines Heidelberger Professors. Und die oppositionellen und rebellierenden Kräfte dieser Stadt machten einen eher trostlosen Eindruck – soweit sie überhaupt erkennbar waren, wie der in sich völlig zerstrittene SDS. Hier lernte ich Klaus Staeck kennen, einen der wenigen, die sich aus der Fraktionsspalterei der Linken heraushielten und Aufklärungsarbeit mit langfristiger Wirkung betrieben.

Gleichwohl gehört die Heidelberger Zeit nicht nur zu den intensivsten und befriedigendsten Phasen meines akademischen Lebens, sondern auch zu den gesprächsreichsten. Nie in meinem Leben habe ich so viel diskutieren und argumentieren müssen wie in dieser politischen Ära des »Asyls im eigenen Land«. Das lag nicht zuletzt an Habermas. Er und ich haben über Gott und die Welt gesprochen. Wir hatten so viel Zeit zum Reden, wie sie nur selten zwischen Professor und Assistent verfügbar ist. Bevor die Familien nach Heidelberg umzogen, fuhr Habermas die Strecke Frankfurt – Heidelberg mit dem Auto, und ich durfte mitfahren. Selten in meinem Leben habe ich als Mitfahrer derartige Ängste ausgestanden wie bei diesen Fahrten zwischen Heidelberg und Frankfurt. Nicht dass ich an der Fahrkompetenz meines Professors je hätte zweifeln müssen; er war ein guter Fahrer. Das Problem, das mir Angst bereitete, lag auf einer ganz anderen Ebene: Habermas redete beim Autofahren unentwegt und in manchen verwickelten Straßenverhältnissen oder Verkehrssituationen, in denen mir in meiner angstbesetzten Aufmerksamkeit jederzeit eine Karambolage möglich schien, kamen seine Argumentationsschleifen nicht zum Ende. Es ging immer gut aus, aber manchmal war es sehr knapp. So setzte sich bei mir allmählich der Wunsch fest, er möge beim Autofahren nur in Elementarsätzen reden und im Straßenverkehr auf ciceronische Umständlichkeit und mäandernde Satzgebilde verzichten. Ich kenne keinen Menschen, dem das Reden und Argumentieren so viel Spaß macht wie ihm. Von narzisstischer Selbstbespiegelung des Redens ist das allerdings weit entfernt; er sucht eher Kampfplätze, die ihm Widerstand bieten.

Ich glaube, Habermas' Motiv, mich als Assistenten zu wählen (was für damalige Verhältnisse ja ein Privileg war), war sein Bild von mir: die Annahme, ich sei ein besonders hartgesottenes Exemplar marxistischer Orthodoxie. Aber natürlich sollte diese »Orthodoxie« mit Argumenten ausgestattet und nicht einfach festgelegt sein. Ich erinnere mich an Situationen, in denen ich geneigt war, marxistische Positionen aufzugeben, und in denen er mich geradezu ermunterte, daran festzuhalten und meine Phantasie auf bessere Begründungen zu richten.

Die Wahl der späteren Assistenten verlief nach denselben Kriterien. Der eine war ein knochenharter Positivist, der die Dialektik fürchtete wie der Teufel das Weihwasser; der andere ein kompetenter Kenner der analytischen Sprachphilosophie und Poppers; der dritte hatte gerade eine Arbeit über Gehlen geschrieben, aus der gewisse Neigungen zum politischen Funktionalismus erkennbar waren. Man kann nicht sagen, Habermas hätte seine Assistenten aus dem unmittelbaren Umkreis derjenigen gewählt, die seine Arbeit legitimierten.

Die Existenz eines Universitätsassistenten Anfang der 1960er Jahre war in der Regel in ein strenges Herr-Knecht-Verhältnis eingebunden. So hatte ich es aus der Perspektive des Studenten auch am Institut für Sozialforschung und am Philosophischen Seminar der Frankfurter Universität wahrgenommen. Umso nachhaltiger war für mich die Erfahrung dieser Zeit in Heidelberg, dass Habermas selten irgendwelche Dienstleistungen von mir forderte, sondern respektierte, was ich selbst machen wollte. Diese Respektierung und Anerkennung der Interessen und Fähigkeiten des anderen, die ich bei ihm erfahren habe, haben mich so weit geprägt, dass ich später selbst auch meinen Assistenten eine Autonomie übertragen habe, die ihnen zum Teil sogar zu weit gegangen ist.

Die Erfahrung eines solchen Verhältnisses der *gegenseitigen Anerkennung* in Zusammenhängen, die von Hierarchien durchsetzt sind, gründete sich aber nicht darauf, dass ein besonderes Freundschaftsverhältnis zwischen uns bestanden hätte. Das bürgerliche »Sie«, an dem wir beide bis vor wenigen Jahren festhielten, ermöglichte uns über einen langen Zeitraum hinweg zu streiten, ohne die Distanz zu verlieren.

Das Kontrapunktische im Denken, das Respektieren von Kritik und die Anerkennung des Andersdenkenden sind, wie ich erfahren habe, keineswegs vom Privaten abgespaltene öffentliche Tugenden. Es ist merkwürdig, wie einer, der die Utopien der Arbeitsgesellschaft als ausgeschöpft betrachtet, so viel arbeiten kann wie Habermas. Das geht heute nur noch, wenn Arbeit als Selbstverwirklichung ein hohes Maß an Befriedigung verschafft, aber auch selbstverständlicher Teil der privaten Lebensform ist. Ohne den kontrapunktischen Geist von Ute Habermas, ohne Streitkultur in der eigenen Familie, die den Kraftverzehr für falsche Symbiosen verhindert, wäre es Jürgen Habermas kaum möglich gewesen, Theoriearbeit als eine *politische Lebensform* zu entwickeln, die mit individueller Emanzipation verbunden ist.

Ich habe diese Zeit in guter Erinnerung. Sie hatte etwas vom *Zauber der Anfänge* an sich. Zwar war ich politisch weitgehend isoliert und lebte in einer scheußlichen Vorstadt Heidelbergs, nämlich in Eppelheim. Aber der dichte Kommunikationszusammenhang mit Jürgen Habermas und seiner Frau Ute entschädigte mich dafür. Was die damals von Assistenten abverlangten Zuarbeiten betrifft, so hatte Habermas nicht viel von mir. Ich saß in einem ungemütlichen Neubau, ohne Telefon und Auto;

er wohnte in einer ganz anderen Gegend, ich glaube in der Nähe des Philosophenwegs. Die Verständigung über Dienstleistungen meinerseits entsprach weitgehend meinem bäuerlichen Temperament: Wenn er etwas von mir haben wollte, musste er ins Auto steigen und nach Eppelheim kommen. Einige Zeit ging das gut, dann bestand Habermas darauf, dass ich ein Telefon anschaffte und zur Fahrschule ging. Abgesehen von solchen Alltagsmiseren lief die Diskussion zwischen uns über Marx und Marxismus unvermindert weiter.

## Richtungsdifferenzen

Meine Tagebuchnotizen, unregelmäßig und unvollständig, verweisen aber doch auf eine klare Differenz in der Bestimmung der Rolle, die Marx in der Gesellschaftsanalyse und in der dialektischen Philosophie einnimmt. Als Habermas mir das Manuskript von *Erkenntnis und Interesse* zur kritischen Lektüre überließ und ich mich in diesen dichten und glänzend geschriebenen Text vertiefte, da wurde mir immer klarer, dass er an eine andere Weiterentwicklung der Kritischen Theorie dachte als die, die ich mit der *politischen Ökonomie lebendiger Arbeit, also den Entfremdungen und Utopien der Arbeitsgesellschaft, im Blick hatte.* Was dann sehr viel später in der *Theorie des kommunikativen Handelns* fundiert wird, ist in der Schrift *Erkenntnis und Interesse* angelegt; ein wesentlicher Bestandteil der Marx'schen Gesellschaftstheorie, die politische Ökonomie lebendiger Arbeit, wird verabschiedet und kehrt selbst in utopischen Dimensionen in die Theorie von Jürgen Habermas nicht wieder zurück. Es ist die Daseinsbestimmung Arbeit, als *Kategorie der Realität,* wie Marx das ausdrückt, an der sich unsere verschiedenen Erkenntnisinteressen kristallisieren: das Habermas'sche geht in Richtung Sprache, Kommunikation; mein Erkenntnisinteresse ist aber darauf gerichtet, in die politische Ökonomie des Kapitals die *politische Ökonomie* lebendiger Arbeit einzubeziehen. Als Anfang der 1980er Jahre Habermas' Schrift *Theorie des kommunikativen Handelns* und mein gemeinsam mit Alexander Kluge verfasstes Buch *Geschichte und Eigensinn* fast zur gleichen Zeit erschienen, war Arbeit aus dem Denken von Jürgen Habermas fast vollständig verschwunden, während in *Geschichte und Eigensinn* diese Kategorie in ihren lebendigen Auslegungen unser gesamtes Erkenntnisgeschehen bestimmt. Habermas fand später, dass es sich bei dem Werk von Kluge und mir um ein *surrealistisches Buch* handelte, das den Status eines Kultbuches angenommen hatte, also außerhalb wissenschaftlicher und philosophischer Maßstäbe lag.

Es ist eine merkwürdige Art von Freundschaft in Heidelberg entstanden, die sich stark von meiner Beziehung zu Alexander Kluge unterscheidet und doch, was die Haltbarkeit betrifft, ähnliche Züge trägt. Mit Habermas verbindet mich eine Fernbeziehung, die bei jedem Telefonat und jeder Begegnung eine herzliche Atmosphäre entstehen lässt. Für Außenstehende mag der Eindruck entstehen, die Wärme in dieser Beziehung sei nur vorgetäuscht; denn Leserinnen und Leser, die mit unseren Büchern einigermaßen vertraut sind, werden aus dem Tatbestand, dass wir einander in unseren Schriften nur selten treffen, eine freundschaftliche Beziehung schwerlich ablesen können.

Was den kritischen Intellektuellen Habermas auszeichnet, ist die *politische Intervention.* Diese Interventionsseite trifft viele Probleme unserer Gesellschaft, lässt jedoch zentrale Lebensprobleme der Gesellschaft – zum Beispiel Arbeit, Bildung, Erziehung – unbearbeitet; es ist aber unverkennbar, dass die Bereiche *unterschlagener Wirklichkeit,* an denen grundlegende Reformen anzusetzen wären, sich fortwährend erweitern. Meine öffentliche Kritik an dem 2008 erschienenen Europa-Buch von Habermas[27] war eine Aufforderung, in einen öffentlichen Diskurs über das Liegengebliebene einzutreten; das ist nicht geglückt. Mittlerweile sind mit der AfD selbst im Parlament die liegen gebliebenen Probleme unmittelbar greifbar. So kehrt der alte Gedanke aus dem *Strukturwandel der Öffentlichkeit* wieder, dass Formen der *plebeischen oder proletarischen Öffentlichkeit* nur Varianten der bürgerlichen sind; er taucht hier in einem anderen Zusammenhang wieder auf: Man müsse das Hauptproblem der Verfassungsfrage ergänzen durch Reformvorschläge, die die sozialen Verhältnisse betreffen. Ich hatte zu bedenken gegeben, dass die europäischen Verfassungsfragen, die zahlreichen Verträge nicht das primäre sind, sondern sekundär an der Lösung der sozialen Probleme angebunden sind.

Jürgen Habermas greift politisch ein, wenn *sein Begriff des Politischen* durch die sachliche Kompetenz, von der die Intervention ihre Überzeugungskraft zu beziehen verspricht, gedeckt ist. Nicht dass man einer Sache das Etikett »politisch« anheftet, veranlasst ihn, Stellung zu beziehen. Wo aber Grundpositionen seines Denkens berührt sind, wo seine politische Moral herausgefordert wird und bloße Machtentscheidungen mit einer Legitimationsfassade ausgestattet werden, da greift er fast instinktiv in eine Debatte ein oder eröffnet sie. Sein Verständnis der politischen Intervention erfuhr ich auch Ende der 1970er Jahre, als ich um seine Beteiligung am dritten internationalen Russell-Tribunal zur Situation der Menschen- und Bürgerrechte in der Bundesrepublik Deutschland rang. Nach zwölf Stunden nahezu ununterbrochener Diskussion war ich bei ihm in Starnberg mit dem Gefühl aufgebrochen, ihn überzeugt zu haben. Wir beide hatten alles an Argumenten und Gegenargumenten ausgetauscht, was überhaupt mit der Sache in Berührung kommen konnte. Am nächsten Morgen teilte er mir in dürren

Worten mit, dass er an der am 3. Januar 1979 stattfindenden zweiten Sitzungsperiode des Tribunals nicht teilnehmen werde. Gegenstände waren Einschränkungen der Meinungsfreiheit (Zensur), Behinderung der Verteidigungsrechte, Verfassungsschutz. Erst später habe ich begriffen, dass Tribunale und Unterschriftensammlungen *nicht* die *ihm* eigentlichen politischen Interventionsformen ausmachen. Der geringste Verdacht einer möglichen Funktionalisierung seiner Worte hat ihn stets abgeschreckt.

## Erbschaftsverhältnisse der Frankfurter Schule

Wie immer nun darüber spekuliert werden mag, wie die Erbschaftsverhältnisse der Frankfurter-Schule sein mögen, wer zu ihrem inneren Kreis gehört, wer allenfalls als Grenzgänger zu bezeichnen ist, wer zur zweiten oder dritten Generation gehören mag: Es führt kein Weg daran vorbei, zu überprüfen, wie die potenziellen Nachfolger mit der Grundposition einer *materialistischen Dialektik* umgehen. Wo Dialektik als Erkenntnismethode verabschiedet ist, kann man sich schwerlich auf Adorno berufen, dessen Denkweise von Dialektik und deshalb von Hegel und Marx überhaupt nicht abzutrennen ist. In Abgrenzung zum Positivismus aller Schattierungen hat Habermas das in der Festschrift zum sechzigsten Geburtstag Adornos in dem Aufsatz *Analytische Wissenschaftstheorie und Dialektik* hinreichend begründet. Im Unterschied zu mir und vielen anderen, die bei Adorno und Horkheimer studiert haben und sich auch als Schüler der Kritischen Theorie betrachten, weil ihre philosophische Sozialisation durch ihre Lehrer zutiefst geprägt ist, beschreitet Habermas schon sehr früh einen völlig eigenständigen, durch die Ursprungsideen der Kritischen Theorie *nicht* vorgezeichneten Weg. Dabei spielt zum Beispiel Gadamers Hermeneutik eine große Rolle, die in meiner philosophischen und soziologischen Ausbildung überhaupt nicht vorkommt.

Was meinen Bildungsweg im Studium, vor allem in den philosophischen Hauptseminaren, zutiefst geprägt hat, ist ein durch *Kant und Hegel zurechtgerückter Marx*. Neben der Herkunftsfamilie ist vielleicht die gedankliche Prägung durch den unmittelbaren Einfluss von Lehrern das, was sich im späteren intellektuellen Leben am hartnäckigsten durchhält. Es steckte etwas Obsessives, Besessenes oder, um es noch negativer zu formulieren, etwas Verstocktes in jedem Gedanken, den ich von Horkheimer und Adorno aufnahm: ob er der proletarischen Überprüfung standhält; ob die Philosophie oder die Soziologie, überhaupt Wissenschaften dieser Art, geeignet sein können, *der Arbeiterbewegung ein neues theoretisches Fundament zu geben*. Es mag heute reichlich naiv erscheinen, wenn ich sage, *dass in meiner politischen Vorstellungswelt damals die bestimmenden Symbolfiguren Adorno und Otto Brenner waren*.

Mein Verhältnis zu Jürgen Habermas ist freundschaftlich geblieben. Als mein vorgesetzter Hochschullehrer hätte er genügend Anlässe und Gründe gehabt, seinen Assistenten zu entlassen. Mein missglücktes Buchprojekt *Die Linke antwortet Jürgen Habermas*,[28] das ihn zutiefst verärgerte, hätte ausgereicht, einen Trennungsstrich zu ziehen. *Er hat es nicht getan*. Das ist Ausdruck von Charakterstärke. Die verschiedentlichen Reibereien und Kontroversen, die es gab, haben die gegenseitige Achtung nicht in Frage gestellt, die das Gemeinsame an Aufklärungsarbeit und das Trennende in den verschiedenen Erkenntniswegen miteinander verbindet. Wer nun von uns beiden im ursprünglichen Ansatz der Frankfurter Schule, von der ja auch Jürgen Habermas verschiedentlich spricht, näher steht, ist in den ausgebreiteten Schriftdokumenten einigermaßen spekulativ.

Wie man nun diesen Begriff »Frankfurter Schule« auch immer fassen mag, es ist doch unverkennbar, dass hier ein *intellektuelles Produktionszentrum* entstanden ist, das weit über die Gründung des Instituts für Sozialforschung hinausgeht; es wird eine ursprünglich an Marx orientierte Gesellschaftstheorie formuliert, die mit einem Wahrheitsbegriff operiert, dessen Bewegungszentrum die Dialektik von Bewahren und Erneuern ist. Die ganze Geschichte der Philosophie wird umgeschrieben, auf Emanzipationsgehalte überprüft, ohne auf Anwendungsgebiete funktionalisiert zu werden. *Keine moderne Philosophie hat in ähnlicher Wiese empirische Sozialforschung in das philosophische Denken einbezogen*; Heidegger dagegen spricht abschätzig von den Soziologen als den *Fassadenkletterern*. In allen Kulturbereichen hat Adornos Denken motivierend und aufrüttelnd gewirkt, in der Literatur ebenso wie in der Pädagogik. Die Schriften über die Erziehung zur Mündigkeit, die Untersuchungen zum autoritären Charakter und zu Familienstrukturen – das alles zielt auf Erneuerung und nicht auf Bewahren. Betrachtet man die breiten Gesellschaftsfelder, in denen Anstöße zum Umdenken und zum Handeln von der Kritischen Theorie in ihrer ursprünglichen Fassung ausgingen, dann kann man von der strategischen Umwandlung der differenzierten *Krisenfelder in spezifizierte Handlungsfelder* sprechen.

Die Fragen, wer legitimer Erbe eines Theorieansatzes ist, wer zur Frankfurter Schule gehört oder wer einen eigensinnigen Ansatz weiterverfolgt, ob der, der sich kritisch zur Kritischen Theorie verhält, sich noch zu ihr rechnen darf – alle diese Fragen sind angesichts des Reichtums an intellektueller Produktivität, an vielfältigen Versuchen, emanzipatives Handeln an der Kritischen Theorie zu orientieren, belanglos und verschleiern gerade jene Lebensprobleme einer Gesellschaft, die Brennpunkte der Kritischen Theorie sind. Es ist bemerkenswert festzustellen, dass Arbeiten über die Frankfurter Schule immer deutlicher den Umkreis erweitern, in dem empirisch (zum Beispiel auf industriesoziologischer Ebene), philosophisch und pädagogisch gedacht wird. Die 2014 erschienene Arbeit *Die Permanenz der Kritischen Theorie: Die zweite Generation als zerstrittene Interpretationsgemeinschaft* von Muharrem Acikgöz[29] setzt die Tradition, die von Rolf Wiggershaus in seinem Buch über die Frankfurter Schule begründet wurde, kompetent und kenntnisreich fort; ein leiser Anklang an Trotzkis permanente Revolution soll es wohl sein, wenn er sein Buch die *Permanenz der Kritischen Theorie* nennt.

## Berufswege als politischer Intellektueller?

In dem Maße, wie ich mich innerlich von den Bindungen an Organisationen oder Institutionen löste und eine autonome Haltung erstrebte, wuchs in mir das Bedürfnis, meine Rolle als denkender und handelnder Theoriearbeiter zu reflektieren. Zugetraut habe ich es mir durchaus, eine Karriere zu absolvieren. Die Ablehnung eines Vorstandsmitglieds der IG Metall: »Soziologen brauchen wir nicht«, hatte mich nicht wirklich berührt. Ich war mir sicher, dass ich die Unterstützung anderer leitender Funktionäre der IG Metall finden würde, sollte ich tatsächlich eine Karriere in den Gewerkschaften planen. Nach meinen Erfahrungen in der Bundesgewerkschaftsschule in Oberursel traute ich mir das zu. Mein Wunsch, es zu tun, war halbherzig.

Es war auch kein großes Unglück, als mir der SPD-Parteivorstand die Alternative aufzwang: entweder SPD oder SDS. Ich war bereits auf dem Weg zur Unabhängigkeit. Zu meiner Zeit als Vorsitzender der Frankfurter Gruppe des SDS hatte mir ein kurzer Briefwechsel mit Herbert Wehner, den ich zu einem Vortrag nach Frankfurt einlud, einen Vorgeschmack gegeben auf die Schwierigkeiten, die der SDS als Linksopposition dem Parteivorstand bereitete. Hätte ich eine Parteikarriere ins Auge gefasst, wäre keine Situation günstiger gewesen als die, in der mir Hans Matthöfer den Assistentenposten in seinem Abgeordnetenbüro angeboten hatte. Aber ich hatte abgelehnt. Ohne besonderen Groll habe ich die Unvereinbarkeitserklärung zur Kenntnis genommen und mich für den SDS entschieden. Aber natürlich engte der Ausschluss aus der SPD die beruflichen Chancen zusätzlich ein; das galt auch für die Möglichkeit, Gewerkschaftsarbeit zu leisten. Ohne SPD-Parteibuch konnte man kaum die Funktion eines Schulleiters an einer Gewerkschaftsschule übernehmen.

Als letzte Baustelle blieb deshalb die Universität übrig. Aber das war ja gerade mein Problem: Ich wollte die Welt nicht nur interpretieren, sondern auch verändern. Wie kann man sich einen politischen Intellektuellen innerhalb der Universität vorstellen? Die wissenschaftliche Arbeitsteilung sieht Spezialisierung und die Ansammlung von Verfügungswissen vor. Auf der Suche nach einem passenden Selbstbild des politischen Intellektuellen, der die institutionellen Bindungen gebrochen hat, traf ich auf eine Konstellation, die mein Selbstverständnis berührte, aber meine politische Rolle nicht wirklich definierte. Nähere Bestimmungen versuchte ich an Persönlichkeiten, die in ganz unterschiedliche geschichtliche Handlungsfelder eingebunden waren. Jeder drückt auf seine Art einen Aspekt des politischen Intellektuellen aus, der eingebettet ist in eine Art Schicksalsgemeinschaft, die ihm seine erkämpfte Unabhängigkeit nimmt. Normale Funktionäre in einem normal funktionierenden System waren sie nicht. Sie kämpften um einen möglichst weiten Spielraum ihrer Autonomie.

Horkheimer reflektiert die Spannungsverhältnisse zwischen Arbeiterbewegung und Theorie. Das ist eben ein entscheidendes Merkmal, das den auf die Arbeiterbewegung bezogenen und reflektierenden Intellektuellen auszeichnet. Ein Theoretiker, der nur die vorherrschenden Stimmungen der sich emanzipierenden Klasse widerspiegelt, ist nutzlos und kann am Ende sogar gefährlich für den Emanzipationsprozess sein. Horkheimer sagt: »Es gibt keine Theorie der Gesellschaft, auch nicht die des generalisierenden Soziologen, die nicht politische Interessen mit einschlösse, über deren Wahrheit anstatt in scheinbar neutraler Reflexion nicht selbst wieder handelnd und denkend, eben in konkreter geschichtlicher Aktivität, entschieden werden müsste. Dass der Intellektuelle sich so hinstellt, als bedürfe es zunächst einer nur von ihm zu leistenden schwierigen Denkarbeit, um zwischen revolutionären, liberalistischen und faschistischen Zielen und Wegen die Wahl zu treffen, ist überhaupt verwirrend. Die Situation ist seit Jahrzehnten nicht mehr danach. Die Avantgarde bedarf der Klugheit im politischen Kampf, nicht der akademischen Belehrung über ihren sogenannten Standort.«[30]

Die politische Rolle des Intellektuellen bemisst sich nach Kriterien, die von einer langfristigen Entwicklungsperspektive ausgehen. Kritische Theorie speichert Erfahrungen und sammelt Wissen, die unmittelbar nicht brauchbar erscheinen, in bestimmten Konstellationen und Notlagen jedoch von lebenswichtiger Bedeutung sein können. Theorie in diesem Sinne ist auch eine Vorratskammer an Wissen und Denkweisen. Um diese Funktion erfüllen zu können, bedarf sie eines weiten Experimentierraums öffentlicher Erfahrungen und der Sicherung von Vorratskammern – wie auf einem gut geführten Bauernhof. (Dieser Gedanken prägte später auch mein Verständnis der Universität als öffentlicher Denkraum und Vorratskammer.)[31]

Eine Figur des politischen Intellektuellen, mit der ich mich ebenfalls intensiv beschäftigt habe und die in meinem Schriftwerk eine große Rolle spielt, ist Karl Korsch. Korsch gehört zu jenen Theoretikern des orthodoxen Marxismus, die mit einer unglaublichen Beharrlichkeit und analytischer Schärfe der europäischen Arbeiterbewegung Wege aus der Spaltung weisen wollten. Sein Buch *Marxismus und Philosophie* zählt zur großen Literatur der Arbeiterbewegung – die erste entschiedene Kritik der Widerspiegelungstheorie und schärfste Kritik der durch die leninistischen Praktiken der Parteizensur verfälschten Revolutionstheorie. Korschs Haltung ist in politischer und moralischer Integrität begründet; sie ist radikal jener entgegengesetzt, die marxistisches Denken im Wesentlichen dort für wahrheitshaltig annimmt, wo es in die Wirklichkeit existierender Gesellschaften eingebunden ist. Die Theorie Lenins, der Marxismus sei allmächtig, weil er wahr sei, unterstellt eine solche unmittelbare Koppelung von Wahrheit und Wirklichkeitsgehalt. Genauer gesagt, sie legt die Reduktion des Wahrheitsgehalts auf die Wirklichkeit nahe. Was sich als Wirklichkeit behauptet, kann nicht unwahr sein, ist eine nicht beweisbare These. Die immer wieder von Korsch geforderte Selbstanwendung des historischen Materialismus auf seine eigene Geschichte hat im Lager des kritischen Marxismus weite Resonanz gefunden.

An Korsch fasziniert mich die Unbestechlichkeit im Denken – während Brecht ihm genau diese vorwirft. »Er hält ein wenig zu viel auf seine Integrität, glaube ich«[32], sagt Brecht über seinen Lehrer. Er fordert von ihm etwas weniger jakobinische Strenge, also eine Portion Opportunismus. Was er hier von seinem Lehrer verlangt, hat er in seinem Leben wohl öfter selbst praktiziert. Karl Korsch gehört zu jener Art von Intellektuellen, die ich zeit meines Lebens bewundert habe, deren Lebensweg ich jedoch nicht gehen wollte. Die unendliche innere Kraftanstrengung, den revolutionären Gedanken nicht opfern zu müssen, obwohl sich die Wirklichkeit in ein widriges Gelände der Konterrevolution verwandelte, hat seine inneren Energien verbraucht. Vieles, was Korsch geplant hat, kam nicht zustande. Sein ganzes Denken und Streben war darauf gerichtet, die Sektiererei zu bekämpfen, keine Gesinnungsgemeinschaften aufkommen zu lassen. Die Dinge sind nicht so gelaufen. Unbestechlich und frei von jedem Opportunismus trieb Korsch den ursprünglichen produktiven Eigensinn in eine Sackgasse, die hermetisch verriegelt und realitätsblind war. Brecht, der ihn als Lehrer respektierte, spottet über seinen gebrochenen Realitätssinn. Er sei ein enttäuschter Mann, die Dinge seien nicht so gelaufen, wie er sich das vorgestellt hat: »Jetzt beschuldigt er nicht seine Vorstellungen, sondern die Dinge, die anders gegangen sind. [...]. Er glaubt fest an das Neue, so liebt er die Jugend [...]. So glaubt er auch an das Proletariat.«[33] Zweifellos, Brechts Spott berührt einen zentralen Punkt der Lebensgeschichte von Korsch und von vielen anderen Intellektuellen, die innerlich verödeten, weil ihnen die Öffentlichkeit fehlte oder weil sie emigrieren mussten. Er sei heimatlos, sagt Brecht. »Auch beim Proletariat wäre er wohl nur ein Gast. Man weiß nicht, wann er abreist. Seine Koffer stehen immer gepackt. Mein Lehrer ist sehr ungeduldig. Er will alles oder nichts. Oft denke ich: Auf diese Forderung antwortet die Welt gerne mit: nichts.«[34]

Bei meinen Überlegungen, den Weg des politischen Intellektuellen einzuschlagen, war mir durchaus klar, dass die Intellektuellen in der Gesellschaft oft Missachtung erfahren; die Verachtung und Verächtlichmachung der Theorie hat eine lange Tradition. Friedrich II. hat, als ihm ein Rat Voltaires nicht gefiel, als allgemeine Staatsweisheit von sich geben: »Wenn ich eine Provinz bestrafen will, dann schicke ich ihnen einen Philosophen als Gouverneur.«

Was an dem (auch gegenwärtig wieder) verbreiteten achtungslosen Umgang mit Intellektuellen störend, ja gefährlich erscheint, betrifft die Tendenz einer zunehmenden Ausgrenzung der eigensinnigen, kritischen Intelligenz aus der politischen Kultur. Das möchte ich nicht missverstanden wissen: Intellektuelle haben in meiner Sicht keinen privilegierten Schutz, wenn sie *öffentlich Gebrauch von ihrer Vernunft machen* und so das kritische Urteil der anderen herausfordern. Doch wo ein Klima der *Intellektuellenfeindschaft* entsteht – und es bildet sich immer dann, wenn Grundprobleme der Gesellschaft nicht so recht lösbar erscheinen, ja aus Machtinteresse verdeckt werden sollen –, da steht, wie wir insbesondere aus der bitteren Erfahrung der deutschen Geschichte wissen, mehr auf dem Spiel als die Interessenvorteile einer besonderen Gesellschaftsschicht. Vielleicht hat es mit den *unbotmäßigen*, gegen den Strom schwimmenden Intellektuellen doch eine besondere Bewandtnis. Sie werden verachtet, aber insgeheim doch gefürchtet. Nationalismus und Stalinismus waren sich kaum zufällig darin einig, dass zuallererst der *Eigensinn* der kritischen Intellektuellen zu brechen sei, dass die auf ihre *eigenen Sinne* und das *selbst erworbene politische Urteilsvermögen* versessenen Kritiker des Systems in die Emigration und in die Vernichtungslager gedrängt werden müssen.

Doch Intellektuelle sind auch immer, dieses Brandmal sitzt an ihrer Stirn, für die Legitimation von Herrschaftssystemen dienstbereit gewesen, und der Verrat ihrer Ideen und Prinzipien, wo sie denn welche hatten, gehört zur Katastrophengeschichte des 20. Jahrhunderts. Deshalb erinnern wir uns mit gutem Grund daran, worin die große Tradition der europäischen Intellektuellen der politischen Moderne besteht und wie stark sie mit menschenwürdigen Lebensverhältnissen verflochten ist. Ich meine damit etwa Émile Zola, der mit seinem offenen Brief *J'accuse* (Ich klage an) die moralische Korruption eines Herrschaftssystems aufdeckte und in seiner Anklage nicht nachließ. Tucholsky und Ossietzky sind ebenso zu nennen, Sacharow und Böll. *In der Würde der Intellektuellen dieses Typs ist etwas von der Würde einer Gesellschaft ausgedrückt, die der Vorurteile nicht mehr bedarf.* Radikale, das heißt an die Wurzeln der Verhältnisse gehende Kritik und ziviler Ungehorsam im Denken und Handeln gehören zentral zu dieser Würde. Ich war damals und bin nach wie vor der Überzeugung, dass kritische Intellektuelle in ihrer Verantwortung für das Gemeinwesen einen substanziellen Beitrag für den Bestand einer friedensfähigen Gesellschaft leisten.

# RAF UND DIE FOLGEN – ÜBER TERROR UND SOZIALISMUS

## Angela-Davis-Kongress

Es war ein herrlicher Sonnentag, an dem der vom Sozialistischen Büro organisierte Angela-Davis-Kongress stattfand; viele Komitees und politische Gruppierungen hatten sich für den Demonstrationszug zum Platz der Alten Oper in Frankfurt angemeldet. Alle Zeichen deuteten darauf hin, dass es sich um ein zentrales Ereignis der undogmatischen Linken und der außerparlamentarischen Opposition handeln würde. Entsprechend dem politischen Gewicht, das dieser Demonstration zugesprochen wurde, gab es bereits im Vorfeld Richtungskämpfe. Ich hatte zwar die Linie des Sozialistischen Büros als »überfraktionelles Bewusstsein« definiert, aber das wurde nicht von allen Gruppierungen anerkannt. Das Angela-Davis-Komitee musste sehr verschiedene Strömungen miteinander vereinbaren. Angela Davis, von einem Todesurteil bedroht, war Leitfigur für ein breites Spektrum der weltweiten Befreiungsbewegungen – als Schwarze, als Frau und als Kommunistin. So forderte jeder in der vorbereitenden Versammlung seinen Anteil an Mitspracherecht.

Auf Empfehlung von Klaus Vack und Andreas Buro beauftragte mich das Veranstaltungskomitee, eine der zentralen Reden auf dem Opernplatz zu halten. Die Häupter des »Revolutionären Kampfes«, Joschka Fischer und Daniel Cohn-Bendit, wehrten sich vehement dagegen und beanspruchten selbst Rederecht. Der Vorbereitungsversammlung in der Universität erschien es jedoch nicht legitim, einen Kongress für Angela Davis zu organisieren und ihn für eigene politische Zwecke zu missbrauchen. Das Ereignis sollte die innerhalb der Linken aufreißenden Gräben nicht zusätzlich vertiefen. Ich hatte nach wie vor ein gewisses Ansehen in einem größeren Bereich linker Aktivitäten. Hinzu kam der biographische Aspekt: Angela Davis war Schülerin von Herbert Marcuse, sie hatte aber in Frankfurt auch ein Semester bei mir studiert. Ihre in meinem Kant-Seminar verfasste Seminararbeit konnte ich dem Komitee als glänzendes Produkt ihrer scharfsinnigen Intelligenz vorlegen. Die beschlossene Rednerliste wurde schließlich von allen als erträglicher Kompromiss betrachtet. Neben Willi Scherer, dem Betriebsrat, sollten Wolfgang Abendroth, Herbert Marcuse und ich sprechen.

Ich fühlte mich höchst unbehaglich in dieser Rednerrolle. Denn es war ganz klar, dass jedes Wort, jeder Satz, jedes Symbol, die auf Befreiung der *politischen Gefangenen* und Anklage der bestehenden Gewalt gerichtet waren, mit Beifall aufgenommen würden. *Aber wer ist politischer Gefangener?* Die Bürgerrechtlerin Angela Davis, der bewaffnete Gefangenenbefreiung vorgeworfen wurde, kam in ihrem jungen Leben oft in Situationen, in denen sie für eine humane Sache kämpfte. Auch war ihr die philosophische Sozialisation in Fleisch und Blut eingedrungen, wie ihr akademischer Lehrer Herbert Marcuse das ausgedrückt hat. Also musste meine Rede mehr sein als ein Plädoyer für die unrechtmäßig gefangen gesetzten Kämpfer für Recht und Gemeinsinn.

### Rede auf dem Opernplatz, Frankfurt am Main, 3. Juni 1972

Dieser Kongress trägt den Namen von Angela Davis – aber sie würde sich dagegen wehren, wenn man nur von ihrer Person und ihrem Fall reden würde. Ihr Kampf für die elementaren

Rechte einer ausgebeuteten und in Unterdrückung gehaltenen Minderheit soll ein Fanal sein für den Befreiungskampf überall dort, wo er notwendig ist. Sie symbolisiert Unterdrückung in vielfacher Form: als Frau, als Schwarze, als Kommunistin, als Intellektuelle. Als Repräsentantin der schwarzen Befreiungsbewegung wird sie in allen Diskussionen dieses Kongresses präsent sein. Sie und ihren Fall gesondert darzustellen, erübrigt sich. Dieser heute beginnende Kongress steht wie kein anderer der westdeutschen Nachkriegsgeschichte im Zeichen der Gewalt. Keine Pogromhetze gegen Linke, gegen Universitäten, Schulen, gegen die politisch aufgewachte Intelligenz und gegen die rebellierende Jugend dieses Landes wird uns aber davon abbringen, Gewalt nicht nur dort zu suchen und zu verurteilen, wo es den herrschenden Gewalten gefällt. Wir werden diesen Kongress zum Forum der Auseinandersetzung, der Anklage, des Widerstandes vor allem auch gegen jene Gewaltformen machen, die sich unter dem Deckmantel biederer Friedfertigkeit verbergen.

Wer von Gewalt spricht und sie mit Entrüstung verurteilt, ohne gleichzeitig und in erster Linie von Vietnam zu sprechen, ist ein Heuchler. Ehe es die Desperados der Baader-Meinhof-Gruppe gab, gab es die mörderischen Aktionen der angeblich fortgeschrittensten Demokratie der Welt gegen ein Volk, das sich nach jahrzehntelanger Unterdrückung und Ausbeutung endgültig von seinen korrupten Cliquen, den Diems und Thieus, befreien wollte.

Wo war die Entrüstung, ja auch nur die leise Andeutung eines Protestes unserer führenden Politiker, die die Gewalt des Faschismus erlebt hatten, um ein Beispiel der Integrität des politischen Verhaltens jener zu geben, die ihn nur aus Büchern kannten, aber eines sehr genau begriffen hatten: dass politische Moral unteilbar ist; dass derjenige, der den Völkermord in

Vietnam toleriert oder gutheißt, das Recht verliert, im Namen der Demokratie zu sprechen; dass der unglaubwürdig wird, der zwar den Antisemitismus der Nazis verurteilt, während er für den gegenwärtigen Rassismus in der Welt, in Südafrika oder den Vereinigten Staaten, wohlwollendes Verständnis aufbringt.

*Das automatisierte Schlachtfeld*

Vietnam ist zum Symbol der Gewalt für diese Generation geworden. Nicht nur die alltäglich auf Vietnam niedergehende Bombenlast überschreitet bei Weitem die des Zweiten Weltkrieges; die mechanische Vernichtung von Menschenleben hat Ausmaße angenommen, die sehr bald den Verwaltungsmassenmord des »Dritten Reiches« in den Schatten stellen können. General Westmoreland hat als Oberkommandierender der amerikanischen Truppen in Vietnam selbstsicher verkündet, dass *»uns nicht mehr als zehn Jahre vom automatischen Schlachtfeld trennen«*. – Diese Strategie wird heute in ganzer Brutalität befolgt. Die Visionen dieses Generals vom kommenden Reich der Unfreiheit sind die Visionen eines geschichtlich zum Untergang verurteilten Systems, das sich nur noch durch die Ausbildung von technologischen Vernichtungsphantasien und Zerstörungspraktiken am Leben erhalten kann. Der General sagt: *»Ich sehe Schlachtfelder, auf welchen wir alles zerstören können [...] durch sofortige Informationsaufnahme und fast sofortige Anwendung von tödlicher Zerstörungskraft. Auf dem Schlachtfeld der Zukunft werden feindliche Kräfte lokalisiert, aufgespürt werden und fast ohne Zeitverlust beschossen werden können [...]. [automatisierte Feuerkontrolle sichert eine] fast hundertprozentige Tötungswahrscheinlichkeit [...].«*[35]

Mittlerweile weiß jedermann, selbst die *Frankfurter Allgemeine* beginnt es zu ahnen, dass es besonders in sozialrevolutionären Befreiungskriegen militärisch eingrenzbare Ziele nicht gibt; die Bombardierungen nach Planquadraten treffen alles Leben. Es war der amerikanische Präsident Johnson, der den Begriff der Vergeltung wieder in die politische Sprache einführte. Was ist aber der Unterschied zwischen Strafexpeditionen der Nazis in Oradour und Lidice und einem vernichteten vietnamesischen Dorf, wenn feststeht, dass es begrenzbare militärische Ziele nicht gibt?

Studenten und Jugendliche waren die Einzigen, die das Grundrecht der Informationsfreiheit ernst nahmen, um sich über Völkermordpraktiken auch verbündeter Nationen zu informieren und öffentlich dagegen aufzutreten. Sie wollten nicht in die gleiche Situation kommen, in der die Mitläufer und stillen Dulder des Naziregimes waren: von der Gewalt, von den Konzentrationslagern nichts gewusst zu haben.

Auf ihren Protestdemonstrationen wurden sie geprügelt und beschimpft; für den großen Teil war es die erste Erfahrung der manifesten Gewalt im eigenen Lande, und viele haben das bei späteren Aktionen immer wieder bestätigt und niemals vergessen.

Das politische Bewusstsein der ersten Generation, die vom Krieg nicht unmittelbar getroffen war, entzündete sich am Krieg, an der Gewaltpraxis der alten und neuen Kolonialherren, die mit Blut und Feuer ihre Herrschaft aufrechterhielten. An den großen Protestdemonstrationen, die Jugendliche und Studenten gegen Tschombé und den Schah von Persien veranstalteten, zogen mitunter noch Politiker mit, die aber sehr bald die gesicherte Karriere dem Risiko der politischen Kompromisslosigkeit vorzogen.

*Der Tod Benno Ohnesorgs*

Die erste zivile und politische Generation auf deutschem Boden, die aus der Katastrophengeschichte der letzten fünfzig Jahre etwas gelernt hatte, die nicht bei jeder Gelegenheit nach dem Henker rief, die den stumpfsinnigen Hurra-Patriotismus überwunden hatte, die, als die Ostpolitik noch das gewagte Abenteuer eines Kreuzzuges gegen den Kommunismus war, für eine konsequente Anerkennung der von Hitler geschaffenen Resultate des Zweiten Weltkrieges eintrat – diese zivile und politische Generation stieß von Anbeginn auf eine Mauer von Aggression, von Unverständnis und Dickfelligkeit der Politiker aller Parteien, die gerade die sensibelsten der Studenten und der Jugendlichen besonders treffen musste.

Gerade in dieser Stunde ist es deshalb notwendig, an jenes fast auf den Tag genau fünf Jahre zurückliegende Ereignis zu erinnern, an dem der neurotische, aufgehetzte Waffensammler Kurras im Polizeidienst Benno Ohnesorg erschoss – und schließlich freigesprochen wurde. Und auch der wild gewordene Anstreicher, der ein Jahr später das Attentat auf Dutschke verübte, ist auch das traurige Opfer der von der Springer-Presse und ihrem Anhang beharrlich gesteuerten Saat der Gewalt gegen Andersdenkende, die längst noch nicht in ganzem Umfang aufgegangen ist. Wenn Politiker der SPD heute davon sprechen, dass sie in den nächsten Wahlkampf mit kugelsicheren Westen gehen müssten, so werden sie wissen, von welcher Seite ihnen Gewalt droht. Wenn sie aber meinen, sie könnten das Schlagwort von den »Linksradikalen«als eindeutige Bestimmung für Freund-Feind-Verhältnisse verwenden, so unterliegen sie einer fatalen Täuschung: Es gibt kein objektives und eindeutiges Kriterium für die Unterscheidung von Rechts und Links; das rituale Bekenntnis zur demokratischen Grundordnung nützt gar nichts. Für Franz Josef Strauß ist bereits Karl Schiller ein Linksradikaler.

In Deutschland besteht die gefährliche Neigung, grundlegende gesellschaftliche Konflikte durch die Polizei zu lösen. Die Masse der Polizisten steht heute in allen kapitalistischen

Ländern an der vordersten Front der Klassenauseinandersetzungen. Sie holen für die, die mit der Aufrechterhaltung dieser gesellschaftlichen Zustände profitable Interessen verbinden, die Kastanien aus dem Feuer. Sie werden schlecht bezahlt; die Planstellenhierarchie ist so, dass für den einfachen Polizisten praktisch nur geringe Chancen des Aufstiegs bestehen, während der Abiturient, gar ein Akademiker, der von oben einsteigt, nach relativ kurzer Zeit Offizier und Vorgesetzter wird. Das kann nicht die Sympathien für die Intellektuellen, mit denen sie sich an den Universitäten und Schulen herumschlagen müssen, erhöhen. Das Wort von Rosa Luxemburg, dass Soldaten und Polizisten in Uniform gesteckte Proletarier sind, trifft heute sicherlich nicht mehr in gleicher Weise zu; aber ihre Lebenssituation ist nicht besser als die der Arbeiter. Das einzige Privileg, das sie haben, besteht im legalen Abreagieren ihrer Aggressionen, die bei ihnen nicht weniger als bei Studenten und anderen Menschen das Produkt von Unterdrückung und Ausbeutung sind.

Wenn man ihnen heute wieder einzureden versucht, das Gewaltpotenzial dieser Gesellschaft würde sich wesentlich durch die Zentralisierung der Verbrechensbekämpfung und den Ausbau des Polizeiapparates verringern, wird sich dies als eine grandiose Täuschung erweisen. Die Profilierungsbedürfnisse eines »liberalen« Innenministers, der sich als ein Mann von Recht und Ordnung ins Bild setzen will, zielen auf die Amerikanisierung der Verbrechensbekämpfung, die bei der chronischen Neigung der Deutschen, politische Konflikte als kriminelle Delikte zu behandeln, für uns alle eine bedrohliche Entwicklung bedeutet.

### *Ausgleichsfunktion der Familie*

Aber kein einziges Problem wäre dadurch gelöst. Denn der Nährboden von Krankheiten, psychischer Zerrüttung, Aggressionen und Gewalt ist der kapitalistische Betrieb, ist die bürgerliche Restfamilie, die ausgleichen soll, was anderswo entsteht; sind die Schulen, in denen die Kinder in kleine Räume eingepfercht sind, sodass sie ihre sozialen Fähigkeiten nicht entwickeln können; es sind die Universitäten mit vollgestopften Hörsälen, in denen vernünftiges Lernen kaum noch möglich ist; man sollte sich hüten, die linken Lehrer und Hochschullehrer aus Schulen und Universitäten zu drängen, sie sind die Einzigen, die durch alltägliche Überstunden, durch Organisation kleiner Gruppen diesen katastrophalen Laden überhaupt noch am Laufen halten.

Wissen die Politiker, die diese Probleme mit der Polizei lösen wollen, dass der Boden, auf dem kriminelles Verhalten wächst, die missglückte Sozialisation in der Familie und in der Schule ist? Ein führender Arzt und enger Freund Nixons hat vorgeschlagen, Massenuntersuchungen aller sechs- bis achtjährigen Kinder einzuleiten, ob sie kriminelle Verhaltensanlagen zeigen. Für gestörte Kinder mit verbrecherischem Kern schlage er den Aufbau von »Behandlungslagern« vor.

Wir wissen heute, dass kriminelles Verhalten ein gesellschaftliches Produkt ist. Würde man nur einen Teil des Geldes, das für die oft aussichtslose Bekämpfung der Folgen, für Gefängnisse, Irrenanstalten, für Polizei und Privatdetektive ausgegeben wird, für die Bekämpfung der Ursachen verwenden, dann könnte man mit langfristigen Wirkungen rechnen. Eine Gesellschaft, die diese Minimalaufgabe nicht zu lösen vermag, hat ihre Berechtigung verloren.

*Gefahr der Blickveränderung*

Diese Einschätzung des bestehenden Gewaltpotenzials und der Aktionsstrategien der herrschenden Gewalt gegenüber der sozialistischen und kommunistischen Linken darf uns aber nicht den Blick dafür verstellen, unmissverständlich und in aller Öffentlichkeit zu erklären: Es gab und gibt mit den unpolitischen Aktionen, für die die Gruppe um Andreas Baader und Ulrike Meinhof die Verantwortung übernommen hat, nicht die geringste Gemeinsamkeit, die die politische Linke der Bundesrepublik zur Solidarität veranlassen könnte. Das gilt im Grunde für alle Fraktionen der Linken, die sich mehr und mehr auf eine langfristige, beharrliche, sehr viel Klarheit erfordernde Politik eingestellt haben. Wer Politik zu einer individuellen Mutprobe macht, ohne noch die sozialen Ziele und die einzelnen Veränderungsschritte angeben zu können, wird allmählich Opfer der eigenen Illusionen. Er verkennt die Angst, die er verbreitet, als politischen Erfolg.

Wer glaubt, mit exemplarisch gemeinten Aktionen, mit spektakulären Gefangenenbefreiungen, Bankeinbrüchen, Bombenlegen unter hiesigen Verhältnissen eine revolutionäre Situation herstellen oder auch nur die Aktionsbasis erweitern zu können, errichtet eine undurchdringliche Mauer zwischen sich und der gesellschaftlichen Erfahrung.

Verletzte oder getötete Springer-Journalisten tasten nicht den Springer-Konzern an; ein verletzter oder getöteter Polizist mag den Polizeiapparat einen Augenblick verunsichern, aber mit Sicherheit wird er ihn langfristig verstärken. Und eines kommt hinzu: So wenig der Polizeiknüppel das Zentrum der reaktionären Gewalt ist, so wenig hat das geschickte Bombenlegen irgendetwas mit revolutionärer Gewalt zu tun. Die Fanale, die sie mit ihren Bomben setzen wollen, sind in Wirklichkeit Irrlichter.

*Falsche Überlegungen*

Wenn überhaupt von zusammenhängenden Vorstellungen einzelner dieser Gruppen gesprochen werden kann, so handelt es sich um ein Gemisch von Illegalitätsromantik, falscher Einschätzung der gesellschaftlichen Situation als offener Faschismus und illegitimer Übertragung von Stadtguerilla-Praktiken auf Verhältnisse, die nur aus einer Verzweiflungssituation heraus mit Lateinamerika verwechselt werden können. In der Tat sind es Verzweiflungsaktionen, die hier zur Diskussion stehen; und die politische Kritik an ihnen besteht darin, dass sie lediglich die Krankheitssymptome dieser Gesellschaft auf einer anderen Ebene widerspiegeln. Die Pathologie dieser Gruppen reicht nicht hin, auch nur die pathologischen Erscheinungsformen des Kapitalismus zu treffen, sondern sie ist deren ganz getreues Spiegelbild. Und weil diese Gruppen den Bedürfnissen des Systems entgegenkommen, alle sozialistische Politik zu kriminalisieren, sollten sie ihren aussichtslosen Kampf einstellen und ihre Niederlage offen eingestehen, um nicht noch andere, vor allem Jüngere, in selbstmörderische Abenteuer hineinzuziehen.

Viele, die die Bitterkeit der erfahrenen Ohnmacht gegenüber der Polizei und den Gerichten nach wie vor spüren und mit Sympathie über zwei Jahre hinweg die vom ohnmächtigen Fahndungsapparat Verfolgten begleiteten, ohne allerdings die Rolle des distanzierten Beobachters eines Politschauspiels aufzugeben, werden in dieser Distanzierung nur Einseitigkeit, Verständnislosigkeit für die Motive und Konzeptionen der Baader-Meinhof-Gruppe sehen. Was immer geschieht: Für sie hat jeder, der etwas gegen das System unternimmt, ganz unabhängig von der jeweiligen Beziehung zwischen Zielen und eingesetzten Mitteln, einen verbürgten Anspruch auf Solidarität der gesamten Linken.

*Selbsternannte Avantgarden benutzen? Solidarität*

Aber die Mechanik der Solidarisierung zerstört jede sozialistische Politik. Sie ist das schlechteste Erbteil der Protestbewegung. Die unter Solidarisierungszwang stehende Masse der Politisierten, der Studenten, Schüler, Jungarbeiter, die sich mühsam von ihren Familien, dem disziplinierenden Druck der Betriebe und der Ausbildungssituation abgesetzt haben, verlieren allmählich die Fähigkeit, selber Erfahrungen zu machen. Ständig im Zugzwang, den Anschluss an die radikalsten Positionen nicht zu verpassen, gewinnen sie ihre labile, außengeleitete Identität aus der bloßen Identifizierung mit den Erfahrungen anderer. Selbsternannte Avantgarden, ob es sich nun um »Partei«-Gründungen oder um die »Rote Armee Fraktion« handelt, spiegeln ihnen gesellschaftliche und geschichtliche Erfahrungen vor, die der Einzelne, der Schüler in der Schule, der Arbeiter und der Lehrling im Betrieb, der Student in der Hochschule, in den eigenen Arbeitszusammenhängen weder nachvollziehen noch auf politische Konsequenzen bringen kann.

Und was bedeutet hier überhaupt Solidarität? Sie beruht stets auf Gegenseitigkeit. Ohne ein Minimum an proletarischer Öffentlichkeit, ohne die Möglichkeit der aktiven Beteiligung an der Diskussion über Strategie und Taktik, über geplante Aktionen, verliert Solidarität ihren materiellen Boden; sie wird zu einer Form erpresserischer Solidarität, die auf Trennungsängsten beruht, und diese schlägt mit Sicherheit auf die Akteure zurück. Durch sie wird jeder, der seine eigene politische Existenzweise einem kurzfristigen Abenteuer nicht zu opfern bereit ist, der keine aktive Hilfe leistet, wenn sie ungebeten und oft auch anonym vor der Türe stehen, mit dem Verratsstigma belastet. Der Versuch, jeden vor vollendete Tatsachen zu stellen, mag nicht in ihrer Absicht liegen, aber eine politische Kritik an der Praxis der Baader-Meinhof-Gruppe, an individuellem Terror, der zur Verschärfung der Klassenkämpfe und zur gewalttätigen Selbstentlarvung des kapitalistischen Systems führen soll, ist auch gar nicht auf der Ebene von guten Absichten und verstehbaren Motivationen möglich. Der Knoten, der mechanisierte Solidarität, Minderwertigkeitskomplexe gegenüber der angeblich großen, revolutionären Politik der »Rote Armee Fraktion«, die die Alltagsarbeit der Basisarbeit auf das Niveau blinder Handwerkelei herabdrückt, und verzerrte Realitätsauffassung miteinander verknüpft, mit der fatalen Wirkung der Vernebelung der Gehirne zahlreicher Einzelner innerhalb der Linken – dieser Knoten kann nur zerhauen, nicht mehr mit behutsamem Verständnis aufgelöst werden.

*Revolutionäre Politik beruht nicht auf Angst*

Die Gleichung von Radikalität und revolutionärer Politik geht nicht auf; wenn Marx sagt, radikal sein bedeutet, die Sache an der Wurzel packen, die Wurzel für den Menschen sei aber der Mensch, so kann sich keine sozialistische Politik von der Erfahrungsweise der Menschen, vor allem der arbeitenden Massen, ungestraft ablösen. Eine Gruppe, die diesen Boden verlässt, hat kein objektives Korrektiv mehr für die Überprüfung der politischen Wirksamkeit ihrer Aktionen; sie folgt einer abstrakten Stufenleiter formaler Radikalität. Da die Wirkungen sie jedweder Kontrolle entziehen, muss jeder Aktion eine neue, radikalere aufgesetzt werden. Am Ende steht die totale Isolierung, der als Offensivstrategie getarnte Rückzug auf das eigene Überleben, dessen Ausweglosigkeit auch durch das gemeingefährliche Anlegen von Waffenlagern in Hochhäusern und durch das Hin- und Herschleppen von Waffen und Sprengstoff nicht zu verdecken ist. Dass die führenden Köpfe der RAF nach den Bombenanschlägen fast mit einem Schlage gefasst werden konnten, ist weder dem Verrat noch der gewachsenen Organisationsfähigkeit der Polizei zu danken, sondern der Logik ihrer eigenen Strategie. Die Bomben haben die Massen aufgerüttelt, wachsam gemacht – zweifellos. Aber nicht gegenüber dem Klassenfeind und den existierenden Gewaltverhältnissen, sondern gegenüber den unmittelbaren Urhebern ihrer Angst.

*Ohne politische Moral ist sozialistische Politik unmöglich*
Die mit der Baader-Meinhof-Gruppe im Bewusstsein der Linken entstandenen Probleme stellen sich nicht in erster Linie auf einer moralischen Ebene – *obwohl ohne politische Moral revolutionäre Politik undenkbar ist.* Der noch heute bei manchem, der kaum eigene politische Erfahrungen gemacht hat, wirksame Komplex von Sentimentalität und Sympathie gegenüber dieser Gruppe wird sich erst dann auflösen, wenn die eklatante Unangemessenheit von Mitteln und Zielen ihrer Strategie und Taktik sichtbar wird. – Niemand verwechselt ungestraft lateinamerikanische Militärdiktaturen, an deren konkreten Verhältnissen die ursprüngliche Konzeption der Stadtguerilla entwickelt wurde, mit halbwegs funktionierenden demokratisch-parlamentarischen Systemen, die sich im Ernstfall immer noch auf eine relativ stabile Massenloyalität stützen können.

Die »Rote Armee Fraktion« hat die Absicht, die erste Stadtguerilla auf deutschem Boden aufzubauen, um die Möglichkeit des bewaffneten Widerstandes praktisch zu ermitteln. Sie wollte die ihr inkonsequent erscheinende Waffe der Kritik durch die Kritik der Waffen selber ersetzen; es gibt aus ihren Äußerungen keine Hinweise darauf, dass sie in ihrem zweijährigen Untergrund durch Erfahrung auch zu einer Kritik ihrer Waffe gekommen wäre. Die amerikanischen *Weathermen,* die mit Bomben und Attentaten operierten, gestanden ihren Kampf mit solchen Mitteln als aussichtslos ein, als bei einer ihrer Bombenexplosionen auch nur ein einziger Unschuldiger zerrissen wurde. Was hatte Marighella gemeint, wenn er in seinem von der »RAF« kopierten Handbuch des Stadtguerillero immer wieder davon spricht, dass die Haupteigenschaften des Revolutionärs Sensitivität gegenüber den Lebensinteressen der einzelnen Individuen des Volkes, Erfahrungsfähigkeit gegenüber veränderten Situationen und Unauffälligkeit des Verhaltens sind? Er wollte damit sagen, dass es ohne diese Eigenschaften für den Stadtguerillero keine Bewegungsfreiheit innerhalb des Volkes gibt, dass er sich keine Informationen verschaffen kann, dass sein Erfahrungshorizont durch die bloße Berührung mit der Polizei zusammenschrumpft. In der Tat: Die »Bullen« wurden schließlich zum einzigen Realitätskontakt für die Baader-Meinhof-Gruppe. Sie nahmen die Gestalt von »Untermenschen« an. Aus dieser Verzerrung der wirklichen gesellschaftlichen Machtverhältnisse lässt sich beim besten Willen keine revolutionäre Strategie entwickeln. Es reicht nicht aus, dass das Volk unterdrückt ist, es muss eigene Lebensinteressen vertreten, wenn es kämpfen soll. Unter den objektiven Bedingungen der Bundesrepublik ist die Stadtguerilla das Mittel, mit dem sich kein einziges sozialistisches Ziel erwirken lässt.

Die »Rote Armee Fraktion« hatte die Absicht, illegalen und legalen Kampf miteinander zu verbinden. Marighella sagt: »Der Stadtguerillero muss es verstehen, inmitten des Volkes zu leben, er muss darauf achten, nicht als Fremder zu erscheinen oder sich vom normalen Leben eines Durchschnittsbürgers zu unterscheiden [...]. Der Stadtguerillero muss von seiner normalen beruflichen Beschäftigung leben.«[36] Der Stadtguerillero setzt diese Legalität seiner Arbeit nicht bewusst aufs Spiel, sondern geht in den Untergrund nur, wenn ein Haftbefehl gegen ihn vorliegt.

Die Baader-Meinhof-Gruppe hat sich vor allem und von vornherein auf die bereits Kriminalisierten gestützt, auf die, die nicht mehr anders als kriminell leben konnten. Die Illegalisierung, von der jede revolutionäre Aktivität im Spätkapitalismus bedroht ist, hat sich hier unversehens in ein Mittel der Identitätsfindung verwandelt. Psychologisch ist das verständlich, weil diejenigen, die die Aussichtslosigkeit ihres Kampfes im Untergrund zu ahnen beginnen, aller Rückkehrmöglichkeiten ins bürgerliche Leben beraubt sein sollen.

So schließt sie die Furcht, dem Martyrium der Gefängnisse ausgesetzt zu sein, mehr zusammen als die Hoffnung, durch ihre Aktionen ihre Aktionsbasis zu erweitern. Das ist unter hiesigen Bedingungen keine Perspektive des Befreiungskampfes des Arbeiters und der Politisierung seiner eigenen Erfahrungen von Unterdrückung und Ausbeutung. Es ist vielmehr das Problem einer entleerten intellektuellen Lebensweise, die nach sinnvollen Inhalten sucht, die aber gerade dadurch nichts findet, da in ihr absolut nichts von dem enthalten ist, was die spezifische Lebens- und Erfahrungsweise des Proletariers ausmacht. Sein materialistischer Instinkt gebietet ihm Vorsicht gegenüber den revolutionären Versprechungen illegalisierter Gruppen, die ihm nur ungedeckte Wechsel auf die Zukunft ausstellen können.

Die »Rote Armee Fraktion« hat die Absicht, die kapitalistischen Widersprüche auf die Spitze zu treiben, um sie dem Volk durchsichtiger und erkennbarer zu machen. Was sie aber bewirkt hat, ist das Gegenteil: Sie hat sie verschleiert. Der alten Täuschung, dass die revolutionären Chancen umso größer sind, je stärker der staatliche Repressionsapparat ist, sind auch sie zum Opfer gefallen. Denn revolutionäre Situationen stellen sich durch erhöhte Repression nur dann her, wenn gleichzeitig das politische Herrschaftssystem, das staatliche Gewaltmonopol im Zerfall begriffen ist. Erst dann suchen die Massen selbsttätig nach neuen politischen Ausdrucksformen ihrer Lebensinteressen.

*Der exemplarische Terror zementiert das politische Herrschaftssystem*
Wo dieses politische Herrschaftssystem, wie zurzeit in der Bundesrepublik, relativ intakt und aktionsfähig ist, bewirkt die voluntaristische Strategie der Verschärfung der Klassenkämpfe nur die Einschnürung der Aktionsmöglichkeiten der gesamten Linken.

Die an diesen drei Komplexen aufgezeigte Verkehrung der Absichten und Motive der RAF lässt sich an jedem anderen Punkt der Strategie und Taktik der Baader-Meinhof-Gruppe in gleicher Weise nachweisen. Theorie und Praxis, die in der Stadtguerilla die einzig sinnvolle organisatorische Einheit gewonnen haben soll, weisen bei keiner Gruppe der politischen Linken so sehr auseinander wie bei der »Rote Armee Fraktion«. Ihre Absichten und Motive, ihre Deklamationen und Programme schlagen, weil sie bloß formal sind, die konkreten Erfahrungszusammenhänge der Wirklichkeit nicht in sich enthalten, zwangsläufig in ihr Gegenteil um. Das liegt nicht an diesen Absichten und Motiven, sondern an der Realität, auf die sie bei der praktischen Aktion stoßen.

Jeder politisch ernst zu nehmende Sozialist muss heute begreifen, dass es ohne aktive Unterstützung der Arbeiterklasse keine wirkliche Veränderung in diesem Lande gibt. Wir müssen uns mit aller Kraft dagegen wehren, uns die fatale Alternative von Bombenlegen und Anpassung aufzwingen zu lassen. Die Arbeiterbewegung, und gerade auch die revolutionäre Lenins und Mao Tse-tungs, hat in ihrer Geschichte einen unerbittlichen Kampf gegen den individuellen Terrorismus aus den eigenen Reihen und vor allem gegen jene Gruppen geführt, die sich den Arbeitern als Avantgarden aufzwingen wollten. Lenin hat unermüdlich immer wieder darauf hingewiesen, dass die Massen ihre Erfahrungen mit den Klasseninstitutionen selber machen müssen; dass sie Selbstbewusstsein und Selbsterziehung nur aus ihren eigenen Kämpfen gewinnen können.

*Arbeiterbewegung und Terrorismus sind unvereinbar*
*Auch für diese Gesellschaft gilt, dass ein unter Opfern durchgestandener Streik, Arbeitskämpfe auf den verschiedensten Ebenen, politische Demonstrationen immer noch mehr an sozialistischem Bewusstsein und Erfahrungserweiterung der Arbeiter und der Intellektuellen bewirken als tausend Bomben. Die Klassenkämpfe werden durch sie nicht verschärft, sondern zugunsten des Systems verschleiert, weil es an die Ängste der Menschen appellieren kann.*

Ein großer Teil der zu diesem Kongress angemeldeten Teilnehmer kommt aus arbeitenden Gruppen, Basisgruppen der Lehrlinge und der Studenten, der Lehrer und der Gewerkschaftsjugend – aktive Minderheiten zahlreicher Jugendverbände aus der ganzen Bundesrepublik. Diese Gruppen, die in ihren Erfahrungsbereichen der jeweiligen Arbeitsplätze, der Betriebe, der Schulen und der Universitäten beharrlich und mit langem Atem sozialistische Politik betreiben, geben nicht viel für Schlagzeilen her; gleichwohl sind sie die Substanz der Linken, jener arbeitende harte Kern, von dem die Erneuerung der sozialistischen Bewegung in diesem Lande ausgeht.

Was sie zu diesem Kongress zusammenführt, ist das Bedürfnis der überregionalen Koordination und die Entschiedenheit, ihre konkrete Arbeit in den Zusammenhang internationaler Solidarität für jene einzubeziehen, die an anderen Orten der Welt und unter anderen Bedingungen einen ähnlichen Kampf führen.

Wir können unsere Solidarität mit Angela Davis, mit allen politischen Gefangenen des Rassenterrors und der Unterdrückung nicht besser demonstrieren als durch die Überwindung unserer eigenen Zersplitterung, durch die Zusammenfassung unserer Kräfte mit dem Ziel, gesellschaftliche Bedingungen zu schaffen, damit solche Kongresse nicht mehr im Zeichen der Gewalt stehen müssen.

### Sozialistische Politik und der Terror

Einen Tag und eine Nacht hatte ich zur Verfügung gehabt, um die Rede vorzubereiten, *die Probleme zu entmischen;* das berührte auch die Frage des Redestils. Sollte ich frei auf der Grundlage von Notizen sprechen, was ich am liebsten getan hätte, oder einen formulierten Text vortragen? Eine normale politische Lobrede auf eine beliebigen Person zu halten, wäre mir nicht schwer gefallen; ich war mir sicher, dass ich das Publikum binden kann. Aber es konnte mir nicht darum gehen, existierende Meinungen in ihrer Mehrheitsfähigkeit zu bestätigen – es waren Markierungen und Grenzen zu setzen. Als Sozialist, dem die Moral des Kampfes für eine humanere Gesellschaft nicht gleichgültig ist, und ausgestattet mit dem von Horkheimer und Adorno geschnürten dialektischen Gepäck, konnte ich nicht wegsehen, wenn der zynische Umgang mit Gewalt und Terror zur vorherrschenden Haltung wurde. Die aktuelle Situation nötigte mir eine Entscheidung auf.

Wenn die Konturen eines Problems sich verwischen, wenn Anfang und Ende nicht mehr erkennbar sind, dann suche ich mir eigentümliche Ratgeber. Ich finde sie dort, wo ich Knoten meiner eigenen Bildungsgeschichte vermute. Diese Ratgeber haben mir auch damals geholfen, eine Entscheidung zu treffen. Ich zog Merleau-Pontys großartige Schrift *Humanismus und Terror* aus dem Regal und blätterte darin. Der Versuchung, mich beim Anblick dieser Texte und Bilder erneut in den Sachverhalt zu vertiefen, begegnete ich, indem ich ein Zeitfenster festlegte, das die vorgesehene Redezeit berücksichtigte. Deshalb nutzte ich, als ich nach Argumenten für die *schärfere Form meiner Rede suchte,* Stichworte der Erinnerung, die mir in den Sinn kamen. Besonders reizte mich auch jene Passage in Büchners *Dantons Tod,* in welcher der selbst durch die Septembermorde belastete Täter Danton von Robespierre Argumente für das weitere Morden verlangt. »Bist du der Polizeisoldat des Himmels?«[37], fragt Danton. Ja, so fühlt sich Robespierre. Aber Gewalt hat eine eigene Logik; sie wirkt nicht nur zerstörend, sie muss die zerstörbaren Objekte auch fortwährend neu produzieren. Wer sich auf die Guillotine einlässt, muss sie in Betrieb halten, denn der Gegner kann sie auch nutzen. »Robespierre ist das Dogma der Revolution, es darf nicht ausgestrichen werden. Es ginge auch nicht. Wir haben nicht die Revolution, sondern die Revolution hat uns gemacht«[38], klagt Danton. Die Rückkehr zum Alltag wird immer schwieriger, je weiter der Prozess gelaufen ist. Unter diesen Bedingungen sind Dantons Worte wirkungslos: »Wo die Notwehr aufhört, fängt der Mord an.«[39] Dieses Morden hat kein Ende, weil es kein Ziel hat, auf das es sich konkret richtet. Robespierre entgegnet: »Die soziale Revolution ist noch nicht fertig. Wer seine Revolution zur Hälfte vollendet, gräbt sich selbst sein Grab. Die gute Gesellschaft ist noch nicht tot [...]. Das Laster muss bestraft werden, die Tugend muss durch den Schrecken herrschen.«[40] Unter bestimmten Bedingungen ist das allgemeine Laster Hochverrat. Es gibt keinen Rückweg ins normale Leben.

Meine Rede war in zwei Fassungen fast fertig – einer eher versöhnlichen und einer zuspitzenden. Dass meine ganze philosophische Ausbildung verknüpft war mit der Idee der *Selbstbestimmung,* mit der Überwindung der autoritären Abhängigkeiten und der Erniedrigung der Menschen, verschaffte meinen

Betrachtungen in dieser Nacht die Richtung. Es war und ist meine Grundüberzeugung, dass die Menschen ihre sozialen und individuellen Angelegenheiten ohne Gewalt am besten regeln können. Wie aber konnte ich diesen Gedanken einer sozialistischen Utopie in einer Rede plausibel machen, in der es wesentlich um Grenzsetzungen gehen sollte? Ich fuhr mit zwei Fassungen der Rede zum Opernplatz. Das letzte Stück bis zur Tribüne lief ich gemeinsam mit Freunden. Um die Reden nicht zu verwechseln, hatte ich die schärfere Abgrenzung von Baader-Meinhof in die linke Seitentasche gesteckt, die mildere in die rechte.

Der Opernplatz füllte sich allmählich. Es war eindrucksvoll, wie viele Menschen mit Plakaten ihre Solidarität mit Angela Davis bekundeten. Herbert Marcuse und Wolfgang Abendroth begrüßten mich herzlich; Marcuse wurde von Journalisten belagert und bedrängt. Übrigens hatte ich in der Seitentasche noch ein Hegel-Zitat aus der *Phänomenologie des Geistes* aufbewahrt; warum weiß ich nicht. Möglicherweise hatte ich die Absicht, es vorzulesen. Jetzt werde ich es preisgeben. Hegel beschreibt den Zustand, in dem Revolutionen auf schlichte Gewalt reduziert sind, als Zustand der Kälte: »Kein positives Werk noch Tat kann also die allgemeine Freiheit hervorbringen; es bleibt ihr nur das *negative Tun*; sie ist nur die Furie des Verschwindens [...]. Das einzige Werk und Tat der allgemeinen Freiheit ist daher der *Tod*, und zwar ein *Tod*, der keinen innern Umfang und Erfüllung hat, denn was negiert wird, ist der unerfüllte Punkt des absolut freien Selbsts; er ist also der kälteste, platteste Tod, ohne mehr Bedeutung als das Durchhauen eines Kohlhaupts oder ein Schluck Wassers.«[41]

Auf diesem Angela-Davis-Kongress kam zur Sprache, was man das *Sympathisantenproblem* genannt hat, das die demokratische Linke dann fast ein Jahrzehnt in Atem hielt. Als ich auf der Opernhaustribüne stand, mit einem vorformulierten Manuskript in der Hand, war ich mir noch unschlüssig, ob ich die Distanzierungspassagen in der Radikalität, in der ich sie vorformuliert hatte, öffentlich vortragen sollte. Grund für meine Unschlüssigkeit war nicht zuletzt ein bisschen auch die Angst, angefeindet und als Verräter der »Revolution« diskriminiert zu werden – jener Revolution, die Fischer und Cohn-Bendit so wortreich beschworen hatten. Was in diesen Sekunden in mir vorging, ist schwer zu sagen. Sicher spielte es eine Rolle, dass Wolfgang Abendroth und Herbert Marcuse neben mir saßen; das bestärkte mein Vertrauen, das Richtige zu machen. Erst während meiner Rede wurde mir klar, dass ich die Chance zur Klärung verpassen würde, wenn ich die entscheidenden Aussagen wegließe. *Was Baader und Meinhof machten, hatte mit Sozialismus und Revolution nichts zu tun. Für die von ihnen vertretene Sache konnten sie keine Solidarität beanspruchen.* Während ich sprach, gab es Proteste, vereinzelte Schreie, aber viel weniger, als ich befürchtet hatte.

Diese Opernplatzrede fand große Verbreitung in den Medien und diente vor allem vielen jungen Menschen zur Orientierung und zum Nachdenken darüber, wie realistische Wege zur Veränderung der Gesellschaft aussehen könnten. Olaf Ihlau hat in seinem Bericht für die *Süddeutsche Zeitung* vom 5. Juni 1972 sehr gut beschrieben, wie die deutliche Distanzierung von Baader-Meinhof durch die Masse der Demonstranten aufgenommen wurde: »Ein wenig verlegen lächelnd unterbricht der Soziologe Oskar Negt auf dem überfüllten Frankfurter Opernplatz seine Ansprache beim Angela-Davis-Solidaritätskongress, um dann den gut zehntausend Kundgebungsteilnehmern zögernd den ›wunden Punkt‹ seiner Rede anzukündigen. Es folgen Sätze, die auf manchen der Anwesenden aus dem bunten ideologischen Konglomerat der bundesdeutschen Linksgruppen wie

Hammerschläge wirken. Negt, Professor an der Technischen Universität Hannover und einer der wenigen Theoretiker, die in den letzten Jahren noch über die gesamte Breite der zersplitterten Linken hinweg Autorität genossen, wartet an diesem Samstagmittag mit der klarsten analytischen und zugleich entschiedensten Distanzierung von den Terroranschlägen der Baader-Meinhof-Gruppe auf, die es aus dem Munde derer, die von einer sozialistischen Grundposition her argumentieren, bislang zu hören war.

Keine Hetze gegen Linke, gegen Universitäten und Schulen, die politisch aufgewachte Intelligenz und rebellierende Jugend werde ›uns davon abbringen, Gewalt nicht nur dort zu suchen und zu verurteilen, wo es den herrschenden Gewalten gefällt‹, hatte der Soziologieprofessor zunächst unter stürmischem Beifall ausgerufen und Vietnam zum ›Symbol der Gewalt für diese Generation‹ gestempelt. Aber die Einschätzung des bestehenden Gewaltpotenzials in aller Welt und der Aktionsstrategien gegen sozialistische und kommunistische Linke, so fügt er ebenso leidenschaftlich hinzu, dürfe nicht den Blick dafür verstellen, unmissverständlich zu erklären: ›Es gab und gibt mit den unpolitischen Aktionen, für die die Gruppe um Andreas Baader und Ulrike Meinhof die Verantwortung übernommen hat, nicht die geringste Gemeinsamkeit, die die politische Linke zur Solidarität veranlassen könnte.‹ Wer Politik zu einer ›individuellen Mutprobe‹ mache, ohne noch die sozialen Ziele und die einzelnen Schritte angeben zu können, werde allmählich Opfer der eigenen Illusionen und verkenne die Angst, die er verbreitet, als politischen Erfolg.

Ein paar Pfiffe und ein verlorener Ruf ›Aufhören‹ schlagen Negt aus der zunächst schweigenden Menge entgegen. Aber dann überwiegt der Beifall – nicht allzu vehement zwar, doch eindeutig, als Negt seine Abrechnung unbeirrt fortsetzt. Die

Bomben – ›Fanale‹ der Terroristen – nennt er ›Irrlichter‹ einer pathologischen Illegalitätsromantik, die in falscher Einschätzung die gegenwärtige gesellschaftliche Situation als offenen Faschismus deklariere und die Bundesrepublik mit Lateinamerika verwechsle.«[42]

## Nicht nach Köpfen, sondern nach Interessen organisieren – Das Sozialistische Büro und die Zeitschrift *links*

Nachdem sich der SDS aufgelöst hatte und Teile der außerparlamentarischen Opposition Praxisfelder besetzten, die auf Protest und Verhinderung gerichtet waren – etwa gegen Pershing II und gegen Atomkraftwerke –, waren die Theoriebedürfnisse, die sich auf eine sozialistische Politik bezogen, gleichsam heimatlos. Das bedeutete aber nicht, dass das Bedürfnis nach Orientierung nachgelassen hatte. Im Gegenteil.

Unter dem Titel *Nicht nach Köpfen, sondern nach Interessen organisieren!*[43] habe ich auf einer Arbeitstagung des Sozialistischen Büros im Oktober 1972 in Frankfurt strategische Überlegungen vorgetragen, die diesen Orientierungsbedürfnissen mit neuen Formen der Basisarbeit entsprechen sollten. Als Leitlinie der politischen Arbeit wurde dieser *Erfahrungsansatz* weitgehend akzeptiert. Der Vortrag versuchte genauer zu bestimmen, worin sich das politische Selbstverständnis der im Sozialistischen Büro organisierten Menschen von dem anderer Gruppierungen unterschied. Ich selbst war 1970 dem Sozialistischen Büro beigetreten, weil mich sein Verständnis von Sozialismus überzeugte; es verzichtete auf die trügerischen Töne des hohlen revolutionären Pathos, das sich damals innerhalb der Linken breitmachte.

Politik wurde im Sozialistischen Büro nicht als eine Kalkulation im Rahmen von Machtfragen verstanden, sondern als eigentümlicher Produktions- und Kommunikationsprozess, durch den Neues in die Realität gesetzt wird. Politik ist als Substanzbegriff nicht bestimmbar. Sie muss sich in spezifischen Arbeitsfeldern bewähren – und zwar so, dass sie die Menschen in diesen *Berufs- und Arbeitsfeldern* mit ihren konkreten Anforderungen und Verhältnissen überzeugt, und nicht durch reine Kopfgeburten. *Das war der Grundgedanke des Sozialistischen Büros.* Gut ein Jahrzehnt habe ich gemeinsam mit Klaus Vack, Andreas Buro, Elmar Altvater und Wolf Dieter Narr an diesem Projekt der politischen Arbeitsfelder konzeptionell und praktisch gearbeitet. In diesem Zusammenhang entwickelte sich meine Konzeption des *Erfahrungsansatzes in der Bildungsarbeit.* Das Sozialistische Büro war dafür der organisatorische Bezugspunkt; hier trafen sich Ostermarschveteranen mit kurzfristig politisierten Studenten. Das Sozialistische Büro und die Zeitschrift *links* waren bemüht, Verbindungen zwischen den einzelnen Arbeitsfeldern – zum Beispiel Schule, Sozialarbeit, Betrieb – herzustellen, wobei in allen Fällen der Rohstoff der politischen Arbeit die *entfremdeten Interessen* waren, nicht die bereits emanzipierten.

Durch die Konzeption der Arbeitsfelder unterschied sich das Sozialistische Büro von allen anderen, in den 1970er Jahren aus dem Boden schießenden Organisationsformen, die mit proletarischen Symbolen, revolutionären Gesten und penetranten Parteidirektiven versehen waren.

Als Ende der 1960er Jahre das Sozialistische Büro und wenig später die Zeitschrift *links* als sein Diskussionsforum gegründet wurden, befand sich die Gesellschaft in einem Umbruchs- und Gärungsprozess auf verschiedenen Ebenen. Die gesellschaftliche Wirklichkeit drängte zu neuen Ideen, die allerdings der Selbstverständigung bedurften, also spezifische Diskussionsforen erforderlich machten. Das Sozialistische Büro enthielt schon in der kuriosen Namensgebung einen programmatischen Aspekt: Büro? Ein sozialistisches Büro?! Was kann das für eine politische Organisationsform sein? Das fragten sich anfangs viele, und der bürokratische Beigeschmack des Wortes »Büro« blieb, obwohl das Sozialistische Büro sicher zu den unbürokratischsten Organisationen der westdeutschen Nachkriegszeit gehörte. Neuartig daran war zweifellos die völlige Unbefangenheit im Umgang mit Organisationen. Klaus Vack, einer seiner Begründer, charakterisierte den Zweck des Sozialistischen Büros so: Es sei keine Parteizentrale, auch keine selbsternannte Avantgarde, kein linker Verein – sondern ganz einfach ein Bürozentrum der sozialistischen Linken. Die enorme Bedeutung, die das Sozialistische Büro für die Orientierung vieler Menschen besaß, unterschlägt diese Definition freilich.

Damit die außerparlamentarische Opposition Politik wieder als Arbeitsfeld, als autonomen Gestaltungsraum, gewinnen konnte, war die Klärung des Verhältnisses zu den proletarischen Ersatzparteien ebenso nötig wie gegenüber terroristischen Aktionen. Die Opernplatzrede hatte in weiten Kreisen der Linken ein starkes Orientierungsbedürfnis erfüllt, da sie die Distanzierung von der Baader-Meinhof-Gruppe begründete. Noch Jahrzehnte später berief man sich darauf – ironischerweise auch diejenigen, die mich am radikalsten kritisiert hatten. Die strategische Rede *Nicht nach Köpfen, sondern nach Interessen organisieren* hatte einen ganz anderen Zuschnitt. Sie forderte in den 1970er Jahren viele Auseinandersetzungen heraus, wurde aber allmählich prägend für das politische Selbstverständnis des Sozialistischen Büros. Ihr liegt der Gedanke zugrunde, dass sozialistische Politik nicht etwas ist, was von oben kommt, eine durchformulierte, als wahr deklarierte Theorie, die nur noch der klugen oder bloß technischen Umsetzung bedarf. Zwar kann sozialistische Politik auf Theorie nicht verzichten, auf radikale und redliche Analyse der bestehenden Wirklichkeit mit all ihren Zusammenhängen. Aber Organisation kann nicht die technische Agentur der Vermittlung von Theorie und Praxis sein. Die unter vielen Marxisten übliche Denkweise, dass vom Allgemeinen, von theoretischer Klarheit, auszugehen sei und dann gleichsam deduktiv die einzelnen praktischen Schritte zu bestimmen seien, wurde im Sozialistischen Büro und seiner Zeitschrift *links* vom rechthaberischen Kopf, der theoretische Klarheit mit Wirkungslosigkeit bezahlt, auf die Füße des Besonderen gestellt. *Sozialismus ist kein wissenschaftliches Projekt; kann aber Wissenschaft gut gebrauchen.*

Im Primat des Allgemeinen vor dem Besonderen steckt der fundamentale Irrtum, es wäre autoritativ, etwa durch Gremienbeschlüsse oder selbsternannte Generalsekretäre, überzeugend von oben herab vermittelbar, was wahr und was falsch ist. Die Gleichgesinnten um sich zu scharen und noch mehr Gleichgesinnte durch Propaganda an sich zu binden, war nie Aufgabe des Sozialistischen Büros und der Zeitschrift *links*. Es kam vielmehr darauf an, viele verschiedenartige Stimmen zum Sprechen zu bringen, abweichenden Meinungen Gehör zu verschaffen. Man verstand sich als eine Art *überfraktionelles Bewusstsein* – anders als andere Gruppierungen oder Publikationsorgane der linken Szene mit ihren Ausgrenzungen, Freund-Feind-Erklärungen und ihrer demonstrativen Geschlossenheit widerspruchsloser Gesinnungsgemeinschaften.[44]

Das musste keineswegs dazu führen, dass *links* in die Rolle eines ausgleichenden, unterschiedliche Meinungen neutralisierenden Moderators geriet. Im Gegenteil: Die Zeitschrift verstand Politik als einen Produktionsprozess, der das Ziel hat, entfremdete Interessen in konkreten Berufsfeldern in emanzipatorische Bedürfnisse und Interessen zu transformieren – Interessen, die sich auf eine Umgestaltung der Gesellschaft beziehen. Und je entschiedener man diesen Ansatz verfolgte, umso überzeugender konnte man die Auseinandersetzung mit den abstrakt radikalisierten Fraktionen der Linken führen. Ich wüsste nicht, welches andere politische Organ der Linken in den 1970er Jahren eine so eindeutige und klare Position gegenüber den Irrtümern und praktischen Irrwegen der RAF vertreten hätte und zugleich dafür ein Diskussionsforum bot. Nie hat sich diese Zeitschrift darauf eingelassen, dass alles linke Politik sei, was dem System schadet, gleich mit welchen Methoden es geschieht.

### Berufsrevolutionäre und Revolutionäre im Beruf

Ähnliches gilt für die Kritik an den sogenannten K-Gruppen, diesen proletarischen Ersatzparteien mit ihren Generalsekretärsschaupielern an der Spitze. Schon früh hat *links* auf die Gefahren hingewiesen, die in der Wiederbelebung autoritärer Strukturen im Organisationsgefüge bestehen. Und nicht zuletzt war die freie Anwendung einer psychoanalytisch orientierten politischen Psychologie auf Probleme der Gesellschaft und der Linken selbst ein Zug der Aufklärung, der es diesem Medium ermöglichte, die Korruption des sozialistischen Denkens in den Gruppen des Marxismus aller Schattierungen frühzeitig zu benennen. Dass das möglich war, ist auch Ausdruck eines politisch-strategischen Prinzips. *Das Subjekt wurde eben nicht nur als eine Art Faktor verstanden. Vielmehr hatte das Subjekt als inneres Gemeinwesen,* wie es Marx begriffen hat, für das Sozialistische Büro und *links* dieselbe komplexe Struktur wie das äußere Gemeinwesen, der gesellschaftliche Zusammenhang. Zwischen beiden besteht ein Konstitutionsverhältnis, kein Ursache-Wirkung-Verhältnis, das nach einer Wertehierarchie funktioniert – etwa so, dass das Kapital harte Materie, sogenannter ideologischer Überbau ist, das Denken der Menschen, die Subjektivität dagegen weiche Materie sind, also Objekte von Ableitungen und Widerspiegelungen.

*Links* nahm eine Form des authentischen Sozialismus wieder auf, belebte auch die antiautoritären Strukturen des Denkens, die sich zum Beispiel bei Rosa Luxemburg zeigen, um Sozialismus als eine Form der Transformation des Alltags zu begreifen. So lag es nahe, dem radikalen Gehabe der Berufsrevolutionäre zu misstrauen, die schnellen Lösungen für trügerisch zu halten und das politische Augenmerk darauf zu richten, den mühsamen Weg von *Revolutionären im Beruf* zu beschreiten. *Die Berufsrevolutionäre sollten sich umkleiden, die Schauspielkostüme ablegen und Arbeitskittel anlegen.* Das hat eine Reihe von Leuten dann auch tatsächlich getan. In leichter Umwandlung eines Satzes von Marx könnte man sagen: Es kommt nicht nur darauf an, dass die Revolutionäre die Theorie zum Proletariat bringen, sondern das Proletariat muss sich auch für revolutionäre Prozesse öffnen. Das Zusammenspiel war bisher, wie jeder erfahren musste, zu einseitig, um revolutionäre Prozesse in Gang zu bringen. Einzelne Revolutionäre hatten sich proletarisch gerüstet, aber auch ihnen gelang es nicht, durch Überzeugungseifer die proletarischen Massen zu mobilisieren; diese Avantgarde scheiterte.

Ende der 1970er Jahre begann der Wildwuchs an maoistisch orientierten K-Gruppen von der politischen Bildfläche zu verschwinden. Die RAF durfte immer weniger auf Sympathisanten hoffen. Viele Mitglieder der proletarischen Ersatzparteien begannen, sich den Grünen anzuschließen und in die Parlamente zu wandern. Damals verschwand allmählich auch der politische Zeitgeist, den das Sozialistische Büro und sein Diskussionsorgan *links* im Spektrum der revolutionären Linken verkörpert hatten. Doch das minderte auch in den 1980er Jahren nicht die politische und intellektuelle Qualität der Zeitschrift *links*; nach wie vor bewies sie gegenüber den meisten linken Zeitschriften einen gewaltigen Vorsprung bei der Artikulation politischer Zeitverhältnisse, zum Beispiel in den brisanten Auseinandersetzungen mit den Tendenzen im Ostblock und der DDR, die *links* mit analytischem Scharfblick und politischer Integrität begleitete.

## Zum Zerreißen angespannte Polarität

Die politischen Entwicklungslinien, die von der Zeit um 1968 ausgingen, pendelten sich nicht auf einem mittleren Niveau ein, sondern traten in einer zum Zerreißen angespannten Polarität auf. Die eine Seite hielt am Prinzip der Politik als einem langwierigen, mit Brüchen und Verwerfungen rechnenden Produktionsprozess fest. Für diesen ist Politik nicht ein höheres Niveau der Abstraktion; vielmehr bezeichnet Politik Verwurzelung, auch Vernetzung von sich verändernden Interessen und Bedürfnissen der Menschen. Wenn es in diesem Politikbegriff so etwas wie eine anthropologische Annahme gibt, dann besteht sie darin, dass die revolutionäre Veränderung nur gelingen kann, wenn dieser Prozess die alltäglichen Ausdrucksformen der Menschen erfasst. Hier sind Revolutionäre im Beruf als mögliche Handelnde angesprochen, nicht Berufsrevolutionäre, die den Menschen mit ihrem rückständigem Bewusstsein das Avantgardewissen wie durch einen Trichter einflößen und sie mit exemplarischen Aktionen aus ihrer Alltagsrealität aufrütteln wollen.

In diesem politischem Selbstverständnis spielt eine Freund-Feind-Konstruktion, die dem politischen Kampf Richtung und Dichte verleiht, fast keine Rolle. Es geht vielmehr darum, so etwas wie ein »überfraktionelles Bewusstsein« im

Sinne einer sehr weit gefassten, an Verständigung orientierten Kommunikation zustande zu bringen und zu organisieren. Diesen Politikbegriff repräsentierte am deutlichsten das Sozialistische Büro mit seiner Konzeption der Arbeitsfelder und den verschiedenartigen Protestelementen, die aus der Tradition der außerparlamentarischen Opposition stammten.

Niemand, der sich diesem Politikverständnis verpflichtet fühlte, war der Meinung, man könne durch irgendwelche radikalen Aktionen oder durch besondere Militanz Entwicklungsprozesse beschleunigen, abkürzen oder Stufen einfach überspringen. Man sprach von kleinen Schritten, von der Notwendigkeit, »kleine Brötchen zu backen«, von der Langwierigkeit, mit der sich Veränderungsprozesse in der Gesellschaft und in den Menschen vollziehen.

Auf der anderen Seite standen jene, denen das alles viel zu umständlich und zu langsam ablief. Dazu gehörten die Mythologen eines Generalstreiks in der Nachfolge Sorels. Sie drängten auf Beschleunigung, sie wollten abkürzen und mit einem Höchstmaß an Spontaneität die Verhältnisse aufbrechen, um den Menschen deutlich zu machen, dass die behutsamen und skeptischen Einschätzungen von Intellektuellen die Wirklichkeit verfehlten und die emanzipatorischen Bedürfnisse der Massen nicht zur Geltung brächten. Dieser Schuss revolutionärer Ungeduld, der sich aus verschiedenartigen anarchistischen Traditionen speiste, war fast allen Positionen eigentümlich, die sich im linksradikalen Spektrum ansiedelten – selbst denjenigen, die das Volk mit exemplarischem Terror oder mit höchst bürokratisierten proletarischen Kleinorganisationen (mit Generalsekretärsdarstellern an der Spitze) aufrütteln und auf den revolutionären Weg bringen wollten.

Das Grundmotiv aller Spielarten des Anarchismus, auch des absolut friedlichen, hat der französische Anarchist Jean Grave

1896 formuliert. In einer Polemik gegen die Gewerkschaftsbewegung und die Parteien der Zweiten Internationale spielt er die Zeitdauer des individuellen Lebens gegen die reformerische Geduld sich langsam verändernder Verhältnisse aus: »Wenn wir noch einige Jahrhunderte zu leben hätten, dann könnten wir noch einige Jahre den Experimenten friedlicher Reform widmen. Da aber die Jahre unsere Lebens gezählt sind und die Erfahrung der Vergangenheit lehrt, dass die Menschheit mit derartigen Experimenten Jahrtausende verliert, wollen wir, statt zu reformieren, niederreißen, um ganz nach neuen Plänen wiederaufzubauen.«[45]

Völlig verfehlt wäre die Deutung, dass der Anarchismus durchgängig der Gewalt das Wort redet. Im Gegenteil: Peter Kropotkin, Urheber der Parole »Wohlstand für alle«, die auch der Marktwirtschaftler Ludwig Ehrhard in Anspruch nahm, vertritt ebenso einen prinzipiellen Pazifismus wie Gustav Landauer. Auch die Anarchosyndikalisten, die revolutionäre Potenziale hauptsächlich in der Kampfstärke der Gewerkschaftsbewegung sahen, waren überwiegend auf der Seite derjenigen, die für Gesellschaftsveränderungen kein besseres Mittel kannten als den Streik. Wenn aber der Generalstreik, wie bei Georges Sorel, zur einzig wirksamen Agentur geschichtlicher Veränderung fetischisiert wird, ist freilich das Gewaltmoment bereits gesetzt. Denn diese Aktionsform der Gewaltlosigkeit trägt bereits Gewalt in sich. Was ursprünglich seine Kraft aus antibürokratischer Kritik bezieht, schlägt in das Gegenteil um: in die autoritäre, bürokratische Praxis von Politbüros und Zentralkomitees, die in Stellvertretung für die Massen handeln und am Ende ihre Identität nur noch bewahren können, indem sie sich gegen lebendige Erfahrungsprozesse mit der Außenwelt abdichten und sich als sektiererische Gesinnungsgemeinschaften einmauern.

In diesem Punkt unterschieden sich die verschiedenen Organisationssplitter der Marxisten-Leninisten, die den Maoismus der chinesischen Kulturrevolution feierten, nur wenig von jener Organisation, die bewusst auf bewaffneten Kampf setzte und sich selbst als »Rote Armee Fraktion« bezeichnete. Die sogenannten K-Gruppen, die maoistische KPD, der KBW (Kommunistischer Bund Westdeutschlands), und die verschiedenen M/L-Sekten haben sich inzwischen mehr oder weniger spektakulär aufgelöst, ein Teil ihrer Mitglieder hat bei anderen politischen Organisationen, häufig bei den Grünen, Unterschlupf gefunden. Nicht wenige haben sich, oft psychisch ruiniert, aus dem politischen Aktionsfeld vollständig verabschiedet.

### Ein unaufgearbeiteter Komplex

Doch auf eine ganz bestimmte Art und Weise zeigen diese in der Mitte der 1970er Jahre zur Hochform aufgelaufenen organisatorischen Luftgebilde noch bis in unsere Gegenwart hinein Wirkungen – wenngleich ganz andere als die politischen Gruppierungen der Zeit zwischen 1965 und 1972. Nichts von ihrer Art Politik zwingt zur Auseinandersetzung, um gegenwärtige Erfahrungen besser verstehen zu können. Es war ja eben die Erfahrungslosigkeit, die diese Organisationsgebilde bestimmte. Dennoch ist es notwendig, sich mit der kulturellen Atmosphäre dieser Zeit zu beschäftigen, die auf das Bewusstsein und das Verhalten der Einzelnen erheblichen Einfluss hatte, denn *diese Vergangenheit ist bei vielen Linken ein unaufgearbeiteter Komplex.* Je höher Einzelne in der Hierarchie damals standen und heute stehen, umso vehementer wollen sie von alledem nichts mehr wissen und auch nicht daran erinnert werden. Über 68 sind jedem, der sich auch nur entfernt in diesem Horizont bewegte, öffentliche Äußerungen (häufig abwertender Art) zu entlocken – nicht jedoch über den eigenen Anteil an den menschlichen und politischen Verirrungen Mitte der 1970er Jahre.

Es kann jedoch kein Zweifel daran bestehen, dass der Glaubwürdigkeitsverlust politischer Phantasie und gesellschaftskritischer Analyse, dass antiintellektuelle Ressentiments, die Abneigung gegen den Marxismus und schließlich selbst gegen sozialistische Utopien genau in jener Zeit und durch die Linke selbst mitproduziert worden sind – in einer Zeit, die unter sehr verschiedenen Aspekten mit Recht *bleierne Zeit* genannt werden kann. *Die Verödung des politischen und geistigen Lebens der Linken hat, wie der in den 1980er Jahren sich abzeichnende Verlust der kulturellen Hegemonie der Linken zeigt, bis heute ihre Wirkungen. Und dafür ist niemand anderes verantwortlich zu machen als die linken Akteure selbst. Diese selbstverschuldete Verödung zu begreifen, ist unabdingbare Voraussetzung dafür, dass die kritischen Intellektuellen ihre politische Sprache und ihren Mut zum öffentlichen Gebrauch ihrer Vernunft zurückgewinnen.*

### Größenwahnphantasie: Waffengleichheit

Der fingierten Aktualität revolutionärer Gewalt – die weder durch eine korrekte Einschätzung bestehender Machtverhältnisse gedeckt war noch durch den Willen nennenswerter Bevölkerungskreise, eine andere Gesellschaft auch nur zu wünschen – entsprach in den 1970er Jahren der um sich greifende Verfolgungswahn, die kollektive Paranoia der bestehenden Ordnung und ihrer staatlichen Institutionen, dass es den systembedrohenden »Marsch durch die Institutionen« und einen revolutionären Umsturz wirklich geben könnte. Nimmt man den Bestand revolutionstheoretischer Begriffsbestimmungen zu

Hilfe, so könnte man das politisch-kulturelle Klima dieser Jahre als das einer *präventiven Konterrevolution* bezeichnen: Nicht wissend, was eine wirkliche Revolution ist, wird die pervertierte Phantasie davon zum Legitimationsgrund, Übervergeltung für Verbrechen zu üben, die in diesem Ausmaß überhaupt noch nicht begangen wurden.

Was damals ablief, ist schwer zu rekonstruieren, wenn man sich der gnadenlosen »Logik« in den gegenseitigen Feindprojektionen nicht bewusst ist; diese fanden immer abstraktere Formen der Konfrontation. Am Ende dieser *kollektiven Pathologie* stand der Eindruck, es existiere Waffengleichheit – beide Seiten hätten dieselbe Chance, am Ende zu siegen. Welche Selbsttäuschung des Systems!

Diese Wahnsinnskonstruktion, die durchaus zum Zerbrechen des demokratischen Gefüges hätte führen können, hat Heinrich Böll am überzeugendsten und am eindringlichsten kritisiert. Zu Unrecht ist er als das moralische Gewissen der Nation gescholten worden. Wenn ich das in dieser Zeit durchaus verständliche Wort der »präventiven Konterrevolution« verwende, so im Sinne der kritischen Gesellschaftsanalyse, für die die Neigungen des deutschen Staates zur Übervergeltung unbotmäßigen Verhaltens oder gar revolutionärer Bewegungen ein kaum bestreitbarer sozialwissenschaftlicher Tatbestand sind.

Gustav Heinemann, von 1969 bis 1974 Präsident der Bundesrepublik Deutschland, waren Verzerrungen in der Sozialpsychologie der staatsvermittelten deutschen Ordnungsvorstellungen bewusst. Er hat gesehen und benannt, welches Ungleichgewicht in Deutschland seit den Bauernkriegen im Verhältnis zwischen Revolution und Konterrevolution besteht. Weil es in der deutschen Geschichte nie die Erfahrung einer gelungenen Revolution gab, wurden Unruheherde, zivile Unbotmäßigkeiten,

Sitzblockaden, Lichterketten und revolutionäre Gedanken stets so verfolgt, als wären sie realitätsgerechte Umsturzversuche.

Ab 1972 führte der Radikalenerlass zur regelhaften Überprüfung von Tausenden von Beamtenanwärtern, ob sie die freiheitlich-demokratische Grundordnung in ihrem Wesensgehalt akzeptierten; nur für einen sehr geringen Teil der Überprüften traf das nicht zu. Doch dieser Extremistenbeschluss schuf ein Klima der Bespitzelung und der Verdächtigungen, das vielen Menschen die Würde nahm und ihr Vertrauen zum Staat brach. In dieser Reaktion auf Menschen, die zunächst überhaupt nicht mit Gewalt zur Durchsetzung ihrer Ziele kalkulierten, steckt ein Element der Übervergeltung für Rebellion, wie es in Deutschland seit den Bauernkriegen zu finden ist.

Mitte der 1970er Jahre stieß ich auf einen Text von Thomas Mann, den ich schon lange gesucht hatte; denn es geht darin auch um das Schicksal von Tilman Riemenschneider, das mich interessierte. Riemenschneider hatte sich als Ratsherr von Würzburg auf die Seite der Bauern geschlagen. Als ich die Rede *Deutschland und die Deutschen* zum ersten Mal las, war ich aufs Äußerste berührt von der politischen Sensibilität Thomas Manns, mit dessen *Betrachtungen eines Unpolitischen* aus dem Jahr 1918 ich nur schwer zurechtgekommen war.

Thomas Mann hielt diese Rede am 29. Mai 1945 in Washington.[46] Er beschreibt darin die extremen Ausschläge der deutschen Geschichte, das Rätsel im Charakter und Schicksal dieses Volkes so, dass es nichts Mythisches zurückbehält, sondern auf geschichtliche Brüche und Traditionen zurückgeht. Der Text passt zu einer gesellschaftlichen Situation, in der nicht nur gewaltbereite Revolutionäre gnadenlos verfolgt wurden, sondern *jede* unbotmäßige Verhaltensweise. Es steckt darin ein Moment des völlig irrationalen Sadismus, der kollektiven Lust an Strafe und Vernichtung (wie sie sich auch in den letzten Tagen vor

Kriegsende 1945 zeigten, als noch Tausende hingerichtet, zu Tode gequält, in Eisenbahnwaggons eingesperrt wurden, obwohl auch die Mörder wussten, dass ihre Macht in wenigen Tagen ein Ende haben würde).

Über das Schicksal des hochgeschätzten Tilman Riemenschneider schreibt Thomas Mann: »Für den traurigen Ausgang dieses ersten Versuchs einer deutschen Revolution, den Sieg der Fürsten nebst allen seinen Konsequenzen, trägt Luther, der deutsche Volksmann, ein gut Teil Verantwortung. Damals lebte in Deutschland ein Mann, dem meine ganze Sympathie gehört, Tilman Riemenschneider, ein frommer Kunstmeister, ein Bildhauer und Holzschnitzer, hochberühmt für die treue und ausdrucksvolle Gediegenheit seiner Werke, dieser figurenreichen Altarbilder und keuschen Plastiken, die, viel begehrt, über ganz Deutschland hin die Andachtsstätten schmückten. Ein hohes menschliches und bürgerliches Ansehen hatte der Meister sich in seinem engeren Lebenskreise, der Stadt Würzburg, auch erworben und gehörte ihrem Rate an. Nie habe er gedacht, sich in die hohe Politik, die Welthändel zu mischen, – es lag das seiner natürlichen Bescheidenheit, seiner Liebe zum freien und friedfertigen Schaffen ursprünglich ganz fern. Er hatte nichts vom Demagogen. Aber sein Herz, das für die Armen und Unterdrückten schlug, zwang ihn, für die Sache der Bauern, die er für die gerechte und gottgefällige erkannte, Partei zu nehmen gegen die Herren, die Bischöfe und Fürsten, deren humanistisches Wohlwollen er sich leicht hätte bewahren können, es zwang ihn, ergriffen von den großen und grundsätzlichen Gegensätzen der Zeit, herauszutreten aus seiner Sphäre rein geistiger und ästhetischer Kunstbürgerlichkeit und zum Kämpfer zu werden für Freiheit und Recht. Seine eigene Freiheit, die würdige Ruhe seiner Existenz gab er daran für diese Sache, die ihm über Kunst und Seelenfrieden ging. Sein Einfluss war es hauptsächlich, der die Stadt Würzburg bestimmte, der ›Burg‹, dem Fürst-Bischof die Heeresfolge gegen die Bauern zu verweigern und überhaupt eine revolutionäre Haltung gegen ihn einzunehmen. Er hatte furchtbar dafür zu büßen. Denn nach der Niederwerfung des Bauernaufstandes nahmen die siegreichen historischen Mächte, gegen die er sich gestellt, grausamste Rache an ihm; Gefängnis und Folter taten sie ihm an, und als gebrochener Mann, unfähig hinfort, aus Holz und Stein das Schöne zu erwecken, ging er daraus hervor.«[47]

Was tatsächlich geschehen ist, beschreibt Thomas Mann aus Taktgefühl nicht im Detail. Tilman Riemenschneider wurden die Hände auf der Folter gebrochen, sodass er das nicht mehr ausüben konnte, was ihm sein Ansehen verschaffte hatte; seine berufliche Kompetenz wurde ihm enteignet.[48] Es wäre im Maßstab verzerrt, wollte man die Übervergeltung der Fürsten und Bischöfe, also der Sieger in der Zeit der Bauernunruhen, mit dem vergleichen, was in den 1970er Jahren passiert ist. Aber beide Epochen zeigen: In der deutschen Geschichte wurden immer wieder Anlässe gesucht, die bestehende Ordnung auch gewaltsam gegen alternative Vorstellungen von der Gesellschaft zur Geltung zu bringen.

Mir geht es in erster Linie nicht darum, wie die herrschende Ordnung auf Rebellion reagiert und wie sich eine gnadenlose Logik der Übervergeltung einstellt, wie selbst relativ rationale Einzelfallprüfungen im Zusammenhang mit den Berufsverboten ungerechte Entscheidungen zur Folge hatten. Mich interessiert, wie es passieren konnte, dass eine kritische Linke bereit war, sich einer solchen Logik zu fügen, ja sie fortwährend weiter in Gang zu halten – eine Linke, die mit Recht stolz sein konnte auf ihre Gesellschaftsanalyse, auf sozialistische Utopien und eine Strategie des Kampfes, in der gerade keine Abkopplung der Ziele von den Mitteln erfolgt.

## Bleierne Zeit, bleierne Solidarität – Der »Baader-Meinhof-Komplex«

Was mich in den 1970er Jahren zutiefst berührt und bedrückt hat, ist die Erfahrung, dass das sogenannte *Sympathisantenproblem* nicht ausschließlich eine Erfindung der Gegner war, sondern auch ein von der Linken selbst erzeugtes Problem.[49] Ich kann auch heute noch nicht sagen, wie es dazu kam, dass sich der sensible Begriff der Solidarität, den es 68 noch gab, in Formen mechanischer Solidarisierung auflöste, wenn es um die Repression des Staates ging. So entstand das, was Jürgen Seifert, selbst im »Widerstand« gegen diese Pauschalisierung und beinahe deren Opfer, sehr treffend »bleierne Solidarität« genannt hat.

In diesem Kapitel meines autobiographischen Berichts spreche ich sehr häufig vom gesellschaftlichen Klima, das bestimmte Kategorien und Auffassungsweisen sofort in einen Kontext rückte, durch den die Frage von wahr oder falsch schon irrelevant geworden ist. Es war für mich irritierend, dass Menschen, mit denen ich befreundet war und deren Verstandesrationalität ich sehr hoch einschätzte, nicht bereit gewesen sind, sich öffentlich und unzweideutig von der Baader-Meinhof-Gruppe zu distanzieren. Da war immer irgendwie der staatliche Repressionsapparat dazwischen, der diese mögliche Eindeutigkeit beeinträchtigte. Deshalb hielten sich viele mit Erklärungen und Differenzierungen zurück. Unverhohlen will ich feststellen: Das Ausbleiben einer unzweideutigen politischen Distanzierung von den Aktionen der Baader-Meinhof-Gruppe bei vielen ist für mich bis heute ein Problem geblieben. Bei den meisten meiner politischen Freunde aus den frühen Zeiten der außerparlamentarischen Opposition war ich mir absolut sicher, dass sie mit den Aktionen der Baader-Meinhof-Gruppe nichts verbanden, was mit einer revolutionärer Bewegung zu tun hätte. Aber bei manchen, die sich spät politisiert und radikalisiert und sich im Schnellverfahren den Revolutionsbegriff der Stadtguerilla angeeignet hatten, war ich mir nicht sicher, ob sie nicht bis Ende der 1970er Jahre glaubten, die exemplarischen Gewaltaktionen der RAF wären doch eine Möglichkeit revolutionärer Veränderung.

*Aus meiner gesamten politischen Sozialisation ergab sich die Gewissheit, dass der Gewaltradikalismus der Baader-Meinhof-Gruppe zum Scheitern verurteilt war. Er konnte nur dazu führen, dass sich die Verletzungen und das Leid vieler Menschen vergrößern, ohne dass die Gesellschaft an Freiheit und befriedigender Selbstbefreiung gewinnt.* Die Aktionen der Gruppe erschienen mir so unangemessen, dass ich entschlossen war, in meiner Rede auf dem Opernplatz alle potenziellen Nachahmer eindringlich aufzufordern, solche Entscheidungen noch einmal zu überdenken. Es erschien mir zutiefst verwerflich, dass ein Mensch, der sich, wie Andreas Baader, für arme Jugendliche eingesetzt hatte, Todesopfer in Kauf nimmt und sein Leben riskiert für eine Sache, die nicht zu gewinnen ist. Ich wollte Menschen, die womöglich von der Risikobereitschaft dieser Kämpfer fasziniert waren, von dem gefährlichen Weg abbringen und ihnen verdeutlichen, dass aus dem Gemisch von Illegalitätsromantik, falscher Einschätzung der gesellschaftlichen Situation als »offenem Faschismus« und illegitimer Übertragung von Stadtguerillapraktiken auf Verhältnisse, die nur aus Verzweiflung heraus mit Lateinamerika verwechselt werden konnten, absolut nichts Revolutionäres werden kann.

Wie nicht anders zu erwarten und wie bereits beschrieben, war die Reaktion auf meine Distanzierungsrede zwiespältig. Viele, die ihr Politikverständnis aus Aktions- und Denkzusammenhängen der außerparlamentarischen Opposition gewonnen hatten, stimmten meinen Ausführungen zu; ebenso eine große

Zahl von jenen, die sich in einem weiteren Umkreis am Sozialistischen Büro orientierten. Führende Köpfe der proletarischen Ersatzparteien, denen die Bewegung von 68 viel zu undiszipliniert und anarchistisch verlaufen war, übten dagegen genauso Zurückhaltung wie die Sponti-Gruppe, zum Beispiel der Revolutionäre Kampf in Frankfurt und seine verschiedenen Ableger. Es war zwar nicht ihre Politik, die durch die Gruppe von Baader und Meinhof repräsentiert wurde; deshalb identifizieren sie sich nicht mit deren Strategien. Aber sie waren sich offenbar nicht sicher, ob diese RAF am Ende nicht doch mit ihrem militärischen Weg Recht haben könnte.

In den folgenden Jahren bildete sich ein *Sympathisantenkreis* innerhalb der Linken, der auf dieser Zwiespältigkeit beruhte – einer merkwürdigen Gefühlslage bei vielen Sympathisanten, die keineswegs eine bloße Erfindung des »Systems« oder der reaktionären Gewalt waren. Die Zwiespältigkeit bestand darin, dass nur wenige bereit gewesen wären, sich mit vollem Lebensrisiko auf diese Strategien einzulassen oder auch nur einen Stein oder gar eine Waffe in die Hand zu nehmen. Es war eben keine Identifikation, sondern Sympathie in der Weise, dass andere ausagierten, was sie sich selbst allenfalls in ihren Träumen zutrauten. So waren politische Gespräche mit ihnen äußerst schwierig. Weder verteidigten sie den exemplarischen Terror, noch waren sie bereit, sich unzweideutig davon zu distanzieren. Sozialpsychologisch schienen jene, die sich auf die Tötung von Repräsentanten der herrschenden Klasse eingelassen hatten, ein breites Bedürfnis zu befriedigen: dass das System, sonst eher vor selbstgefälliger Unanfechtbarkeit strotzend, wenigstens in Gestalt seines Herrschaftspersonals verwundbar sei. Die eigene Ohnmacht führte zu besonders exzessiven Machtphantasien, wie sie die keineswegs nur ironisch gemeinte Formel bezeichnet: »Wir wollen alles.« In einem solchen Klima von

Unaufrichtigkeit gediehen Verdrängungen und Verdrehungen mannigfacher Art.

### Einerseits – Andererseits: Die Frankfurter Spontis

Daniel Cohn-Bendit und Joschka Fischer, blitzgescheite und rhetorisch äußerst gewandte Revolutionäre dieser Zeit, hielten jahrelang die Fiktion aufrecht, es handle sich bei den Kämpfern der RAF um Genossen und Genossinnen, die nicht nur – wie jeder »normale« Verbrecher in einer demokratisch verfassten Gesellschaftsordnung – Anspruch auf menschlichen Umgang haben, sondern auf politische Solidarität und Unterstützung – jedenfalls überall dort, wo sie Schläge gegen das bestehende System führen. Beide versäumten keine Gelegenheit, mit abschätzigem Unterton von jenen »linken Professoren« und demokratischen Repräsentanten der Linken zu sprechen, die kein Recht zur politischen Distanzierung von den RAF-Kämpfer hätten, weil ihnen deren wirkliche Probleme verschlossen seien. Sie selbst haben wahrscheinlich nie erkennbar Steine geworfen, es aber doch bewundert, wenn andere den Mut aufbrachten, von ihrer Waffe Gebrauch zu machen und (bedauerlicherweise, selbstverständlich) manchmal auch trafen.

Erst 1976, also vier Jahre nach meiner Rede auf dem Frankfurter Opernplatz, waren auch Daniel Cohn-Bendit und Joschka Fischer so weit, dass sie sich eine vorsichtige Distanzierung von der RAF zutrauten. Nach Kontroversen im Sozialistischen Büro hielt Joschka Fischer auf meinen ausdrücklichen Wunsch hin auf dem vom Sozialistischen Büro veranstalteten Pfingstkongress eine Rede, die offenbar die Meinung der übrigen Frankfurter Spontis zum Ausdruck brachte: »Am 8. Mai wurde Ulrike im Knast von der Reaktion in den Tod getrieben, ja im wahrsten

Sinne des Wortes vernichtet [...]. Dreitausend Linke hatten das Gefühl gehabt, dass es jetzt reicht mit dem staatlichen Terror gegen die politischen Gefangenen, dass man jetzt, um den Preis des Verlustes der eigenen Menschlichkeit, seiner Sensibilität für Gewalt und Unterdrückung, seiner linken Identität, auf die Straße gehen muss, handeln muss. Und sie haben gehandelt.«[50] Aber Fischer gibt zu bedenken, dass die Grenze der militanten Aktionsformen immer deutlicher wird: »Je isolierter wir politisch wurden, desto militärischer wurde unser Widerstand, desto leichter wurden wir isolierbar, desto einfacher war es für die Bullen, uns von ›Politrockern‹ zu ›Terroristen‹ umzustempeln [...].«

Auch von der Gefahr bei der Übertragung von Guerillataktiken auf unsere Verhältnisse ist die Rede. Sogar der zunehmende Erfahrungsverlust wird angesprochen: »Sie handeln wie Techniker, wie Soldaten, wie Stoßtrupps in Feindesland, abgeschnitten von den konkreten Bedürfnissen, den persönlichen und politischen Erfahrungen und Problemen jener Menschen, unter denen sie leben.« Welche Erkenntnisse 1976!

Dass die Strategie der Stadtguerilla nur Selbstvernichtung und Verzweiflung bewirken konnte, war 1976 auch Joschka Fischer klar. Wäre es so gewesen, dass er seine Nicht-Distanzierung benutzen wollte, um die RAF-Leute in vertraulichen Gesprächen von weiteren Morden abzubringen, könnte ich gut verstehen, was er mit seinem Einerseits-Andererseits, das in seiner Rede immer wiederkehrt, sagen wollte. Er wollte jedoch alles in der Schwebe halten. »Wir können uns aber auch nicht einfach von den Genossen der Stadtguerilla distanzieren, weil wir uns dann auch von uns selbst distanzieren müssten, weil wir unter demselben Widerspruch leiden, zwischen Hoffnungslosigkeit und blinden Aktionismus hin- und herzuschwenken.« So hielt sich Joschka Fischer auch mit dem letzten Andererseits, das sich dann doch zu dem Punkt durchrang, die Genossinnen und Genossen zum Niederlegen der Waffen aufzufordern, alles offen: »Andererseits verstehen wir nur zu gut, wenn Genossinnen und Genossen sagen, dass sie einfach nicht mehr können. Uns treibt nicht mehr der Hunger nach Essen, uns treibt der Hunger nach Freiheit, Liebe, Zärtlichkeit, nach anderen Arbeits- und Verkehrsformen. Und dieser Hunger ist auf Dauer durch noch so kluge Reden und Analysen nicht aufschiebbar, gar wenn man noch unter den deutschen Verhältnissen der Gegenwart zu leben hat. Die können sie weder als Agenten noch als Verrückte abtun, als ›Desperados, die nichts, aber auch gar nichts mit der Linken zu tun haben‹, wie das ein linker Professor einmal formuliert hat. Aber wir können ihnen in ihrer Politik auch nicht folgen, da sie für uns alle Entwaffnung und Selbstvernichtung bedeutet. Gerade weil unsere Solidarität den Genossen im Untergrund gehört, weil wir uns mit ihnen so eng verbunden fühlen, fordern wir sie hier auf, Schluss zu machen mit diesem Todestrip, runterzukommen von ihrer ›bewaffneten Selbstisolation‹, die Bomben wegzulegen und die Steine, mit einem Widerstand, der ein anderes Leben meint, wiederaufzunehmen.«

Nichts veränderte sich daraufhin in der RAF-Strategie. Als politische Distanzierung kann man diese Rede nicht verstehen. Zu einem Zeitpunkt, als selbst politische Analphabeten zu begreifen begannen, dass eine solche Strategie keine Chance auf Gesellschaftsveränderung bot, ist zwar ein Abrücken von RAF-Positionen erkennbar, aber mit einem solchen Überhang an Solidaritätsangeboten für die RAF-Aktivisten, dass von einem unzweideutigen Entzug eines sympathisierenden Umfeldes innerhalb der Linken nicht die Rede sein kann. In meiner politischen Naivität dachte ich angesichts dieser ungebrochenen Solidarität, dass Fischer und Cohn-Bendit jedenfalls hätten versuchen können, Einfluss auszuüben. Das ist, ich muss es unumwunden feststellen, für mich bis zum heutigen Tag ein wunder Punkt geblieben. Selbst jetzt bin ich nicht sicher, ob alles so hat kommen müssen, wie es kam. Denn im Juni 1976 standen ja eine Reihe von mörderischen Aktionen noch bevor; Ponto, Buback, Schleyer und andere wurden erst danach ermordet. Und auch die Selbstmordaktionen der RAF-Aktivisten nahmen kein Ende. Hätten Joschka Fischer und Daniel Cohn-Bendit, wie sie öffentlich in ihren Solidaritätsbekundungen vorgaben, nicht doch auf die RAF-Aktivisten Einfluss nehmen können, ihre mörderische Politik einzustellen? Sie waren ja keine politischen Kinder mehr. Haben sie es versucht? Ich weiß es nicht.

### Ungewöhnliche Töne: Rudi Dutschke

Selbst Rudi Dutschke, mit dem ich in freundschaftlichem, politisch ansonsten eher unproblematischem Kontakt stand und der immer wieder die Nähe des Sozialistischen Büros suchte, zeigte in dieser Zeit eine Seite, die ich nicht richtig verstand und die auch für viele andere missverständlich klang. Mit erhobener Faust rief Dutschke am Grab des 1974 nach zwei Monaten Hungerstreik gestorbenen Holger Meins: »Holger, der Kampf geht weiter!« Ich frage mich: Wie konnte dieser Ausruf von jenen verstanden werden, die irgendwo in einem Häuserblock der Bundesrepublik, die Angst vor Entdeckung in den Knochen, Waffen und Sprengstoff zusammentrugen, um mit einer Aktion die Fortsetzung des Kampfes zu beweisen oder Geld herbeizuschaffen?

Ich habe Dutschke darauf angesprochen, was er mit dem Ruf gemeint habe. Seine Erläuterungen waren so verwickelt, dass ich meinen Protest gegen die fahrlässige Formulierung entkräftet fand. Viel später habe ich dann seinen Leserbrief an den *Spiegel* zu Gesicht bekommen, den ich hier ohne weitere Kommentierung wiedergebe: »›Holger, der Kampf geht weiter‹ – das heißt für mich, dass der Kampf der Ausgebeuteten und Beleidigten um ihre soziale Befreiung die alleinige Grundlage unseres politischen Handelns als revolutionäre Sozialisten und Kommunisten ausmacht. Unsere Methoden und die Lösung der aktuellen politischen Aufgaben sind somit von dem sozialistischen Ziel des Sieges der Arbeiterklasse nicht zu trennen. Der politische Kampf gegen die Isolationshaft hat einen klaren Sinn, darum unsere Solidarität. Die Ermordung eines antifaschistischen und sozialdemokratischen Kammer-Präsidenten [von Drenckmann, O. N.] ist aber als Mord in der reaktionären deutschen Tradition zu begreifen. Der Klassenkampf ist ein politischer Lernprozess. Der Terror aber behindert jeglichen Lernprozess der Unterdrückten und Beleidigten.«[51]

Auch ist mir in Erinnerung, wie Rudi Dutschke in seiner Rede auf der Beerdigung Ernst Blochs 1977 in Tübingen einen Ton anschlug, den ich so bisher von ihm überhaupt nicht gehört hatte und der dem Geist Blochs völlig fremd war: Er sprach davon, dass eine »Charaktermaske des Finanzkapitals« getötet worden sei, und meinte damit die Ermordung Jürgen Pontos – ein unmenschlicher Sprachgebrauch und zudem eine Wortwahl, die den Marx'schen Aufklärungsgedanken von der Charaktermaske gerade ins Gegenteil verkehrte. Denn Marx wollte damit sagen (und Dutschke war ein belesener Marx-Kenner), dass die Tötung eines individuellen Kapitalisten am Kapitalverhältnis nichts zu ändern vermag, also ein absolut sinnloser, durch keinerlei höhere Interessen zu rechtfertigender Mord ist. Auch Dutschke, ein in menschlichen Angelegenheiten sonst eher behutsam denkender und feinfühliger Mensch, geriet hier in ein Spannungsfeld. Dieser Schwebezustand von Sympathien gegenüber der RAF wäre nur durch unmissverständliche politische Klarstellungen in aller Öffentlichkeit aufzuheben gewesen – durch politische Klarstellungen der Linken, auf deren Sympathien die RAF setzte.

Iring Fetscher empfand genau wie ich, dass auch »nichtterroristische« Linke wenigstens verbal einem ähnlichen Irrtum verfallen seien wie die Terroristen. Auf einen entsprechenden Artikel reagierte Dutschke in einem Leserbrief in der *Frankfurter Rundschau* vom 28. September 1977. Darin erläutert er, warum er davon gesprochen hat, dass mit Jürgen Ponto eine »kapitalistische Charaktermaske« getötet worden sei: »Tatsächlich aber habe ich in Tübingen gesagt: ›Wenn in der Bundesrepublik ein hoher Bankspekulant, eine gesellschaftliche Charaktermaske des Kapitals, von Desperados ermordet wird, so gibt es ein mit ungeheuren Kosten und hochtechnologisiertem Polizeischutz versehenes ›Staatsbegräbnis‹.«[52]

Der Schmerz über Blochs Tod mag solche Verzerrungen des Blicks erklären. Die weiteren Erläuterungen des Marxisten und Humanisten Dutschke sind allerdings verwirrend. Wollte er ein Staatsbegräbnis für Bloch? »Wenn dagegen«, fährt Dutschke fort, »ein persönlich und gesellschaftlich unaustauschbarer, subversiv schreibender Philosoph verstirbt, ignoriert dies die DDR und geht die BRD so schnell wie möglich darüber hinweg.«[53]

## Gespensterbegegnung: Ulrike Meinhof

Gewiss war es eine Zeit, in der sich ein Klima kollektiver Paranoia gebildet hatte, das keinen verschonte. Und Persönlichkeitsstrukturen verändern sich, ohne dass es spektakuläre Anlässe gäbe. Ulrike Meinhof erschien drei Monate vor der

Gefangenenbefreiung in Berlin, bei der im Juni 1970 ein Wachmann getötet wurde und nach der sie selbst in die Illegalität ging, in meiner Wohnung in der Frankfurter Nordweststadt, um mit mir über eine Sammlung ihrer journalistischen Arbeiten zu sprechen, zu der ich eine Einleitung schreiben sollte. In diesem langen Gespräch war absolut nichts von dem, was später passierte, was sie sagte, wofür sie sich entschied, erkennbar oder auch nur zu spüren.

Wie eine Gespensterbegegnung erscheint mir dieses Gespräch nachträglich. Da ich für die Einleitung zu jenem Buch den überwiegenden Teil ihrer glänzenden, journalistisch zugespitzten Arbeiten aus der Zeitschrift *konkret* gelesen hatte, verstand ich durchaus, was der Faschismus für Ulrike Meinhof bedeutete und was sie einzusetzen bereit gewesen wäre, um einen neuen Faschismus zu verhindern, um also eine Wiederholung der Geschichte zu vermeiden. Aber auch an diesen Arbeiten war nicht erkennbar, dass sich für sie die Bundesrepublik am Ende der 1960er Jahre im Zustand eines offenen Faschismus befand. Wie eine Art zweites Bewusstsein, das Hegel das zerrissene, unglückliche nennt, kommt mir nachträglich vor, was sich in dieser Persönlichkeitsstruktur abgespalten hatte.

### Ironische Verse an die verirrten Genossen: Erich Fried

Auch später habe ich bei manchen Intellektuellen, die sich der Linken zugehörig fühlten, mit Verblüffung und manchmal auch mit Erschrecken feststellen können, dass im Blick auf die Aktionen der RAF Unvereinbares miteinander verknüpft wurde. Auf einer Bahnreise innerhalb Deutschlands, Ende 1972 oder Anfang 1973, war ein Treffen zwischen Erich Fried und mir arrangiert; es war auf beiderseitigen Wunsch zustande gekommen. Wir befanden uns beide auf dem Weg zu Vortragsveranstaltungen, aber an verschiedenen Orten. Das gut vier Stunden dauernde Gespräch verlief in sehr angenehmer Atmosphäre, wir sprachen über »Gott und die Welt«, auch über die RAF und die Chancen der Linken. Als wir uns freundschaftlich verabschiedeten im beiderseitigen Gefühl, auch politisch in der Einschätzung der Linken Einvernehmen gefunden zu haben, gab mir Erich Fried einen Zettel in die Hand. Ich fragte verdutzt: »Was ist das?« »Du wirst sehen, es betrifft dich ganz persönlich«, erklärte Fried.

Ich las und war verwirrt, denn nichts in dieser Tendenz war Inhalt des langen Gesprächs gewesen. Ich empfand die Verse zunächst als äußerst verletzend, aber beim genaueren Nachdenken entsprachen sie Frieds Versuch, die RAF-Genossen nicht aus seinem Einfluss zu entlassen. So dachten viele.

Der Zettel enthielt das folgende Gedicht, das meine Rede gegen die RAF auf dem Frankfurter Opernplatz ironisiert:

Die verirrten Genossen

Zwar soll Lenin gesagt haben:
»Nur wer nichts tut macht keine Fehler«
doch das ist lange her
und die Rechten darf man nicht reizen
Drum kein Erbarmen mehr
mit den verirrten Genossen
und mit jenen Genossen die sich
der verirrten Genossen erbarmten.
Doch verdienen auch sie guten Rat:
Die noch frei herumgehen dürfen
beginnen jetzt die hinter Gittern
laut zu belehren

man müsse geduldig sein
und man dürfe Irrlichter niemals
mit Fanalen verwechseln
Das stimmt ja auch ganz gewiss.
Und gewiss hält auch jeder fest
an der eigenen richtigen Linie
und wundert sich höchstens
wenn die Reihe an ihn kommt
Doch er weiß dann wer schuld daran ist:
die verirrten Genossen
die ihn schädigen wollten
mit ihrem sinnlosen Kampf.[54]

Ich will die Verse nicht deuten. Der Dichter hat einen größeren Spielraum, Verhältnisse zuzuspitzen und durch Vereinseitigung Licht auf Dinge zu werfen, die sonst im Verborgenen bleiben. In dem Schwebezustand von Solidarität, Ironie und Einbezogensein in einen Zusammenhang, der legitime Widerstandsformen bis zu dem Punkt hin treibt, an dem sich die RAF-Strategie befand, ist dieses Gedicht jedoch typisch für die Gesinnungslage eines großen Teils der Sympathisanten. Sie wachten erst auf, als nach der Ermordung Schleyers und dem Entführungsabenteuer der Lufthansa-Maschine mit dem Selbstmord von RAF-Repräsentanten jedenfalls die Gründergeneration der RAF ihr politisches Scheitern durch Selbstvernichtung bekundete.

Wenig aus dieser bleiernen Zeit ist aufgearbeitet, und was viele der sogenannten Linken sich damals angetan haben, hat Beschädigungen bis zum heutigen Tag hinterlassen – Beschädigungen im Blick auf die politische Kultur, hinsichtlich der Theoriebildung und an der Idee eines undogmatischen Sozialismus sowie an den sozialen Utopien, die in dieser Zeit zum größten Teil begraben wurden und seitdem auf Auferstehung hoffen.

## Sozialismus mit menschlichem Antlitz – Erinnerung an Rosa Luxemburg und Karl Liebknecht

Auch im 21. Jahrhundert suchen wir noch immer, etwas bekümmert, Antworten auf die Fragen: Was bleibt von der Idee des Sozialismus? Wo ist der proletarische Opfermut von Millionen Menschen dokumentiert, die ihr Leben für eine von Ausbeutung, Herrschaft und Unterdrückung befreite Welt riskierten? Wie werden kommende Generationen davon in Kenntnis gesetzt? Wer hat überhaupt ein Anrecht darauf, ins kollektive Gedächtnis der Menschheit aufgenommen zu werden, ohne dass die Fürsprecher solcher Erinnerung befürchten müssen, nachträglich durch Dokumente individueller Korruption oder charakterlicher Beschädigung blamiert zu werden? Antworten boten mir immer wieder Rosa Luxemburg und Karl Liebknecht.

Am 15. Januar 1919 wurden Rosa Luxemburg und Karl Liebknecht, als Gesellschaftsfeinde und Vaterlandsverräter schon länger gebrandmarkt, mit Gewehrkolben geschlagen, gedemütigt und schließlich ermordet. Es war das blutige Ende einer Hetzjagd, an der keineswegs nur rechtsradikale Militärcliquen beteiligt waren. Das Unbehagen, das diese beiden Aufrechten auch den linken Erben des zusammengebrochenen wilhelminischen Reichs bereiteten, saß tief, war weit verzweigt und hatte Wurzeln geschlagen. Was können die Gründe dafür sein?

Dass sie beide immer wieder in einem Atemzug genannt werden, als handelte es sich um politische Zwillinge, wird durch das gemeinsame Todesschicksal sicherlich bekräftigt. Aber etwas anderes kommt hinzu: Die in ihren Persönlichkeitszügen und ihren Lebensstilen sehr verschiedenen Menschen ergänzten sich doch in entscheidenden Punkten ihrer politischen Arbeit. Ihnen waren die bloßen Parteitaktiker jeglicher Färbung verhasst, die ohne Beteiligung der Masseninteressen Arrangements hinter verschlossenen Türen trafen. *Ihr* Tätigkeitsfeld war die öffentliche Bühne; Öffentlichkeit war das Medium ihrer Überzeugungskraft und ihrer Glaubwürdigkeit.

In der Öffentlichkeit traten sie als Anwälte auf, aber immer in Doppelrollen. Liebknecht, seit 1899 einigermaßen anerkannter Rechtsanwalt, war in seinen zahlreichen politischen Prozessen (in eigener Sache und für andere) stets gleichzeitig strikter Rechtsverteidiger, der bestehendes Recht einklagte, und öffentlicher Ankläger – gegen Klassenjustiz, Kriegsabenteuer, die Militarisierung der Gesellschaft. Die »Anwältin« Luxemburg, mit ciceronischer Redekunst begabt, war geradezu besessen von der Lebenskraft und dem schöpferischen Potenzial des revolutionären Prozesses. Dieser Prozess hat für sie nichts Mechanisches an sich; er zehrt vielmehr von einer subtilen Dialektik – der Dialektik von individueller Emanzipation, also demokratischem Selbstausdruck der Menschen, und ihrer kollektiven Organisationsphantasie.

Rosa Luxemburg hat deshalb aufs Schärfste den »Sozialismus der Dekrete« bekämpft. Was sie unter Sozialismus versteht, ist die ureigenste Angelegenheit des Volkes, und selbst die beste Avantgarde vermag von *oben* und von *außen* nichts auszurichten, wenn die Menschen nicht zur Veränderung drängen. Demokratie ist kein mit obrigkeitsstaatlichen Mitteln oder autoritären Methoden zu realisierendes Ziel der Gesellschaftspolitik; sie ist der Prozess der revolutionären Emanzipation selbst.

Rosa Luxemburg entwickelt einen Begriff von *sozialistischer Demokratie*, der durch den inhaltlichen Gestaltungswillen der

Menschen bestimmt ist. In der demokratischen Selbstorganisation der Lebenszusammenhänge entfalten die Individuen ihre produktiven gesellschaftlichen Fähigkeiten, die ihnen einen *aufrechten Gang* ermöglichen. Anerkennung im System der Erwerbsarbeit gehört ebenso dazu wie befriedigende private Beziehungen und Verantwortung für das Wohl und Wehe des Gemeinwesens. Das meint Rosa Luxemburg, wenn sie festhält: »Keine Demokratie ohne Sozialismus, kein Sozialismus ohne Demokratie.«

Im gegenwärtigen Erscheinungsbild unserer Gesellschaft wird der Gedanke, es könnte diese Vorstellung von sozialistischer Demokratie wieder zu Ansehen kommen und den Menschen Orientierung ermöglichen, kaum auf ernst zu nehmendes Interesse stoßen. Es wäre aber kurzsichtig, ja ideologisch verblendet, wollte man mit dem Zusammenbruch der deformierten Formen des Sozialismus alles gleich verrechnen, was die moderne Arbeiterbewegung an alternativen Emanzipationsideen zum Kapitalismus hervorgebracht hat.

Rosa Luxemburg und Karl Liebknecht starben zu einer Zeit, als die Alternative »Sozialismus oder Barbarei« – ein Originalgedanke des Marx'schen Werks – noch als plausible Parole verstanden werden konnte, um die Kräfte von Gegenaufklärung, Menschenverachtung und Ausbeutung im Lager des Klassenfeindes dingfest zu machen und darauf zu beschränken. Es hätte die Vorstellungskraft selbst dieser hellsichtigen Prognostikerin bei Weitem überschritten, dass von jenen Delegierten, die Rosa Luxemburg auf dem Gründungsparteitag der KPD vierzehn Tage vor ihrem Tod durch demonstrativen Beifall geehrt hatten, eine erhebliche Zahl erschossen oder in Gefängnissen und Konzentrationslagern ermordet wurde – ziemlich genau die eine Hälfte unter Hitler, die andere unter Stalin.

Rosa Luxemburg und Karl Liebknecht gehören beide zu jenen wenigen Persönlichkeiten der revolutionär-sozialistischen

Tradition, deren moralische Integrität praktisch unangefochten ist. Selbst die antiautoritären Studenten und Jugendlichen von 68 trugen ihre Bilder den Demonstrationszügen voran. Welche Ironie der Geschichte! Sie starben beide, bevor sie ins Räderwerk der stalinistischen Säuberungen geraten konnten (»Luxemburgismus« war eine tödliche Ausgrenzungsformel), bevor sie sich krümmen oder unter Gewaltdrohung Irrtumsbekenntnisse ablegen mussten. Ihre unzweideutigen Botschaften haben bis heute Aufmerksamkeit verdient: die von ihnen postulierte Wesensverbindung von Sozialismus und Demokratie und ihre radikale Kritik an der »Weisheit« von Zentralkomitees. Das macht ihren unverlierbaren politischen Kredit aus.

Wäre die Geschichte anders verlaufen, wenn sie länger gelebt hätten? Das ist unwahrscheinlich. Es wären aber unter ihrem Einfluss vielleicht klarere Konturen eines Bildes vom westlichen Sozialismus entstanden. Dieser hätte sich vielleicht dem Kommunismus der übrigen Welt und der Anmaßung der Sowjetisierung besser widersetzen können. Wenn Rosa Luxemburg erklärte, dass Freiheit immer die Freiheit des Andersdenkenden ist, dann griff sie auf alte humanistische Traditionen der europäischen Kultur zurück. Die *Einbeziehung des Anderen,* des Andersartigen, ist die Substanz dessen, was unter Sozialismus mit menschlichem Antlitz zu verstehen ist. Lagermentalität, die Kultivierung bloßer Gesinnungsgemeinschaften – solche Denkweisen stehen im Widerspruch zum authentischen Sozialismus, wie ihn Rosa Luxemburg vorschlägt. Diese Art Sozialismus ist von brennender Aktualität und Programm der Gesellschaftsveränderung geblieben.

Die Frankfurter Schule. Im Mai 1923 trafen sich in Geraberg/Thüringen, Wissenschaftler zu einer Marxistischen Arbeitswoche. Die Tagung gilt als erstes Theorieseminar des Instituts für Sozialforschung, das ein Jahr später in Frankfurt am Main offiziell eröffnet wurde. Obere Reihe (v. l.): Hede Gumperz, Friedrich Pollock, Eduard Ludwig Alexander, Kostja Zetkin, Georg Lukács, Julian Gumperz, Richard Sorge, Karl Alexander (sein Sohn), Felix Weil, unbekannt; vorne sitzend (v. l.): Karl August und Rose Wittfogel, unbekannt, Christiane Sorge, Karl Korsch, Hedda Korsch, Käte Weil, Margarete Lissauer, Béla Fogarasi, Gertrud Alexander.

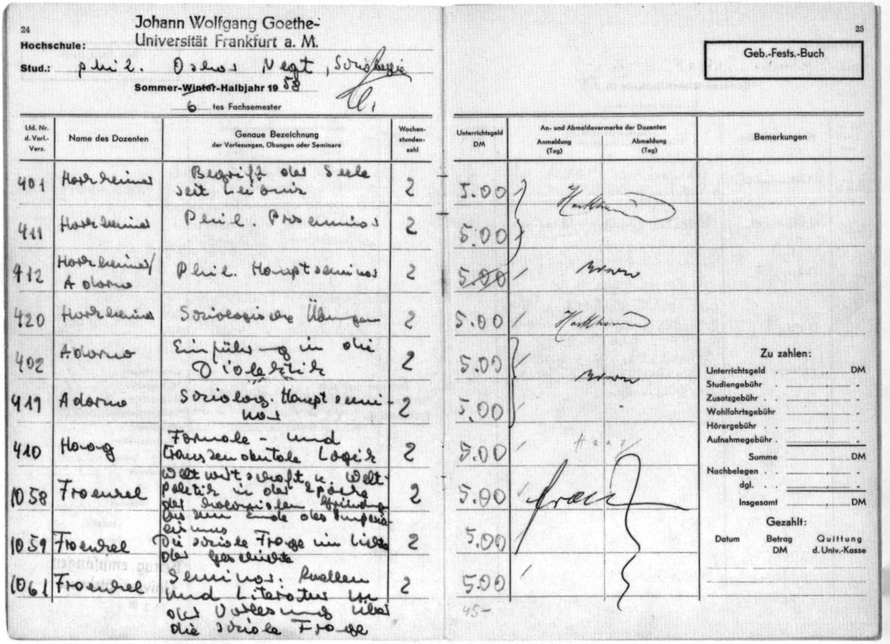
24

Hochschule: Johann Wolfgang Goethe-Universität Frankfurt a. M.

Stud.: phil. Oskar Negt, Soziologie

Sommer-~~Winter~~-Halbjahr 1958

6 tes Fachsemester

| Lfd. Nr. d. Vorl.-Verz. | Name des Dozenten | Genaue Bezeichnung der Vorlesungen, Übungen oder Seminare | Wochen-stunden-zahl |
|---|---|---|---|
| 401 | Horkheimer | Begriff der Seele seit Leibniz | 2 |
| 411 | Horkheimer | Phil. Proseminar | 2 |
| 412 | Horkheimer/Adorno | Phil. Hauptseminar | 2 |
| 420 | Horkheimer | Soziologische Übungen | 2 |
| 402 | Adorno | Einführung in die Dialektik | 2 |
| 417 | Adorno | Soziolog. Hauptseminar | 2 |
| 410 | Haag | Formale und transzendentale Logik | 2 |
| 1058 | [illegible] | Weltwirtschaft u. Weltpolitik in der Epoche [illegible] bis zum Ende des Imperialismus | 2 |
| 1059 | [illegible] | Die soziale Frage im Lichte der Geschichte | 2 |
| 1061 | [illegible] | Seminar: Quellen und Literatur [illegible] die soziale Frage | 2 |

25

Geb.-Fests.-Buch

| Unterrichtsgeld DM | An- und Abmeldevermerke der Dozenten Anmeldung (Tag) | Abmeldung (Tag) | Bemerkungen |
|---|---|---|---|
| 5.00 | Horkheimer | | |
| 5.00 | | | |
| 5.00 | Adorno | | |
| 5.00 | Horkheimer | | |
| 5.00 | Adorno | | |
| 5.00 | | | |
| 5.00 | Haag | | |
| 5.00 | [illegible] | | |
| 5.00 | | | |
| 5.00 | | | |
| 45.– | | | |

Zu zahlen:
Unterrichtsgeld … DM
Studiengebühr
Zusatzgebühr
Wohlfahrtsgebühr
Hörergebühr
Aufnahmegebühr
Summe … DM
Nachbelegen
dgl.
Insgesamt … DM

Gezahlt:

| Datum | Betrag DM | Quittung d. Univ.-Kasse |
|---|---|---|

Studienbuch der Universität Frankfurt am Main.
Die Orientierungslosigkeit der ersten Semester, die für einen Außenstehenden wie eine durch *diffuse Erkenntnisinteressen regulierte Anarchie* ausgesehen haben muss, hatte sich etwas gelegt.

Rechte Seite
Betriebsrätelehrgang in Oberursel/Taunus, Frühjahr 1961.
(Oben: Oskar Negt, 6. v. r., unten: 4. v. l.)

Besuch indischer Gewerkschafter, Oberursel/Taunus, Frühjahr 1961. Oskar Negt, ganz rechts.

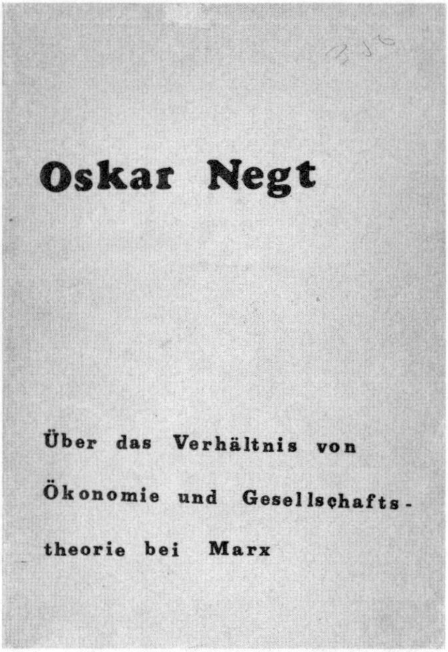


Zwei Raubdrucke, 1973. Zahlreiche Aufsätze wurden ohne Genehmigung veröffentlicht, aber in der Überzeugung der Herausgeber, die Texte leisteten einen wichtigen Beitrag zum Selbstverständigungsprozess der Linken. Die Auflagenhöhe erreichte bis zu 70.000 Exemplare.

Mit Wolfgang Abendroth (links) und Herbert Marcuse (Mitte) beim Angela-Davis-Kongress, 1972.

Mit Alexander Kluge. Der weitaus größte Teil der »gemeinsamen Philosophie« wurde »Wort für Wort« gemeinsam verfasst.

Schulversuch mit neuen Lernperspektiven: die Glockseeschule in Hannover. Hier bei einer Versammlung während der Gründungszeit 1972, u.a. mit dem damaligen SPD-Landtagsabgeordneten Rolf Wernstedt (rechts).

Oben
Mit den Töchtern Monika und Katharina, Feier zum 1. Mai beim Lister Turm, Hannover, 1974.

Rechts
Die Bibliothek als Spielplatz: mit Tochter Leonore, 1990.

Mit Ehefrau Christine Morgenroth.

Mit den beiden Schwestern Ursel und Ruth bei der Feier des 80. Geburtstags in den Herrenhäuser Gärten in Hannover, 2014.

70. Geburtstag in Hannover: mit Christine Morgenroth und Hartmut von Hentig vorm Leibnizhaus.

Mit Jürgen Habermas, dem philosophischen Lehrer, zu dem eine freundschaftliche Verbundenheit bestehen blieb.

80. Geburtstag in Hannover, 2014: Die letzte Gelegenheit, mit dem langjährigen Weggefährten Günter Grass zu feiern.

Mit dem Grafiker, Karikaturisten, Juristen und »unbotmäßigen Zeitgenossen« Klaus Staeck.

Mit Hans Werner Dannowski, mit dem 1996 die erste Reise nach dem Krieg nach Königsberg/Kaliningrad stattfand.

Mit Adolf Brock bei einer Gewerkschaftsveranstaltung, 2005.

70. Geburtstag: mit Michael Schumann und Hans Matthöfer.

Mit Gerhard Schröder und Stephan Lohr im Deutschen Theater Göttingen bei der Vorstellung des ersten Teils der Autobiographie *Überlebensglück* und der zwanzigbändigen Werkausgabe der Schriften 2016.

Abschlussvorlesung zu Marx und Kant an der Leibniz Universität Hannover, 2002.

Über mein Älterwerden habe ich nie besonders nachgedacht, weil es mir immer als eine Art *naturgeschichtliches Geschehen* vorgekommen ist, das man beeinflussen, aber nicht wirklich steuern kann.

## FRANKFURTER SCHULE – EINE EIGENE LINIE DER BEZIEHUNG

### Soziologe? Philosoph?

Als ich das Gefühl hatte, dass die Frankfurter Lehrjahre beendet sind, und die entsprechenden Zertifikate vorlagen, wurde mir immer stärker bewusst, dass man aus Abgrenzungen keine befriedigende Identität entwickeln kann. Ich hatte den Status eines Universitätsassistenten, dessen überfällige Habilitationsschrift über Kants *Kritik der Urteilskraft* so recht nicht vorankam. Gewiss, es war eine aufgewühlte und erregende Zeit, aber fast acht Jahre Assistent bei einem Professor, der ein Buch nach dem anderen schrieb und dessen Ansehen in der Gesellschaft ständig wuchs, das hat meine prekäre Lage eher verschlechtert. Die Gewerkschaftskarriere war mir verbaut worden, Berufspolitiker wollte ich nicht werden. So zehrte an mir immer dringlicher die Frage: Wer bin ich? In welchen wissenschaftlich-politischen Zusammenhang gehöre ich? Kann ich mich als Angehöriger der Frankfurter Schule betrachten, wenn ich die Kritische Theorie einer derart kritischen Revision unterwerfe?

Ich habe mich stets als Lernenden betrachtet und das, was meine Lehrer gelehrt haben, als kritisches Fundament aufgenommen, auf dem man einen *eigenen* Hausbau der Vernunft betreiben kann. Aus der Gemeinschaft sowohl der Philosophen als auch der Soziologen wollte ich nicht ausgeschlossenen sein; irgendwie hatte ich auch immer zu beiden dazugehört. Diesen Zwiespalt zwischen den Disziplinen habe ich lösen können, indem ich mir eine eigene Linie der Beziehung organisiert habe. Sie führte mich auf die Ursprünge des Instituts für Sozialforschung zurück. Für die Erweiterung des Blicks auf die Frankfurter Schule und auf den eigenen akademischen Werdegang im Zusammenhang mit dieser Schule erweist es sich als nützlich, wenn man zunächst ganz allgemein die Bildung philosophischer Schulen betrachtet.

## Zur Entstehung philosophischer Schulen

Die sokratische Philosophie ist zwar eine der Marktgespräche, aber schon der junge Plato, den sein »Knabenführer«, wie damals üblich ein Sklave, mit Sokrates bekannt machte, muss die Idee gehabt haben, dass ein fester Ort, möglichst außerhalb der städtischen Betriebsamkeit, das Denken und den wissenschaftlichen Austausch befördert. Wir wissen durch Hinweise in den Dialogen und durch spätere Berichte, dass Plato 385 v. Chr., also ziemlich genau in der Mitte seines Lebens, das begründet hat, was dann in die Geschichte des philosophischen Denkens als die Institution »Akademie« eingegangen ist. Allerdings wissen wir nicht, wie diese Wohn- und Lehrstätte der dort versammelten Philosophen und Wissenschaftler ausgesehen hat: welche Räume sie hatte, wie diese Räume, in denen gelehrt wurde, gestaltet waren, ob Plato und andere Denker dort auch wohnten. Es ist bemerkenswert, dass der Name »Akademie« nichts inhaltlich Bestimmtes bezeichnet, wie etwa das Wort »Schule«, das dem Griechischen *scholē* entspringt, was zunächst »Muße, freie Zeit, Ruhe, Freiheit von Staatsgeschäften« bedeutete. »Akademie« war zuerst ein Flurname, eine Ortsbezeichnung für eine Landschaft, einige Kilometer entfernt von Athen, auf dem Weg nach Eleusis.

Diese Bodenhaftung des Akademiegedankens ist geblieben. War er jedoch anfangs getragen vom städtischen Geist der Reflexion und des Austauschs, der Zuflucht in der Ruhe auf dem Land sucht, so wurde in der bürgerlichen Welt das, was man philosophische Schulen nennt, immer stärker in die Institutionen des städtischen Lebens verlagert. In Humboldts neuhumanistischer Idee der Bildung als Befestigung des Allgemeinen im Lernen durch »Einsamkeit und Freiheit« kommt der alte Akademiegedanke noch einmal zum Vorschein. Das ist aber nicht die Hauptlinie der Entwicklung. Die modernen Akademien sind von der Entwertungsgeschwindigkeit der Stadtgeschichte erfasst. Gut tausend Jahre bestand die Akademie Platos, obwohl die Schriften und Ideen der dort versammelten Mathematiker, Naturwissenschaftler, Philosophen häufig bereits in der ganzen Welt verstreut und zahlreiche Pflanzstätten entstanden waren. Der römische Kaiser Justinian zog einen Schlussstrich unter diese Institution und löste sie auf. Das Werk Platos und der Platoniker überlebte – aber nicht durch nachgeahmte Neugründungen, wie sie immer wieder versucht wurden und meist schnell verfielen.

Als Dokumente von Platos Akademiegründung sind seine Dialoge lebendig geblieben. Man hätte gerne auch die alte Akademie ausgegraben, um zu wissen, wie Raum- und Zeitverhältnisse dieser Ideenproduktion ausgesehen haben. Aber alle Grabungsversuche sind bisher umsonst gewesen – mit einer Ausnahme. Man fand 1968 einen Stein. Das Besondere dieses Steins aus der Zeit der Herrschaft des Kleisthenes, etwa 507 v. Chr., ist, dass es sich um einen Grenzstein mit einer Inschrift handelt; darauf steht: *Horos thēs Hekademeias,* »Grenzstein der Akademie«. Er ragt wie ein Zeichen, wie ein Symbol in unsere Welt, denn Grenzziehung, Grenzsetzungen waren offenbar immer im Spiel, wenn philosophische Schulen entstanden. Wie es bei Plato gewesen ist, wissen wir nicht; wie aber die Schüler Platos und die späteren platonischen Schulen damit umgegangen sind, ist durchaus bekannt. Wer dazugehört und wer ausgeschlossen ist, darin liegen wesentliche Merkmale der Tradition philosophischer Schulen. Die Grenzsteine sind nicht immer engräumig gesetzt. Aus Interesse, zu überzeugen, lässt die Gründergeneration häufig viel Fremdes zu. Aber sobald sie ausgestorben ist, werden locker gesetzte Grenzsteine immer stärker zu Befestigungsmauern, innerhalb derer rechtgläubige Zitatkartelle die Herrschaft ergreifen.

Ich will aber hier nicht allgemein über philosophische Schulen nachdenken. Mein Interesse richtet sich vielmehr darauf, zur Aufklärung des Problemzusammenhangs beizutragen, wie sie als Produktionsstätten ganz neuer Sichtweisen und Begriffswerkzeuge verstanden werden können und gleichwohl oft den gerade gewonnenen Horizont erweiterten Denkens durch Orthodoxien der Ausgrenzung einschränken. In der Ambivalenz der »Grenze« liegt mein Erkenntnisinteresse. Die Akademie Platos hält vieles offen, weil von der Institution wenig bekannt ist; dass Sophisten nicht zu ihr gehörten, ist wahrscheinlich. Aber dass sie als nichtswürdige Feinde behandelt worden sind, ist kaum anzunehmen; denn dafür sind die mit den Sophisten geführten Dialoge zu präzise und intensiv.

## Was ist das Wesen philosophischer Schulen?

So drängt sich die Frage auf, was das Wesen einer *philosophischen Schule* ist. Welche Grundsätze eignen sich für die Bildung einer Schule und welche Persönlichkeitstypen müssen die Schulgründer sein, damit nachfolgende Generationen von Forschern und Lehrenden immer wieder auf deren Ursprungstexte zurückgreifen und beanspruchen können, in ihrem Sinne intellektuelle Arbeitsfelder zu beackern? Es ist bemerkenswert für das Entstehen solcher wissenschaftlich-philosophischer Schulen, dass in allen bekannten Fällen die Gründer der Projekte nicht von einer Schule sprechen, wenn sie das, was sie tun, kennzeichnen wollen. Vielmehr erfolgten diese Zuordnungen erst nachträglich und meist von außen. Schulen dieser Art leben im Allgemeinen von der Macht des Ansehens, welche die Schüler ihren ehemaligen Lehrern zuschreiben. Dagegen ist die Kraftanstrengung charismatischer Lehrer, die aus der Wahrnehmung begeisterter Jünger ableiten, sie könnten mit ihrem Denken Schule machen, nicht selten von Misserfolgen gekrönt. Solche Jüngerschaften schaffen im Allgemeinen alle Voraussetzungen dafür, dass die Schule in einem Kampf beflissener Orthodoxien zerfällt.

Gibt es gesellschaftliche Entwicklungen, die für die Bildung philosophischer oder wissenschaftlicher Schulen besonders günstig sind? Es sieht ganz danach aus. In keiner Zeit ist eine ähnliche Betriebsamkeit und Dichte an philosophisch-wissenschaftlicher Institutionalisierung bestimmter Denkrichtungen festzustellen wie in der Periode von 1875 bis 1925. Allein im deutschen Sprachraum entstanden über dreißig »Schulen«, überwiegend mit institutioneller Bindung an Universitätseinrichtungen und an Lehrstuhlinhaber, aber keineswegs ausschließlich. Vielleicht lag es am Hochspannungsklima sehr verschiedener Kulturen, die in Wien aufeinander trafen, dass sich in dieser Stadt bis zu zehn »Wiener Schulen« bildeten. Ich will die (im weitesten Sinn) philosophisch-wissenschaftlichen Schulen im deutschsprachigen Raum nicht im Einzelnen aufzählen, aber es war ein sehr breites Spektrum produktiver Denkansätze. Viele Einzelwissenschaften waren daran beteiligt, die Psychologie ebenso wie die Ökonomie, die Geschichte nicht weniger. Manche dieser Schulen, wie die südwestdeutsche des Neukantianismus mit der klaren methodischen Trennung von nomothetischen Naturwissenschaften und ideographischen Kulturwissenschaften (wie Heinrich Rickert und Wilhelm Windelband dies bezeichnen) sind zwar von der Bildfläche verschwunden, lebten aber in anderer Form weiter; Max Weber hatte jenes Problem in seinem Werturteilsstreit aufgenommen und methodisch weiterentwickelt. Die von Léon Walras begründete Lausanner Schule führte differenzierte mathematische Methoden in die Ökonomie ein, mit der Hauptthese, dass das Preisproblem der objektivierte Zusammenhang ökonomischer Quantitäten sei; sie wurde zum selbstverständlichen Bestandteil betriebswirtschaftlicher und volkswirtschaftlicher Kostenrechnungen, von Angebots- und Nachfragekurven. Betrachtet man zum Beispiel Freud oder die Wiener Schule des Positivismus, so wird man je eigene Wirkungsgeschichten rekonstruieren können. Allerdings haben von der Vielzahl der in dieser gesellschaftlichen Umbruchzeit entstandenen philosophisch-wissenschaftlichen Schulen die wenigsten überlebt.

Was unterscheidet die sogenannte *Frankfurter Schule* von jenen philosophisch-wissenschaftlichen Schulen, die ich erwähnt habe? Gibt es gemeinsame Merkmale und eine spezifische Differenz, die auf unverwechselbare Charakteristika verweist? Ein Gemeinsames besteht zweifellos darin, dass alle diese Schulen auf eine im Innern brüchige und zerrissene kulturelle Situation reagierten und Orientierung zu geben versuchten. Aber es gab in fast allen diesen Schulen Züge der Radikalisierung durch Vereinseitigung von Erkenntnisaspekten und moralischen Haltungen. Die Erneuerer lösten Traditionen vorbehaltlos auf, die Traditionalisten sperrten sich gegen das Erfahrungswissen der modernen Welt.

Gründungen und philosophische Grundsteinlegungen, wie klar und prinzipienfest sie der Nachwelt auch erscheinen mögen, zeigen bei näherer Betrachtung eine Zufallskonstellation, aus der sich Linien einer wissenschaftspolitischen Richtung erst allmählich herausbildeten. Das gilt auch für die Frankfurter Schule. Bei aller Verschiedenheit der einzelnen Charaktere und der kulturellen Milieus, in denen sie erwachsen geworden waren, prägten doch ähnliche Zeiterfahrungen diese um ihre berufliche Karriere und intellektuelle Unverwechselbarkeit kämpfenden jungen Menschen, die zur Veränderung ihrer Welt und zur Verbesserung der Verhältnisse beitragen wollten. Die meisten gerieten in Ambivalenzen und Spannungszustände; sie wollten sich aus dem häufig gut situierten Milieu der Eltern entfernen, mochten sich aber den bestehenden Organisationen der Arbeiterbewegung doch nicht anschließen.

Das unterscheidet fast alle, die dann im weiteren Umkreis des 1924 gegründeten Instituts für Sozialforschung arbeiteten, von der politischen Existenzweise eines Georg Lukács, des philosophischen Schriftstellers Ernst Bloch, des Juraprofessors und kurzzeitigen Ministers Karl Korsch, des Psychiaters und Psychoanalytikers Wilhelm Reich. Diese riskierten den Schritt aus den bürgerlichen Sicherheitsinstitutionen; manche Lebensgeschichten endeten in persönlichen Tragödien, andere in intellektueller Verzweiflung oder im *Status quo* neuer ontologischer Seinsgewissheit.

## Gründungsidee der Frankfurter Schule

Das Frankfurter Institut für Sozialforschung wurde als Zentrum zur Dokumentation und Erforschung der gegenwärtigen Welt gegründet. Kennzeichnend für die Gründungsidee scheint zu sein, dass nicht nur die aktiven Betreiber, die zweifellos aus ihren Herkunftsmilieus sehr genau wussten, was Geld und unternehmerische Umsicht in dieser Welt wert sind, zu keiner

Zeit Zweifel darüber aufkommen ließen, dass die Einbindung in eine bestehende gesellschaftliche Institution eine unerlässliche Sicherheitsgarantie darstellt. Auch Intellektuelle wie Walter Benjamin und Siegfried Kracauer, die später ihr Leben als freie Schriftsteller fristeten, waren darum bemüht, im institutionellen Rahmen der Universität zu arbeiten – in einem Rahmen, der die Bewegungsfreiheit ihres kritischen Geistes zu gewährleisten schien. Diese institutionalisierte Bindung kritischen Denkens an Universitätsregeln der bürgerlichen Gesellschaft hat den Frankfurtern vonseiten der freien Schriftsteller und Dichter und der Parteisoldaten verschiedener Richtungen vielfach Hohn und Verachtung eingebracht. Dem lag wohl der Gedanke zugrunde (und er tauchte in der 68er-Bewegung wieder auf), dass ein Beamter oder Angestellter der Universität unter keinen Umständen unabhängig und frei denken kann. Hierin ist durchaus ein Dilemma erkennbar, in dem die frühen Mitarbeiter des Instituts für Sozialforschung steckten. Die Verachtung des bloß Akademischen und der Schulphilosophie war allen gemeinsam.

*Das ist ein wesentliches Merkmal dessen, was man unter Frankfurter Schule zu verstehen hat: die inhaltliche Entfaltung des Antiinstitutionellen in der Institution.* Die immanenten Probleme der Universitätsphilosophie, wie zum Beispiel der Husserls oder Heideggers, werden nicht ignoriert, aber deren Kritik verweist auf einen gesellschaftlichen Horizont, dem sie entspringen und in den sie hineinwirken. Insoweit ist die Methode der immanenten Kritik auch ein Stück weit durch die institutionellen Bindungen bestimmt. Gleichzeitig wurde jedoch das Feld außerakademischer Wissenschaftstraditionen, wie die Kritik der politischen Ökonomie von Marx, wie die Psychoanalyse Freuds, die ja in den 1920er Jahren nirgendwo Fuß gefasst hatte, in diesen Produktionszusammenhang mit aufgenommen. So erweiterte er sich aus Sachzusammenhängen heraus, und dies gilt zentral für die völlig *neuartige Verhältnisbestimmung von Philosophie und empirischer Sozialforschung.*

In dieser Spannung zwischen entschiedener Realitätsöffnung und der vorsichtigen Abdichtung gegenüber Parteilichkeitsansprüchen der Arbeiterbewegung kommt die Zwiespältigkeit der historischen Situation zum Ausdruck. In welcher Form auch immer Hoffnungen auf eine revolutionäre Wendung der Verhältnisse bestanden haben mögen, 1923 waren sie endgültig beendet. Die abkühlende Atmosphäre einer Dämmerung breitete sich aus. Es war die Zeit der Dokumentation, der Sammlung dessen, was geschehen ist und wie es kommen konnte, dass die revolutionären Impulse die europäische Welt nicht zum Besseren verändert haben, obwohl das alte System doch auf ganzer Linie versagt hatte. Theorie, in deren Zentrum Kritik der Verhältnisse steht, ist umso notwendiger, je kräftiger sich die Wirklichkeit gegen den transzendierenden Gedanken, die Utopie einer gerechten Gesellschaft sperrt. *Bereits in der Ursprungskonstruktion der Kritischen Theorie fehlt der Hurrapatriotismus der Erkenntnis*, und der Schopenhauer'sche Skeptizismus hat immer eine gewisse Bedeutung gehabt, nicht nur bei Horkheimer. So arbeitet sich Theorie an der Schwerkraft der Verhältnisse ab, und diese werden nicht günstiger, sondern immer schlechter. Hegels Verachtung der »faulen Existenz« und sein trotziger Ausspruch: »Umso schlimmer für die Tatsachen«, der das bloß Empirische zu zerstören beabsichtigt, hat angesichts der Tragödien der Wirklichkeit seine philosophische Überzeugungskraft verloren.

Aber die durch historische Erfahrung gebotene, methodisch angeleitete empirische Sozialforschung, die ein wesentliches Unterscheidungsmerkmal von allen anderen philosophischen Schulen dieser Zeit war, hatte auch innerphilosophische

Gründe. Was der Institutionsgründung philosophisch zugrunde lag, wurde spätestens von Adorno in seiner Antrittsvorlesung vom 7. Mai 1931 auf den Begriff gebracht. Das Verhältnis von Philosophie und Wirklichkeit wird, in einer für uns heute bemerkenswert linkshegelianischen, im Geist des frühen Marx erscheinenden Wendung, zum Thema *probandum* des Denkens. Adorno arbeitet sich schon früh an der Phänomenologie Husserls ab; bereits in seiner Dissertation stellte er 1924 die Frage nach dem empirischen Ort des Husserl'schen »Ding-Noema«. Er sagt im Resümee der Dissertation: »[...] nicht die Idee des Dinges schreibt Mannigfaltigkeiten von Erscheinungen Regeln vor, sondern das Ding selbst ist die ideale Regel für den Zusammenhang der Erscheinungen.«[55] So ist der Schritt aus der Immanenzphilosophie des Idealismus nicht weit. In Adornos Antrittsvorlesung *Die Aktualität der Philosophie* heißt es dann: »Weder lässt die Fülle des Wirklichen, als Totalität, der Seinsidee sich unterstellen, die ihr den Sinn zuweise; noch lässt die Idee des Seienden aus den Elementen des Wirklichen sich aufbauen. Sie ist für die Philosophie verloren und damit deren Anspruch auf die Totalität des Wirklichen im Ursprung getroffen. Davon legt die Geschichte der Philosophie selbst Zeugnis ab. Diese Krise des Idealismus kommt einer Krise des philosophischen Totalitätsanspruchs gleich. Die *autonome ratio* – das war die Thesis aller idealistischen Systeme – sollte fähig sein, *den Begriff der Wirklichkeit und alle Wirklichkeit selber aus sich heraus zu entwickeln*. Diese Thesis hat sich aufgelöst.«[56]

## Größe und Macht des Geistes reichen nicht aus

Die Philosophie hat genau jene Kraft verloren, die Hegel einst beschworen hatte. Bei der Eröffnung seiner Vorlesungen in

Berlin am 22. Oktober 1818 hatte er gesagt: »Der Mut der Wahrheit, Glauben an die Macht des Geistes ist die erste Bedingung des philosophischen Studiums; der Mensch soll sich selbst ehren und sich des Höchsten würdig achten. Von der Größe und Macht des Geistes kann er nicht groß genug denken; das verschlossene Wesen des Universums hat keine Kraft in sich, welche dem Mute des Erkennens Widerstand leisten könnte; es muss sich vor ihm auftun und seinen Reichtum und seine Tiefen ihm vor Augen legen und zum Genusse bringen.«[57]

Gerade das wird von Horkheimer und Adorno entschieden bestritten. Aus dem Zerfall der idealistischen Identitätsphilosophie eben nicht Folgerungen gezogen zu haben, die philosophisches Theoriebewusstsein überflüssig machen – das ist eine der wesentlichen und originellen Leistungen der Frankfurter Schule.

Eine solche Balancearbeit von Theorie und Erfahrungswissenschaft setzt Wiederaneignung und Erneuerung vielfältiger Bezüge voraus. Bei den Mühen der Rekonstruktion kommen recht verschiedene Aspekte in Betracht. Tradition wird aufgesprengt, *die Gedanken werden gleichsam materialistisch aufgeraut*. Nichts Zwingendes zeigt sich mehr in der Entwicklung von Kant zu Hegel, wie Richard Kroner das in einem berühmt gewordenen Buch festhielt. Die Zugänge zu den vier oder fünf Kronzeugen der Kritischen Theorie liegen eigentlich über Kreuz, doch hier stellen sich Verbindungen her zwischen Marx'schem Materialismus und der kantischen Moral, zwischen den Subjekttheorien im enzyklopädisch gefächerten Werk Hegels und der Freud'schen Psychoanalyse. Die Wahrheitsgehalte des deutschen Idealismus und die der Politischen Ökonomie von Marx begegnen sich auf dem Boden wechselseitiger Kritik und Neuaneignung. Selbst wenn Horkheimer daran gedacht haben sollte, den Titel »Kritische Theorie« als Synonym für

»Marx'sche Theorie« zu benutzen, um ein solches Forschen und Denken gegen den politischen Missbrauch abzusichern, dann wäre es doch ein Marx'sches Denken gewesen, das Kant und Hegel nicht hinter sich gelassen hat, sondern sie als konstitutive Elemente in sich behält.

Auch das ist ein Punkt, an dem sich Charakteristisches der Frankfurter Schule zeigt. Die Gedankenfolge von Kant bis Marx und darüber hinaus wird nicht, wie zum Beispiel bei Georg Lukács, als eine zwingende Logik der fortschreitenden Lösung von Widersprüchen betrachtet, sodass sich das Spätere gegenüber dem Früheren immer im Begründungsvorteil befindet. Manches geht bei den späteren Denkern verloren; es muss wieder angeeignet werden, als eine Art notwendiger Wahrheitshilfe.

So ist es sinnvoll, auf die theoretische Ursprungskonzeption der Frankfurter Schule zurückzugehen und den enzyklopädisch-interdisziplinären Ansatz wieder aufzunehmen. Horkheimer hatte diese durch philosophische Theorie angeleitete Einbeziehung einzelwissenschaftlicher Forschung in die Gegenwartserkenntnis zu einem bestimmenden Merkmal der kritischen Theorie gemacht. Von traditioneller Theorie sollte sie sich dadurch unterscheiden, dass ihr Blick sich nicht nur auf die Interpretation des Bestehenden richtete, sondern auf Veränderung der Verhältnisse. Aus mancherlei Gründen, aber vor allem weil Theoriebildung dem Eigensinn des Intellektuellen Bewegungsraum vorbehält, wurde nicht von Marx'scher Theorie, von der Kritik der politischen Ökonomie, von materialistischer Geschichtsauffassung gesprochen, sondern der Begriff der »Kritischen Theorie« verwendet, der distanzierter und gegen Funktionalisierungsansprüche politischer Parteien besser gesichert ist.

Das Thema »Philosophie und Einzelwissenschaften, philosophische Reflexion und empirische Erforschung der gegebenen Welt« blieb freilich vorherrschendes Erkenntnisobjekt. Was Horkheimer in seinem programmatischen Einleitungsvortrag *Die gegenwärtige Lage der Sozialphilosophie und die Aufgaben eines Instituts für Sozialforschung* 1931 ausführte, ist bis heute regulative Idee der Kapitalismuskritik und des Veränderungswillens der erkennenden Subjekte geblieben. Horkheimer sagte: »Das Verhältnis zwischen philosophischen und entsprechenden einzelwissenschaftlichen Disziplinen darf nicht in dem Sinne gefasst werden, als ob die Philosophie die entscheidenden Probleme behandle und dabei von Erfahrungswissenschaften unangreifbare Theorien, eigene Wirklichkeitsbegriffe, die Totalität umspannende Systeme konstruiere, während im Gegensatz dazu die Tatsachenforschung ihre langen, langweiligen, sich in tausend Teilfragen aufsplitternden Einzelerhebungen aufteile, um schließlich im Chaos des Spezialistentums zu enden. Diese Auffassung, nach welcher der Einzelforscher die Philosophie als eine vielleicht schöne, aber wissenschaftlich fruchtlose, weil unkontrollierbare Übung ansehen muss, der Philosoph sich dagegen vom Einzelforscher emanzipiert, weil er auf ihn bei seinen weittragenden Entschlüssen nicht warten zu können meint, wird gegenwärtig durch den Gedanken einer fortwährenden dialektischen Durchdringung und Entwicklung von philosophischer Theorie und einzelwissenschaftlicher Praxis überwunden. [...] Vielmehr kommt es heute darauf an, und ich stehe mit dieser Ansicht gewiss nicht allein, aufgrund aktueller philosophischer Fragestellungen Untersuchungen zu organisieren, zu denen Philosophen, Soziologen, Nationalökonomen, Historiker, Psychologen in dauernder Arbeitsgemeinschaft sich vereinigen und das gemeinsam tun, was auf anderen Gebieten im Laboratorium einer allein tun kann, was alle echten Forscher immer getan haben: nämlich ihre aufs Große zielenden philosophischen Fragen anhand der feinsten wissenschaftlichen

Methoden zu verfolgen, die Fragen im Verlauf der Arbeit am Gegenstand umzuformen, zu präzisieren, neue Methoden zu ersinnen und doch das Allgemeine nicht aus den Augen zu verlieren.«[58]

## Schulbegriff und Weltbegriff der Philosophie

Auch in diesem Punkt verstehen Horkheimer und später dann Adorno die Kritische Theorie des europäischen Denkens im Sinne ihrer Weltbegriffe, die sich gegen jede schulphilosophische Dogmatisierung und ausgrenzende Überlieferung sperren. Das Spannungsgefüge zwischen philosophischer Reflexion und berufsbezogener Einzelforschung wird bereits bei Kant angesprochen und zum zentralen Bewegungselement der aus den ontologischen Verankerungen herausgebrochenen kritischen Erkenntniswege der modernen Gesellschaft. Es ist kaum ein Zufall, dass die kantianischen Schulphilosophen dem zweiten Teil der *Kritik der reinen Vernunft,* nämlich der *Transzendentalen Methodenlehre* – die viel schmaler ist als der erste Teil und bereits im Umfang wie ein Anhang erscheint –, kaum philosophische Aufmerksamkeit gewidmet haben. Hier ist jedoch viel vom Sinn und Aufgeben der Kritik die Rede, vom höchsten Gut und den letzten Zwecken; auch davon, dass die Kritik der reinen Vernunft nicht neue Erkenntnisse erzeugt und originelle Wahrheiten propagiert, sondern eher darauf abgestellt ist, Irrtümer zu verhindern und die in jeder Form des Dogmatismus angelegte Kriegsbereitschaft zu bekämpfen.

In meinem Argumentationszusammenhang ist jedoch Kants Unterscheidung zwischen Schulbegriff und Weltbegriff im Denken wichtig. Im Schulbegriff der Philosophie wird ein gegebenes System nach allgemeinen Prinzipien, die in ihm selbst liegen, beurteilt. Man lernt auf diese Weise philosophieren, indem das eigentliche Recht der Vernunft, auch die Gründe und Erkenntnisquellen der verwendeten Begriffe zu erfragen, nicht genutzt wird. Die Kritik bleibt im abgesteckten Rahmen des Systems oder der arbeitsteiligen Wissenschaft, ohne dass Grenzüberschreitungen stattfänden. Darin beruht der Schulbegriff der Philosophie.

»Der Mathematiker, der Naturkündiger, der Logiker sind, so vortrefflich die ersteren auch überhaupt im Vernunfterkenntnisse, die zweiten besonders im philosophischen Erkenntnisse Fortgang haben mögen, doch nur Vernunftkünstler. Es gibt noch einen Lehrer im Ideal, der alle diese ansetzt, sie als Werkzeug nutzt, um die wesentlichen Zwecke der menschlichen Vernunft zu befördern. Diesen allein müssten wir den Philosophen nennen, aber da er selbst doch nirgend, die Idee aber seiner Gesetzgebung allenthalben in jeder Menschenvernunft angetroffen wird, so wollen wir uns lediglich an der letzteren halten, und näher bestimmen, was Philosophie, nach diesem Weltbegriffe, für systematische Einheit aus dem Standpunkte der Zwecke vorschreibe.«[59]

Es geht hier um den »Standpunkt der Zwecke«, um die Bestimmung des Menschen, um Moral, Recht, Natur und Freiheit. Deshalb formuliert Kant in dieser Methodenlehre die drei wesentlichen Fragen, die philosophisches Denken zu behandeln hat und die selbstverständlich den akademischen Überlieferungsrahmen der Interpretation von gegebenen Systemen überschreiten. Kant sagt: »Alles Interesse der Vernunft (das spekulative sowohl als das praktische) vereinigt sich zu drei Fragen: 1. Was kann ich wissen? 2. Was soll ich tun? 3. Was darf ich hoffen?«[60]

In den zu Zeiten Kants nicht veröffentlichten, erst im Nachlass herausgegebenen *Vorlesungen zur Metaphysik* ist noch eine vierte Frage formuliert, die Kant offensichtlich als viel zu umfangreich betrachtete, als dass sie in die *Kritik der reinen Vernunft* hätte aufgenommen werden können – ja, die er im Grunde als unbeantwortbar betrachtete: Was ist der Mensch?

*Was Kant unter Schulbegriffen in der Philosophie versteht, ist bei Horkheimer und Adorno traditionelle Theorie*; sie hat, wie die Schulphilosophie bei Kant, ihre eigene Bedeutung in der lehrenden und lernenden Einübung philosophischer Begriffe. Sie werden nicht verächtlich behandelt; das gilt für keine der Theorien, auf deren Substanzgehalt sich die Frankfurter Schule bezieht: Kant, Hegel, Marx, Freud, um nur die Großen zu nennen. Wenn aber Kant Schulbegriffe der Philosophie und Weltbegriffe unterscheidet, dann gerade nicht in dem Sinne einer abstrakten Universalisierung oder irgendwelcher Letztbegründungen, sondern der Weltbegriff bezeichnet das, was alle Menschen interessiert, was in ihrem Alltag Bedeutung hat: »*Weltbegriff* heißt hier derjenige, der das betrifft, was jedermann notwendig interessiert; mithin bestimme ich die Absicht einer Wissenschaft nach *Schulbegriffen*, wenn sie nur als eine von den Geschicklichkeiten zu gewissen beliebigen Zwecken angesehen wird.«[61]

Es ist keine Theorie davor sicher, selbst wenn sie sich noch so kritisch und ihre eigenen Grundlagen reflektierend gibt, dass sich ein schulphilosophischer Zusammenhang von »Vernunftkünstlern« daran festbeißt und jede Ausweitung zu spezifischen Weltbegriffen von ihnen als Regelverletzung verworfen wird. Solche Vernunftkünstler mit dogmatischen Ausgrenzungsinteressen haben imperiale Gebiete institutionell und symbolisch abgesteckt, sowohl in den Herkunftsbeziehungen von Kant und Hegel als auch von Marx und Freud.

Das Institut für Sozialforschung, die Frankfurter Schule, die Kritische Theorie – mit welcher Namensvariante man diesen wissenschaftlich-philosophischen Produktionszusammenhang auch immer benennen mag, er ist vom Zugriff dieser Vernunftkünstler nicht verschont geblieben. Warum sollte das auch so sein? Es zeigt sich freilich über die Jahre immer deutlicher eine ähnliche Entwicklung wie die, von der die Akademie Platos betroffen war. Die Institution blieb bestehen, hat ihre eigenen Traditionsregeln, auch die Ortsbindung ist geblieben, aber die wirklichen Produktionsprozesse finden woanders statt, häufig gar nicht mehr mit dem theoretischen Gütezeichen der ursprünglichen Impulse versehen. So besitzt der uralte Witz, der in immer neuen Varianten erzählt wird – ein Japaner steigt am Frankfurter Hauptbahnhof ins Taxi und bittet den Fahrer, ihn zur Frankfurter Schule zu fahren –, durchaus eine gewisse Realitätsnähe. In der Tat: *Wo ist die Frankfurter Schule? Wo wird Kritische Theorie gelehrt?* Und vor allem: Welche Forschungsfelder und praktischen Anwendungsgebiete wurden von der Frankfurter Schule angestoßen? Untersuchungsprojekte zur Weiterführung dieser Impulse der Frankfurter Schule in den verschiedenen wissenschaftlichen Arbeitsfeldern und in den Öffentlichkeitsbereichen wären notwendige Arbeitsaufgaben, um das einzigartige Gewicht dieser »Schule« in der gegenwärtigen politischen Kultur zu bestimmen.

### Palimpseste

Vieles an schulphilosophischen Überlagerungen muss abgekratzt werden, um den lebendigen Geist der Frankfurter Schule wieder erkennbar zu machen. Man muss dabei so verfahren, wie man es mit Palimpsesten getan hat. Die Sache hat einen rationalen Kern. Ein Palimpsest ist eine alte Handschrift. Doch um das kostbare Schreibmaterial (Papyrus, Pergament) wiederverwenden zu können, wurde die ursprüngliche Schrift abgeschabt oder abgewaschen und durch eine jüngere ersetzt. Seit Beginn des 20. Jahrhunderts hat man äußerst differenzierte Methoden zum Lesen und Wiedererkennbarmachen der alten Schriften entwickelt – zum Beispiel die Fluoreszenzfotografie, die den überdeckten Untergrund der Texte wieder entzifferbar macht. 1912 gründete man sogar ein Palimpsest-Institut, das sich um das Handschriftenlesen vielfach überschichteter Originaltexte besondere Verdienste erworben hat. So einfach und technisch geht es in den Kulturzusammenhängen nicht. Hier ist der Originaltext durchaus verfügbar, aber die interessenbedingten Lesarten haben sich darübergelegt. Vielleicht wäre es sinnvoll, ein eigenes Institut zu gründen, das die Aufgabe hätte, die Originaltexte vor willentlichen oder versehentlichen Missverständnissen zu schützen – Missverständnissen, die dann zum Überlieferungsbestand werden. Es bedarf einer solchen Palimpsest-Methode, um in den gegenwärtigen kulturellen Erosionskrisen fassbar machen zu können, worin die lebendigen geschichtlichen Erfahrungsgehalte dieser Texte bestehen, wo sie aufgenommen und in spezifischen Untersuchungs- und Arbeitsfeldern praktiziert werden.

Es ist nicht ausgeschlossen, dass der »platonische Grenzstein« auf eine ganz andere Landschaft verweist, wenn Studierende heute in die praktische und theoretische Fortführung der Impulse des Denkens der Frankfurter Schule eingeführt werden. Die eine Blickrichtung weist gewiss auf das Werk von Jürgen Habermas, das vieles Kritische aufnimmt und fortführt, aber doch am Ende *einen eigenen Theoriezusammenhang* bildet, der in bestimmten Aspekten sich auch absetzt und abgrenzt von dem, was den kategorialen Kontext und die Denkweisen der Kritischen Theorie ausmacht. Ich verstehe das nicht als eine Bewertung, sondern lediglich als eine Positionsbestimmung, die den originellen Zügen im Habermas'schen Denken ein großes Gewicht zuspricht. Ich wende mich nur dagegen, dass in der Nachfolge von Jürgen Habermas ein Traditionsbogen gespannt wird, der die Kritische Theorie bruchlos in die Habermas'sche Theorie eingehen lässt – was gewiss auch Jürgen Habermas so nicht sehen würde; denn dadurch fehlte dieser Theorie jegliche originelle und kreative Prägung.

In meinen Arbeitsprozessen mit Alexander Kluge, die vor mehr als vierzig Jahren begannen und in einigen größeren Dokumentationen ihren Ausdruck gefunden haben, sind wir beide immer wieder auf die Frage gestoßen: Wo und wie setzt sich die Frankfurter Schule fort? Wer arbeitet mit den begrifflichen Werkzeugen und den spezifischen Erkenntnissen in eigenen Arbeitsfeldern? Wo gibt es politische und pädagogische Interventionen, Eingriffe in gesellschaftliche Verhältnisse, die unverkennbar Züge der Kritischen Theorie tragen? Gewiss, viele erheben den Anspruch authentischer Nachfolge. Aber unterliegen diese Ansprüche womöglich weitgehend individueller Beliebigkeit? Oder gibt es auch einige objektive Kriterien, die erkennbar machen, was im breiten Spektrum der bedeutendsten Theoretiker der Frankfurter Schule Neues erforscht wurde und welche Methoden der Wirklichkeitserkenntnis entwickelt wurden? Von einem breiten Spektrum spreche ich, weil es ein Akt intellektueller Redlichkeit ist, eine Vielzahl bedeutender Autoren in den Zusammenhang der Kritischen Theorie einzubeziehen, von denen jeder Einzelne aus seinem Spezialgebiet heraus Forschungsprozesse und Perspektivwechsel angeregt hat. Dazu gehören Herbert Marcuse, Erich Fromm, Otto Kirchheimer, Franz Neumann, selbstverständlich Walter Benjamin, Paul Tillich, Siegfried Kracauer. Dem einen oder anderen werden gewiss mehr Namen einfallen, die mit Gründen hier einzubeziehen wären. Es ist eine Republik von Wissenschaftlern, Philosophen, Literaturkritikern, deren heterogene Zusammensetzung der jener Autoren vergleichbar ist, die Diderot und D'Alembert für ihr Enzyklopädie-Projekt zusammengebracht hatten. Auch hierbei waren die einzelnen Charaktere völlig verschieden und auch ihre Reputation war nicht auf gleichem Niveau. Aber niemand widersprach dem Geist der Aufklärung; was sie miteinander verband, war die Idee einer in Wirklichkeit umsetzbaren Vernunft. Sie bereiteten zweifellos die Revolution vor, obwohl die Mitarbeiter der Enzyklopädie keine Ruhmestaten aufzuweisen hatten. Andererseits wurden sie von Marat und den anderen Jakobinern als Vertreter des *Ancien Régimes* beschimpft und, wie im Falle Condorcets, verfolgt und getötet.

Wer neben Horkheimer und Adorno vielleicht nur noch Benjamin in den Kreis der authentischen Vertreter der Kritischen Theorie aufnimmt, schränkt automatisch den Umkreis der Wirksamkeit dieser Forschungs- und Theorierichtung ein. Wer die Frankfurter Schule aus den politischen Debatten um eine kritische Rezeption des Marxismus, wie sie im Kampf um einen spezifisch westlichen Marxismus zum Ausdruck kamen, herauszuhalten versucht, akademisiert diese Schule in einer Weise, dass auch die geschichtlichen Erfahrungsgehalte verloren gehen. Der frühe Lukács, Karl Korsch, Wilhelm Reich, Merleau-Ponty, Ernst Bloch, Sartre, Gramsci, von den Jüngeren Lelio Basso, Wolfgang Abendroth – sie alle gehören in den Bezugsrahmen einer Kritischen Theorie, die sich in vielen Aspekten mit Fragestellungen der Frankfurter Schule berührt, in anderen ein immanentes Spannungsverhältnis bezeichnet, selbst dann, wenn keiner der Frankfurter darauf eingegangen ist. *Man sollte die Frankfurter Schule in diesem erweiterten Sinne verstehen – das wäre, in der Terminologie von Kant, eher im Sinne des Weltbegriffs der Philosophie als einer schulphilosophischen Orthodoxie.*

Um von vornherein Missverständnisse zu vermeiden: Dieser Weltbegriff hat nichts mit der gegenwärtig umlaufenden Ideologie der Globalisierung zu tun. Welt in diesem Verständnis bezeichnet die konkrete Verankerung der Philosophie und der Wissenschaft in spezifischen Arbeitsfeldern der Gesellschaft, eine Denk- und Arbeitsweise, die gleichwohl an der Anmaßung des Ganzen festhält. Denn Adornos Satz aus der *Minima Moralia*: »Das Ganze ist das Unwahre«,[62] richtet sich ja gegen den Hegel'schen Anspruch, dass am Ende sich der absolute Geist selbst findet und das Wahre konstituiert. Unwahr ist das Ganze, weil es Herrschaft und Unterdrückung enthält, und es wäre eine völlige Verdrehung des Sinngehalts des Adorno'schen Diktums, auf die Analyse des Ganzen und den Begriff des Zusammenhangs zu verzichten.

Alle großen philosophischen Schulen decken weite Untersuchungsfelder ab und sind in den Erkenntnisobjekten häufig nur schwer zu unterscheiden. Heinz Heimsoeth, ein bedeutender Philosophiehistoriker, hat den Versuch unternommen, die großen wiederkehrenden Themen der Metaphysik in der Geschichte des philosophischen Denkens erkennbar zu machen; dazu gehören ganz zweifellos Fragestellungen über Gott, Freiheit und Unsterblichkeit. Heimsoeth ist der Auffassung, es gebe sechs große Themen der abendländischen Metaphysik. So könnte man auch eine Reihe von wiederkehrenden Fragestellungen in der *politischen Philosophie* dingfest machen; das würde aber ein kasuistisches Verfahren herausfordern, das kaum abschließbar wäre.

Was die Frankfurter Schule betrifft, so scheint es schwer zu sein, ihr Profil in den Erkenntnisobjekten aufzusuchen. Zwar kann man sagen, dass es für eine in philosophischen Zusammenhängen respektable Schule durchaus ungewöhnlich ist, dass sie sich auf die Niederungen empirischer Forschung von

Familienstrukturen und Vorurteilen einlässt; aber das reicht für die fortwirkenden Erkenntnisimpulse, die gerade von diesem Denken ausgehen, nicht aus.

### Durch die Frankfurter Schule angestoßene Arbeitsformen

Ich will versuchen, einige Charakteristika der theoretischen Arbeitsform und der empirischen Forschungsweise zu benennen. Da ist *zum einen* hervorzuheben, dass die philosophische Konstitutionsproblematik auf Alltagsanalysen erweitert wird; das hört sich zunächst sehr apokryph an, enthält aber einen ganz und gar nüchternen Tatbestand. Von Konstitution redet man, wenn Subjektanteile im Spiel sind. Subjektive Vermitteltheit der Objekte, die nichts aus sich sind und in ihrer Unmittelbarkeit den Schein des Originären produzieren, ist in der Frankfurter Schule in aller Objektanalyse gegenwärtig. Deshalb ist für sie nicht nur systematisch, sondern auch in methodischer Hinsicht eine Theorie des Subjekts tragendes Fundament der Erkenntnis. Wendet man das etwas philosophischer, kann man sagen, dass in jeder empirischen Analyse der Verhältnisse die Subjekt-Objekt-Dialektik im Spiel ist und dass umgekehrt kein Subjekt aus den empirischen Bedingungen, unter denen es steht, herausgelöst werden kann. Das betrachte ich als ein wesentliches Arbeits- und Erkenntnisprinzip in der theoretischen Analyse genauso wie in der empirischen Sozialforschung.

Ein *zweites* Element zeigt sich in den spezifischen Arbeitsprinzipien der Frankfurter Schule. Das ist der Zeitkern von Wahrheit, von dem Adorno gesprochen hat: Jeder Gegenstand und jede Denkoperation vollzieht sich in Zeitmaßen, aber keineswegs abstrakt im Sinne einer ontologisierten Zeit oder einer Reihung von Erlebniszeiten, sondern die konkrete historische

Zeit wird in den Wahrheitsbegriff einbezogen.[63] Deshalb unterliegen die Denkakte, die Forschungsmethoden und die Objekte gleichzeitig der Notwendigkeit historischer Spezifikation. Die geschichtliche Färbung der Sachverhalte und damit auch geschichtlich-gesellschaftliche Bestimmungen des methodischen Zugangs zur Wirklichkeit sind kennzeichnende Merkmale des Frankfurter Denkens. Keineswegs bedeutet das eine wilde historische Relativierung von Wahrheitsgehalten; auch wo Interessenkonstellationen im Denken und in der Erkenntnis sichtbar gemacht werden, gehen die Wahrheitsaussagen nicht im Hinweis auf solche kollektiven Interessenordnungen auf. Das ist gerade die Kritik am Ideologiebegriff Mannheims, der im Grunde die Wahrheitsfrage, also etwas Situationsunabhängiges, zersetzt.

Es ist *drittens* ein subtiles Verhältnis zwischen Allgemeinem und Besonderem, das in die Arbeitsweise der Frankfurter Schule eingeht: Damit meine ich eine gewisse Verachtung der Theorien mittlerer Reichweite. Merton hatte ja diese *theories of middle ranges* eingeführt, um einen dritten Weg zwischen philosophischen Konstruktionen in der Soziologie und der bloß empirischen Erforschung von Einzeltatbeständen zu ermöglichen. Die Spannung bei den Frankfurtern in ihrem Erkenntniszugang zur Wirklichkeit liegt in den Extremen, und im Umschlag solcher Extreme. Es werden große historische Bögen gespannt, philosophiegeschichtlich oder auch in der Kunsttheorie; aber diese Bögen verlieren nie ihren Halt im konkreten Besonderen, im Detail, in der spezifischen Konstellation, zum Beispiel eines Gedichts, einer musikalischen Komposition, eines philosophischen Textes. Nicht aus der Ansammlung dieses Besonderen ist das Allgemeine zu gewinnen, aber das Allgemeine muss im Besonderen wiedererkennbar werden.

Aus diesem methodischen Prinzip heraus ist es verständlich, warum Adorno und Benjamin mit einer ungeheuren Kraft in die Mikrologie ästhetischer Strukturen des Einzelwerks einzudringen versuchen. Benjamins Montagetechnik beruht ja darauf, das Nebensächliche, die Andeutung, die Farbe, die Gestalt des Einzelnen so zu drehen und umzukombinieren, dass sich die verdeckten Seiten enthüllen und das verdrehte Allgemeine wieder ans Licht der Öffentlichkeit kommt.

Die Beziehung zwischen Philosophie und empirischer Sozialforschung ist deshalb auch ein zentrales Arbeitsprinzip der Frankfurter Schule. Und die Zugänge zur Wirklichkeit erschließen sich nicht durch festgelegte Regeln der Tatsachenforschung; vielmehr muss kreatives Denken auch eingehen in die Reflexion der methodischen Techniken, die den Objekten angemessen sind. Auch auf dieser Ebene gibt es weiterwirkende Ansätze, wie die Skalen- und Befragungstechniken oder das Gruppendiskussionsverfahren, dessen hermeneutische Techniken weiterentwickelt worden sind.

Man könnte sagen, dass die produktive Umgangsweise der Frankfurter Schule mit einer sich verändernden Wirklichkeit darauf gerichtet ist, die Spannung zwischen Wesen und Erscheinung in der Theorieproduktion genauso festzuhalten wie in der empirischen Sozialforschung. Es ist die Arbeitsweise, die das Unverwechselbare *dieser* philosophischen Schule ausmacht.

# DIE UNIVERSITÄT – ÖFFENTLICHER DENKRAUM UND VORRATSKAMMER

## Fester Standort

Wie aus meinen bisherigen Berichten erkennbar ist, habe ich mich bereits in der Studentenzeit mit Dingen und Verhältnissen beschäftigt, die *außerhalb* der Universität liegen. Dennoch war mir schon in diesem Lebensabschnitt bewusst, dass die Universität der feste Standort sein sollte, von dem ich mich immer wieder – zeitweise, projektbezogen – entfernen würde, zu dem ich aber immer wieder zurückkehren wollte. Die Länder Baden-Württemberg und Hessen bezahlten mich als Beamter auf Widerruf für Lehr- und Forschungstätigkeiten an den Universitäten Heidelberg und Frankfurt am Main sowie für die Vorbereitung einer akademischen Lehrqualifikation durch eine Habilitationsschrift und ein entsprechendes Examen. Ich selbst hatte immer den Eindruck, dass mit dieser Bezahlung Verpflichtungen verbunden sind, die man bedauern, aber nicht umgehen kann. Langmut der Arbeitgeber und vertröstende Antworten auf geduldige Nachfragen, wie weit denn die Habilitationsschrift sei, ermöglichten mir und der langsam anwachsenden Familie keine üppige, aber doch eine gesicherte Existenzgrundlage. Ich hatte 1962 die Diplomsoziologin Inge Wittsack geheiratet; 1966 wurde unsere Tochter Monika, 1969 unsere Tochter Katharina geboren.

Examensängste teile ich sicherlich mit vielen Menschen. Aber hier ging es nicht um »normale« Examina, sondern um die öffentliche Demonstration eines Urteils: Besitze ich die Kompetenz eines Hochschullehrers, in Forschung und Lehre mit eigenständigen Beiträgen zu bestehen? Oder reicht es doch nur für die Volkshochschule oder für einen guten Grundschullehrer, was der von mir verehrte Oskar Küchel mir in der zehnten Klasse der Hindenburgschule prognostiziert hatte? Obwohl Adorno selbst sehr gerne Vorträge an Volkshochschulen hielt und sich mit Erwachsenenbildung beschäftigte, galt doch in Frankfurter Kreisen das Volkshochschulniveau als eher niedrig. Angesehen waren nur die, denen die Differenziertheit ihrer Argumentation gleichsam aus den Augen strahlte. Mir war eine Situation bekannt, in der Horkheimer eine Rolle spielte. Er und Monika Plessner aßen in einem halbwegs wiederhergestellten Restaurant in der Kaiserstraße in Frankfurt. Nachdem sie das Lokal verlassen hatten und schon einige Meter in unterschiedliche Richtungen gegangen waren, kehrte Horkheimer um und sagte: »Ich habe etwas vergessen. Mir fällt da noch etwas ein, Frau Plessner. Bitte erzählen Sie im Institut nicht, dass Sie aus der Erwachsenenbildung kommen.« Später fragte Monika Plessner ihren Mann, ob Horkheimer denn ernst meine, was er da sagte. »Sehr ernst«, entgegnete Hellmuth Plessner. *Erwachsenenbildung sei für Horkheimer Reformismus, und den hasse er genauso wie den Stalinismus.*

## Universitätsreform

Als ich um die Mitte der 1960er Jahre Heidelberg verließ und nach Frankfurt zurückkehrte, war klar, dass die Universität in den alten Formen nicht weiterexistieren konnte. Das dämmerte allmählich auch den konsequentesten Traditionalisten, die vehement überkommene Herrschaftsstrukturen bewahren wollten. Die Verabschiedung der alten Ordinarienuniversität stand auf der Tagesordnung. Es gab viele Vorschläge zur Neuordnung; auch aus der 1969 gebildeten sozial-liberalen Koalition wiesen die Signale eindeutig auf Veränderung. Einer der einflussreichsten, wohl auch der politisch brisantesten Vorschläge war die SDS-Denkschrift zur Hochschulreform. Jürgen Habermas hatte in mehreren Artikeln das Reformbegehren argumentativ abgesteckt; ihm ging es noch darum, die Autonomie des Wissenschaftsprozesses zu sichern und gleichzeitig Studenten und das übrige Universitätspersonal so daran zu beteiligen, dass sie das Gefühl der Mitwirkung an Vorgängen haben, die ihren Lebenszusammenhang betreffen.

Ich selbst vertrat den Standpunkt, dass eine drittelparitätische Beteiligung der Studierenden an Lern- und Forschungsprozessen vertretbar ist, wenn eine durchgängige Demokratisierung der Universitäten erreicht werden sollte. In einem kleinen Aufsatz (der als Anhang in dem Buch *Universität und Widerstand*[64] veröffentlicht wurde) versuchte ich, meine Position darzulegen, die eine Mitbestimmung der Studierenden nicht nur in Lehr- und Forschungsfragen, sondern ebenso bei Berufungsangelegenheiten vorsah. Damit wollte ich auch ein Zeichen setzen, dass die vorherrschende Tendenz in der politischen Entwicklung der Universitäten ein Ende finden muss: Mit Ausnahme des legendären Hambacher Festes hatte sie stets nach rechts ausgeschlagen. Es war ja auch nicht plausibel, dass ausgerechnet ein Gesellschaftsbereich, in dem sich Denkweisen und Haltungen ausbilden, von der Demokratisierung ausgenommen werden sollte. Und schließlich ging es auch darum, dass die in den Lehrprozessen vermittelten wissenschaftlichen Inhalte nicht nur Herrschafts- oder allgemeines Verfügungswissen erzeugen sollen, sondern das politische Bewusstsein in allen Fachgebieten zu fördern ist. Was wir damals *kritische Universität* nannten, war mit soziologischer Phantasie und Kreativität der Umgestaltung verbunden; vor allem sollte es die akademische Arbeitsteilung produktiv rückgängig machen. Damals schrieb ich mit Bezug auf Wilhelm von Humboldt: »Wie die autonome Universität unter heutigen Bedingungen nur noch als politisch-demokratische zu retten ist, so kann dem hohen Anspruch Humboldts, *Charakter durch Wissenschaft zu bilden,* nur eine im historischen Bewusstsein fundierte Moral des politischen Handelns gerecht werden. ›Sobald man aufhört, eigentlich Wissenschaft zu suchen, oder sich einbildet, sie brauche nicht aus der Tiefe des Geistes heraus geschaffen werden, sondern könne durch Sammlung extensiv aneinandergereiht werden, so ist alles unwiederbringlich und auf ewig verloren [...]. Denn nur die Wissenschaft, die aus dem Innern stammt und ins Innere gepflanzt werden kann, bildet auch den Charakter um, und dem Staat ist es ebensowenig als der Menschheit um Wissen und Reden, sondern um Charakter und Handeln zu tun.‹«[65]

Hier taucht bei Humboldt zum ersten Mal der Gedanke einer Verbindung von Wissenschaftshaltung und Charakter auf. »Einsamkeit und Freiheit« ist ein anderes Begriffspaar, das sich auf Humboldt bezieht. In den vom Frankfurter SDS bestimmten Diskussionen, die in Arbeitskreisen und Handlungsfeldern geführt wurden, spielten die Klassiker der Pädagogik und der Philosophie eine zentrale Rolle.

## Schwierige Berufung

Als Adorno im Sommer 1969 starb und eine platte Nachfolgediskussion in Gang gesetzt wurde, verlor die Frankfurter Universität ihre Bedeutung als geistiges Zentrum der Protestbewegung. Es bildeten sich Fraktionen, die auf Abgrenzung setzten und immer stärker von geborgter Realität lebten. Das einzig beruhigende Element in diesem Kampf um einen scheinrevolutionären Avantgardismus bildete das Sozialistische Büro. Was die Nachfolge Adornos betraf, so spielten sich die normalen Nachfolgetragödien ab, die geschehen, wenn ein Großer am Ort seines Lebenswerks Leistungsansprüche als geheime Botschaften hinterlässt. Dem Berufungsvorschlag der Studenten wollte niemand so recht folgen.

Vielleicht wäre alles anders gekommen, wenn in den Wirrnissen Ende der 1960er Jahre meine Entscheidung, einen Lehrstuhl in Frankfurt zu übernehmen, positiv ausgefallen wäre. Aber etwas von Größenwahn muss wohl im Spiel gewesen sein, als ich zur Bedingung machte, dass mit diesem Lehrstuhl die Leitung des Instituts für Sozialforschung verknüpft sein muss – was der damalige Kultusminister Ludwig von Friedeburg ablehnte.

So war ich froh, dass sich für mich allmählich zwei Berufungsaussichten herauskristallisierten – eine nach Münster, eine andere nach Hannover. Aus Münster drangen Gerüchte an mein Ohr. Merkwürdigerweise waren es überwiegend Anhänger Schelskys, die dort für einen der vorderen Listenplätze für mich votierten. Schelsky hatte mich zwar einmal zu einem Vortrag eingeladen, den ich (wenn ich es recht in Erinnerung habe) in der Dortmunder Sozialforschungsstelle hielt, die Schelsky für eine gewisse Zeit geleitet hatte. Ich konnte mir aber nicht vorstellen, dass das ausreichen würde, mich auf einen Lehrstuhl zu berufen. Später erklärte mir ein Assistent Schelskys, dieser habe mich für einen Sorel-Anhänger gehalten.

Etwas anders lagen die Hintergründe in Hannover. Es handelte sich in Hannover um eine technische Hochschule, die auch darauf bedacht war, so bezeichnet zu werden; aus dieser löste sich in den 1960er Jahren eine geistes- und sozialwissenschaftliche Fakultät heraus. Mit den inneruniversitären Verhältnissen in Hannover hatte ich mich wenig beschäftigt; auch waren mir die politischen Machtkonstellationen innerhalb der Universität und der Landesregierung nicht bekannt. Der Aussage, man bastele an einem Kompromiss für die Berufungsliste des Lehrstuhls für Sozialwissenschaften, den Christian von Ferber innehatte, konnte ich nicht viel entnehmen. Ich wusste nicht, worin dieser Kompromiss bestehen sollte. Eines Abends rief mich der niedersächsische Kultusminister Peter von Oertzen an und übermittelte mir den Wunsch des Regierungschefs, ich möge einige öffentliche Äußerungen zum Begriff der Revolution persönlich klären. Die Bitte, mit dem Ministerpräsidenten und einem kleinen Stab von Vertrauten über Inhalte zu diskutieren, ist wohl ein seltener Fall. Natürlich war dieses Gespräch in der Öffentlichkeit nicht bekannt. Inhaltlich ging es um Folgendes: Ministerpräsident Kubel erklärte in kurzen Worten, warum er mich sprechen wollte, bevor eine Berufung auf einen Lehrstuhl ins Auge gefasst werden könnte. Ich hätte verschiedentlich den Begriff der Revolution benutzt und es sei nicht einfach, einen Revolutionär auf einen niedersächsischen Lehrstuhl zu berufen. Peter von Oertzen, der Kultusminister, hatte mich vorher auf eine Spur geführt, die in Richtung der politischen Bildungsprozesse Kubels ging. Also erklärte ich, für mich sei Revolution das, was Kant in seinem *Fakultätenstreit* sagt. Revolution sei die *Evolution einer naturrechtlichen Verfassung*. Sie decke alle *Gesellschaftsreformen* ab. Schließlich sei einer der großen Schüler Kants, nämlich Leonard Nelson, Begründer des ethischen Sozialismus. In meiner Erinnerung diskutierten wir gut zwei Stunden. Am selben Abend rief mich Peter von Oertzen in Frankfurt an und sagte, der Berufung stehe nichts mehr im Wege.

Inzwischen war dem Kultusministerium die Berufungsliste von der Fakultät überreicht worden. Ich stand an zweiter Stelle. Nun muss man sagen, dass es nicht nur in den konservativen technischen Hochschulen, sondern allgemein übliche Praxis war, dass die Reihenfolge eingehalten wurde: Der Erstplatzierte wurde gefragt, ob er den Ruf annimmt. Bejahte er das, wurde das Berufungsverfahren eingeleitet. Lehnte er aus irgendwelchen Gründen ab, wurde auf den Zweiten zurückgegriffen. Die Gründe für eine Ablehnung spielten dabei keine Rolle. Studenten, Mittelbau und einige Professoren in Hannover hatten der konservativen Mehrheit der Berufungskommission eine Zustimmung zum zweiten Listenplatz für mich abgerungen. Sie waren sicher, dass der Erstplatzierte berufen wird, was sie offenkundig auch vorher geklärt hatten. Ohne den Erstplatzierten (dessen Namen ich hier nicht nenne) zu fragen, griff Peter von Oertzen jedoch auf den zweiten Platz zu und bot mir den Lehrstuhl an. Ich hatte keinen Grund, dieses Angebot abzulehnen.

### Unfreundlicher Empfang

Die konservative Hochschullehrerschaft war empört. Die versammelten Ordinarien, die ja einen Rechtsbruch nicht feststellen konnten, fühlten sich politisch betrogen und hintergangen. Natürlich spielte eine auch sonst dominante Figur wie Peter von Oertzen eine entscheidende Rolle bei der Neugestaltung der gesamten Fakultät und der Studiengänge. Mein Einstieg in die Universität im Jahr 1970 war dadurch nicht besonders glücklich. Als der Dekan den versammelten Ordinarien in einer Sitzung meine Berufung bekannt gab, war eisiges Schweigen die Antwort. Niemand sagte ein Wort. Bei meiner Ankunft lagen auf meinem Schreibtisch Kündigungsschreiben der Sekretärin und der Bibliothekarin. Umso kränkender muss es wohl für die konservative Professorenschaft gewesen sein, dass die Hörsäle, in denen ich dann sprach, überquollen und auch später nicht leerer wurden.

Bernhard Häußermann versuchte in einem Artikel in der *Hannoverschen Allgemeinen Zeitung,* das Ganze wenigstens einigermaßen sachgerecht zu kommentieren und als bedauerlichen Einzelfall zu erklären, der sich nicht wiederholen dürfe. Er schrieb am 15. Januar 1971: »Dass eine Berufung Negts in Rücksichtnahme und in Kooperation des berufenden Ministers mit den verantwortlichen Gruppen der Gesellschaft und der Hochschule erfolgen müsste, liegt eigentlich auf der Hand. Dies umso mehr, als Negt, wie sich inzwischen herumgesprochen hat, erst an zweiter Stelle der von der Universität vorgelegten Berufungsliste stand und außerdem von einem Berufungsausschuss nominiert wurde, den die Universität versuchsweise unter drittelparitätischer Einbeziehung von Studenten und Assistenten gebildet hatte. Aber diese selbstverständliche Kooperation fand nicht statt. Der Minister gab (dies ist sein Recht) Negt den Vorzug, aber auf sehr fragwürdige Weise, durch brüske einsame Entscheidung. Es ist möglich, dass dieser Vorgang eine Ausnahme bleibt. Aber es muss nicht so sein. Das wäre der Anfang vom Ende der in Niedersachsen bisher gepflegten Kooperation.«[66]

Soweit die Interpretation der *Hannoverschen Allgemeinen Zeitung*. Die *Kälte beim Empfang* hielt nicht an. Aber es dauerte lange Zeit, bis ich als vollwertiges Mitglied der Fakultät 5 anerkannt wurde. Das hat auch damit zu tun, dass sich diese Fakultät aus den übrigen Fakultäten der Technischen Hochschule (später mit dem Namen Technische Universität versehen) gelöst hatte; den ganzen schwierigen Umgliederungsprozess will ich im Einzelnen nicht darstellen. Für die Mehrheit der Professoren der Technischen Hochschule galt, dass sie den Aufbau dieser neuen Fakultät 5, also der geistes- und sozialwissenschaftlichen Fakultät, am liebsten verhindert hätten. Vorzüglich dokumentiert sind diese Konflikte und Streitereien in einer Untersuchung von Frank Kuhne.[67] Die Fakultät galt seit ihrer Gründung als linkslastig. Betrachtet man den angewachsenen Mittelbau und die Berufung von Professoren, so trifft das gewiss auch zu. Das beachtenswerteste Reformprojekt war das integrierte sozialwissenschaftliche Studium, das mit Diplom- und Magisterabschlüssen endete. Es war keine Frage, dass die drei Ordinarien – Jürgen Seifert als Nachfolger von Peter von Oertzen auf dem Lehrstuhl für Politische Wissenschaften, ich als Nachfolger des Soziologen Christian von Ferber und der schon 1967 berufene Peter Brückner – mit der außerparlamentarischen Opposition sympathisierten und die Studentenbewegung unterstützten.

Das Gespräch, das ich mit Frank Kuhne geführt habe, dokumentiert auch meine Rolle im Umgliederungsprozess des Studiums und der organisatorischen Zuständigkeiten der Gremien. Ich kann nicht behaupten, dass ich darauf großen Einfluss ausgeübt hätte. Ein paar Monate war ich Übergangsdekan, aber die wirkliche Arbeit hatten Kollegen von mir übernommen, die nach meiner Einschätzung diese Arbeit auch gerne machten. Meine Rolle sah ich in diesen Zeiten des Umbruchs eher darin, mich als Vermittler der verschiedenen Fraktionen zu begreifen – also als Friedensstifter. Gremienarbeit, wie sie dort verstanden wurde, war mir wesensmäßig fremd.

## Hannover als Heimat

Es mag mit meinem Flüchtlingsdasein als Kind und Jugendlicher zu tun haben, dass mir das Reisen nie ein bestimmendes Bedürfnis war. Eine Restangst spüre ich bei jeder Passkontrolle – ein untergründiges Gefühl, das mit der realen Situation wenig zu tun hat. Es war mir deshalb immer sehr daran gelegen, auf Reisen in der Obhut meiner Familie oder einer Delegation oder einer Schriftstellergruppe gegen Zufälligkeiten abgesichert zu sein. Als ich 1978 für sechs Monate an den Universitäten in Milwaukee und Madison Gastvorlesungen hielt, war ich mit dem Familientrupp unterwegs, mit meiner damaligen Ehefrau Inge und unserer Tochter Katharina. Die erste Chinareise unternahm ich 1980 als Mitglied einer Schriftstellerdelegation; zu ihr gehörten Enzensberger und Ursula Krechel; die Aufzeichnungen aus diesen drei Wochen bildeten das Grundmaterial für mein Buch *Modernisierung im Zeichen des Drachen. China und der europäische Mythos der Moderne.*[68] Brasilienreisen im Auftrag des Goethe-Instituts habe ich in der Begleitung meiner Frau Christine Morgenroth bewältigt. An ihrer Seite fühlte ich mich sicher; ich habe nichts entbehrt.

Warum erzähle ich das? Das kapitalistische Wirtschaftssystem spekuliert auf Bindungslosigkeit; wenn der Warenverkehr ungestört ablaufen soll, darf er nicht fortwährend durch Traditionsblöcke und dauerhafte Gebrauchswerte behindert werden. Das gilt nicht nur für den materiellen Warenverkehr, sondern auch für die Beziehungen. Freizügigkeit ist gewiss ein elementares Menschenrecht; aber das Recht auf Asyl, auf Bindung an einen bestimmten Ort ist es ebenso. Nachdem ich zweimal die Flucht hatte ergreifen müssen, fiel es mir schwer, Gefühle der Ortsverbundenheit mit dem Begriff »Heimat« zu verbinden. Heimat ist nichts Vorgegebenes, ein für alle Mal Fertiges, in das man sich über einen Ortswechsel einbinden kann. Heimat liegt in einem Zwischenbereich von Freiheit und Bindung. Nur wenn die Möglichkeit besteht, jederzeit auf Reisen gehen zu können und auf zwanglose Rückkehr vertrauen zu dürfen, dann entwickelt sich so etwas wie Heimat. Dieses utopische Moment im Begriff der Heimat hat insbesondere Ernst Bloch herausgearbeitet. Näheverhältnisse und Distanzierungsmöglichkeiten sind darin in ausgewogener Balance. Nach zehn Jahren wechselnder

Aufenthalte habe ich Hannover spontan mit einem Gefühl von Heimat verbunden – was natürlich auch mit dem Ruf auf den Lehrstuhl für Sozialwissenschaften der Technischen Universität zu tun hatte. In keiner anderen Stadt, in der ich vorübergehend oder für etwas längere Zeit gelebt hatte, konnte ich sagen: Hier entwickelt sich so etwas wie ein Heimatgefühl – weder in Berlin, Oldenburg und Heidelberg noch in Frankfurt. Natürlich hatte das auch mit der beruflichen Situation zu tun; das war aber nicht das Entscheidende. Vielmehr war es in Hannover die Atmosphäre der Stadt, eine Balance auf sehr verschiedenen Ebenen, eine zurückgehaltene Betriebsamkeit, leichterer Zugang zu den Behörden, Provinz im städtischen Milieu. Mir erschien Hannover sehr schnell als eine der Städte Deutschlands, in denen es sich gut leben lässt. Selbst die etwas unfreundliche Aufnahme durch den Dekan der Fakultät 5 und die Ordinarien konnte diesen Eindruck nicht trüben – den Eindruck, dass ich in dieser Stadt leben wollte. Und in dieser Stadt bin ich auch ein Leben lang geblieben.

## Rückblick: Lehrerfahrungen in Heidelberg und Frankfurt

Bei den regelmäßig stattfindenden Dienstbesprechungen am Philosophischen Seminar in Heidelberg, die unter der strikten Regie Gadamers standen, war peinlichst darauf geachtet worden, dass die Assistenten ihre Lehraufträge mit Kleingruppenarbeit abdienten. Bei einer dieser Sitzungen, in denen jeder Einzelne sein Lehrangebot vorstellte (auch Löwith musste das machen), stellte Gadamer infrage, ob der von mir angebotene Lehrtext überhaupt etwas mit Philosophie zu tun habe. Es ging dabei um Fichtes Schrift *Die Grundzüge des gegenwärtigen Zeitalters* – zweifellos nicht auf dem Niveau seiner Wissenschaftslehre, aber immerhin eine Schrift, die sich mit den Auswirkungen der Französischen Revolution auseinandersetzt. Nach einer längeren Diskussion blieb es bei diesem Text, aber nur weil Habermas eine umfassende Verteidigungsrede hielt. Wie Herrschaftsverhältnisse in der Universität konkret aussehen, das hatte ich bei solchen Dienstbesprechungen erleben können. Ich teilte daher entschieden die Proteste der Studenten, die auf die Auflösung der Ordinarienuniversität zielten.

In Großstädten wie Frankfurt hatte sich die Rebellion gegen die Ordinarienuniversität bereits Anfang der 1960er Jahre gerührt. 1964 nahm Habermas den Ruf auf den Doppellehrstuhl für Philosophie und Soziologie in Frankfurt an. Das hatte zur Folge, dass seine Assistenten sich einer der Fachdisziplinen zuzuordnen hatten. Bevor ich die Frage, welchem Lehrstuhl ich mich zugehörig fühle, beantworten konnte, erklärte Habermas: Bleiben Sie bei der Philosophie, ein anständiger Soziologe wird aus Ihnen sowieso nicht. Das tat ich auch. Ich fühlte mich dem Philosophischen Seminar zugehörig.

Kurz nach unserem Umzug von Frankfurt nach Heidelberg – in eine ähnlich trostlose Gegend, wie wir sie vorher in Frankfurt bewohnt hatten – fuhr ich also jetzt regelmäßig in umgekehrter Richtung: von Heidelberg nach Frankfurt. Dort hatte sich die Atmosphäre, die das Universitätsleben bestimmte, stark verändert. Nach der Enge des philosophischen Betriebs in Heidelberg und der dortigen Einmischung in die Lehrtätigkeit empfand ich es als einen Akt der Befreiung, als ich in Frankfurt Studenten nach dem Weg zum angekündigten Hörsaal fragte und zu hören bekam, ich sei auf dem richtigen Weg. Als ich den Raum betrat, gab es heftigen Beifall. Ich wurde erwartet.

Begrüßt wurde ich von einer Reihe selbsternannter Sprecher dieser im Aufbruch befindlichen Protestgeneration. Die meisten waren mir bekannt, aber einige waren neu. Wie bei einem neu formierten Rudel setzte sofort der Konkurrenzkampf um Festlegung des Herrschaftsgefüges ein. Ganz hinten, umgeben von einer auf Beifall getrimmten Truppe, saß ein eher zerbrechlicher junger Mensch, der schon beim ersten Auftritt scharfsinnig argumentierte. Man konnte das gut als produktiven Beitrag zum Diskussionsgeschehen des Seminars betrachten, aber die umfänglichen Erläuterungen des Studenten zielten auf Überprüfung meiner Thesen. Es ging, wenn ich mich recht erinnere, um die Differenz von bestimmender und reflektierender Urteilskraft, ein Zentralstück der Argumentation Kants. Die ergänzenden Erläuterungen des Studenten waren keineswegs abwegig; sie hatten aber etwas Belehrendes an sich, mit Hinweisen darauf, dass ich doch einzelne Textsequenzen bei Kant noch einmal nachlesen sollte. In drei Sitzungen habe ich mir die belehrenden Verweise geduldig angehört. Als er zum vierten Mal zur Rede ansetzte, habe ich ihm sofort das Wort entzogen und erklärt: »Lieber Hans-Jürgen Krahl, wir wissen inzwischen, was für ein blitzgescheiter und scharfsinniger Mensch Sie sind. Das ist hier eine Seminarveranstaltung, die in meiner Regie abläuft, selbst wenn manche Thesen Ihnen nicht gefallen. Sie unterlassen fortan diese Kommentierung oder Sie bleiben dem Seminar fern.« Das tat er, drei Sitzungen lang, dann kam er wieder. Wir wurden Freunde!

Ich betrachtete ihn als Freund des Hauses; meiner Tochter Monika las er Märchen vor, mehrmals das *Kalte Herz*. In der Bockenheimer Eckkneipe war sein wirkliches Zuhause. Kam er durch die Tür, schenkte der Wirt ihm einen doppelten Doppelkorn ein. Sein brillanter Kopf hat ihm nicht geholfen, seine Lebensprobleme zu bewältigen. Das Scharfsinnige brachte ihm den Ruf des Robespierre von Bockenheim ein. Er starb, viel zu früh, bei einem selbstverschuldeten Autounfall.

## Endlich Vorlesungen!

Schon in der Heidelberger Zeit, dann deutlicher in Frankfurt hatte ich die Idee, eine Großvorlesung zu halten, in der *eigene Denkprozesse öffentlich sichtbar* werden. Das pädagogische Lernziel »Zusammenhänge herstellen!« konnte ich mir in der Universität nur durch produktives Rückgängigmachen von Arbeitsteilung vorstellen. Adornos Vorbild spielte dabei eine Rolle, denn wir Studierenden hatten sehr wohl bemerkt, dass er mit einem Notizblock das Podium betrat, aber diesen Notizen im Grunde keinen Blick widmete. Ich hatte vor, mich in Hannover mit einer vierstündigen Wochenvorlesung (je zwei Stunden) vorzustellen – und zwar so, dass ich aus den Originalquellen der Texte vortrug. Wenn ich über Kant sprach, hatte ich einige Kant-Texte vor mir, wenn ich über Marx redete, war selbstverständlich ein Text von ihm verfügbar, aus dem ich direkt zitieren konnte. Das war eine akademische Vorgehensweise, die mir größtes Vergnügen bereitete und die ich von meiner Berufung in Hannover bis zu meiner Emeritierung durchhielt. *Diese Vorlesungen standen im Zentrum meiner akademischen Tätigkeit.* Bei aller Wertschätzung, welche die Großvorlesungen bei einem breiteren Publikum erfahren haben, fanden sich doch besonders in der jüngeren Generation das Bedauern und der Vorwurf, zu wenige Antworten auf den Bologna-Prozess – die betriebswirtschaftliche Einbindung des Lernens – gegeben zu haben.

Diese Kritik ist berechtigt. Vielleicht aus schlechtem Gewissen oder auch aus Gründen, die mir nicht bewusst sind, hatte ich nur wenige Anstrengungen unternommen, meine Vorlesungen »der nagenden Kritik der Mäuse« zu entziehen und ins Licht der Öffentlichkeit zu heben. Ich kann es selbst schwer nachvollziehen, warum die kompletten Tonbandaufnahmen meiner Vorlesungen über ein Vierteljahrhundert lang im Keller lagerten und praktisch schon vergessen waren. Zwischendurch hatte ich ab und zu ausprobieren lassen, ob die technische Qualität der Aufnahmen ausreicht, sie in Schriftform zu übersetzen. Die Geschichte dieser Tonbänder nahm in dem Augenblick eine Wende, als ich dem Leiter der Abteilung »Vorlass« der Frankfurter Universitätsbibliothek »Johann Christian Senckenberg« einige Proben dieser Bänder überließ. Erst im Archiv der Senckenberg-Bibliothek wurde ich durch kompetente Archivare darauf aufmerksam gemacht, wie nutzbringend diese kontinuierlichen Vorlesungen, die mehr als dreißig Jahre unbeachtet in meinem Keller lagen, für Forschungszwecke sein könnten. Ein Schüler, der Ingenieur Egbert Schmidt, hatte zehn Jahre lang regelmäßig meine Vorlesungen aufgenommen – auf einem alten Uher-Gerät. Von 1972 bis 1982 machte Schmidt diese Aufnahmen; etwa 320 Stunden Sprechtext sind darauf dokumentiert.

Diese Vorlesungen umfassen ein sehr breites Themenspektrum, von Plato und den Vorsokratikern bis zu Max Weber und Karl Popper. Viele Aspekte, die in meinen Schriften behandelt werden, sind hier theoretisch fundiert; neue Zusammenhänge werden begründet. Es finden sich Gedanken zu den Ursprüngen der europäischen Denkweise (Platon und Aristoteles), Überlegungen zu Kant und Freud, zur Dialektik von Genesis und Geltung, systematische Ausführungen über Marx, Hegel und die Postmoderne, über den romantischen Eros (Novalis und E. T. A. Hoffmann) ebenso wie meine Deutung der Frankfurter Schule. Das alles sind philosophische Denkweisen, die die Wirklichkeit mitgestaltet haben, selbst dann, wenn sie in entschiedener Distanz zu ihr entstanden sind. Stets ist meine theoretische Position am Textoriginal in freier Rede entwickelt; das öffentliche Denken ist eben *meine* Form der intellektuellen Arbeit – die ich von Adorno und Habermas gelernt habe.

Ich habe häufig darüber nachgedacht, wieso es für bürgerliche Intellektuelle selbstverständlich ist, dass sie mit jedem Wort, das sie öffentlich äußern, etwas Bedeutsames ausdrücken. Ein aus dem bürgerlichen Milieu kommender Wissenschaftler denkt vielleicht nicht darüber nach, welche Bedeutung dem gesprochenen Wort zukommt. Es ist anders als bei Wissenschaftlern, die mit ihrer proletarischen oder kleinbürgerlichen Herkunft Probleme haben. Ich hatte Kosten für den Aufstieg zu tragen – auch auf der Beziehungsebene. In diesen Zusammenhang gehört die Frage, warum ich die Rede auf dem Frankfurter Soziologentag von 1969, zu der mich Studenten und Assistenten beauftragt hatten, *nicht* gehalten habe. Adorno und Dahrendorf und andere Größen der Philosophie und Soziologie traten damals auf. Es war ein sehr ehrenvoller Auftrag. Ich hatte mich darauf vorbereitet, am Ende meldete ich mich krank. Krankheit war aber nicht der entscheidende Grund. Mir war es seinerzeit unheimlich, mit Adorno und Dahrendorf über Spätkapitalismus oder Industriegesellschaft zu diskutieren.

Die Bänder, auf denen ich als akademischer Lehrer erkennbar bin, noch einmal zu hören, hat mit dazu beigetragen, meine Rolle als politischer Intellektueller genauer zu bestimmen und neben der literarischen und philosophischen Tätigkeit, die sich in Büchern und medialen Interventionen zeigt, die akademische Lehrtätigkeit in einem ganz anderen Licht zu sehen. Es verschaffte mir nachträglich ein hohes Maß an Befriedigung, noch einmal in meine alten Vorlesungen im größten Hörsaal der Wunstorfer Straße hineinzuhören – Vorlesungen, die ganze Studentengenerationen angelockt und zum Nachdenken angeregt haben. Die Tonbandaufnahmen vergegenwärtigen Gedanken und Kommunikationen der jüngeren Vergangenheit – in einer Zeit, in der mit einer geradezu zerstörerischen Lust Bindungen, Erinnerungen und Erfahrungen entwertet werden.[69]

## Die Vorlesung – Ein erkenntnistheoretisches Experimentierfeld

Es fällt mir schwer, mir eine Universität vorzustellen, in der Vorlesungen keinen Platz mehr haben. Nicht nur, weil kein anderer Ort in der Gesellschaft als öffentliches Forum der Gedankenarbeit und des experimentellen Umgangs mit Lernen verstanden wird, sondern weil mit Abschaffung der Vorlesungen Lernmotive zerfasern. Ich begreife die Universität als eine der letzten gesellschaftlichen Institutionen, die freie Experimentalräume anbieten und Wissen, das nicht in Just-in-time-Produktion verschlissen wird, gleichsam in Vorratskammern aufbewahrt. Um den Zusammenhalt einer gesellschaftlichen Ordnung zu sichern, bedarf es eines erheblichen Maßes an emanzipatorischem Lernen und der entsprechenden Bildung. Wir leben von der Substanz, die wir nicht selbst erzeugt haben.[70]

Wenn einen der Zufall einer autobiographischen Spurensuche dort hinführt, wo man graben muss, um in den unteren Schichten Schätze aufzutreiben, für die es im oberen Erdreich keinerlei Hinweise gibt, dann ist es ein besonderes Glück, bei dieser Suche auf eine Arbeitsweise zu stoßen, die man auch selbst praktiziert, aber in ihrer eigentlichen Bedeutung für Lernprozesse nicht reflektiert hat. Seit Beginn der 1970er Jahre hielt ich in einem großen Hörsaal der Universität Hannover Hunderte von Vorlesungen; zum Teil abends, aber auch um die Mittagszeit, zweimal anderthalb Stunden in der Woche, Vortrag und Diskussion mit dem Publikum. Keine dieser Vorlesungen wurde bisher veröffentlicht, weil ich sie in ihren wesentlichen Bestandteilen frei gehalten habe. Ich war höchst überrascht, als ich mich – viele Jahre nach Beginn meiner Vorlesungstätigkeit – in Arbeitsprozessen von Kant so komplett wiedererkannte, als hätte ich von ihm abgeschrieben. Es war aber eine sehr späte

Entdeckung von mir. Erst als ich die bekannten klassischen Formulierungen der drei Kritiken Kants aufzubrechen wagte und nach ihren Entstehungsbedingungen Ausschau hielt, wurde mir das ganze Ausmaß des Widerspruchs zwischen der *Darstellungslogik* und dem *Forschungsprozess* bewusst. Erst das Studium des handschriftlichen Nachlasses und der Vorlesungsmanuskripte erlaubte mir, im kantischen Werk Denken als öffentlichen Vorgang zu betrachten, das Denken des Publikums in den Lehrvortrag einzubeziehen. Gerhard Lehmann, der Herausgeber von Kants Vorlesungen, schreibt dazu: »Es ist klar, dass die Vorlesungen für Kant von großer Bedeutung waren. Hat er doch von 1755 bis 1796 auf dem Katheder gestanden, für seine Vorlesungen mehr Zeit und Kraft aufgewandt als für seine Druckschriften (zu welchen er eben einen Teil der Vorlesungsmanuskripte benutzte). Besteht doch der handschriftliche Nachlass XIV–XVIII, vom *Opus Postumum* abgesehen, wesentlich aus Vorlesungsnotizen, sei es in Form von Reflexionen in den Kompendien, die er benutzte, sei es in Form von losen Blättern, die er einlegte bzw. im freien Vortrag verwandte. Auch sind es recht eigentlich die Vorlesungen, von denen seine unmittelbare Wirkung ausging; man braucht dann nur an Herders berühmte Worte über Kant zu erinnern. In den *Humanitätsbriefen* Herders heißt es: ›Ich habe das Glück gehabt, einen Philosophen zu kennen, der mein Lehrer war – Er munterte auf und zwang angenehm zum Selbstdenken. Dieser Mann, den ich mit größter Dankbarkeit und Hochachtung nenne, ist Kant.‹ So ist es kein Zufall, dass Kant bald das Bedürfnis verspürte, Vorlesungsnachschriften seiner Hörer zu erlangen, teils zum Gebrauche anderer, teils auch wohl zum eigenen Gebrauche.«[71]

Wie seine zeitgenössischen Biographen berichten, legte Kant besonderen Wert darauf, die Materialien für seine Vorlesungen so vorzubereiten, dass er die Erkenntniszusammenhänge im lebendigen mündlichen Vortrag entfalten konnte. Täglich um fünf ließ er sich wecken, um sieben Uhr begann er die ersten Vorlesungen. Im freien Vortrag fügten sich seine Materialien zu einer einheitlichen Darstellungsform zusammen. Wie aus Briefen von Zeitgenossen erkennbar ist, überstieg der Einfluss Kants als akademischer Lehrer zunächst bei Weitem die Wirksamkeit seiner Schriften, die ja relativ spät entstanden. 1781, als die *Kritik der reinen Vernunft* erschien, war Kant bereits in einem Alter, in dem die meisten seiner Zeitgenossen den Höhepunkt ihrer Wirksamkeit längst überschritten hatten. »Der Lernende ist wichtiger als die Lehre«,[71] diesen Satz Bertolt Brechts könnte man gut auf dieses Missverhältnis zwischen Kants Lehrtätigkeit und seiner Buchproduktion anwenden. Seine zwischen sieben und zwölf Uhr stattfindenden Vorlesungen müssen von einer so lebendigen und nachdrücklichen Intensität gewesen sein, dass die Nachschriften immer größere Verbreitung fanden. Kant selbst hat wohl im Laufe der Jahre die praktischen Vorteile dieser Nachschriften von Schülern erkannt und bat verschiedene Schüler oder auch bürgerliche Amtspersonen um Einblick in deren Notizen.

Im Allgemeinen waren es etwa achtzig Schüler, vor denen Kant seine Gedanken entfaltete – wegen der Bücherknappheit stets auf einen vorgegebenen Text bezogen. Kant stützte sich auf bereits veröffentlichte Texte, allerdings hat er, wie Beobachter berichten, Passagen dieser Texte vorgelesen, gleichzeitig aber die eigenen kritischen Gedanken mit ins Spiel gebracht. Kant betrachtete diese *Vorlesungen als eine Art Experimentierfeld von Fragen und probeweisen Antworten*. Über fünfzig Varianten im handschriftlichen Nachlass und in den Vorlesungen gibt es, die einen zentralen Punkt seiner Philosophie später bestimmen: *Wie sind synthetische Urteile a priori möglich?* Er betrachtete seine Lehrtätigkeit, die er sehr ernst nahm und auch gründlich vorbereitete, als ein begriffliches und erkenntnistheoretisches Experimentierfeld. Die vorhandenen und bekannten Lehrbücher, die er zugrunde legte, wenn er seine eigenen Gedanken entwickelte, verschafften ihm einen halböffentlichen Experimentierspielraum.

Da es ihm *um das Philosophieren, nicht um die Philosophie zu tun war*, stand der Prozess im Vordergrund seines Denkens und nicht das Resultat. Es ist charakteristisch für Kant, dass es eine programmatische Formulierung über Philosophie und Philosophieren in den offiziellen Schriften nicht gibt, aber in den *Vorlesungen über Metaphysik*. Philosophie sei ein hoher Name, sagt Kant, wo sie aber nur nach Schulbegriffen abgehandelt werde, verfehle sie den Zweck ihrer Existenz: »Wie kann man Philosophie lernen? Man leitet entweder die philosophischen Erkenntnisse aus den ersten Quellen der Erzeugung derselben her, d. i. aus den Prinzipien der Vernunft, oder man lernt sie von denen, die philosophiert haben. Der leichteste Weg ist der letztere, das ist aber eigentlich nicht Philosophie. Gesetzt es gäbe eine wahre Philosophie; man lernte sie: so hätte man doch nur eine historische Erkenntnis. Ein Philosoph muss *philosophieren* können und dazu muss man nicht Philosophie lernen; sonst kann man nichts beurteilen.«[72]

### Philosophieren, nicht Philosophie lernen – darauf kommt es an

Was ich hier über Kant gesagt habe, ist nicht neu; neu ist nur, dass ich bei meiner autobiographischen Spurensuche – fern jeder sonstigen Vergleichbarkeit – Ähnlichkeiten in der Wahrnehmung öffentlicher Lehrtätigkeit feststellte. Was fasziniert mich so an dieser Rückblende? Es waren ganz andere Zeiten.

Eine festgefügte Ordnung wurde durch Kants Lebensstil zusätzlich zementiert. Hin und wieder fragte er vor Gästen seinen Diener Lampe: »Hat er mich je um fünf Uhr zweimal wecken müssen?« Und das klare »Nein, Herr Professor« klang wie programmiert. In den zwei Stunden zwischen fünf und sieben vollzog sich ein bemerkenswerter Wandel im Lebensstil Kants. Glaubt man den Berichten der Weggenossen aus der frühen Zeit, wurde aus einem schier vertrockneten Menschen einer, der immer größere Anziehungskraft auf Menschen ausübte, die nicht die Alltagsdürre haben wollten, sondern Phantasie im Umgang mit Wissen. *Philosophieren wollten sie, nicht Philosophie sich aneignen.* Ihre Urteilskraft, ihr Weltverständnis wollten sie entwickeln. Erst bei meiner autobiographischen Spurensuche wurde mir klar, dass ich als akademischer Lehrer – ohne mir dessen bewusst zu sein und ohne mich darüber hinaus mit ihm vergleichen zu wollen – manches ähnlich wie Kant gemacht habe.

Wie Kant sein Ansehen zunächst als akademischer Lehrer, nicht als Bücher produzierender Philosoph entwickelte, so war auch mein Selbstverständnis vom tätigen Einfluss auf Menschen mit dem kontinuierlichen Angebot von zwei Großvorlesungen pro Semesterwoche verknüpft. Wenn aus irgendwelchen Gründen Lehrveranstaltungen abgesagt werden mussten, fiel es mir am schwersten, auf Vorlesungen zu verzichten. Meine akademische Lehrtätigkeit rückte immer stärker ins Zentrum meiner Lebenstätigkeit und auch meiner Wirksamkeit. (Vielleicht ist das auch einer der entscheidenden Gründe, warum ich mich entschieden gewehrt habe, eine Autobiographie zu verfassen.)

Mir wurde immer deutlicher bewusst, dass die akademische Lehrtätigkeit – zumal die eines unkündbaren Professors – mit zentralen ethischen Anforderungen verknüpft ist. Freiheit von Forschung und Lehre bedeutet auch, sich verpflichtet zu fühlen gegenüber einem Gemeinwesen, dessen Zusammenhalt bedroht ist. Zu meiner Rolle als politischer Intellektueller gehörte immer ein *Selbstverpflichtungskatalog*, der das Wohl und Wehe des Gemeinwesens zum Inhalt hat. Meine Fluchterfahrungen als Kind und Heranwachsender saßen mir so tief in den Knochen, dass ich gar nicht anders denken konnte als in Kategorien, welche die menschliche Gestaltung der Gesellschaft betrafen. Es bestimmte daher entscheidend meine Lebenslinie, Wege und Auswege zu suchen und zu finden, durch aktive Eingriffe in die bestehenden Verhältnisse das scheinbar Unvermeidliche gar nicht erst aufkommen zu lassen. Die vielfältigen Suchbewegungen, die ein ausgeprägtes Sicherheitsdenken signalisieren, sind immer auch verknüpft mit der näheren Bestimmung dessen, was an Charaktereigenschaften den politischen Intellektuellen ausmacht.

In der akademischen Welt der Gremien, Kommissionen und Ausschüsse fühlte ich mich dagegen nie wirklich zu Hause. Durch diese Welt bin ich marschiert, ohne auf große Hindernisse zu stoßen; ich habe mich in der Rolle des Friedensrichters wohlgefühlt, ohne je Ämter übernommen zu haben, weder Dekanate noch den Vorsitz von Kommissionen. Autorität und Ansehen sicherten mir Entscheidungshilfe in Studien- und Verwaltungsangelegenheiten. Das war für mich ausreichend. Alles Weitere erschien mir als Zeitraub an meiner ausführlichen Vorlesungstätigkeit, die ich bis zur Emeritierung gerne gemacht habe.

## Die Bedeutung der Lehre – Gespräch mit Christine Morgenroth vom 31. Oktober 2017

Christine: *Du blickst auf eine profunde Erfahrung als Lehrender zurück. Immerhin hast du 41 Jahre lang in Hannover eine C4-Stelle als Hochschullehrer, als hoch angesehener Professor, eingenommen. Dem gingen Jahre in Frankfurt und Heidelberg voraus, in denen du auch schon in der Lehre tätig warst. Unlängst erzählte ein Kollege, der bei dir studiert hat, voller Bewunderung, aber auch mit einer gewissen Irritation: »Der Oskar, der kann ja druckreif reden. Aber es ist doch eigenartig: Er ist der einzige Vortragende, den ich kenne, der reinkommt und ohne Begrüßung seinen ersten Gedanken entwickelt.« Kannst du dich daran erinnern?*

Oskar: Meines Erachtens habe ich die Zuhörer mit »Meine Damen und Herren« begrüßt; das ist auch in den Protokollen hörbar. Aber es ist richtig, dass ich mit meinen Werkzeugen in den Vorlesungen aufgetaucht bin, das heißt mit Büchern oder Texten, über die ich reden wollte. Es kann sein, dass im Auditorium anfangs noch eine unruhige Atmosphäre herrschte, sodass meine Begrüßung nicht zu hören war.

Christine: *Aber vielleicht hat es ja, auch wenn es eine Fehlerinnerung des Kollegen ist, dennoch eine Bedeutung, dass dieser kluge Mensch, der selbst Vorträge hält, das so erinnert. Für mich scheint es plastisch zu zeigen, was vielleicht deine Lehre auch ausmacht: die ungeheure Intensität deines Vortrags. Da geht es nicht um Höflichkeiten oder die Einhaltung bestimmter Formen, sondern es geht um den Gedanken, den du entwickelst. Demgegenüber scheint vielleicht in der Erinnerung mancher Menschen alles andere sekundär oder gar nicht existent zu sein.*

Oskar: Ja, das kann sein.

Christine: *Es geht also um die Entwicklung von Gedanken, die du mit einer großen Intensität vorträgst, um nicht zu sagen: mit Massenwirksamkeit. Du hast Vorlesungen gehalten, die ich selbst miterlebt habe, an zwei aufeinanderfolgenden Tagen in der Woche je anderthalb Stunden – das waren gesellschaftliche Ereignisse, zumindest in der linken Szene und Öffentlichkeit. Wie hast du das denn erlebt, wenn du in den Hörsaal kamst und dann saßen da mindestens dreihundert oder vierhundert Menschen?*

Oskar: Ich muss sagen, dass für mich jede einzelne Vorlesung ein Ereignis gewesen ist. Ich habe mich auf diese Vorlesung gefreut, habe sie intensiv vorbereitet mit den Textstellen, die ich behandeln wollte. Ich trug aber nicht einen vorformulierten Text vor. Ich glaube, die Attraktivität meiner Vorlesungen bestand darin, dass ich eben nicht vorformulierte Sachen gesagt habe, sondern etwas vorgetragen habe, das gleichzeitig den Prozess des Denkens für die Zuhörer sichtbar machte. Das bedeutet, dass die Materialverarbeitung sehr intensiv gewesen ist.

Christine: *Deine Studierenden konnten dir gewissermaßen beim Denken zuhören und zusehen ...*

Oskar: Ja.

Christine: ... *sodass die Vorlesung eine Form des öffentlichen Denkens und des öffentlichen Redens gewesen ist.*

Oskar: Ja. Der Unterschied zur öffentlichen Rede ist, dass man eine Rede auswendig kennt und mitteilt. Meine Vorlesungen hatten nicht nur diesen Mitteilungscharakter, sondern in dem Augenblick, in dem ich angefangen habe zu reden, ist das Publikum in den Denkprozess miteinbezogen gewesen.

Christine: *Du hast gehofft, dass das Publikum mitdenkt.*

Oskar: Ja. Und ich konnte davon ausgehen, dass das so ist. Es war daran erkennbar, dass die Aufmerksamkeit sofort, jedenfalls schnell einsetzte. Ich habe selten um Ruhe bitten müssen. Vielmehr herrschte immer ziemliche Stille, wenn ich im Prozess der Argumentation, der lebendigen Darstellung meiner Gedanken war – wenn man von Unterbrechungen wie Hundegebell oder Säuglingsweinen absieht.

Christine: *Du hast keinen vorformulierten Redetext gehabt, aber du hast dich an bestimmten inhaltlichen Fragestellungen orientiert, mit denen du dich intensiv auseinandergesetzt hast, insbesondere mit Texten einzelner Autoren. Du hast dich mit einem theoretischen Gegenstand beschäftigt.*

Oskar: Ja.

Christine: *Das ist die Vorbereitungsarbeit, sagst du. Das führt mich zur inhaltlichen Ausrichtung deiner Vorlesungen. Wie bist du zu den Themen gekommen? Ich erinnere mich an das Wintersemester 1971/72 – eine Großveranstaltung zum Thema »Klasse, Schicht, Gruppe«. Total voll, Hunderte von Menschen, die zuhörten. Da wurde deutlich: Hier geht es um soziale Zusammenhänge unter bestimmten Perspektiven. Da kann man sich auch die Theorien dazu vorstellen. Wie hast du die Themen ausgewählt? »Klasse, Schicht, Gruppe« ist ja etwas anderes als beispielsweise »Romantik«.*

Oskar: Na ja, das ist gar nicht so einfach zu beantworten. Die Zufallsrate war sehr groß – durch Anregungen von außen, über bestimmtes soziologisches Nachdenken etwas zu machen, also die Kategorien zu überprüfen.

Christine: *Begriffsgeschichte und Theoriegeschichte.*

Oskar: Sachverhalte, die sich mit den Strukturen der Gesellschaft beschäftigen. Ich bin natürlich bei meiner Theoriebildung auf bestimmte Entwicklungen von Kategorien, Erkenntnistheorien durch die Frankfurter Schule aufmerksam gemacht worden. Das heißt, meine Sichtweise war schon durch die Aufmerksamkeit, die die Frankfurter Schule auf bestimmte Dinge gerichtet hat, geprägt. Mit anderen Worten: Es war der Versuch, eine Erweiterung der Kritischen Theorie der Frankfurter Schule auch als Lehrstück weiterzuverfolgen.

Christine: *Das bedeutet, dass du also das, was du selbst als junger Student gelernt hast, in gewisser Weise weiterentwickelt hast –*

*und zwar in Form und Inhalt gleichermaßen. Du hast dich als jemand verstanden, der die Kritische Theorie der Frankfurter Schule fortdenkt.*

Oskar: Ja; das hatte für mich seit der Heidelberger Zeit Bedeutung. Dort war ich verpflichtet, kleine Gruppen in meinen Lehrbetrieb einzubeziehen, das war mir immer zu eng. Ich habe schon in Heidelberg davon geträumt, Großvorlesungen zu machen.

Christine: *Dort durften Großvorlesungen nur Gadamer und Habermas halten.*

Oskar: Ja, das Privileg hatten die Ordinarien, was mich schon ärgerte. Ich durfte nur Seminare veranstalten.

Christine: *Waren die Themen in Heidelberg vorgegeben?*

Oskar: Nein, aber in Arbeitsbesprechungen, die Gadamer veranstaltete, wurde überprüft, ob das Angebot dem Anspruch genügt. Das war ein großes Ärgernis in Heidelberg, dass ich von Gadamer mit der Bemerkung konfrontiert wurde: »Ihr Text gehört nicht zum philosophischen Kanon.«

Christine: *Welcher Text war das?*

Oskar: Das war ein Text von Fichte, *Grundzüge des gegenwärtigen Zeitalters*, in dem er den Versuch macht, die Französische Revolution philosophisch zu verarbeiten. Das war nicht auf dem Niveau seiner Wissenschaftslehre.

Christine: *Was hat dich daran interessiert?*

Oskar: Ich war dabei, die Philosophie Fichtes aufzuarbeiten. Sie interessierte mich, weil ich den folgenden Satz von Fichte interessant fand: »Was für eine Philosophie man wähle, hängt davon ab, was für ein Mensch man ist.« Wenn jemand so formuliert, dachte ich, müsste man mal untersuchen, was für ein Mensch er selbst ist. Das war die Ausgangslage. Das wollte ich an diesem Text einmal überprüfen. Damit ich das als Lehrveranstaltung ankündigen durfte, musste Habermas intervenieren. Das war ein großes Ärgernis. Seitdem habe ich Vorbehalte ... Nein, man kann nicht sagen »seitdem«. Ich habe eigentlich immer Vorbehalte gehabt gegenüber der Lernintensität von Kleingruppen. Die Lernintensität in Form der Öffentlichkeit hat für mich eine große Bedeutung.

Christine: *In Heidelberg musstest du den Fichte-Text legitimieren. War das danach in Frankfurt auch noch so? Musstest du dich dort auch noch ärgern, weil du in der Wahl deiner Themen nicht frei warst?*

Oskar: Nein, da war die Universität größer und die Kontrolle geringer. Als ich wieder nach Frankfurt zurückkam, machte ich zunächst kleine Angebote und erst 1967 füllten sich die größeren Hörsäle mit Studierenden, was für mich wie ein Akt der Befreiung war.

Christine: *Danach hattest du an der nicht wirklich bedeutenden Universität Hannover, damals noch Technische Hochschule, gänzliche Freiheit. Als C4-Professor konntest du dann machen, was du wolltest.*

Oskar: Ja.

Christine: *In Hannover hattest du alle Freiheiten. Wie bist du zu den theoretischen Gegenständen deiner Vorlesungsreihen gekommen? Wir waren vorhin schon einmal an diesem Punkt.*

Oskar: »Philosophie und Gesellschaft« ist zum Beispiel eine Reihe gewesen. Ich wollte das Problem der normativen Seite im Verfügungswissen nie aus dem Blick verlieren, denn ich war ja mit einigem Gepäck an diesen Dingen und der Kritik aus der Ausbildungsphase gekommen.

Christine: *Was meinst du damit genau?*

Oskar: Zum Beispiel die Dialektik an den Texten von Horkheimer und Adorno zu erörtern – das war ein Punkt. Dialektik war hier in Hannover nicht unbekannt, aber es hat keiner darüber eine Vorlesung gemacht. Ich war darauf bedacht, die Frage »Sein und Sollen« zu thematisieren, also nicht eine Spaltung – gesellschaftliches Sein und dann kommen die Normen –, sondern die normative Ausstattung der Wirklichkeit zu erörtern, dass kein Ding nur faktisch ist, sondern Seiten hat, die anders sein könnten. Das war ein früher Gesichtspunkt bei der Auswahl der Themen.

Christine: *Die Gegenkräfte, die Gegenöffentlichkeit, wie du das zusammen mit Kluge genannt hast – womit ihr über Habermas weit hinausgeht. Die Gegenkräfte mit in den Blick zu nehmen, war, wenn ich das jetzt einmal vereinfacht sagen darf, eines deiner zentralen Interessen.*

Oskar: Ja.

Christine: *Man kann einen Grundgedanken oder eine Grundintention auf die eine oder andere Art und Weise verwirklichen. Ich springe jetzt mal in ein anderes Gebiet, das hier eigentlich nicht Gegenstand ist. Schon in den 1960er Jahren hattest du das »exemplarische Lernen« in Bezug auf die Arbeiterbildung entwickelt. Hattest du später ein didaktisches Konzept für die Universität? Gab es da Parallelen?*

Oskar: Das ist nicht der Fall. Ich habe das so von Fall zu Fall organisiert. Dass ich zum Beispiel eine Romantikvorlesung gemacht habe, hat zunächst viele Zuhörer irritiert. Da spielte eine Rolle, dass ich Gebiete behandeln wollte, die im allgemeinen akademischen Betrieb unter arbeitsteiligen Gesichtspunkten abgehandelt werden.

Christine: *Die Romantik gehört zur Germanistik. Das hast du nicht gemacht, um die Germanisten zu ärgern?*

Oskar: Nein, ich wollte sie einbeziehen mit Überlegungen, die mit der Gesellschaft zu tun haben.

Christine: *Man kann also nicht sagen, dass du das exemplarische Prinzip im akademischen Lehrbetrieb verfolgt hast, dass du dir vorgestellt hast: Wenn ich eine Romantikvorlesung anbiete, dann sollen die Zuhörenden das und das beispielhaft erarbeiten. Das ist jetzt interessant! Ist denn nicht die Arbeiter- oder allgemeiner die Erwachsenenbildung eigentlich gar nicht so verschieden vom akademischen Lehrbetrieb – insofern als jeder im individuellen Lernprozess etwas lernen soll?*

Oskar: Die Vorstellungsvorlesung vor der Berufung, die du wahrscheinlich nicht gehört hast, bezog sich auf das exemplarische Lernen. Ich habe diese Frage der exemplarischen Einsicht danach selten behandelt.

Christine: *Aber es kann sein, dass sie in deinem Kopf eine Rolle gespielt hat.*

Oskar: In meinem Kopf hat eine Rolle gespielt, an bestimmten Konfliktpunkten Wissen zu produzieren, das die Urteilsfähigkeit des Zuhörers schärft. Das ist ein didaktisches Prinzip gewesen, weshalb die Vorlesung immer auch eine Form der Vereinfachung ist. Die Komplikationen und umschweifenden Argumentationen auf einen Kernpunkt bringen, an dem das zusammenläuft und verknotet ist – und entknotet werden muss.

Christine: *Entknotung und Entwirrung wäre ein Ziel. Du sagst, dass du keine Hochschuldidaktik für dich entwickelt hast, aber du hast ein Ziel verfolgt, nämlich die Schärfung der Urteilsfähigkeit deiner Zuhörer über den Weg der Konkretisierung und Entwirrung von Argumentationen.*

Oskar: Ganz genau. Das bedeutet aber auch, dass meine Haltung sehr stark von der Ablehnung bloßer Belehrung geprägt war.

Christine: *Wenn du Belehrung ablehnst, könnte man ja sagen, die Zuhörer an deinem eigenem Denkprozess teilnehmen zu lassen, ist eine besondere Form der Teilhabe – nicht unbedingt im demokratischen Sinn, aber dennoch Teilhabe in dem Sinn, dass du öffentlich machst, wie sich deine Denkprozesse in den*

*Veranstaltungen vollziehen. Das ist ja auch riskant. Wenn ich ein fertiges Vorlesungsmanuskript habe, dann habe ich darüber lange nachgedacht, habe Satz für Satz bedacht, ausformuliert. So hast du ja nicht gearbeitet, sondern du hast frei extemporiert und deine Gedanken dann weiterentwickelt. Hast du nie Angst gehabt, den Faden zu verlieren? Oder auch Scham, dass du einen bisher ungedachten Gedanken jetzt ungeschützt präsentierst?*

Oskar: Nein, ich habe nie Angst gehabt, nicht zum Ausgangspunkt zurückzufinden. Das sind didaktische Überlegungen, die ich sehr wohl angestellt habe, auch bei öffentlichen Reden: Habe ich einen Anfang, zu dem ich am Ende der Rede zurückkehren kann? Es gab immer den Versuch, am Schluss den Anfang der Sache wieder miteinzubeziehen. »Womit beginnen?«, diese Hegel'sche Frage, die ich auch in Vorlesungen erwähnt habe, war mir immer präsent – die Sorge, dass man sich nicht verheddert. Insofern spielt Didaktik eine Rolle. Entflechten, Entwirren ist aber der wesentliche Gesichtspunkt.

Christine: *Einen Beitrag zu leisten, damit die Zuhörenden ihre Gedanken an bestimmten Gegenständen der Soziologie und der Philosophie klären können – dazu gehört dann auch die kritische Wendung gegenüber den Gegenständen.*

Oskar: Vor allem habe ich den Gedanken aufgenommen, den Adorno entwickelt hat: dass die arbeitsteilige Aufteilung der Welt nicht sinnvoll ist. Das heißt, dass die Aufteilung der Welt in Disziplinen nicht hinreicht, dass das soziologische Element nicht nur in der Soziologie abgehandelt wird, sondern zum Beispiel an einem Eichendorff'schen Gedicht entwickelt werden kann. Dass durch Vertiefung in den einzelnen Text die gesellschaftliche Welt darin erkennbar wird.

Christine: *Gehen wir von den Inhalten und Gegenständen etwas weg. Du hast deine Vorlesungen immer so organisiert, dass sie an zwei aufeinanderfolgenden Tagen stattfanden. Und es waren große Vorlesungen, Hunderte von Menschen saßen da. Es gab einen Präsentationsteil, an dem die Zuhörenden teilhaben durften, und dann gab es Zeit für Fragen und Diskussionen. Was war denn für dich lustvoller: der Vortrag oder die Diskussion?*

Oskar: Im Grunde der Vortrag, weil es für mich sehr befriedigend war, Zusammenhänge aufzuzeigen. Deshalb war ich auch nicht begeistert, wenn ich unterbrochen wurde.

Christine: *Das hast du ausgesprochen gerügt.*

Oskar: Diskussionsrunde ja, aber nicht ständiges Dazwischenfragen.

Christine: *Für dich war der Vortragsteil befriedigender. Aber dennoch spielten die Fragen in der zweiten Hälfte der Veranstaltung eine große Rolle. Die hast du immer sehr sachlich und interessiert aufgenommen und verfolgt. Kannst du dich an Fragen erinnern, die dich aus der Fassung gebracht haben oder die besonders ärgerlich oder besonders blöd waren?*

Oskar: Es gab so einige. Es hing eher vom Redner ab. Es waren einige in den Vorlesungen ...

Christine: ... *die lieber selber reden wollten ...*

Oskar: ... oder jedenfalls Fragen stellten, von denen sie meinten, es seien allgemeine Fragen. Ich weiß, dass die Auseinandersetzungen im Zusammenhang mit der RAF sehr intensiv gewesen sind, es gab auch ärgerliche Fragen – dieses Solidaritätsargument, die Einforderung von Solidarität. Das war ärgerlich und ist von mir auch sehr strikt beantwortet worden.

Christine: *Du kannst dich nicht an etwas erinnern, was dich aus der Fassung gebracht hat?*

Oskar: Nein. – Es ist klar, dass diese Atmosphäre von Öffentlichkeit für mich wichtig war, weil sie einen hohen Grad von

Aufmerksamkeit hatte. Die Ruhe, die einkehrte, wenn ich konzentriert geredet habe, war für mich wiederum rückkoppelungsfähig. Sie hat auch meine Argumente gestärkt. Ich war sehr darauf bedacht, dass Kontakt zwischen dem Publikum und mir besteht.

Christine: *Da könnte man jetzt noch einmal fragen: Was war so wichtig an der Großveranstaltung? Deine Aussage, die du nur in einem Nebensatz getroffen hast, du hättest die Lernintensität von Kleingruppen immer angezweifelt – diese Aussage widerspricht allen Lerntheorien und allem, was man über Lernprozesse und die Lernintensität bei den Adressaten weiß. Die kleine Form ist immer die intensivere. Da scheinst du eine Ausnahme zu sein – wie vielleicht andere große Redner oder Rhetoriker auch. Du hast aus dem öffentlichen Denken im Hörsaal ein Ereignis gemacht, das auch für die Zuhörenden Erfahrungswert hatte. Wir sind dem noch nicht ganz auf die Spur gekommen, warum das so war; vielleicht weil es für dich so intensiv war, weil du unbefangen – man könnte fast sagen: naiv –, ohne Scham und ohne Eitelkeit deinen Kopf aufgemacht hast, um Menschen an deinen eigenen Denkprozessen teilhaben zu lassen – ungeschützt, wenn man so will. Das ist natürlich auch eine ganz besondere Form der Lehre. Wenn wir deren Bedeutung für dich, nicht für die Zuhörenden, sehen, dann sagst du: Wenn dich fünfhundert Menschen ansehen und dir gebannt zuhören, hat das eine starke anfeuernde Wirkung auf dein Denken.*

Oskar: Ja.

Christine: *Es ist also etwas Wechselseitiges. Da ist ein Auditorium von fünfhundert anregender als eines von fünfzig Zuhörern, von fünf gar nicht zu reden. Da hättest du gar nicht erst angefangen zu sprechen.*

Oskar: Ich erinnere mich an eine Kundgebung zum 1. Mai in Düsseldorf, bei der Jürgen Rüttgers sprach, und ich fürchtete, nicht mehr zu Wort zu kommen. Die Leute hatten begonnen, den Platz zu verlassen. Ich war der letzte Redner und habe etwas über Kant erzählt. Im Grunde hielt ich eine Kant-Vorlesung – und die Leute kamen zurück. Das lässt sich nur herstellen, wenn Überzeugung in den Worten liegt. Das ist ein Gegenseitiges.

Christine: *Ein Prozess der Gegenseitigkeit, bei dem noch nicht ganz genau zu verstehen ist, worin er besteht. Da wir nicht wissen, was mit den Zuhörenden ist, können wir uns nur auf dich konzentrieren und darauf, was ein großes Auditorium mit dir macht. Für dich hatte es schon eine Bedeutung: Je größer das Auditorium, ...*

Oskar: ... desto besser fühlte ich mich.

Christine: *Desto besser bist du auch gewesen. Das hat dich nicht eingeschüchtert.*

Oskar: Das hat mich nicht eingeschüchtert. Dabei spielt Erfahrung eine Rolle. Ich habe die Erfahrung gemacht, wenn ich vor einer vollen Aula, vor einem großen Publikum spreche, läuft das besser.

Christine: *Hast du dich einmal gefragt, woran das liegt?*

Oskar: Nein.

Christine: *Kritiker könnten einwenden, dass das der pure Narzissmus oder Eitelkeit ist. Vielleicht hat dich auch der Stolz angefeuert, dass so viele dich hören wollen.*

Oskar: Das reicht nicht aus. Es muss etwas Inhaltliches sein, diese zwei Stunden müssen gefüllt sein durch eine Art des Denkens, die das Publikum bindet. Ich muss auch etwas liefern. Ich muss etwas anbieten. Wenn das misslingt, was auch der Fall sein kann, habe ich das nie verheimlicht. Es gab misslungene Veranstaltungen, auch solche, bei denen ich das so empfand, während die Zuhörer das nicht so sahen. Die Einschätzung kann unterschiedlich sein. Ich bin da durchaus selbstkritisch – und nicht alle meine Veranstaltungen sind gelungen.

Christine: *Es ist ja wirklich nicht selbstverständlich, dass ein Bauernjunge aus Kapkeim keine Angst vor einem großen Publikum hat – und schon gar nicht, wenn es um Wissenschaft und Wissenschaftsvermittlung, um Lehre geht, und nicht nur um eine leidenschaftliche Rede. Du erklärst glaubhaft, dass es dich nicht einschüchtert und dass es auch nicht die pure Eitelkeit ist, sondern irgendetwas, was sich zwischen dir und dem Publikum entwickelt. Aber das Leben als Hochschullehrer schließt ja nicht nur die öffentliche Lehre, das öffentliche Denken in der Lehrveranstaltung ein, sondern es gibt auch Bürokratie und Verwaltung in der Universität; die Formen der Teilhabe und der Mitbestimmung sind zahlreich. Meines Wissens hast du dich nicht um solche Posten wie den des Dekans oder den Fakultätsvorsitz gerissen …*

Oskar: Der Posten des Rektors ist mir mal …

Christine: *… angeboten worden?*

Oskar: Ja.

Christine: *Hast du nie gemacht.*

Oskar: Nein.

Christine: *Warum nicht?*

Oskar: Ich habe meine Stärken und Schwächen relativ früh erkannt. Meine Stärke liegt darin, bestimmte Zusammenhänge zu entwickeln. Das exemplarische Lernen war ja zum Beispiel eine Anregung durch die Oberurseler Zeit, als ich als Assistent an der DGB-Bundesschule arbeitete und sah: Was man hier anbietet, das sind keine Lernprozesse, das ist Betrug an den Betriebsräten, die hierher kommen und etwas lernen wollen … Allmählich hat sich aus der Idee des Exemplarischen, die ja nicht ursprünglich von mir stammt, ein ganzes Geflecht von Ansätzen in der Erwachsenenbildung entwickelt. Das habe ich nicht selbst organisiert, das hat die IG Metall organisiert. In dem geschützten Rahmen dieser Organisation haben Leute, die ich schätzte, die Papiere organisiert. An der Universität Hannover habe ich gesehen, dass es eine ganze Reihe von Leuten gibt, die Organisations- und Verwaltungsaufgaben schlicht besser beherrschen als ich. Ich habe natürlich auch Leute gesucht, die das besser können als ich.

Christine: *Zum Beispiel Dekan sein.*

Oskar: Ja. Es gab es einzelne Vertreter, die das gerne machten. Ich habe daran nie Interesse gehabt. Libidinös war die Besetzung, wenn ich in der Fakultät argumentiert habe und Leute sagten: Jawohl, wir machen das so.

Christine: *Dann hattest du wieder diesen ähnlichen Effekt wie in den Vorlesungen: dass du große Aufmerksamkeit erzeugst, wenn du etwas sagst – und Folgebereitschaft.*

Oskar: Eines Tages kam einer von den Berufspädagogen, der politisch auf der anderen Ecke stand, auf mich zu und klopfte mir auf die Schulter: »Das muss ich Ihnen sagen, Sie sind der Einzige in der Fakultät, der druckreif reden kann.« Das ist eine Form der Anerkennung – wie selbst die Formel des konservativen Philosophen Grau: Er nannte mich, wenn er von mir sprach, immer nur »der Großordinarius«.

Christine: *So hast du dich ja auch gesehen. Zusammenfassend heißt das: Du warst dir nicht zu schade für solche Ämter, sondern du hast gemerkt, dass das ein Bereich ist, in dem du nicht wirklich gut bist.*

Oskar: Ja, so sehe ich diese Ämterverweigerung. Ich hatte gegenüber diesen Tätigkeiten keine Verachtung.

Christine: *Mir ist nicht ganz klar, ob das andere auch so gesehen haben und ob du das so kommuniziert hat. Rückblickend kannst du deutlich feststellen, dass das nicht dein Ding war und dass du das nicht gut kannst. Was kannst du gut? Was war dein Ding in der Hochschule?*

Oskar: Dass ich zum Beispiel hochschulpolitisch die verschiedenen Positionen wahrgenommen und dann einen Vorschlag gemacht habe. Es waren immer von allen Fraktionen akzeptierte Lösungen. Da bildete sich eine eigene Kompetenz aus.

Christine: *In der Schule würde man das heute Konfliktlotse nennen.*

Oskar: Diese Rolle des Friedensrichters habe ich zur Zufriedenheit aller gespielt.

Christine: *Du hast eine moralische Autorität besessen, die auch vom politischen Gegner anerkannt war.*

Oskar: Ja. Insofern musste ich nicht noch formell arbeiten. Im Gegenteil, das hätte meine Kompetenz infrage gestellt, weil man dann einseitig entscheiden muss.

Christine: *Man muss dann Verantwortung für Entscheidungen übernehmen, die Menschen vielleicht wehtun oder nicht gefallen, und hat Konflikte im Alltagsgeschäft. Dem bist du so auch ein Stück aus dem Weg gegangen. Bist du als moralische Autorität eigentlich immer anerkannt gewesen? Du hast vom politischen Gegner berichtet. Gab es so etwas wie Neid, Missgunst unter Kollegen? Wenn da jemand mit achtzig Studenten sitzt und du mit fünfhundert, da könnte man ja annehmen, der andere könnte betrübt oder neidisch sein.*

Oskar: Ich persönlich hatte das Gefühl, dass ich über der Grenze bin. Dass keiner mit mir konkurriert. Ich hatte das Gefühl, außer Konkurrenz zu stehen. Diese Vorlesungen, die sind für mich so etwas wie die Substanz meines akademischen Lebens. Das habe ich gerne gemacht. Ich bin mit einem positiven Gefühl in eine Vorlesung gegangen, mit Freude auf die nächste Vorlesung.

Christine: *Eine letzte Frage: Hast du dich jemals verbrannt wäh-*

*rend der Vorlesungen? Du bist stets mit qualmender Pfeife reingekommen, die hast du eigentlich immer Mund gehabt, bis du ganz aufgehört hast zu rauchen. Dampfend wie ein Vulkan, klein und untersetzt und entschiedenen Schrittes bist in den Vorlesungssaal gekommen und hast die qualmende Pfeife neben dich auf das Pult gelegt. Das war so ein Riesending von Pfeife. Die dampfte dann vor sich hin und langsam ging sie aus, denn weitergeraucht hast du während der Vorlesungen nicht. Das war noch einigermaßen ungefährlich. Manchmal hast du die Pfeife aber auch in die Tasche gesteckt. Da war dann nicht nur ich in Sorge, was sich jetzt wohl in deiner Tasche abspielt, wenn darin eine Pfeife glimmt. Es ist offenbar nichts Ernstes passiert, sonst würdest du dich erinnern.*

Oskar: Nein.

# EINGRIFFE – VERSUCHE, DIE WELT ZU VERBESSERN

## Theoretische Reflexion und praktische Veränderung

»Die Philosophen haben die Welt nur verschieden interpretiert; es kömmt drauf an, sie zu verändern«,[74] so lautet die elfte Feuerbach-These von Marx. Adorno hat sehr früh die Problematik benannt, die ihr innewohnt. Es ist hier ja nur von Veränderung der Welt die Rede – von einer Art *Praxismandat*. Die Philosophen sollen aufhören, ihre intellektuelle Energie zu verschwenden, indem sie fortwährend dieselben Gegenstände nur verschieden deuten, statt sie zu ändern. Die Richtung dieser Änderung lässt Marx offen. Zu vermuten ist jedoch, dass die Hauptgegner die idealistischen Konstrukteure eines Weltverständnisses sind, die sich der Schwerkraft der Verhältnisse entziehen. Das Verhältnis von Theorie und Praxis so zu handhaben, als wäre jede Form der Veränderung legitim oder auf jeden Fall höherrangig als irgendwelche Weltinterpretation, ist sicherlich eine Fehlinterpretation der elften Feuerbach-These. Gleichwohl ist die Frage berechtigt, welchen Anteil zusammenhängende Interpretationen der Welt an einer Praxis haben, die über die gegenwärtige Welt hinausgeht und zur Besserung der Lebensverhältnisse der Menschen beiträgt.

Adorno hat Recht, wenn er die elfte Feuerbach-These einbezieht in eine dialektische Wechselseitigkeit von Theorie und Praxis, bei der beides, theoretische Reflexion und praktische Veränderung, unter Gesichtspunkten der Emanzipationsgehalte überprüft werden müssen. Das Interpretationsverbot kann auch als ein Denkverbot verstanden werden. Wo alle Welt nach Veränderung schreit, ohne den Zusammenhang sichtbar zu machen, der die Linien zur Verbesserung der menschlichen Lebensverhältnisse bezeichnet, kann das Tätigwerden des Philosophen zusätzlich zur Verschleierung oder Zementierung der bestehenden Herrschaftsverhältnisse beitragen. Das berührt zentral auch mein Verständnis von den gesellschaftlichen Aufgaben der Universität als »Vorratskammer« und »öffentlichem Denkraum«, wie ich es im vorangegangenen Kapitel dargestellt habe.[75]

Im Sinne eines großen Bogens, der ein langes Leben versinnbildlicht, kann ich – neben meiner zentralen Tätigkeit an der Universität – von vier Arbeitsfeldern sprechen, die ich beackert habe und von denen ich Früchte einbringen konnte – Arbeitsfelder, auf denen ich versuchte, Theorie und Praxis im Sinne der Emanzipation zusammenzubringen und zu überprüfen. Zwei Arbeitsfelder fallen – wie die Universitätslehre – in den Bereich des Lernens und der Bildung. Der erste Acker ist der der gewerkschaftlichen Bildung und des exemplarischen Lernens. Das zweite Ackergelände war ein Schulversuch mit neuen Lernperspektiven – die Glockseeschule in Hannover. Die anderen beiden Arbeitsfelder organisieren sich um Erfahrung und Öffentlichkeit. Dazu gehörte mit dem Sozialistischen Büro der Vorschlag einer politischen Organisationsform des überfraktionellen Bewusstseins, eine Art politische Utopie. Schließlich fällt in diesen Bereich auch die philosophische Politikberatung, die sich aus einer Arbeitsgruppe um den damaligen Juso-Vorsitzenden Gerhard Schröder entwickelte und bis zu seiner Kanzlerschaft andauerte.[76]

## Gewerkschaftliche Bildungsarbeit – DGB-Bundesschule Oberursel

Als ich um 1960 den Assistentenvertrag an der DGB-Bundesschule mit dem Gewerkschaftsbund unterschrieben hatte[77], erschien mir die Verantwortung, die mir damit aufgebürdet wurde, etwas unheimlich. Auf welches Abenteuer hast du dich da eingelassen?, dachte ich. Wäre es nicht besser gewesen, die Unterschriftsvollmachten, die mir übertragen worden waren, im Einzelnen zu überprüfen? Zudem hatten sich gerade drei indische Gewerkschaftsfunktionäre angemeldet, die nach Deutschland gekommen war, um über den Zustand der gewerkschaftlichen Situation Auskunft zu bekommen! Allein das Sprachproblem bereitete mir Ängste. Doch mit jedem Satz, den wir austauschten, schwand die Angst; mein Englisch war nicht schlechter als das der indischen Funktionäre.

Nach den Prinzipien solidarischer Hilfe regulierte sich allmählich der Alltag in dieser gewerkschaftlichen Bildungsstätte, in der Lehrgänge für Betriebsräte und gewerkschaftliche Vertrauensleute angeboten wurden. Die Zeit in Oberursel bot mir reichhaltige Erfahrungen im praktischen Gebrauch der Theorie, die ich mir gerade anzueignen versuchte. Zwar verzögerte diese Assistententätigkeit noch einmal den ohnehin ungeliebten Abschluss des Studiums; aber diese konkrete Dialektik von Theorie und Praxis war durch die institutionelle Bindung von jedem Vorwurf des Eskapismus befreit. Täglich hatte ich, in kleinen Arbeitsgruppen oder in Einzelgesprächen, Anschauungsunterricht über Reichweite und Grenzen der theoretischen Spekulation. Die Oberurseler Erfahrungen haben mich vor dem Irrtum bewahrt, durch Substanzialisierung der Arbeiterklasse ein geschichtlich handlungsfähiges Subjekt herzustellen. Wer diesen Irrtum vermeiden will, muss sich in Gewerkschaftszusammenhängen auf die mühevolle Kärrnerarbeit gewerkschaftlicher Bildungsarbeit im umfassenden Sinn einlassen. Diese gesellschaftliche Bildung ist Voraussetzung für eine proletarische Öffentlichkeit, die Demokratie als Lebensform versteht.

Der Bogen war weit gespannt. Ausgangspunkt der reflektierten Praxis war die Arbeiterbildung. Hier hat es jahrzehntelang Streit über den richtigen Ansatz gegeben: ob die erfahrungsbasierte Linie verfolgt wird oder die systematische, von oben kommende Methode die angemessene Art ist, Urteilsfähigkeit zu stärken. Nimmt man, im Sinne Adornos, den mündigen Menschen als ein Bildungsziel, dann müssen entfremdete Bedürfnisse und Interessen nicht nur im Bildungsprozess einbezogen sein, sondern sie müssen auch bearbeitet werden. Die »Trichterpädagogik« hat sich nicht als geeignetes Mittel zur Emanzipation bewährt. Das war mir wichtig! Wahrheit als einen Prozess zu begreifen – nicht als »bacchantische[n] Taumel, an dem kein Glied nicht trunken ist«[78] (Hegel), sondern so, dass die Sollensseite erkennbar ist. Hegel benennt dieses Normative unmissverständlich: »Unter Wahrheit versteht man zunächst, dass ich wisse wie etwas ist. Dies ist jedoch die Wahrheit nur in Beziehung auf das Bewusstsein, oder die formelle Wahrheit, die bloße Richtigkeit. Dahingegen besteht die Wahrheit im tieferen Sinne darin, dass die Objektivität mit dem Begriff identisch ist. Dieser tiefere Sinn der Wahrheit ist es, um den es sich handelt, wenn zum Beispiel von einem wahren Staat oder einem wahren Kunstwerk die Rede ist. Diese Gegenstände sind wahr, wenn sie das sind, was sie sein sollen, d. h. wenn ihre Realität ihrem Begriff entspricht. So aufgefasst ist das Unwahre dasselbe, was sonst auch das Schlechte genannt wird.«[79]

Es wäre unredlich, bei der Suche nach einer dialektischen Balance zwischen Theorie und Praxis jenen Zusammenhang zu übersehen, der in der Beziehung zwischen IG Metall und

Studierenden des Instituts für Sozialforschung längst geprägt war, bevor ich mich 1957, in diesem für mich entscheidenden Semester, mit ganzer Leidenschaft in die Kritische Theorie eingearbeitet habe. Persönlichkeiten wie Werner Thönnessen, Olaf Radtke, Friedrich Franz Sackenheim, Jakob Moneta, Fritz Opel bildeten einen Brain Trust im Vorstandsgebäude der IG Metall, wie es ihn vorher und nachher nicht mehr gegeben hat. Was ich seit dieser Zeit, da ich mich intensiv mit den Schriften Horkheimers und Adornos befasste, unter marxistischer Denkweise verstand, verdankt sich dieser *Rückbindung der philosophischen Reflexion an Probleme der Arbeiterbewegung, die für mich in dieser Zeit durch die Gewerkschaften repräsentiert wurde.*

So ist alles, was ich später unter westlichem Marxismus verstand, durch diese doppelte Wahrnehmung geprägt. Die eigensinnige Theoriebildung, der sich der Intellektuelle verpflichtet fühlt, ist strukturell verknüpft mit der Beschäftigung mit konkreten didaktischen Fragestellungen der Arbeiterbildung.

### Eine besondere Assistenzzeit

Schon lange gab es enge Verbindungen zwischen dem SDS, der linken »Kaderorganisation«, wie er kritisch-anerkennend genannt wurde, und den Gewerkschaften, insbesondere der IG Metall. Es war ein glücklicher Umstand, dass der Buchhändler des DGB und der IG Metall Joseph Lang (genannt Jola) mich eines Tages, als ich in der Buchhandlung nach einen Buch von André Gorz suchte, ganz nebenbei fragte, ob ich nicht Lust hätte, als Assistent an der DGB-Schule in Oberursel zu arbeiten. Herbert Tulatz, der Leiter dieser Schule, sei ein sehr aufgeschlossener Mensch und suche ein SDS-Mitglied, das diese Assistenzstelle einnehmen könne. Ich überlegte nicht lange und sagte zu, unter der Bedingung, dass es sich nur um ein Jahr handle. Denn ich wollte ja noch das Studium abschließen. Als ich mich bei Tulatz vorstellte, bemerkte ich eine gewisse Unruhe, weil die Familie mit Packen beschäftigt war. Da fragte ich Tulatz: »Seid ihr beim Umzug?« »Umzug könnte man das auch nennen, aber wir ziehen um nach Afrika.« »Nach Afrika?« »Ja, hat dir Jola nicht gesagt, dass ich den Auftrag vom IBFG habe, die Gewerkschaften in Uganda und anderen afrikanischen Ländern aufzubauen?« »Nein«, sage ich, »und wie lange soll das dauern?« »Es ist noch nicht sicher wie lange, aber gewiss nicht nur ein Jahr.« »Und ich soll in dieser Zeit die Schule leiten? Ich habe doch keine Ahnung von Verwaltung und sonstigen Dingen.« »Du wirst das schon schaffen«, entgegnete er und verabschiedete mich mit der Begründung, er müsse noch packen. Ich war sehr verblüfft, dass es jemanden auf der Welt gibt, der mir zutraute, eine Gewerkschaftsschule zu leiten, ohne auch nur die geringste Vorbildung dafür zu haben. Ich übernahm also diese Stelle – und alle unterstützten mich, einschließlich des CDU-Mitglieds im DGB-Bundesvorstand Bernhard Tacke, der mir immer väterlich zuredete: »Es wird schon alles gut gehen.« Es ging gut, und es war eine sehr bestimmende Erfahrung, neue Formen der Arbeiterbildung zu entwickeln – Erfahrungen, die ich dann in *Soziologische Phantasie und exemplarisches Lernen*[80] verarbeitet habe.

Auf einem Hügel in Oberursel befanden sich *zwei* Gewerkschaftsschulen: eine DGB-Bildungsstätte, in der hauptsächlich Betriebsräte und Vertrauensleute geschult wurden, und eine Bundesjugendschule, von der ich schon einiges gehört hatte. Die Bundesjugendschule hatte schon in den 1950er Jahren von sich reden gemacht, weil auf ihrem Boden rebellische Funktionäre immer wieder über neue Konzeptionen der Bildungsarbeit nachgedacht und diese öffentlich gemacht hatten. Zu der Zeit, als ich Assistent des Schulleiters Herbert A. Tulatz war, gab es in der DGB-Bundesschule einen normalen, überwiegend arbeitsteilig organisierten Unterricht, während die Jugendschule immer aufs Neue Konzepte entwickelte, die viel stärker auf *politische Bildung* gerichtet waren. Einer der maßgeblichen Repräsentanten dieser Erneuerung gewerkschaftlicher Bildungsarbeit war Hinrich Oetjen. Ihm verdanke ich mannigfache Anregungen, die dann auch in meine Schriften zur gewerkschaftlichen Bildungsarbeit eingegangen sind.

Als ich meinen Dienst an der DGB-Bundesschule Oberursel antrat, war ich Student etwa im zehnten Semester der Studienfächer Philosophie und Soziologie. Verspätet hatte ich das Vordiplom in Soziologie absolviert, die Abschlussexamina hatte ich lange aufgeschoben. Beschäftigt war ich auch damit, *Latinum* und *Graecum* nachzuholen. Beide benötigte ich, wenn ich im akademischen Rahmen etwas werden wollte. In dieser Situation ergriff ich sofort die Chance, mit einer nützlichen Tätigkeit mein marxistisches Weltbild, das ich mir zurechtgezimmert hatte, mit praktischen Erfahrungen in der Arbeiterklasse zu befestigen oder zu korrigieren. Stolz saß ich in meiner kleinen Mansarde und grübelte praktisch Tag und Nacht über Klassenkampf, über das Proletariat als Subjekt der Geschichte, wie Georg Lukács es verstand, aber auch darüber, wie aus normalen Arbeitern, zum Beispiel den Betriebsräten und Vertrauensleuten, mit denen ich es in den Lehrgängen zu tun hatte, *klassenbewusste Kämpfer* zu machen sind. Mit meinem Assistentenvertrag war nicht die Verpflichtung verknüpft, selbst den Unterricht zu gestalten. Ich hatte die Aufgabe, Referenten für die einzelnen Kurse zu gewinnen und dafür zu sorgen, dass der Betrieb der Schule in geregelten Bahnen ablief. Letzteres leisteten ohne Probleme der Hausmeister und die kompetente Sekretärin. So hatte ich genügend Freiraum, mich unter dem Vorwand, von den Referenten etwas zu lernen, in den Unterricht zu schleichen und zu beobachten, was unter gewerkschaftlicher Bildungsarbeit im Allgemeinen so verstanden wurde.

Schon die ersten Besuche in Kursen für Betriebsräte machten mich fassungslos. Wie im traditionellen Schulunterricht wurde der Stoff autoritativ diktiert. Ich merkte, wie ungelenk kompetente Betriebsräte, die in ihren betrieblichen Erfahrungszusammenhängen große Reden halten konnten, mit dem Bleistift umgingen, um sich Notizen zu machen. Ein großer Teil konnte das, was ein ehemaliger Staatsanwalt über Arbeitsrecht vermittelte, überhaupt nicht festhalten und verfiel allmählich dem Schlaf. Man merkte, wie fremd den meisten diese erneute Schulsituation war, in die sie das, was sie in ihrer praktischen Arbeit gelernt hatten, überhaupt nicht einbringen konnten.

Die Stofffülle erdrückte jede Form intensiven Lernens. Noch katastrophaler waren die Kurse mit ausländischen Gewerkschaftern, so zum Beispiel ein Lehrgang mit algerischen Arbeiterfunktionären, bei denen zusätzlich kulturelle und sprachliche Barrieren ins Spiel kamen. Es waren diese Beobachtungen, die sich allmählich zu der Idee des *exemplarischen Lernens* verdichteten.

## Das exemplarische Lernen

Ich hatte während meines Studiums einige Schriften des Physikers und Didaktikers Martin Wagenschein gelesen, in denen die Überlegungen zum exemplarischen Lernen wesentlich auf mathematisch-naturwissenschaftliche Gegenstände bezogen sind. In der Oberurseler Zeit arbeitete ich daran, die Idee des exemplarischen Lernens für gesellschaftspolitische Themen umzudefinieren. Dabei ging es mir auch darum, Methode und

Stoff nicht voneinander zu trennen. Ich unterzog mich der Mühe, exemplarisches Lernen in gewerkschaftlichen Bildungszusammenhängen an zwei Beispielen – *Arbeitsrecht* und *Technik* – neu zu formulieren. Aber mit dem didaktischen Motiv des exemplarischen Lernens ist auch das verknüpft, was ich dann später als *Erfahrungsansatz des Lernens* bezeichnet habe. *Wirkliche Bildung setzt an den Bedürfnissen und Interessen derjenigen an, die ihr Wissen als Form der Persönlichkeitsbildung erweitern wollen.* Und diese Erweiterung des Weltblicks kann nur gelingen, wenn die fragmentierten Realitätsteile, auch die akademische Arbeitsteilung, produktiv rückgängig gemacht werden.

Am 20. und 21. September 1966 fand auf Einladung von Adolf Brock und der Sozialwissenschaftlichen Vereinigung an der Heimvolkshochschule Lambrecht/Pfalz eine Tagung statt, bei der ein großer Teil der in gewerkschaftlichen Bildungsfragen aktiven Personen versammelt war. Hier wurde die erste Fassung meines Manuskripts zur *Soziologischen Phantasie* vorgetragen und diskutiert. Das Protokoll dieser Tagung zeigt, wie notwendig eine Revision der gewerkschaftlichen Bildungsarbeit war; bisher fehlte der politische Ansatz komplett. Die politische Bedeutung des exemplarischen Lernens war allerdings auch der kontroverse Punkt in den Auseinandersetzungen in Lambrecht. Johannes Weinberg, einer der bedeutenden Theoretiker der Erwachsenenbildung, hielt in einem Brief an Adolf Brock vom 20. Juni 1966 einige zentrale Punkte dieser Diskussion fest. Er sagte, für exemplarisches Lernen bedürfe es eines gewissen Überschusses realistischer Utopie. Dieser überschüssige Anteil im Lernen erfordere ein Umlernen, denn in der exemplarischen Lernmethode bauten sich die Lernprozesse von unten her auf. Das erhöhe die Kreativität im Umgang mit Wissensmaterialien, bedeute aber größere Anforderungen an Eigentätigkeit.

Zum Thema »Exemplarisches Lernen« bildete sich Mitte der

1960er Jahre eine Arbeitsgruppe, die den anfänglichen Lernanreiz, der von meinem Buch ausging, in ein gewerkschaftsbezogenes Handlungsfeld transformierte. Sieben Intellektuelle – Adolf Brock, Wolfgang Hindrichs, Reinhard Hoffmann, Willi Pöhler, Olaf Sund, Reinhard Welteke und ich – taten sich zusammen und produzierten in regelmäßigen Abständen Bildungsmaterialien, die von gewerkschaftlichen Vertrauensleuten und Betriebsräten begierig aufgegriffen wurden, weil diese Materialien mit der gesamtgesellschaftlichen Situation ihre konkrete Konfliktsituation didaktisch bearbeiteten. Dieser Arbeitskreis, der von der IG Metall und einigen anderen Gewerkschaften unterstützt wurde, blieb fast zehn Jahre zusammen.

Die Bildungskonzeption, die ich in meinem Buch vorschlug und die über Jahrzehnte Auseinandersetzungen über gewerkschaftliche Strategien herausforderte, wurde sicherlich nicht von allen, die mit Bildungsarbeit zu tun haben, akzeptiert, aber doch, wie ich wohl annehmen kann, von der Mehrheit. Das liegt nicht an der ideologischen Ausrichtung, sondern wesentlich auch an der didaktischen Mühe, die der oben genannte Kreis aufgewendet hatte, um politische Bildung wirksam zu gestalten.

Die Auflösung dieses Arbeitskreises vollzog sich schleichend, aber die Inhalte einer erweiterten politischen Bildung gingen nicht verloren. Was in der gewerkschaftlichen Bildungsarbeit zunächst zur Qualifizierung kampffähiger Betriebsräte und Vertrauensleute angelegt war, entwickelte sich auf der normativen Seite im Zusammenhang gesellschaftlicher Schlüsselqualifikationen weiter. Die Projekte exemplarischen Lernens haben nicht an Überzeugungskraft und Wahrheitsgehalt eingebüßt. Der antiautoritäre Impuls, der immer mit gesetzt war, läuft jedoch ins Leere, wenn eine ganze Gesellschaft durch kulturelle Erosionsprozesse bestimmt ist. Deshalb ist es sinnvoll, die *normative Seite der Lernprozesse zu stärken*. Sinnvolle Ziele der Lernprozesse zu formulieren, gehört zu den üblichen Praktiken pädagogischer Arbeit. Bei diesen Schlüsselqualifikationen geht es um die *Herstellung von Zusammenhang*.

Ohne den emanzipatorischen Willen zur Humanisierung der menschlichen Existenzweise würden gewerkschaftliche Handlungszusammenhänge ihren Zweck und Sinn verlieren; für sie hat die Herstellung von theoriegeleiteten Zusammenhängen eine zentrale Bedeutung. Das ist für solche mit Emanzipationsinteressen versetzte Handlungsfelder umso wichtiger, je unübersichtlicher und zerfaserter die gesellschaftliche Situation ist, auf die sich bestehende Herrschaftsstrategien stützen können. In Frankfurt hat es in der Nachkriegszeit enge Berührungsflächen zwischen Gewerkschaften und Kritischer Theorie gegeben. Es ist gar keine Frage, dass gesellschaftstheoretische Überlegungen im Verlauf der Geschichte nicht nur in das gewerkschaftliche Selbstverständnis eingegangen sind, sondern in vielfacher Hinsicht auch die gewerkschaftliche Bildungsarbeit bestimmt haben. Große Gewerkschafter wie Otto Brenner waren geprägt durch eine theoretische Sozialisation, die in seinem Fall aus Traditionszusammenhängen der kantischen Philosophie kam. Leonard Nelson war der Ziehvater vieler ethischer Sozialisten. Selbstverständlich galt dieses Theorieerbe auch für die marxistischen Gewerkschaftspolitiker, die teilweise im Selbststudium ein faszinierendes Wissen erarbeitet haben. Es zeigt sich aber, dass in den letzten Jahren die Abwehr gegen (scheinbar unpraktische) theoretische Spekulationen gewachsen ist – und zwar in dem Maße, wie die Gewerkschaften selbst institutionell und ihrem Selbstverständnis nach in kritische Zerreißsituationen geraten sind. Diese zunehmende Distanz zeigt sich nicht darin, dass weniger Gesellschaftstheoretiker, politische Ökonomen oder Sozialisationsforscher zu Auftritten in der Gewerkschaftsöffentlichkeit gebeten würden; ich selbst habe in den letzten Jahrzehnten zahllose Einladungen zu Vorträgen vor Gewerkschaftsforen bekommen, die gesellschaftliche Zusammenhänge zum Thema hatten. Ich bin aber nie den Eindruck losgeworden, dass solche Präsentationen eher als Ersatz oder als Kompensation eines tief empfundenen Orientierungsmangels dienen.

Wollte ich die Folgen meiner eigenen gesellschaftstheoretischen Präsenz in der gewerkschaftlichen Öffentlichkeit einschätzen, so käme eine pessimistische Bilanz heraus. Genau kann man das natürlich nicht beurteilen, aber es ist ein bestimmendes Gefühl. Ich meine, es ist eine Situation entstanden, die auf der einen Seite zusammenhängende Theoriebildung dringlicher macht als je zuvor, auf der anderen Seite aber einen Pragmatismus in den Vordergrund treten lässt, der durch Orientierungsschwierigkeiten zusätzlich zementiert wird.

### Das Ende noch vor dem Anfang – Verhinderte Gewerkschaftskarriere

Es lag in der Natur der Sache, dass die Arbeit in Oberursel meine Berufsperspektiven immer stärker in Richtung einer Lehrertätigkeit an einer Gewerkschaftsschule lenkte. Als meine Assistenzzeit an der Gewerkschaftsschule beendet war und ich noch einige Monate als Volontär in der Bildungsabteilung der IG Metall arbeitete, kam Hans Matthöfer zu mir. Er leitete damals die Bildungsabteilung beim Vorstand der IG Metall und fragte mich, ob ich, wenn ich denn das Examen in Soziologie und die Promotion in Philosophie absolviert hätte, nicht Lehrer an einer Gewerkschaftsschule werden möchte. Ich war von diesem Vorschlag sehr angetan und stimmte sofort zu. Matthöfer arrangierte mit dem zuständigen Vorstandsmitglied der

IG Metall, Alois Wöhrle, einen Vorstellungstermin. Etwas beklommen betraten wir den Raum. Wöhrle telefonierte und ließ sich nicht ablenken. Als wir dann an die Reihe kamen, stellte Matthöfer mich vor: »Hier ist ein begabter junger Mann, der möchte gerne Lehrer an einer Gewerkschaftsschule sein. Wir haben doch gerade Probleme an der IG Metall-Schule Lohr. Er hat zwar sein Soziologiestudium noch nicht abgeschlossen, aber das wird kein Problem sein, wie ich ihn kenne.« Es dauerte lange, bis Wöhrle sich schließlich zu uns umwandte und antwortete: »Du, Hans, ich glaube, Soziologen brauchen wir in unserer Gewerkschaft nicht.« Wir verabschiedeten uns freundlich, und ich sagte zu Matthöfer: »Das ist das Ende meiner Gewerkschaftskarriere, bevor sie begonnen hat.« Zum Trost schlug Matthöfer vor, direkt zu Otto Brenner zu gehen, um ihm deutlich zu machen, dass Soziologen durchaus in dieser Gewerkschaft gebraucht würden. Ich lehnte ab.

Allerdings tauchte der Gedanke an eine Gewerkschaftskarriere noch einmal auf – während der Konflikte um den Bau des Bildungszentrums Sprockhövel der IG Metall. Lothar Pinkall, später der Schwiegersohn Otto Brenners, hatte einen Plan skizziert, der eine Dreierspitze vorsah: einen Verwaltungsleiter, einen pädagogischen Leiter, der für das schulische Lehrgeschehen verantwortlich sein sollte, und einen wissenschaftlichen Leiter, der gleichzeitig als Professor für Erwachsenenpädagogik an einer nordrhein-westfälischen Universität arbeitet. Für die wissenschaftliche Aufgabe hatte Hans Matthöfer mich vorgeschlagen: Er wollte sich für die Einrichtung eines entsprechenden Lehrstuhls beim Wissenschaftsminister Johannes Rau einsetzen. Die Sache lief zunächst gut an, und das Projekt passte zu meinen Plänen für eine Umgestaltung der gewerkschaftlichen Bildungsarbeit. Ich merkte jedoch bald, dass ich funktionalisiert wurde in einem Intrigengeflecht, in dem der Leiter der Bildungsabteilung der IG Metall, Hans Matthöfer, mit seinem Vorstandsmitglied Heinz Dürrbeck nur noch über Aktenvermerke kommunizierte. Eine innere Stimme sagte mir: Wenn das so anfängt, ist es besser, die Finger davonzulassen.

Die bornierte Enge der Weltsicht mancher Gewerkschaftsfunktionäre ist mir schon in jenen Tagen vertraut gewesen – ebenso allerdings die erstaunliche Offenheit und Aufnahmebereitschaft vieler anderer Funktionäre, die Bildung nicht nur als Zweckschulung im Sinne des Arbeitsrechts und der Streikbereitschaft verstanden, sondern als Schritte zur Emanzipation der Arbeiterklasse. Mein Vertrauen in die Reformbereitschaft gewerkschaftlichen Handelns war ungebrochen. Ich hatte mich auf politische Bildungsarbeit in diesem Rahmen eingelassen und begann, eine Klassenkampftheorie zu entwickeln, die einen traditionellen Mangel zu vermeiden versucht. Aus der Geschichte der europäischen Klassenkämpfe hatte ich gelernt, dass Streiks und politische Kampfhandlungen, so radikal sie in der aktuellen Situation auch sein mochten und wie punktuell sie auch Erfolg haben konnten, mit einem entscheidenden Mangel behaftet waren: *Es fehlte eine kontinuierliche politische Bildung, in der Interessen verallgemeinert werden konnten und Traditionen aufbewahrt wurden. Ich war damals der Überzeugung und bin es noch heute, dass eine Neuentwicklung von politischer Bildungsarbeit ein entscheidender Faktor bei der Reform der Gesellschaft ist.*

Für mich stellte sich also die Frage, in welchen Organisationszusammenhängen eine solche neue Konzeption von Bildungsarbeit umgesetzt werden könnte. Es erschien zunächst naheliegend, dass den Rahmen dafür die Sozialdemokratische Partei bieten würde, denn damals war der SDS noch eine sozialdemokratische Organisation der Studierenden.

## Politischer Intellektueller, kein Berufspolitiker

In einem sehr freundschaftlichen Gespräch versuchte Hans Matthöfer vergeblich, mir klarzumachen, dass man für eine wirkliche Veränderung der Gesellschaft einer Partei bedarf. Matthöfer kandidierte zum ersten Mal für das Parlament, und in diesem Gespräch haben wir auch über die Frage diskutiert, ob ich mir vorstellen könnte, als Assistent des Bundestagsabgeordneten Matthöfer nach Bonn zu gehen. Mein Leben wäre ganz anders verlaufen, wenn ich Ja gesagt hätte. Als Matthöfer einen Wahlkreis in Frankfurt erobert hatte und tatsächlich 1961 in den Bundestag einzog, rief er mich noch einmal an, ob mein Entschluss denn unumstößlich sei. Ich bestätigte meine Entscheidung. *Schon damals hatte ich in aller Gründlichkeit und ohne Rückzugsmöglichkeiten entschieden, dass ich als professioneller Politiker die Unabhängigkeit meines kritischen Urteilsvermögens opfern müsste.* Bereits zu jener Zeit konnte ich mir nicht vorstellen, dass ich meine freie politische Urteilskraft bewahren und gleichzeitig Loyalität gegenüber der Partei bekunden könnte. Ich wollte meine eigenen Arbeitsfelder beackern. Der politische Intellektuelle, der sich als Ideal meiner selbst herauskristallisierte, kann auf die Freiheit seines Urteilvermögens nicht verzichten. Der sogenannte Unvereinbarkeitsbeschluss zwischen SPD- und SDS-Mitgliedschaft im Jahr 1961 bestätigte meine Befürchtungen. Wie viele andere entschied ich mich für die Mitgliedschaft im SDS und gegen die SPD. Der Ausschluss aus dieser Partei war nur noch eine Formsache.

Nur ganz kurzfristig war ich noch einmal SPD-Mitglied, weil mir unmissverständlich gesagt wurde, das SPD-Parteibuch sei für eine Bewerbung auf eine Schulleiterstelle an einer Gewerkschaftsschule unverzichtbar. Diese Stelle habe ich allerdings nicht angetreten. In die SPD bin ich seitdem nie wieder eingetreten.

Dennoch spielte die Idee eine Rolle, eine linke Fraktion in der SPD aufzubauen, die eher außerparlamentarischen Zuschnitt haben sollte und deshalb radikalere Ansprüche der Gesellschaftsreform vertreten könnte. Das hat sich als fataler Irrtum erwiesen. Es ist nicht nur ein großer Teil der gewerkschaftsfreundlichen und sozialdemokratisch denkenden Linken aus dieser Partei ausgegliedert worden; sie war auch außerstande, die zersplitterte Linke zu binden. So war die außerparlamentarische Opposition die Alternative für viele junge Menschen, die zunächst durchaus Kooperationsbereitschaft mit der SPD bekundet hatten. Ich bin mein Leben lang eine Art *konstitutioneller Sozialdemokrat* geblieben.

## Basisarbeit – Entscheidung für die außerparlamentarische Opposition

Die klare Entscheidung für die politische Arbeit in Bürgerinitiativen und der außerparlamentarischen Opposition – gegen die Arbeit im Parlament und in der Partei – war ein erneuter Wendepunkt in meinem Leben. Was ich gemeinsam mit Klaus Vack und einer Reihe anderer politisch bewusster Reformsozialisten *Sozialistisches Büro* nannte, kann man als eine *Organisationsutopie* beschreiben, die alle Vorteile einer »Kaderorganisation« enthielt, ohne sich auf das darin mitklingende Herrschaftsgefüge einzulassen. Man sprach deshalb mit Recht von *Orientierungsangeboten*, die ein lockeres, aber freies Loyalitätsverhältnis zu dieser Organisation ermöglichten. So war diese Organisationsform »Sozialistisches Büro« gut geeignet, die Einübung politischer Urteilskraft zu stärken, um die es mir bei der Formulierung des *Erfahrungsansatzes des Lernens* stets ging. Eine ganze Generation aufgeweckter und aufgebrachter junger Menschen ist so mit einbezogen worden in einen gesellschaftlichen Kontext, der *Herrschaftskritik* als Grundlage *demokratischer Beteiligung* vorsah. Wo Bürgerinitiativen aktiv waren, orientierten sich viele Beteiligte am Sozialistischen Büro – sehr wohl wissend, dass die lokale Aktivität nicht ausreicht, um die allgemein-gesellschaftlichen Bedingungen des Handelns entscheidend zu beeinflussen. Die Bedeutung der Theorie, natürlich an erster Stelle die *Marx'sche Gesellschaftsphilosophie,* spielte im Sozialistischen Büro eine zentrale Rolle. Und für die meisten aktiven Mitglieder dieser Organisation gaben die Kategorien und Erkenntnisinteressen der Frankfurter Schule, in deren Zentrum die Dialektik von Individuum und Gesellschaft steht, die Denkrichtung vor.

Radikale Interessen und Bedürfnisse bloß aufzusammeln und in Demonstrationsöffentlichkeiten zum Ausdruck zu bringen (Massenproteste gegen den Bau neuer Startbahnen oder Kernkraftwerke, gegen Raketenstationierungen, gegen die Banken usw.), wurde in den 1970er Jahren innerhalb der Linken zunehmend als unzureichend empfunden, wenn es um Gesellschaftsveränderung ging. Die Umgestaltung von Bedürfnissen und Interessen ist ein eigener politischer Produktionsprozess. Manches von dem, was an verdrehten Beziehungen zwischen der Welt der Medien, der öffentlichen Kommunikation und der Produktion von Ideen, neuen Einstellungen und Bewusstseinsformen besteht, wurde in den Schriften von Horkheimer und Adorno zurechtgerückt oder wenigstens thematisiert. Doch waren Erweiterungen nötig. Den konstitutiven Zusammenhang zwischen politischem Handeln, Kommunikation und Produktion zu bekräftigen, war aktueller denn je. Dem rasch um sich greifenden Antiintellektualismus innerhalb der Linken sollte sinnvollerweise die politische Position einer durch die Frankfurter Schule geprägten Theorie der Emanzipation entgegengesetzt werden.

Die starke Gewichtung der politischen Bedeutung von Alltagsinteressen, von Erfahrungen und Bedürfnissen, auf deren Entfremdung man sich zunächst einlassen müsse, um das Bewusstsein und Verhalten der Menschen im Sinne von Befreiung und Selbstbefreiung zu verändern – dieses Pathos ist heute kaum noch verständlich; aber nicht etwa deswegen, weil es nachträglich unangemessen wirkt, dass wir darin eine entschieden neue politische Position erblickten, sondern weil Forderungen wie »Lernen durch Erfahrung«, »an Alltagsinteressen und -bedürfnisse anknüpfen« usw. so selbstverständlich für reflektiertes politisches Handeln geworden sind, dass die ursprünglichen Frontstellungen darin nicht mehr erkennbar sind.

## Öffentlichkeit herstellen – Sozialistisches Büro[81]

Die Wurzeln des Sozialistischen Büros sind verzweigt. Ende der 1960er Jahre gegründet, erlangte es innerhalb weniger Jahre eine zentrale Bedeutung im weiten Spektrum der Linken. Einer der Gründe für diese spektakuläre Entwicklung des Sozialistischen Büros bestand darin, dass Politik hier nicht mehr im Rahmen von Machtfragen verstanden wurde, sondern als eigentümlicher Produktions- und Kommunikationsprozess. Das Büro war so aufgegliedert, dass die jeweiligen Arbeitsfelder – zum Beispiel Schule, Sozialarbeit, Betrieb – ihre eigenen Zugänge, Arbeitsmittel, Ziele und Voraussetzungen solcher Umgestaltungsprozesse entwickeln konnten. Die Konzeption der Arbeitsfelder war die Basis dieser Organisationsidee, die zentrale Koordination und zentrale Praxis miteinander zu verknüpfen suchte. Der Zentrale oblag es, vorhandene politische Arbeitsprozesse zu koordinieren und sie auf Arbeitstagungen und in der Zeitschrift *links* mit geschichtlichen Zusammenhängen und Entwicklungsperspektiven der Gesamtgesellschaft zu verbinden.

Ein weiterer Grund für die rasche Entwicklung des Sozialistischen Büros bestand darin, dass es sich als Organisationsform des *überfraktionellen Bewusstseins* verstand, wie ich diese paradoxe Haltung genannt habe. Im Milieu einer mehr und mehr zerfasernden Öffentlichkeit der Linken, deren relativ dicht geschlossene Gesinnungsgemeinschaften in eine wilde Abgrenzungskonkurrenz zueinander traten, indem die einen immer radikaler und revolutionärer sein wollten als die anderen, scherte das Sozialistische Büro bewusst aus diesem Konkurrenzkampf aus. Um eine diskutierende Öffentlichkeit für die entscheidenden gesellschaftlichen Probleme herzustellen, ließ das Sozialistische Büro Nichtmitglieder zu Wort kommen – auch solche, die dieser Einrichtung eher feindlich gesinnt waren, wie zum Beispiel Daniel Cohn-Bendit. Die Identität des Sozialistischen Büros wurde dadurch nicht bedroht.

Ein dritter Grund für den Erfolg des Sozialistischen Büros in dieser Zeit war die produktive Integration von drei höchst verschiedenen Ansatzpunkten politischer Arbeit, die immer stärker auseinanderzufallen drohten. Das war zum einen die sozialistische Komponente, die Umgestaltung der Arbeitsgesellschaft, die Bedeutung der Gewerkschaften für Emanzipationsprozesse. Man kann nicht sagen, dass traditionelle Sozialisten marxistischer Herkunft im Sozialistischen Büro den Ton angaben; aber die Präsenz einer Reihe von Personen mit unzweifelhaft integren Lebensgeschichten verlieh dem undogmatischen und lebendigen Sozialismus große Überzeugungskraft. Ein weiterer Traditionsstrang, den das Sozialistische Büro aufnahm, war die außerparlamentarische Opposition, die mit dem Kampf gegen die Wiederbewaffnung Mitte der 1950er Jahre eingesetzt hatte; ihren Höhepunkt erreichte sie in der Opposition gegen die

Notstandsgesetzgebung und dann gegen die Stationierung von Pershing-II-Raketen. Eine nicht unerhebliche Komponente, die das Sozialistische Büro ausmachte, bestand schließlich in der Fortführung substanzieller Ansätze der 68er-Protestbewegung. Dazu zählten die Politisierung von Interessen und Bedürfnissen, eine Veränderung der Verhältnisse, indem die Menschen sich verändern, sowie unkonventionelle Methoden, demokratische Selbstbestimmungsrechte einzuklagen.

## Die Glockseeschule – Eine staatlich finanzierte Alternativschule

Die Erfahrungen an der DGB-Schule in Oberursel bildeten für mich eine Art *Experimentierraum im Umgang mit Lernprozessen*. Als 1967 Adolf Brock die erste Fassung meines Buchs *Soziologische Phantasie und exemplarisches Lernen* in der Volkshochschule Lamprecht präsentierte, war ein großer Teil der prominenten Bildungsarbeiter dieser Zeit an diesem Kolloquium beteiligt. Die in dem Buch formulierte Bildungsidee des exemplarischen Lernens ist nie unstrittig gewesen. Aber in langen Wellen, zu denen häufige Rückfälle in alte Methoden der »Trichterpädagogik« gehörten, hat man immer wieder darauf zurückgegriffen, weil in der Tat konkrete Lernprozesse so ablaufen – nicht nur bei Erwachsenen, sondern auch bei Kindern und Jugendlichen.

Das führt mich zu dem zweiten *Experimentalraum der Bildung* in meinem Leben: zur Glockseeschule in Hannover. Darüber ist genug geschrieben; in dem Buch *Philosophie des aufrechten Gangs. Streitschrift für eine neue Schule*[82] habe ich die Entstehungsgeschichte dieses alternativen Schulprojekts ausführlich erörtert. Wie bei allen Projekten, denen man Nachhaltigkeit zusprechen kann, waren viele daran beteiligt. Aber die Idee einer antiautoritären Schule, die vollständig staatlich finanziert ist, hatte mich bereits in der Zeit der Frankfurter Kinderladenbewegung fasziniert. *Eine einzigartige politische und soziale Konstellation in Hannover ermöglichte es uns, die Glockseeschule 1972 zu gründen.* Die Unwiederholbarkeit dieser Konstellation mag einer der Gründe dafür sein, dass sich das Modell der Glockseeschule nicht vervielfältigt hat. Aber wirkungslos ist es keineswegs geblieben. Tausende von Lehrern und Eltern haben diese Schule in Augenschein genommen. Es ist unwahrscheinlich, dass sie nicht Lernprozesse verschiedener Art angestoßen hat. Meine fast zehn Jahre währende wissenschaftliche Begleitung dieses Schulprojekts hat mich davon überzeugt, dass die darin stattfindenden Lernprozesse fundamentale Voraussetzung dafür sind, dass sich bei Kindern und Jugendlichen Persönlichkeitskerne bilden, die ein mündiges und urteilsfähiges Leben ermöglichen.

Es waren keine ausgedachten, am Schreibtisch formulierten Prinzipien, die sich auf Kindheit und Lernen beziehen, sondern durch Beobachtung und immer wieder erneuerte Versuche in ihrem Wahrheitsgehalt befestigte Vorschläge, das offizielle Bildungssystem nach Glocksee-Grundsätzen zu reformieren. Auch in diesem Zusammenhang spielten *exemplarisches Lernen* und der *Erfahrungsansatz* eine entscheidende Rolle. *Den mündigen, vorurteilsfreien und mit sich selbst in Einstimmung lebenden Menschen erzieht man nicht, indem man ihn mit fragmentierten Informationen ausstattet.* Ein hohes Maß an Selbstregulierung ist notwendig, um die drei Ebenen des Lernens miteinander zu verknüpfen. *Der kognitiven Ebene,* die heute hochrangig gehandelt wird, fehlen ohne die *emotionale und soziale Entfaltung* der Fähigkeiten des Kindes alle Grundlagen. Das sind Grundtendenzen der Persönlichkeitsbildung, aber nichts davon ist aus sich selbst heraus gesichert, weder in Bezug auf die eigenen Kinder noch im Hinblick auf die Erziehung anderer Kinder. Alles, was ich über Kindheit, Bildung und Lernen gedacht und geschrieben habe, beruht auf Erfahrungen, die ich mit dem Glocksee-Experiment gesammelt habe. Dessen Koordination habe ich alleine bestimmt. In die Planung und Durchführung des Experiments hat niemand von außen störend reingeredet – weder Politiker noch Fachverbände. So entstand ein einzigartiges Projekt: *eine staatlich voll finanzierte Alternativschule.*

Natürlich gehen nicht alle Überlegungen in Erfahrungszusammenhängen dieser konkreten Schulen wie der Glockseeschule oder der Oberurseler Gewerkschaftsschule auf. Das Gewicht soziologischer Phantasie verweist darauf, dass immer auch überschüssiges Denken im Spiel ist. Es ist aber doch so, dass ich eine Überprüfung mancher Aussagen, die Lernen und Bildung betreffen, in Situationen vergegenwärtigte, die aus diesen konkreten Schulsituationen entsprangen; es waren Bilder, Konstellationen, öffentliche Auseinandersetzungen, hilfreiche Abgeordnete oder Staatssekretäre, die mir häufig Rat erteilt haben, in welcher Richtung eine zustimmungsfähige Argumentation liegt.

Manchmal habe ich auch einen etwas kühnen Bogen von den Schulprojekten zu der Zeit meines elenden Flüchtlingsdaseins gespannt, zu der Zeit in dänischen Internierungslagern, wo ich Bildung nur durch eigene Initiative erlangen konnte, weil es keinen Schulunterricht gab. Es mag etwas kitschig klingen, dass mir diese Projekte so etwas wie Heimatgefühle vermittelten: Ich sah darin eine institutionelle Verankerung meines »Asyls« – eine verlässliche Zuflucht, von der man mich nicht vertreiben konnte, weil ich den Boden dieses Areals selbst beackert hatte.

## In der Zwischenwelt von Philosophie und Politik – Philosophische Politikberatung

*Das Leben in einer Zwischenwelt von Politik und Philosophie lässt kaum die Ruhe intellektueller Ortsansässigkeit aufkommen.* Die professionellen Politiker und die professionellen Philosophen haben in ihren jeweiligen Einflussbereichen etliche Grenzmarkierungen ihres Handelns gesetzt, die unmissverständlich signalisieren, wo ihre Kompetenzen enden, wo ihre Schritte ins Ungewisse führen. Ein Bundestagsabgeordneter, der seinen Wahlkreis verteidigt, wird seine Bewerbung um das Mandat nur selten auf philosophische Argumente Platos oder Kants stützen, obwohl es keineswegs ausgemacht ist, dass dieser Rückbezug auf die große Philosophie nicht überzeugender sein könnte als die übliche Rhetorik, die häufig (auch um Kräfte zu sparen) mit einer Reduktion der Verstandestätigkeit verknüpft ist. Ein Philosoph dagegen, der etwas auf sich hält und immer die mitdenkenden Kollegen im Visier hat, wird von den Eigengesetzen wissenschaftlicher Standards nicht abweichen, selbst wenn ihn die Gewissheit plagen sollte, im weiteren Umkreis der Öffentlichkeit nicht mehr verstanden zu werden.

Kant unterscheidet den *Weltbegriff* der Philosophie von deren Fach- oder Schulbegriff. Der Fach- oder Schulbegriff richtet sich an ein spezifisches Publikum, das Interesse an einer Wissenserweiterung hat und konzentriert das aufnimmt, was an Fachwissen angeboten wird. Hier gibt es gar keine nennenswerten Unterschiede zwischen der Rede eines Verbandsvorsitzenden auf einer Messe und der Predigt des Pastors vor seiner Gemeinde. Wo allerdings Menschheitsinteressen im Spiel sind, reichen die Fachbegriffe mit ihrem begrenzten Arsenal von Kategorien und Sichtweisen nicht aus. Sie müssen sich substanziell erweitern zum *Weltbegriff*. Ernsthafte Philosophie ist deshalb auf eine von Arbeitsteilung unabhängige Weltbetrachtung bezogen.

Ich schicke diese Überlegungen voraus, weil sie einen zentralen Punkt jeder Politikberatung betreffen. Eine *Fachberatung* ist völlig problemlos; sie wird tausendfach geübt und jeder professionelle Politiker hält sich einen Fachbeirat für jedes beliebige Problem, mit dem er es zu tun hat. Unzählige Fachberater sind unentwegt in den Ministerien und in den Gängen des Parlaments unterwegs. In diesem Sinne betätigt sich eine Beraterschicht, die an klare Aufträge gebunden ist und spezifische Aufgaben zu erledigen hat. Beratung in dieser Dimension – der mehr oder weniger technischen Hilfe, um Machtpositionen zu erobern, sie zu erhalten oder zu erweitern –, das war nicht das Selbstverständnis jenes Kreises, der sich Mitte der 1980er Jahre konstituierte und den zu Beratenden bis in das Bundeskanzleramt begleitete.

Der Kreis, von dem ich spreche und zu dem ich gehörte, war ursprünglich eine Gruppe von Wahlhelfern, die die Ära Albrecht in Niedersachsen beenden wollten und den ehemaligen Juso-Vorsitzenden Gerhard Schröder berieten, um ihn in das Amt des Ministerpräsidenten zu begleiten. Mitte der 1980er Jahre ließen sich Zeichen einer politischen Wende wahrnehmen, die allerdings über die wirkliche Situation hinwegtäuschten. Die Wahl ging für die SPD verloren, und das hatte auch Folgen für die Aufgabenstellung dieses Beraterkreises. Noch entschiedener wurden die einzelnen Krisenherde in den Vordergrund gerückt. Mein 1984 erschienenes Buch *Lebendige Arbeit, enteignete Zeit*[83] über Arbeitszeit und Arbeitszeitverkürzung wurde in mehreren Sitzungen intensiv diskutiert. Dieser Kreis gab sich mit oberflächlichen Parolen nicht zufrieden, sondern drang tiefer in die Problematik dieser Gesellschaft ein; ich gewann den Eindruck, dass er genau das erfüllte, was die Aufgabe von Politikberatung im ernst zu nehmenden Sinne sein kann: *den Bogen des Möglichkeitssinns sehr weit zu spannen, um aus der Realität selbst die Potenziale grundlegender Veränderung der Gesellschaft zu gewinnen.* Um das Denkbare freizusetzen, bedarf es der *kleinen* Form; auch in naturwissenschaftlich-technologischen Zusammenhängen sind es vor allem die kleinformatigen Experimente, die zu neuen Erkenntnissen und wissenschaftlichen Anwendungsgebieten führen. *Das Versuchsverhalten im Feld politischer Machtverhältnisse ist dagegen chronisch unterentwickelt.* Ich war deshalb der Überzeugung, dass eine Erneuerung der politischen Kultur wesentlich auch davon abhängt, dass die Experimentierlust an Boden gewinnt; darin bestand ja ein vernünftiges Erbstück der 68er-Bewegung, die das Unmögliche gewagt hatte. Natürlich konnte die Umsetzung nicht so erfolgen, wie man sich das erträumt hatte. Die Utopien benötigten eine Energiezufuhr, die nur aus den bestehenden Verhältnissen selbst zu gewinnen war. Personen und Institutionen für eine Gesellschaftsreform zu gewinnen, die ihrem Namen Ehre macht, also keine bloße Liberalisierung des Marktes ist, konnte nur dadurch gelingen, dass Überzeugungsarbeit die bestehenden Machtstrukturen aufriss. Wahlerfolge sind keine geeigneten Mittel, um Herrschaftskritik in politisch eingreifendes Handeln umzusetzen. Aber ich bin sicher, dass die *Zukunftsgewissheit des Machtwechsels,* die die Themen dieses Kreises bestimmte, wesentlich dazu beigetragen hat, dass in Niedersachsen die Regierung Albrecht schließlich abgelöst wurde.

Politikberatung ist voller Paradoxien. Nicht nur, dass die Berater häufig einen Großteil ihrer Energie darauf verwenden, die *Beratungsbedürftigkeit* von Machtpersonen herzustellen; auch der Erfolg ist für die Berater ein existenzielles Risiko. Kissinger hat in seinen Memoiren beschrieben, wie mühevoll es gewesen ist, die Beratungsbedürftigkeit des US-Präsidenten aufrechtzuerhalten. Noch merkwürdiger ist die Einordnung und Bewertung des Erfolgs. Dazu muss ich beschreiben, wie der Beraterkreis um Gerhard Schröder, zu dem ich gehörte, aussah und worin seine substanzielle Bedeutung bestand.

Hier sammelten sich zunächst Leute, die Wahlkampf machten. Die Wahlinitiative war der Ausgangspunkt – eine hochkarätige Ansammlung von Intellektuellen, die entschlossen waren, die Regierung Albrecht abzulösen und mit einer neuen Regierung ein neues Reformprogramm umzusetzen. Peter Düwel war dabei, Reinhard Scheibe, der Pädagoge Tom Ziehe, der Staatsrechtler Hans-Peter Schneider, ein Ökonom und vielleicht einige andere Köpfe. Wie schon erkennbar, war keine einzige Frau dabei. Da die Sitzungen reihum gemacht wurden, beginnend bei der Familie des Kandidaten, Gerhard Schröder, könnte man vielleicht annehmen, dass sich wenigstens die jeweiligen Ehefrauen oder Freundinnen als Gäste beteiligten; das war aber nicht der Fall. Sobald es klar war, dass die Sitzung bei einem Mitglied des Kreises stattfand, verschwanden die jeweiligen Frauen aus dem Blickfeld. Zwar tauchte das Problem, warum denn keine Frau in dem Kreis mitmache, verschiedentlich auf, aber es ist nie ernsthaft diskutiert worden. Auch Lösungen hat niemand vorgetragen.

Die entscheidende Sitzung, die das *faktische* Ende dieses Beraterkreises darstellte, ohne dass darüber ein Wort gesprochen wurde, fand in meiner Wohnung statt. Der Wahlsieg des Ministerpräsidenten wurde gefeiert; aber es herrschte eine eher bedrückte, ja depressive Stimmung. Niemand konnte so recht sagen, woran das lag. Erst später ist mir aufgegangen, dass es auf dieser Sitzung auch um die Verteilung von Karrieren ging. Erst sprach der künftige Ministerpräsident, einige potenzielle Staatssekretäre oder Minister waren dabei – die egalitäre Atmosphäre war mit einem Schlag zersetzt. Mit mir hatten einige andere Mitglieder des Kreises deutlich zum Ausdruck gebracht, dass sie kein Amt erstrebten. Nach dieser denkwürdigen Sitzung fanden noch eine Reihe von Treffen statt, aber sie zeigten nicht mehr im Entferntesten das, was dieser Kreis einmal zu sagen hatte. Wenn ich mich recht erinnere, waren Tom Ziehe und ich die Einzigen, die für eine Fernsehsendung noch als Beraterkreis zur Verfügung standen.

Diese allmähliche Auszehrung des Kreises, die sich faktisch vollzog, war nichts, was der niedersächsische Ministerpräsident Schröder unmittelbar akzeptierte. Ich glaube, er sah das Problem überhaupt nicht. Denn von Zeit zu Zeit lud er die Einzelnen zu Diskussionen ein, ich begleitete ihn auf Reisen nach Israel und Kuba. Auf dieser Ebene persönlicher Bindungen blieb ein freundschaftliches Verhältnis erhalten, aber es war nicht mehr der Rahmen eines politischen Beraterkreises. Die politische Neutralisierung des Beraterkreises erfolgte paradoxerweise nicht durch Verengung, sondern durch Erweiterung des Kreises. Und je höher unser Beratungskandidat in der Machthierarchie aufstieg, desto dünner wurde die Luft, in der ernsthafte politische Probleme zur Sprache gebracht werden konnten. In seiner Zeit als Ministerpräsident ging es um die Asylpolitik, in der Zeit als Bundeskanzler um die Beteiligung am Irakkrieg. Bei beiden Entscheidungen konnten wir einen gewissen Einfluss auf die Politik ausüben – oder uns das wenigstens einreden; zunächst bei der Revision des Asylartikels, des *verwundbarsten Artikels des Grundgesetzes*, wie wir ihn damals nannten. Auch bei der Nichtbeteiligung Deutschlands am Irakkrieg war ein gewisser Einfluss von unserer Seite spürbar, aber die grundsätzliche Entscheidung hatte der Bundeskanzler im engsten Beraterkreis bereits getroffen, als bei einem Essen in Berlin ein großer Kreis von Schriftstellern und Wissenschaftlern darüber diskutierte.

Der Realitätsvorteil einer politischen *Fachberatung* besteht darin, dass vorhandene Kausalitäten fortgesetzt werden können, weil es einfach viele Anknüpfungspunkte gibt. *Linke Beratungstätigkeit im politischen Zusammenhang kann auf Systemkritik nicht verzichten; diese ist zwar nützlich für den Machterwerb, stört aber den Machterhalt.* Für den Machtwechsel sind Möglichkeitsmenschen überzeugender als Tatsachenmenschen; aber um sich an der Macht zu halten, ist die betriebswirtschaftlich beschädigte Vernunft eine völlig ausreichende Machtquelle. Im politischen Alltagsgeschäft werden die Menschen als bloße Mittel benutzt; die Tatsachenmenschen sind verlässliche Rationalisierer im Doppelsinn des ursprünglichen Begriffsgehalts: bei der Vereinfachung der Prozeduren und bei der Legitimation verdrängter irrationaler Gehalte. Aber es gibt immer Versuche, die Mächtigen mit Argumenten auszustatten, die es ihnen ermöglichen, einen nachhaltigen Beitrag zur Besserung der Verhältnisse zu leisten. Das mag eine naive Vorstellung von Macht und Politik sein. Ich habe mich aber immer wieder auf dieses Spiel eingelassen.

So hatte mein Freund Klaus Staeck, Grafiker, Karikaturist und Jurist, den Gedanken, in regelmäßigen Abständen Schriftsteller, Künstler und Intellektuelle in einen politischen Diskurs mit dem jeweiligen SPD-Vorsitzenden einzubeziehen. Wir nannten das *Ideentreffs*. Mit Björn Engholm wollten wir 1993 beginnen. Am selben Tag, da wir das erste Treffen arrangiert hatten, war er zurückgetreten. Danach gab es mehrere dieser Ideentreffs mit Rudolf Scharping und Oskar Lafontaine. Deren Nutzen war strittig. Allerdings kann ich sagen, dass ich bei all diesen Aufklärungsversuchen nie den Eindruck gewonnen habe, dass sie überflüssig waren und nichts bewirkt hätten. Das gilt auch für den letzten Akt meiner Politikberatung, der in einem kleinen Kreis mit neuer Besetzung stattfand. Dazu gehörten Manfred

Bissinger, Erich Loest, Günter Grass, Jürgen Flimm und ich. In diesem Kreis hoben wir das Amt des *Kulturbeauftragten der Bundesregierung* aus der Taufe, das aber keiner aus dieser Gruppe auf sich nehmen wollte. Die Suche nach einen geeigneten Kandidaten zog sich lange hin und führte schließlich zu einer Entscheidung, die dem Glanz der öffentlichen Repräsentation von Kultur im medialen Zuschnitt größeren Tribut entrichtete, als wir das ursprünglich mit dem Kulturbeauftragten beabsichtigt hatten.

*Die philosophische Politikberatung hat eine tragische Vorgeschichte, die sich offenbar in vielfältigen Variationen, wenn auch mit milderen Auswirkungen, wiederholt.* Als der Tyrann von Syrakus auf Plato aufmerksam wurde und ihm nahelegte, seine Idee von einem gerechten Staat im Herrschaftsbereich des Autokraten umzusetzen, fühlte sich Plato geehrt und ging auf das Angebot ein. Aber der Tyrann hatte andere Vorstellungen von einer Gesellschaft als die, die Plato im Blick hatte. Der Tyrann verkaufte ihn auf dem Sklavenmarkt und Plato hatte das Glück, auf einen Schüler zu treffen, der ihn freikaufte. Nun könnte man sagen, das ist ein Beweis dafür, dass Utopien einfach nicht in die Realität umzusetzen sind. Aber Plato versuchte es ein zweites Mal, bei einem Nachfolger des Tyrannen. Es misslang ebenso. Gleichwohl kann man feststellen: Das Wichtige bei diesen Umsetzungsstrategien ist, dass man sie immer wieder versucht. *Im Versuch liegt die eigentliche Wurzel des Idealismus, die sich durch Scheitern nicht ausrotten lässt. Was uns heute fehlt, ist die Kraft, es immer wieder zu versuchen.* Es ist nicht ausgeschlossen, dass es einmal gelingt, die Entwurfsphantasie von einem gerechten Gemeinwesen Wirklichkeit werden zu lassen.

Ein kurzer Nachtrag ist vielleicht doch nötig. Bei meiner Abschiedsvorlesung über Kant und Marx saß auch der damalige Bundeskanzler im Auditorium, in der siebten Reihe im Hörsaal der Universität Hannover im Conti-Hochhaus. Einer aus dem Publikum stellte mir die Frage, die seitdem in öffentlichen Veranstaltungen immer wieder gestellt wurde: »Wenn Sie denn in großen Zügen mit dieser Politik nicht einverstanden sind, wie hat sich dann ihr persönliches Verhältnis zu Gerhard Schröder entwickelt?« Ich antwortete 2002: »Wie sollte ich auf den Gedanken kommen, eine Freundschaft mit einem Menschen aufzukündigen, nur weil er Bundeskanzler geworden ist und politische Fehler gemacht hat?« Der demonstrative Beifall für diese Aussage bestätigte meine Haltung, persönliche Freundschaftsbeziehungen nie vollständig in politischen Überzeugungen aufgehen zu lassen.

## Gespräche und gemeinsames Tun

Indem ich rückblickend meine Freundschaftsbeziehungen betrachte und einen roten Faden zu entdecken versuche, der sie in ihren Strukturen verbindet, ist auffällig, dass meine Freundschaftsbeziehungen wesentlich *arbeitsvermittelt* sind. Das klingt zunächst sehr kalt, weil es an instrumentellen Missbrauch denken lässt. So ist es nicht gemeint – und so ist es auch nicht.

Schon im dänischen Flüchtlingslager hatte ich die Idee, dass Freundschaftsverbindungen am haltbarsten sind, wenn sie durch *Gespräche und gemeinsames Tun* fundiert sind. Ich dachte mir Projekte aus; es waren Versuche, die Gleichaltrigen, die sich genauso wie ich im Flüchtlingslager langweilten, für ein gemeinsames Handeln zu gewinnen. Einer dieser Vorschläge gelang. Fünf oder sechs Zwölf- bis Vierzehnjährige fanden meine Idee gut, für die zahlreichen Kinder des Lagers Weihnachtsspielzeug zu produzieren. Wir formulierten Regeln der Kommunikation und verteilten Aufgaben. Das erweckte neugieriges Interesse der Umstehenden, die sich anfangs über uns lustig machten. Im Unterschied zu den häufigen Rivalitätskämpfen von Jugendlichen in diesen Lagern war der Bezugsrahmen, den die Projekte vorgaben, ein friedensstiftendes Element; er festigte viele Beziehungen, die zuvor keineswegs friedlich und freundlich gewesen waren. Natürlich gab es auch freundschaftliche Beziehungen, die unabhängig von Projekten waren. Aber in meiner Lebensgeschichte sind sie eher selten.

In meinem Erwachsenenleben habe ich viele Gesprächskreise gegründet. Wollte man herausfinden, wo im Einzelnen mein Gründergeist steckt, dann wäre vor allem die Idee des Gesprächskreises zu erwähnen. Diese Kreise waren natürlich immer sehr stark personenbezogenen, aber doch in einer Offenheit, die es möglich machte, aus solchen Gesprächszusammenhängen Lernprozesse zu entwickeln, die auch politische Interventionen ermöglichten. Die Gründung und Begründung der Gesprächskreise war nicht immer geplant, vielfach sind sie auch aus Zufallskonstellationen zustande gekommen. Doch immer waren sie mit dem Versuch verknüpft, die Philosophie in das Alltagsgeschehen einzubringen.

In meiner politischen Lebensgeschichte ist immer wieder vom Marx-Arbeitskreis die Rede. Hier ging es um Selbstverständigung über das, was einen Sozialismus mit menschlichem Gesicht ausmacht. Dieser sehr einflussreiche Arbeitskreis spielte für die Identitätsbildung der von der SPD ausgeschlossenen Intellektuellen in Frankfurt eine zentrale Rolle. In einem viel stärkeren Ausmaß projektbezogen war meine Beteiligung an der Entwicklung des Sozialistischen Büros – auch das im Grunde ein erweiterter Gesprächskreiskreis. Ein anderer Gesprächskreis, den ich gründete, hatte sich die gewerkschaftliche Bildungsarbeit vorgenommen. Intellektuelle, Sympathisanten der IG Metall und anderer Gewerkschaften, rauften sich hier zusammen, um das Emanzipationspotenzial in Bildungsmaterialien fassbar zu machen. Immer ging es auch darum, die Theorie weiterzuentwickeln. Die Gründung der Glockseeschule beruhte auf Fundamenten, die zunächst ganz beiläufig und marginal ansetzten. Man kann sagen, dass die ganze Kampfkraft um eine Alternativschule daraus resultierte, dass sich erweiterte Kommunikationskreise um das Ursprungsprojekt bildeten. Damit erhöhte sich die Legitimationskraft des Projekts »Alternativschule« – eines Projekts, das heute noch existiert.

Niemand möchte wohl gerne ohne Freunde leben, das ist ein Kernsatz über Freundschaft aus der *Nikomachischen Ethik* des Aristoteles. Er verweist auf ein Urbedürfnis der Menschen, Beziehungen in einem Zwischenbereich zu pflegen, in dem Nähe- und Distanzverhältnisse ausgewogen gewichtet sind. Gerade diese *Zwischenwelt von Distanz und Nähe* bietet eine Kraftquelle der Beziehung, die es sonst im gesellschaftlichen Lebenszusammenhang nicht gibt. Ich habe viel Gedankenarbeit darauf verwendet, die Gefäßgröße auszumessen, die den darin ablaufenden Prozessen angemessen ist. Haltbare Freundschaften können als Muster dafür genommen werden, wie groß Erfahrungsfelder sein müssen, damit ein Erfahrungsraum gesichert ist. Freundschaft ist ein sensibles Beziehungsverhältnis zwischen Nähe und Distanz. Bedroht wird sie von beiden Seiten. Die individuelle Verkapselung und Verdichtung der Gefühle verbraucht ihre Substanz ebenso wie zu weit agierende Gefühle.

Wenn ich über Freundschaften spreche, dann ist der Begriff in der herkömmlichen Bedeutung einer Zweierbeziehung zu eng gefasst. Ich verspürte zeitlebens dieses starke Bedürfnis, um mich herum eine Art Aura zu schaffen, die mir Schutz gewährt. Oft wurde mir in solchen Kreisen, sofern eine Rangordnung existierte, einer der vorderen Plätze zugewiesen. Ich kann nicht sagen, dass ich um diese Form der Anerkennung besonders gekämpft hätte; manchmal war es für mich sogar schambesetzt, ganz vorne platziert zu werden. Es war mir jedoch selten unangenehm, um einen Platz in solchen Gruppen nicht kämpfen zu müssen. Im Gegenteil: es war oft wohltuend.

Im Rückblick auf ein langes Leben zeigen sich Auffälligkeiten, die man im Alltagsbetrieb gar nicht wahrnimmt. Ich habe mich selten einsam und verlassen gefühlt. Auch zu einer Zeit, da ich mich als Kind gerne in meine gut ausgestattete Höhle in der riesigen Kuhle neben unserem Elternhaus zurückzog, zogen mit mir die Gänse, Enten und Fohlen sowie die Gerätschaften, mit denen ich spielte – zumindest in der Phantasie, meist aber auch buchstäblich. Wer mit fünf älteren Schwestern und einem älteren Bruder aufwächst, erfährt alltäglich hautnah, mit wie viel Fäden der Einzelne mit dem Ganzen des Lebenszusammenhangs verknüpft ist.

Die autobiographische Spurensuche hat einen eigenen erkenntniskritischen Stil. Auch unterhalb der Ebene von Erfolg und Karriere möchte man wissen, nach welchen Strukturgesetzen das Leben abgelaufen ist: Wer hatte Einfluss auf den eigenen Lebenszusammenhang? In den Freundschaftsbeziehungen kristallisiert sich viel – in den tragfähigen Bindungen ebenso wie in abgebrochenen Beziehungen. Man kann leicht eine Landkarte solcher Beziehungen aufzeichnen, kann Ortsbestimmungen, Entfernungen und Näheverhältnisse markieren. Es gibt Freundschaften, für die eine Ruhelage kennzeichnend ist. Sie sind jederzeit aktualisierbar, aber ohne Zeitdruck. Andere Freundschaften wiederum leben von der lebendigen Kommunikation, die sich auf fortwährenden Austausch stützt. Eine dritte Art der Freundschaftsbeziehung ist aufs Engste mit Kooperation verknüpft: Sobald sich Rohstoff für eine begriffliche und praktische Veränderung der Dinge zeigt, mobilisiert der Gemeinsinn Arbeitseifer. Dieser Katalog von Freundschaftsbindungen ist gewiss nicht vollständig, aber er skizziert unterschiedlichen Beziehungsstrukturen, in denen Freundschaft zum Ausdruck kommt.

So sind meine freundschaftlichen Beziehungen zu Jürgen Habermas ganz andere als die, die sich in derselben Zeit zu Michael Schumann, Dieter Sterzel oder Klaus Staeck bildeten. Sie sind sehr unterschiedlich, obwohl ihnen die Vertreibung der kritischen Intelligenz aus der SPD und die Gründung des Förderkreises für den selbstständigen SDS gemeinsam ist. Um

1960 herum sortierte sich die Nachkriegsintelligenz neu. Es bildete sich eine rechtskonservative Front, die mit großer Beharrlichkeit den überkommenen Zustand der Universitäten und der Gesellschaft verteidigte. Und es entstand das Bild einer 68er-Generation, die auf Erneuern setzte. Manche Freundschaften sind an dieser Polarisierung zerbrochen, andere wiederum haben sich im Geist dieser Rebellion entwickelt – Freundschaften mit Menschen ganz unterschiedlicher Berufe, mit Naturwissenschaftlern, Anwälten, Lehrern, Psychotherapeuten.

Als ich Anfang der 1990er Jahre gemeinsam mit Hans-Werner Dannowski den Montagsgesprächskreis gründete, verwirrte ein ganz anderer Umbruch die Gemüter: die Wiedervereinigung. Sie verlief nicht so, wie sich viele überzeugte Sozialisten das vorgestellt hatten. Kritiker *dieser* Form der Wiedervereinigung, wie Günter Grass, prangerten sie als Verfassungsbruch an. Die ersten Referenten des Gesprächskreises kamen aus dem Osten und waren Repräsentanten der Widerstandsbewegung, die zum Zusammenbruch des SED-Regimes geführt hatte. Es entstand ein Gesprächskreis, der heute noch existiert und so lebendig ist wie in den ersten Tagen. Er ist das Resultat alter freundschaftlicher Beziehungen, erzeugte aber auch viele neue. Die Veranstaltungen finden unregelmäßig statt und sind stets mit Vorträgen verbunden. Die wenigen Regeln, durch die sich dieser Gesprächskreis auszeichnet, haben zu seiner Stabilität beigetragen: keine öffentliche Berichterstattung, auch nicht für die teilnehmenden Journalisten. So war es auch einflussreichen Menschen, wie Gerhard Schröder, Günter Grass oder Wolfgang Thierse, möglich, völlig frei zu reden und nicht unter dem Druck zu stehen, am nächsten Morgen einen Bericht darüber in der Zeitung lesen zu müssen. Es ist ein Diskussionskreis mit etwa zwanzig bis vierzig Teilnehmern und über siebzig Mitgliedern. Wir sind darauf bedacht, dass die Theoriebildung oder jedenfalls die Umsetzung eigener Theorien in praktisches Handeln nicht zu kurz kommt. Es ist ein Selbstverständigungskreis derjenigen, die sich auf dem Laufenden halten wollen, indem sie sich mit anderen austauschen. *Freundschaftsbeziehungen sind gewiss das Rückgrat dieses Kreises.*

Aber was ist das Wesen der Freundschaft?

### Das Wesen der Freundschaft

Hannah Arendt sagt sinngemäß: Es war nicht erstaunlich, was unsere Feinde, die Nazis, taten; davon hatten wir eine Ahnung. Was unsere Freunde taten, wie sie sich plötzlich veränderten, wie sie antisemitische Vorurteile entwickelten – das hat uns verblüfft und erschreckt. Am Freundschaftsverhalten kristallisiert sich das menschliche Beziehungsgeflecht. Es ist eine Tugend, zur Freundschaft fähig zu sein – dazu gehören eine spezifische Bindungsfähigkeit und Vertrauen auf den Charakter des anderen. »Wem der große Wurf gelungen, eines Freundes Freund zu sein«[84], heißt es in Schillers Ode *An die Freude*. Verordnete Freundschaft – wie in der Grußformel »Freundschaft!« der FDJ – hat kein haltbares Fundament. Freundschaft ist und bleibt ein kompliziertes Beziehungsgeflecht.

Aber welche Merkmale machen nun jene Beziehung haltbar, die wir mit Gründen von Liebe, Solidarität, Kameradschaft unterscheiden? Freundschaft ist eine ganz besondere Beziehungsart zwischen Menschen, nicht ganz unabhängig vom jeweiligen Geschlecht oder dem Alter, damit aber auch nicht wesensmäßig und einseitig verknüpft. Aristoteles hat wohl die vielfältigsten Beobachtungen über diesen äußerst sensiblen Beziehungsmodus angestellt, auch was dessen Störanfälligkeit betrifft. Aussagen dazu finden sind über sein ganzes Werk verstreut, doch hauptsächlich wird diese Erörterung in den Büchern VIII und IX der *Nikomachischen Ethik* entfaltet. Es heißt hier, Freundschaft »ist irgendwie eine Trefflichkeit menschlichen Wesens oder eng mit ihr verbunden.« Und weiter: »Sie ist in Hinsicht auf das Leben (in der Gemeinschaft) höchst notwendig. Denn ohne Freunde möchte niemand leben, auch wenn er die übrigen Güter alle zusammen besäße: gerade reichen Leuten und denen, die Amt und Herrschaft haben, tun Freunde bekanntlich ganz besonders not. Denn wozu ist solcher Wohlstand nütze, wenn die Möglichkeit des Wohltuns genommen ist, das doch vor allem und in seiner preiswürdigsten Form dem Freunde gegenüber sich entfaltet? [...] Je größer er ist, desto gefährdeter ist er. Und in Armut und sonstigem Missgeschick gelten Freunde als die einzige Zuflucht. Freundschaft ist Hilfe [...].«[85]

### Beziehungsarbeit und Charakter

Beziehungsarbeit, die sich auf Freundschaft richtet, hat, wie wir wissen, in der griechischen Antike einen sehr hohen Stellenwert für den Zusammenhalt der Gemeinde, der Polis. Wenn man heute manchmal noch die ideologische Formel hört, dass die Familie die Grundlage des gesellschaftlichen Zusammenhalts sei, dann galt für die Zeit der großen und kulturell hochproduktiven antiken Stadtstaaten die Freundschaft als ein solches emotionales Beziehungsgeflecht. Aber was sind die Motive, Freundschaften einzugehen? Aristoteles nennt drei. Die Anerkennung der Trefflichkeit des Charakters eines Anderen, aber im Rang Gleichen, ist eines dieser Motive. Erwartungen von Nützlichkeit und Vergnügen sind die anderen. Die Vorstellung, dass Freundschaft eine Charakterangelegenheit ist, wird wohl seit den Anfängen, als man in den Homerischen Epen über die Beziehung zwischen Freundschaft und den Gefährten *(heteiroi)* nachdachte, immer auch mit dem Bild der Schönheit verknüpft gewesen sein.[86]

So können erwarteter Nutzen und wechselndes Wohlgefallen Motive sein, die Menschen in einer Freundschaftsbeziehung einander nahebringen; aber diese Bestimmungsgründe freundschaftlichen Verhaltens beruhen auf Abhängigkeit. Wenn der andere keinen Nutzen mehr bringt, geht das Bindungsmotiv verloren; wenn der andere seine Schönheit und Unterhaltsamkeit verliert, wendet sich das Interesse ab. Modern ausgedrückt könnte man sagen: Wo die empirischen Motive vorherrschen, gibt es keine Haltbarkeit in einer Freundschaftsbeziehung. Aristoteles nennt diese Beziehungen deshalb akzidenziell, also nicht in der Substanz begründet, zerbrechlich und zufällig.

Andererseits ist die Trefflichkeit des Charakters, der wohlwollende Blick auf den Anderen, immer auch nützlich und bewirkt ästhetisches Wohlgefallen und Lust. In einem solchen Falle wären Lust und Nutzen jedoch *Wirkungen* des trefflichen Charakters und der Tugend des Wohltuns, nicht deren Grund. Grund und Begründetes, Ursache und Wirkung sind nur durch ein neues Maßverhältnis auf Dauer zu stellen. Freundschaft wird nicht durch Schlaf und Entfernung aufgehoben, aber sie ist für Aristoteles (wohl für die ganze griechische Antike) kein idealisiertes Verhältnis der Fernbeziehungen. Sie bedarf der praktischen Ausübung, der lebendigen Verwirklichung, weil damit offenbar ein konkreter Prüfstein für deren Haltbarkeit und Störanfälligkeit geschaffen wird. Freundschaften sind durch Einseitigkeit im Abhängigkeitsgefälle ebenso bedroht wie durch dauerhafte Nutzlosigkeit und Unlust.

*Gleichheit* ist Balance-Arbeit und seit Aristoteles ein wesentliches Element von Freundschaft; deshalb muss die Proportion erst zurechtgerückt werden, bevor ein Freundschaftsverhältnis entstehen kann. Wenn ich Aristoteles recht verstehe, muss der Höherrangige mehr vom Niederrangigen bekommen als umgekehrt, weil sonst der Machtvollere durch seine schenkende Tugend die Abhängigkeit des anderen noch bestärkt. Der Ungleiche kann also praktisch nur dadurch, dass er mehr gibt, seinen Mangel an Gleichheit wettmachen. Aber nie sind es in der Antike der gesellschaftliche Rang, die Macht des Reichtums oder der Ruhm, die über dieses Element von Gleichheit bestimmen, sondern immer und in erster Linie der Charakter, die Prägung des Einzelnen. Nur Verlässlichkeit und Treue in der Denkungsart, in dem auf Liebe zur Weisheit und auf Selbsterkenntnis gehenden *bios theoreticos*, sind daher die wirklichen Garanten der Freundschaft.

Das ist schon in der römischen Republik zur Zeit Ciceros in wesentlichen Punkten anders. Die Trefflichkeit des Charakters ist durch die kulturelle Atmosphäre einer *vita activa* bestimmt. Es ist das Tätigsein im Sinne der *res publica*, des Gemeinwohls, was die Augenhöhe der Freundschaftsbeziehungen bestimmt. Wie schon für Aristoteles ist auch für Cicero die Tugendfreundschaft das Wesen der Freundschaft, aber nicht der philosophische Eros ist das treibende Motiv der Charakterveredelung, sondern die Kampfbewährung, die Haupttugend der *res publica*. So hat es Cicero in *Laelius. De amicitia* verstanden, und man muss diese tragische Figur Cicero, den man nicht ohne Grund den *Republikaner ohne Republik* genannt hat, in ihrer absolut zwiespältigen Beziehung zu der damals herausragenden Freundschaft sehen, die er zugleich zutiefst bewundert und in seinem Innern gehasst hat: *die Freundschaft und Rivalität zwischen Pompeius und Caesar*. Immer wieder hatte Cicero für einen der beiden Partei ergriffen und wusste doch, dass beide gemeinsam und als je Einzelne die Republik zugrunde richten werden. Was auch geschah und ihn auf schreckliche Weise mit in den Tod riss.

In diesen Freundschaftserörterungen der Antike sind immer die klassischen Freundschaftspaare gegenwärtig: Achill und Patroklos, Orest und Pylades, bei Cicero Laelius und Publius Scipio, wohl mehr politische Freunde, aber doch in der Denkweise und dem Charakter ähnlich. Es heißt im *Laelius* sinngemäß: Mir selbst muss also des Anderen Liebe gelten und nicht meinen Mitteln, sollen wir wahre Freunde werden. Keine mir zugängliche Erörterung des Themas »Freundschaft« in der Geschichte hat darauf verzichten können, Aristoteles zur Kenntnis zu nehmen; oft haben sie ihn lediglich in sehr geringfügigen Varianten kommentiert.[87] Für die Deutung von Freundschaft in der Neuzeit bietet mein verlässlicher »Gewährsphilosoph« Kant wichtige Gedanken.

### Kant über die Macht der Gefühle

Im Unterschied zu heutigen Philosophen, die ihre Spezialgebiete hegen und pflegen, haben die früheren Denker eigentlich noch über alles, was es in der Welt gab, intensiv nachgedacht. Der etwas knorrige, aber intellektuell unablässig bohrende Kant hat merkwürdigerweise über die *Macht der Gefühle* sehr viel nachgedacht – vielleicht, weil sich in diesem Bereich für ihn die Spannungen besonders dramatisch zeigten. In seiner *Metaphysik der Sitten,* in der er sich mit der Mannigfaltigkeit von Gefühlsregungen auseinandersetzt, verfasst er auch ein kurzes Kapitel über Freundschaft. In der moralischen Naturanlage, welche den Menschen mit der gattungsgeschichtlichen Möglichkeit ausstattet, gegen alle Kausalität der Naturtriebe zu handeln, ist auch die Bindungsfähigkeit der Freundschaft enthalten. Freundschaftsfähig zu sein, ist ein gattungsgeschichtliches Privileg. So betrachtet er es als eine »ehrenvolle Pflicht«, sich auf Freundschaftsbeziehungen einzulassen. Es ist nichts anderes als die Möglichkeit, aber etwas ganz Besonderes, dem Menschen Eigentümliches, Beziehungen herzustellen, die man Freundschaft nennt. Weil dieses gattungsgeschichtliche Privileg besteht, darf man es nicht missachten und verschleudern. Es ist als eine Art Verpflichtung anzusehen und im Grunde anzunehmen. Kant sagt in der *Metaphysik der Sitten,* Paragraph 46: »Freundschaft (in ihrer Vollkommenheit betrachtet) ist die Vereinigung zweier Personen durch gleiche wechselseitige Liebe und Achtung. – Man sieht es leicht, dass sie ein Ideal der Teilnehmung und Mitteilung an dem Wohl eines jeden dieser durch den moralisch guten Willen Vereinigten sei, und wenn es auch nicht das ganze Glück des Lebens bewirkt, die Aufnahme desselben in ihre beiderseitige Gesinnung die Würdigkeit enthalte, glücklich zu sein, mithin dass Freundschaft unter Menschen Pflicht derselben ist. – Dass aber Freundschaft eine bloße (aber doch praktisch-notwendige) Idee, in der Ausübung zwar unerreichbar, aber doch danach (als einem Maximum der guten Gesinnung gegeneinander) zu streben, von der Vernunft aufgegebene, nicht etwa gemeine, sondern ehrenvolle Pflicht sei, ist leicht zu ersehen.«[88]

Dass Freundschaft eine ehrenvolle Pflicht sei, mag nun, nimmt man die empirische Wirklichkeit zu Hilfe, in keinem Fall »leicht zu ersehen« sein. Was jedoch in dieser kantischen Definition von Freundschaft bemerkenswert ist, liegt in der inneren Verbindung von Liebe und Achtung, einem extremen Spannungsverhältnis zwischen Nähe und Distanz. Kant merkt das selbst, wenn er feststellt: »[...] man kann jene als Anziehung, diese als Abstoßung betrachten, sodass das Prinzip der ersteren Annäherung gebietet, das der zweiten sich einander in geziemenden Abstande zu halten fordert; welche Einschränkung der Vertraulichkeit durch die Regel: dass auch die besten Freunde sich untereinander nicht gemein machen sollen, ausgedrückt, eine Maxime enthält, die nicht bloß dem Höheren gegen den Niedrigen, sondern auch umgekehrt gilt.«[89]

*Achtung des Anderen in seiner Andersartigkeit*, auch dem Dunkel-Unverständlichen der Fremdheit, ist ein wesentliches Beziehungselement für haltbare Freundschaft. Aber für Kant ist darin noch ein bemerkenswertes Moment der Selbstbeziehung enthalten. Nur wer sich selbst achtet, also pfleglich mit sich selbst umzugehen versteht, kann andere achten. So gilt auch für eine Freundschaftsbeziehung das Gebot des kategorischen Imperativs, auch sich selbst nicht als bloßes Mittel zu betrachten. Achtung bricht eben diese Verwendung als Mittel auf allen Ebenen.

Kant ist jedoch Realist genug, um zu wissen, dass idealisierte Freundschaften in Wirklichkeit nur selten vorkommen. Deshalb stellt er bedauernd fest: »Freundschaft in ihrer Reinigkeit oder Vollständigkeit als erreichbar (zwischen Orestes und Pylades, Theseus und Pirithous) gedacht, ist das Steckenpferd der Romanschreiber [...].«[90]

## Jeder Mensch bedarf eines Anderen

Kant erhebt sich nicht über diese idealisierte Freundschaft, wie sie sich dann in der Frühromantik in zahlreichen literarischen Beispielen zeigt. Nur ist er darin Aristoteles ähnlich, dass er die Gebrechlichkeit einer solchen sensiblen Zweierbeziehung nicht verschweigen möchte. Freundschaft ist ihm aber doch ein hohes Gut, das zu hüten und zu pflegen für den Menschen als ein auf Gesellschaft angewiesenes Wesen sehr wohl den Rang einer Liebespflicht haben kann. Deshalb ist es nicht nur eine Frage des Charakters, welche die Haltbarkeit dieser Beziehung ausmacht; sondern sie ist auch mit einer Art Weltvertrauen verknüpft: ob ich mich in meinen geheimsten Gefühlen und Gedanken einem anderen Menschen öffnen kann – oder ob ich befürchten muss, dass meine Offenheit missbraucht wird. Jeder Mensch bedarf eines Anderen, dem er Geheimnisse anvertrauen kann. »Moralische Freundschaft«, sagt Kant, »(zum Unterschiede zur ästhetischen) ist das völlige Vertrauen zweier Personen in wechselseitiger Eröffnung ihrer geheimen Urteile und Empfindungen, soweit sie mit beiderseitiger Achtung gegeneinander bestehen kann. Der Mensch ist ein für die Gesellschaft bestimmtes (obzwar doch auch ungeselliges) Wesen, und in der Kultur des gesellschaftlichen Zustandes fühlt er mächtig das Bedürfnis, sich anderen zu eröffnen [...].«[91] Deshalb ist die Balance zwischen Nähe und Distanz für Kant ein wesentlicher Gesichtspunkt einer haltbaren Freundschaftsbeziehung.

Für die anbrechende Periode der Frühromantik gibt Kant durch die Höherbewertung der Sinne und der Macht des Gefühls, hierin bewusst Schüler Rousseaus, selbst Anstöße. Doch die in der Achtung des Fremden und Fremdartigen enthaltene Gefühlstönung wurde von den Frühromantikern eher als Ausdruck der Kälte betrachtet; und in die freundschaftliche Gefühlslage Pflicht einzumischen, wäre ihnen wie ein Verrat an dieser Beziehung vorgekommen. Freundschaft ist für sie Überwindung des Dunklen – das Feuer, das in der gegenwärtigen Nacht der Geschichte Erleuchtung bringen wird. Es ist der Geist jenes Freundschaftsbundes, der im Tübinger Stift zwischen Hölderlin, Schelling und Hegel geschlossen wurde, die angesichts der Französischen Revolution den Freiheitsbaum pflanzten und sich verschworen, den Tyrannen den Tod zu bereiten. Diese Freundschaft zerbrach, aber die literarischen Zeugnisse sind aufbewahrt. »Wo der edle Trank erglüht, / Voll von Schauern, ernst und stille, / In des Dunkels heil'ger Hülle, / Singen wir der

Freundschaft Lied«[92], so dichtete Hölderlin. Und in »Brod und Wein«, in der ersten Fassung, lesen wir: »Göttliches Feuer auch treibet, bei Tag und bei Nacht, / Aufzubrechen. So komm! dass wir das Offene schauen, / Dass ein Eigenes wir suchen, so weit es auch ist.«[93] Für Schleiermacher ist Freundschaft »der Freiheit reinste Tat« und Schiller schwärmt in der Ode *An die Freude*: »Wem der große Wurf gelungen, / Eines Freundes Freund zu sein«[94].

Freundschaft ist ein eigentümliches Drittes im Beziehungsgeflecht zwischen spürbar verschiedenen Lebensauffassungen und Charakteren. Nur wenige konkrete Ausprägungen sind in den Lebensverhältnissen verallgemeinerbar, aber ein Merkmal definiert doch die Beziehungssubstanz von Freundschaft: *wechselseitige Achtung und Anerkennung des Verschiedenen, das freilich von einer Art Wärmestrom getragen ist.* Dies charakterisiert vortrefflich auch meine Altersfreundschaft mit Hans Werner Dannowski, dem evangelischen Theologen, Pastor der Marktkirche und Stadtsuperintendenten von Hannover in den Jahren 1980 bis 1998, in dessen Denken und Handeln die ursprüngliche Idee des Gemeindechristentums eine charakteristische Erweiterung erfuhr. Manche seiner Predigten klangen wie Essays von Montaigne, immer mit einer offenen oder verdeckten Moral, einem nicht besonders penetranten, aber unmissverständlichen Hinweis darauf, wie die Welt sein sollte. *In jedem Wort steckte ein utopisches Motiv*. Wir gingen beide gut auf die Sechzig zu, als wir die Verabredung trafen, den bereits erwähnten Gesprächskreis zu gründen, in dem wir uns nach Art eines *republikanischen Clubs* über die Probleme der Gegenwart und den Zeitgeist verständigen wollten. Es war der Beginn einer sehr befriedigenden Altersfreundschaft, welche die jugendlichen Vorbilder aus den Romanen, wie Kant sagt, längst hinter sich gelassen hatte. Ein gemeinsamer Freund charakterisierte diese Freundschaft als einen *merkwürdigen Dialog zwischen einem katholischen Protestanten und einem gläubigen Atheisten.*

Zusammen mit Hans Werner Dannowski reiste ich 1996 zum ersten Mal nach dem Krieg nach Königsberg/Kaliningrad. Ziel unserer Reise waren auch unsere jeweiligen Geburtsorte unweit der Stadt, die nur etwa dreißig Kilometer voneinander entfernt liegen. In dem Buch *Königsberg – Kaliningrad*[95] haben wir die Erfahrungen dieser Exkursion gesammelt. Nur von einer kleinen, sehr prosaischen und völlig unphilosophischen Episode am Schluss der Reise möchte ich hier erzählen; denn triviale Beispiele drücken den gemeinsam beackerten Boden der Freundschaft manchmal am besten aus.

In einem ziemlich engen Schlafwagenabteil kehrten wir nach Berlin zurück. Nach dem üblichen Schlaftrunk schliefen wir gut ein, auch die Grenzkontrollen störten uns nicht besonders, wenngleich auffällig war, dass Russen und Polen sich sehr zurückhaltend, die Deutschen dagegen polternd verhielten. Dann merkte ich im Halbschlaf, dass Hans Werner ruckartig das Bett verließ, als käme ihm plötzlich ein lebensnotwendiger Gedanke. Eine Minute später kehrte er in die Kabine zurück, rüttelte mich wach und rief: »Du, Oskar, wir müssen ganz schnell aussteigen! Der Zug wird in Kürze aufs Abstellgleis geschoben!« Etwas benommen fragte ich: »Sind wir denn schon in Lichtenberg?« Wir zogen uns fluchtartig an, warfen geschwind unsere Sachen in die Koffer und stürzten aus dem Zug. Die Nachtzugbegleiterin, die uns half, war verblüfft, dass hier noch zwei Menschen, für sie ganz unerwartet, nach draußen drängten. Vorwurfsvoll, mit strafendem Blick fragten wir: »Warum haben Sie uns denn nicht rechtzeitig geweckt?« Sie antwortete etwas verlegen: »Entschuldigen Sie bitte, wir stehen jetzt seit etwa zwanzig Minuten auf dem Bahnhof Lichtenberg. Ich bin gar nicht auf den Gedanken gekommen, dass irgendwer in diesem Zug noch geweckt werden müsste. Mir war es unvorstellbar, dass es Menschen gibt, die bei diesem Höllenlärm noch schlafen können.« – Wir nahmen diese Worte schweigend zur Kenntnis. Freundschaft ist Hilfe, sagt Aristoteles – aus wechselseitiger Achtung, fügt Kant hinzu.

# ÜBER KOOPERATION UND VERTRAUEN – DIE ZUSAMMENARBEIT MIT ALEXANDER KLUGE

## Ein halbes Jahrhundert »gemeinsame Philosophie«

Manche Sätze haben im Leben ein besonderes Gewicht; man hat sie im Kopf und kann sie jederzeit wiedergeben. Sie können, um es etwas pathetisch auszudrücken, jener Funke sein, der das Feuer für ganz neue Sichtweisen der Welt entzündet. Das folgende Zitat von Marx ist ein solcher Satz: »Abgesehn von der neuen Kraftpotenz, die aus der Verschmelzung vieler Kräfte in eine Gesamtkraft entspringt, erzeugt bei den meisten produktiven Arbeiten der bloße gesellschaftliche Kontakt einen Wetteifer und eine eigene Erregung der Lebensgeister *(animal spirits)*, welche die individuelle Leistungsfähigkeit der Einzelnen erhöhen [...].«[96]

Ich weiß nicht, wie oft Alexander Kluge und ich diesen Satz in unseren Diskussionen bemüht haben, um den Argumentationszusammenhang voranzutreiben. Was mich mit Alexander Kluge verbindet, ist eben diese Erregung der intellektuellen Lebensgeister; es ist die besondere Art, sich auf das Wort des anderen sofort einzulassen, um den Gedankenfaden in Eigenregie weiterzuführen. Man könnte auf die Idee kommen, das sei eine Art intellektuelle Symbiose; das ist es aber nicht. Und es ist etwas anderes als Freundschaft; gleichwohl müssen freundschaftliche Gefühle dabei sein, das ist sicher.

Immer wieder haben Alexander Kluge und ich zu beschreiben versucht, worin unsere fast ein halbes Jahrhundert währende Produktionsgemeinschaft besteht und was ihre Haltbarkeit ausmacht. Es wird für jeden verständlich sein, dass Kooperation zur geistigen Existenzweise eines Autors von Forschungsprojekten, Büchern und Aufsätzen gehört. Auch die geheime Korrespondenz mit den großen Toten der Vergangenheit und ihren Texten gehört in den Zusammenhang solcher Kooperationen, nicht nur der individuelle Kontakt mit den Lebenden. Jedem fallen auch sofort Bespiele einer solchen kooperativen Produktionsweise von Intellektuellen ein: Marx und Engels zeichnen für einige Schriften und Artikel gemeinsam als Autoren, etwa für das *Kommunistische Manifest*, oder Horkheimer und Adorno, die gemeinsam die *Dialektik der Aufklärung* geschrieben haben. In der Republik der Gelehrten des 18. Jahrhunderts traten Kooperationsverbindungen häufig auf, die Enzyklopädisten Frankreichs hielten engen Kontakt. Wollte man weitersuchen, so würde man gewiss auf viele Beispiele treffen, die eine gefügeartige Kooperation zwischen zwei Intellektuellen oder auch ganzen Gruppen erkennen lassen.

Wo immer ich öffentliche Reden halte, an die sich Publikumsbefragungen und Diskussionen anschließen, werde ich in verblüffender Regelmäßigkeit mit der Frage konfrontiert: Wie kann man sich deine Zusammenarbeit mit Alexander Kluge vorstellen? Und ich merke sehr schnell, dass es einige wenige Worte sind, die provokativ wirken und diese Frage lebendig halten. Kluge und ich sprechen in der im Jahr 2001 herausgegebenen zweibändigen Ausgabe unserer vier Bücher von der »gemeinsamen Philosophie«[97]. Dieses Gemeinschaftswerk umfasst jetzt über 2.200 Seiten. Da wir dieses »Gemeinsame« noch dadurch zuspitzen, dass wir erklären, die weitaus überwiegende Zahl der Texte sei »Wort für Wort« gemeinsam geschrieben, muss das auf viele Leser, die uns beide auch aus jeweils eigenen Schriften kennen, irritierend, ja unglaubwürdig wirken. In der Tat: Wie kann das konkret aussehen, wenn zwei offenkundig sehr verschiedene Menschen lange und häufig sehr komplexe Texte Wort für Wort gemeinsam verfassen?

## In der Denkwerkstatt

Ich will von der szenischen Konstellation ausgehen, von unseren Handlungen beim Prozess des Schreibens, der durch räumliche Enge und höchste geistige Konzentration gekennzeichnet ist. Wir sitzen an einem langen Tisch, der mit Büchern, Manuskripten, Aufzeichnungen und Bildmaterialien bedeckt ist, genau gegenüber, nicht mehr als eine Armlänge voneinander entfernt. In Hörweite befindet sich eine dritte Person, die auf unsere Sprech- und Diktierweise eingestellt ist und deshalb häufig nicht nur die ausdrücklichen Diktate aufnimmt, sondern auch Diskussionen zwischen uns, wenn sie den Eindruck gewinnt, dass wir diese im formalisierten Text gebrauchen könnten. Nach wenigen Minuten Einstimmung über das, woran wir jetzt arbeiten werden, beginnt einer von uns beiden zu diktieren. Da wir stets in Blickkontakt bleiben, übernimmt der andere die Kontrollfunktion. Der innerliche Denkprozess, der bei dem anderen abläuft, ist so auf das ausdrücklich Diktierte abgestellt, dass wir wechselweise Sätze beginnen und den Abschluss des Satzes dem anderen überlassen können. Das gilt für ganze Abschnitte ebenso. Kluge beginnt eine Argumentation, ich nehme sie ab einem bestimmten Punkt auf und vervollständige die Satzkonstruktion und den Gedankengang.

Natürlich geht dieser Werkstattarbeit auch gedankliche Vorbereitungszeit voraus. Aber ganz selten existieren vorformulierte Texte, die wir einmontieren. Es ist in der Tat das Vertrauen in das Gelingen einer Gedankenarbeit, die ihre Kraft aus zwei intellektuellen Quellen bezieht. Diese Dialogsituation entspricht genau dem, was wir unter Dialektik verstehen, für die ja nicht der Satz gilt *tertium non datur*, sondern das Gegenteil: Ein Drittes ist nicht die bloße Kombination von zwei selbstständig bleibenden Seiten, sondern ein wirklich Neues. Kluge und mich hat immer wieder, ganz abgesehen vom sonstigen Lapidarstil dieses Dichters, die kleine Schrift Kleists fasziniert, in der er von den schöpferischen Quellen der öffentlichen Rede spricht: *Über die allmähliche Verfertigung der Gedanken beim Reden*. Darin sind viele Elemente enthalten, die Marx später in seinem Kooperationskapitel im *Kapital* Erregung der Lebensgeister durch gesellschaftliche Kooperation nennt, *animal spirits*.

Jürgen Habermas fragte einmal nach, was »Wort für Wort gemeinsam geschrieben« konkret bedeute (wenn es nicht bloß eine Arbeitsmetapher sein sollte). Als wir ihm die Situation beschrieben und den Tisch zeigten, schüttelte er verständnislos den Kopf: »Da sitzt ihr zwei oder drei Wochen praktisch in Tuchfühlung genau gegenüber?!« Für ihn war das eine reine Horrorvision. Das könnte es auch sein, aber wir befolgen ungeschriebene Regeln, die den selbstverständlich auch uns vertrauten Autorennarzissmus brechen. Selten haben wir um eine Formulierung länger als fünfzehn Minuten gestritten; wenn Einigung nicht zustande kam, wurde auf den Satz verzichtet oder er wurde so aufgenommen, wie einer von uns beiden ihn formuliert hatte. War es auffällig, dass einer von uns beiden ununterbrochen redete und der andere das schweigend und duldend hinnahm, stoppte der Betreffende den Redefluss und stellte die Frage: »Ist etwas nicht in Ordnung?« Die Arbeit wurde unterbrochen. Das Tagespensum umfasste sieben bis neun Stunden, einschließlich der zwischenzeitlichen Ruhepausen.

Selten haben wir länger als drei Wochen am Stück gesessen; wenn sich im Laufe der Zeit atmosphärisch immer häufiger Anlässe ergaben, über diesen oder jenen Satz, über Gedanken oder Gliederungen des Textes zu streiten, dann zeichnete sich in der Regel das Ende dieser Arbeitsperiode ab. Ohne dass wir große programmatische Zukunftsplanungen vornahmen, kehrte jeder mit den Notizen und den niedergeschriebenen Materialien an seinen Heimatort zurück, nach Frankfurt, Hannover oder München. Vielfach verabredeten wir noch nicht einmal neue Termine. Jeder kehrte zu seiner Familie zurück und richtete sich so ein, als wäre das gemeinsame Buchprojekt abgeschlossen – oder auch abgebrochen oder gescheitert. Manchmal haben wir danach mehrere Monate nicht einmal mehr telefoniert. Wer das von außen betrachtete, konnte sich überhaupt keine Vorstellung davon machen, wie wir arbeiten. Es ging aber, wie die veröffentlichten Produkte zeigen, immer wieder weiter.

### Achtung und Balancearbeit

Warum das so ist, lässt sich der beschriebenen szenischen Konstellation nicht entnehmen. Die dafür geltenden Regeln gründen sich auf ein Beziehungsgeflecht, das sich aus der eigentümlichen Verbindung zweier sehr spezifischer Persönlichkeitsprägungen ergeben hat. In unserem jeweiligen Freundeskreis gelten wir beide als Menschen, die unähnlicher kaum vorstellbar sind. Kluge ist Arztsohn, ich komme aus kleinbäuerlichen Familienverhältnissen. Nun könnte man sagen, Wachsen, Gedeihen und Gesundheit sind für die Pflege des menschlichen Körpers ebenso wichtig wie die Bodenpflege. Aber auch die Bildungskarrieren sind radikal verschieden. Als wir uns 1969 kennenlernten, erschien mir der Abstand zu Kluge riesig. Im großen Hörsaal des Frankfurter Juridicums hielt ich eine Lehrveranstaltung ab, in der noch einmal alle Fraktionen der

Studentenbewegung versammelt waren und ausgiebig über die aktuellen Probleme der Beziehungen von Macht, Recht und Gewalt diskutierten.

Nicht nur Studenten nahmen daran teil, auch Gewerkschafter und universitätsfremde Leute aus der Stadt versammelten sich hier zu den wöchentlichen Veranstaltungen. Kluge saß ganz hinten in der Ecke. Ich hatte ihn in mehreren Sitzungen beobachtet, denn er machte fleißig Notizen. Nach einer dieser Sitzungen kam er auf mich zu und stellte sich vor: »Ich bin Alexander Kluge«. »Ich weiß, wer Sie sind, Sie sind Rechtsanwalt, Filmemacher, vor wenigen Tagen habe ich mir *Abschied von gestern* angesehen. Aber Sie sind auch, wie ich erfahren habe, ein Freund Adornos. Was suchen Sie hier in meiner Veranstaltung? Glauben Sie, etwas lernen zu können?« Ich weiß nicht mehr, was Alexander Kluge geantwortet hat, aber seine Antwort muss so interessant gewesen sein, dass wir ein Treffen verabredeten. Es war für mich eine ganz neue Erfahrung, mit jemandem, der bereits einen Namen hatte, mir aber zuvor persönlich nie begegnet war, in eine derart intensive Gesprächssituation eingebunden zu werden, dass sich zwischen uns sofort eine politische Diskussion entwickelte. Es ging um Öffentlichkeitsformen der Protestbewegung.

Als langjähriger Assistent von Jürgen Habermas hatte ich natürlich den *Strukturwandel der Öffentlichkeit* gleichsam verinnerlicht. Das mag einer der Gründe gewesen sein, warum ein (eher bürgerlich ausgerichteter) Verlag auf mich zugekommen war, um bei mir ein Buch in Auftrag zu geben, das die Öffentlichkeitserfahrungen der Protestbewegung und der Opposition gegen die Notstandsgesetze neu bewerten und dem Selbstideal der bürgerlichen Öffentlichkeit eine substanzielle Gegenmacht verschaffen sollte. Der Lektor, der den Vertrag mit mir abschloss und mir auch gleich 2.000 DM (was damals viel Geld war) vorsorglich in die Hand drückte, kannte das Buch von Habermas sehr genau und bemängelte, dass seiner Meinung nach darin alle Öffentlichkeitsformen *außerhalb* der bürgerlichen lediglich als niedrigstufige Varianten wahrgenommen würden; so auch das, was Habermas *plebejische Öffentlichkeit* nennt.

Alexander Kluge, dem ich von dem Buchprojekt erzählte, fing sofort Feuer. Gedanken sprudelten aus seinem Kopf. Das erhöhte nur meinen Respekt vor dieser gestandenen Persönlichkeit; ich glaube, wir blieben nur einige Runden beim distanzierten »Sie«. Ich wagte also die Frage zu stellen: »Was halten Sie davon, wenn wir so ein Öffentlichkeitsbuch gemeinsam schreiben? Die Gedanken, die Sie hier innerhalb einer halben Stunde geäußert haben, finde ich so interessant, dass wir uns auf das Experiment eines gemeinsamen Buches sehr gut einlassen könnten.« Kluge stimmte spontan zu und wir schlossen einen Vertrag miteinander mit der geheimen Vereinbarung, uns den Verlag selbst auszusuchen. Im Laufe der Zeit hatte das für mich die bittere Konsequenz, dass ich die 2.000 DM Vorschuss zurückzahlen musste, um aus der ersten vertraglichen Vereinbarung herauszukommen.

Diese wenigen Tage in Frankfurt haben mein Leben verändert. Ich glaube, auch das von Alexander Kluge. Als *Öffentlichkeit und Erfahrung* 1972 erschien[98], war die Protestbewegung bereits zerrissen; es bildeten sich Parteigründungsfraktionen, die nach den Prinzipien der Ausgrenzung und der Gesinnungsgefolgschaft arbeiteten. Wo noch ein Zusammenhang gestiftet werden konnte, in dem Öffentlichkeit zu einer substanziellen Angelegenheit einer friedensfähigen Gesellschaft wird, bezog sich die deutsche Linke wesentlich auch auf unser Buch, das *proletarische Öffentlichkeit als ein konstituierendes Element vernünftiger Gesellschaftsveränderungen betrachtet.*

Wenn ich davon spreche, dass meine Freundschaft zu

Alexander Kluge mein Leben verändert hat, dann muss ich zu dieser Art von Freundschaft etwas sagen. Man behauptet zwar, Gegensätze zögen sich an; das mag in Alltagsverhältnissen die lebendige Reibungsfläche zwischen Menschen vergrößern, die zur Haltbarkeit einer Beziehung beiträgt. Aber der intellektuelle Produktionsprozess hat darüber hinaus eigentümliche Arbeitsmerkmale, die allein durch freundschaftliche Zuneigung nicht gewährleistet sind. Freundschaft ist Hilfe, sagt Aristoteles. Und niemand in der Welt möchte ohne Freunde leben, fügt er hinzu. Aber die Verletzungen, die Freundschaft betreffen, sind doch radikal verschieden von den Verletzungen, denen zwei eigensinnige Autoren ausgesetzt sind. Alexander Kluge und ich schreiben auch unabhängig voneinander Bücher, Aufsätze, Artikel, die im jeweils eigentümlichen Stil verfasst sind. Wenn zutreffen sollte, dass der Stil der Mensch ist *(Le style, c'est l'homme)*, dann müsste es eigentlich eine Stilverwirrung und ein Sprengen der Autorenidentität zur Folge haben, wenn zwei stilbewusste Autoren ein gemeinsames Drittes produzieren. Davon kann in unserem Fall jedoch keine Rede sein.

Es ist kein Zufall, dass wir in unseren gemeinsamen philosophischen Untersuchungen von Balancearbeit sprechen. Bis in die Zirkuskuppel gehen wir nicht, um die artistischen Leistungen zu beobachten; aber in unserem Produktionsverhältnis spielt die Balancearbeit zwischen Nähe und Distanz eine entscheidende Rolle. Unsere beiden Familien sind freundschaftlich und in wechselseitig wohlwollendem Interesse miteinander verbunden. Doch in den bald fünfzig Jahren der Beziehung zwischen Alexander Kluge und mir gab es nur sehr wenige gemeinsame Freizeitaufenthalte. Nicht deshalb, weil wir uns nicht mochten, sondern eher aus Erwägungen, dass die Vermischung von Arbeit und Freizeit zusätzliche Probleme schafft. Die Arbeitsdistanz hat dazu geführt, dass sich die Arbeit in die privaten Näheverhältnisse nie so hineingedrängt hat, dass Störungen zu befürchten waren.

Ich habe davon gesprochen, dass wir nach einer intensiven Arbeitsphase häufig längere Zeit nicht einmal miteinander telefoniert haben; in dieser Distanz liegt ein Element der Kälte, die jeder feststellen könnte, der sie von außen beschreibt. Abkühlung höchst konzentrierter Arbeit ist es in der Tat; keineswegs jedoch Gefühlsarmut. Im Gegenteil: Es bedeutet Aufbewahrung einer Lebenswärme, die sich gegen Erosionen der Schutzschichten gewappnet hat. Das Entscheidende daran ist, dass keine Erwartungen und Vorwürfe auftreten, wenn der Kontakt wieder aufgenommen wird. Die Gefühlsnähe zwischen uns ist nie gestört gewesen. Kein vorwurfsvoller Ton; eine nüchterne Verabredung für ein neues Telefonat oder ein neues Treffen. Und wenn wir uns dann, nach solchen Verabredungen, in München, Frankfurt oder Hannover an einen Tisch setzen oder essen gehen, ist innerhalb einer Viertelstunde das Thema fixiert, an dem wir weiterarbeiten – und das ist genau der Organisationspunkt, den wir drei oder vier Monate zuvor verlassen hatten.

Ein paar Regeln haben wir aus dieser individuellen, vielleicht besonders geglückten Konstellation im Verlauf der Jahrzehnte durchaus gewinnen können. Es ist nicht nur das, was man häufig meint, wenn es heißt, die Chemie zwischen Menschen stimme. In dieser Form der Wahlverwandtschaft geht es immer auch um Produktionsprozesse, die eigentümlichen Störungen unterliegen. Alexander Kluge und ich kommen aus sehr verschiedenen Familienmilieus; ich habe das bereits angedeutet. Er ist der phantasiereiche Intellektuelle, der schnell und assoziativ denkt und in einer atemberaubenden Geschwindigkeit Dinge begreift. Meine eigene Schwerfälligkeit und die Langsamkeit im Lernen sind der absolute Gegenpol dazu. Würden zwei Leute meiner Art zusammenarbeiten wollen, könnte daraus nur tödliche Langweile entstehen, noch nicht einmal ergebnislose Lernprozesse würden entstehen. Ich glaube aber, dass meine am bäuerlichen Materialismus der übersichtlichen Raum- und Zeiteinteilungen orientierte Denkweise auf Alexander Kluge eine eigene Faszination ausübte, weil sie in aller Beschwerlichkeit Koordinaten der Phantasietätigkeit bestimmte. »Der Bauer in uns«, wie es in *Geschichte und Eigensinn* heißt, hat viele Ansätze der Orientierung zur Verfügung in einer unübersichtlich gewordenen Welt.

Wer was veranlasst hat in unseren Produktionsprozessen, ist für das Ergebnis völlig gleichgültig; es ist auch nicht mehr quellenmäßig genau zu bestimmen. Aber wir haben uns in unserer intellektuellen Produktionsweise sehr schnell auf Koordinaten der Raum- und Zeitmessung geeinigt. Zu dieser Einigung gehört die Entscheidung, die Wahrheitsfindung für unsere Texte nie primär in der Gegenwart zu suchen, sondern in der Vergangenheit. Wir gelangten sehr schnell zu der Meinung, dass die modernistischen oder gar postmodernistischen Auffassungsweisen der Welt nicht Priorität vor jenen Denkweisen haben, welche der Vergangenheit angehören. Die Wahrheitsgehalte des gegenwärtigen Denkens haben sich vor denjenigen der Vergangenheit zu rechtfertigen, nicht umgekehrt. Bei jedem Problem haben wir deshalb zunächst immer von den großen Theorien der Vergangenheit Auskunft erbeten – vorzugsweise bei Aristoteles, Kant, Hegel, Marx und Freud. Sie waren auch die Kronzeugen für unser im Milieu der Frankfurter Schule trainiertes Denken, in ihren Büchern haben wir herumgeblättert, bis sie buchstäblich zerfielen.

Nicht die Verachtung des theoretischen Gegenwartsdenkens hat uns dabei geleitet. Besonders Kluge hat die geistige Situation der Zeit immer wieder zur Sprache gebracht; ich selbst habe die Zusammenhänge von Arbeit und Lernen, die Probleme einer zerrissenen Arbeitsgesellschaft seit *Öffentlichkeit und Erfahrung*, *Geschichte und Eigensinn* bis hin zu unseren letzten Fernsehdialogen am Brennen gehalten. Da wir beide im Bezugsrahmen der Frankfurter Schule gedacht und gearbeitet haben, war uns das Auffinden des roten Fadens, der unser Denken auf die Tradition zurückführte, nie besonders arbeitsaufwendig. Dass aber ein großartiger Erzähler, Aphoristiker und Filmemacher, gleichzeitig ein genialer Jurist, den viele in der Medienbranche fürchteten, sich mit seinem Denken auf einen eher bedächtigen und an übersichtlichen Denkstrukturen orientierten Philosophen einlassen konnte – das ist eine in allem glückliche Konstellation, ein Stück Wirklichkeit gewordene Utopie.

Das hat etwas mit einem kantischen Zentralbegriff zu tun, der *Achtung*. Wer sich selbst nicht achtet in dem, was er macht und was er für richtig hält, wird auch den anderen in seiner Autonomie nicht respektieren können. Gerade die Verschiedenheit unserer Ausgangspositionen, der Bildungskarrieren und der Temperamentsprägungen hat ein hohes Maß an gegenseitiger Achtung des anderen Lebenszusammenhangs und der unterschiedlichen Denkweise herausgefordert.

Ich habe es stets als wohltuend empfunden, dass Alexander Kluge meine Langsamkeit und mein in Traditionen verwurzeltes Denken nie als archaische Relikte abgetan hat. Dass wir beide uns im Sinne Kants als Weltbürger verstehen, konnte man als kategorischen Imperativ unserer Lebensweise lesen. Aber natürlich ist einer, der sich in den modernen Medien auskennt und sich dort mit juristischer Kompetenz auch Dialogreservate erkämpft hat, in einer Weise mit medialen Machttechniken vertraut, die mir völlig fremd ist. Diese Fremdheit hat aber nie dazu geführt, dass wir uns Modernitätsrückstände aufrechneten. Wenn wir über Aufklärung gesprochen haben und Kants Formulierung vom Ausgang des Menschen aus der selbstverschuldeten Unmündigkeit zur Sprache brachten, stellte sich stets sofort Einhelligkeit in der Deutung dessen her, was wir beide unter Aufklärung verstehen.

Es ist eine große Verschiedenheit im Spiel, wenn wir zusammenarbeiten. Alexander Kluge hat das einmal so formuliert: »Wir arbeiten zusammen, nehme ich an, weil wir Gegensätze sind, man könnte sogar sagen, unvereinbare Gegensätze.« So respektiert jeder die Reservate des anderen. Wir haben es deshalb möglichst vermieden, ohne dass dieses einer Vereinbarung bedurft hätte, Wissen oder Beispiele aus unseren jeweiligen Spezialgebieten ins Feld zu führen, Kluge aus seiner Filmpraxis, ich aus den Erfahrungen des Alternativschulprojekts Glockseeschule oder den Gewerkschaften oder der Bildungsarbeit allgemein. Deshalb konnten wir eine Art Erfahrungskonkurrenz um die besser begründeten Argumente umgehen. Jeder von uns konnte sich darauf verlassen, dass auch der abwegigste Gedanke des anderen eine Marschrichtung hat, die auf ein gemeinsames Ziel hinführt. Im ersten Akt der Kooperationsbereitschaft, die uns zusammenführte, steckte deshalb eine Art Problemtopographie. Uns beide haben auch in methodischer Hinsicht zwei glänzende gedankliche Baumeister fasziniert und methodisch angeleitet: Kant und Marx. Der eine spricht von der Architektonik des Gedankenaufbaus, dem Hausbau der Vernunft, der andere von den Fundamenten des gesellschaftlichen Lebensprozesses.

### Litis contestatio

Wenn wir zusammentreffen, stecken wir zunächst das Feld ab, das wir beackern wollen. Marx spricht vom *field of employment*, Grenzbestimmungen des Raums und der Zeit. Kluge hat für dieses Abtasten des Erfahrungshorizonts die römische Rechtspraxis herangezogen. *Litis contestatio* nannten die römischen Rechtsgelehrten das Festklopfen und Begrenzen des Streitgegenstandes. Das steht am Anfang jeder neuen Begegnung von uns, gleichgültig, ob sie in einem Büroraum, in einer Gastwirtschaft oder im Privatmilieu stattfindet.

Erst nach Sicherung eines solchen Fundaments und der Ansammlung der Bausteine konnten wir uns darauf verlassen, dass die Anreicherung der Begriffe mit Phantasiewerten und Spekulationen die Problemfelder öffnet, aber den festen Boden nie verlässt. Das erübrigt einen Kampf um Anerkennung, weil es um die *Praxis des kommunikativen Urvertrauens* geht, um die Integrität einer Haltung.

Vielleicht ist es für uns von symbolischer Bedeutung, wenn Alexander Kluge immer wieder (auch in Princeton, wo wir gemeinsam auftraten) eine Szene aus Homers *Odyssee* in Erinnerung rief, in der die Irrfahrten des Odysseus ein Ende finden. Sie handelt von dem um einen schattenspendenden Ölbaum gebauten Bett, das Penelope als Prüfstein der Wiedererkennung benutzt. Erst als Odysseus von Einzelheiten dieses Betts spricht, vermag sie den Fremden als ihren Ehemann zu identifizieren. Sofort wiedererkannt haben ihn die, die eine gleichsam proletarische oder instinktive Beziehung zu Odysseus hatten: die Dienerin Eurykleia und sein Hund Argos.

Einige Worte sind noch erforderlich, um eine relativ späte, keineswegs weniger intensive und ausgiebige Form unserer Kommunikation zu beleuchten. Von Anbeginn an richtete sich unser Denken auf die Bewältigung des Problems einer eigentümlichen Dialektik von Begriff und Bild. Kant hat in seiner kleinen Schrift *Was heißt: Sich im Denken orientieren?* zu bedenken gegeben, dass auch die abstraktesten und grundlegenden Begriffe für den Erfahrungsgebrauch tauglich gemacht werden müssten. Sie bedürften der »Beimischung des Bildes« selbst dann, wenn sie aus der Erfahrung nicht abgeleitet sind. Bildliche Vorstellungen sind unabdingbar für das Dolmetschen, für die Übersetzung von Wahrheitsgehalten.

Bilder sind deshalb keine bloße Erläuterung von Texten, sondern authentische Zugangsweisen, die nach eigenen Gesetzen weiterarbeiten. Als Alexander Kluge, neben vielen anderen herausragenden Kompetenzen auch noch mit der Fähigkeit eines hochbegabten Rechtsanwalts ausgestattet, für sich Zeitfenster in den privaten Medien erobert hatte, gingen wir beide sofort daran, mit modernisierten sokratischen Dialogen Themen im Fernsehen öffentlich zu machen, die dort sonst nicht aufzufinden sind. Über vierzig dieser Fernsehdialoge haben unsere Dialogwerkstatt verlassen, mehr als die Hälfte davon liegt gesammelt in Schriftform vor. Weil es Anstöße sind, über zentrale Lebensprobleme unserer Gesellschaft nachzudenken, haben wir sie unter dem Titel *Suchbegriffe* zusammengefasst.[99]

Diese TV-Dialoge unterstreichen noch einmal den Gesamtansatz unserer Arbeitsprozesse, die durchaus auf systematische Grundstrukturen der Arbeitsfelder gerichtet sind, gleichzeitig aber auf der Offenheit des Weiterdenkens beharren. Der Schlusssatz im knappen Vorwort zu *Geschichte und Eigensinn* ist keine Koketterie: »Mehr als die Chance, sich selbstständig zu verhalten, gibt kein Buch.« Der Leser ist aufgefordert, die von uns angebotenen Schriften im eigenen Lebenszusammenhang weiterzuschreiben. Denn Öffentlichkeit ist ein unverkäufliches Gut, wie menschliche Würde, die keinen Preis hat.

Über dem Eingangstor von Alexander Kluges Werkstatt in der Elisabethstraße im Münchener Stadtteil Schwabing prangte das beziehungsreiche Wort *Kairós*. Vieles von dem, was wir unter einem vernünftig eingerichteten Gemeinwesen, einer *Polis*, verstanden haben, ist in diesem Wort vereint: die richtige

Gefäßgröße, die ein Gelingen sichert, der günstige Augenblick und die ausgewogenen Maßverhältnisse in Raum- und Zeitbestimmungen. Kairós meint aber auch den kritischen Augenblick, die Krise, in der Zusammengehöriges sich verbindet und die unorganischen Elemente sich trennen. In diesem Sinne haben wir in unserer Theoriearbeit in Fortsetzung der Tradition von Adorno und Horkheimer und dessen, was insgesamt als Frankfurter Schule betrachtet wird, in den gesellschaftlichen Umbrüchen stets nach Auswegen gesucht. Auch die schärfste Kritik des Bestehenden hat uns nie entmutigt, die Möglichkeit zum Besseren öffentlich zu benennen, *dem Möglichkeitssinn Raum und Zeit zu verschaffen.*

### Leidenschaftliche Öffentlichkeitsarbeiter

»Öffentlichkeit« ist für Kluge und mich ein unabdingbares Bewegungszentrum unserer Arbeit, unseres politischen Lebenszusammenhangs. Denn wir haben nicht nur über Öffentlichkeit, über politische Ökonomie der lebendigen Arbeit und über die vielfältigen Erfahrungs- und Lernprozesse viel nachgedacht und geschrieben. Wir sind beide auch leidenschaftliche *Öffentlichkeitsarbeiter,* die den unbotmäßig-kritischen Eingriff in die Macht- und Herrschaftsverhältnisse als selbstverständliche Verpflichtung des politischen Intellektuellen betrachten. Solche politische Arbeit lässt sich nicht nach arbeitsteiligen Schnittmustern aufteilen und auf klar umrissene Gebiete fixieren. Proletarische Öffentlichkeit ist für uns gerade mit der Öffnung für neue Erfahrungen und mit der Überwindung jener Abgrenzungen verbunden, die charakteristisch für die bürgerliche Öffentlichkeit sind. Deshalb besteht für uns eine Gleichrangigkeit der Erkenntnismaterialien: Märchen und Mythen stehen gleichberechtigt neben wissenschaftlichen Untersuchungen. Auch die Räume unserer Öffentlichkeitsarbeit sind vielfältig. Ich rede gern auf öffentlichen Plätzen und in gut besuchten Versammlungsräumen; Alexander Kluge zieht wohl eher die kleine Form vor, die konzentrierte Gesprächsatmosphäre, wie er es in seinem unverwechselbaren leichten Tonfall auch meisterhaft in seinen Fernsehsendungen bewies. Aber in all diesen Formen geht es uns um die Botschaft: Nur Anstöße zum Selbstdenken und zur Erweiterung der politischen Urteilskraft sind sinnstiftende Beiträge zur Gestaltung einer friedensfähigen Gesellschaft. Darin liegen die Grundmotive unseres gemeinsamen Denkens.

## Treffen in Wien – Nachdenken über das Gemeinsame

Es war für mich eine große Überraschung, als sich während meines Wienaufenthalts 2014 Alexander Kluge bei mir meldete. Zwar hatten wir uns in den Jahren zuvor immer wieder einmal getroffen, aber bei den recht zögerlichen Gesprächsansätzen entstand kein zündender Funke, der ein Feuer der Begeisterung für ein neues Projekt entflammen konnte. Wir hatten über dies und jenes gesprochen, hin und wieder hatte ich auch den Gedanken gewagt, wir müssten einmal grundlegend reflektieren, was wir gemeinsam erarbeitet haben und *was Menschen der Jetztzeit mit unseren Schriften, die ja nicht ohne Einfluss geblieben sind, heute noch anfangen können*. Aber daraus entstand keine Kooperation. Nun also verabredeten wir uns im Innenhof meines Domizils, setzten uns hin – und es stellte sich eine Atmosphäre her wie vor vierzig Jahren.

Kluge hatte im Wiener Künstlerhaus zwei Filme vorgeführt: Der eine handelte von Kälte und nahm seinen Ausgangspunkt von Hauffs Märchen *Das kalte Herz*; er stieß auf geringes Publikumsinteresse. Der andere handelte – in einem brechend vollen Kino – über den 30. April, über Hitlers Selbstmord und was an diesem Tag sonst noch in der Welt passierte. Ich hatte beide Filme gesehen; sie dokumentierten, wie immer, auf faszinierende Weise Kluges phantasiereiche Bildgestaltung. Wir hätten jetzt über diese Filme oder die letzten Bücher ins Gespräch kommen können. Das hatten wir aber bisher nie getan. Stets galt es, einen Anfang ausfindig zu machen, der für das Ende tragfähig bleibt, auch wenn die *Dialektik der Aufklärung* von Horkheimer und Adorno die Offenheit betont – »ist fortzusetzen« steht dort am Ende eines Hauptkapitels.

In diesen kurzen Wiener Gesprächen ist uns klar geworden, dass ein solcher tragfähiger Ansatz seine eigenen Schwierigkeiten hat. Die Konstruktion Hegels ist bekannt: Natürlich könne man den Anfang der Wissenschaft so gestalten, dass man von irgendwelchen Gegebenheiten ausgeht; er nennt das Denken, Anschauen, Empfinden, Ich, die Subjektivität selbst usw. Alle diese Anfangspunkte bezeichnet er als nicht tragfähig für eine Wissenschaft der Logik, in der empirische Erfahrung Moment sein kann, aber niemals das vorgreifende Ganze. So entscheidet er sich für das reine Sein. Dies ist im Anfang das absolut Leere, das sich im Werden mit Rohstoff auffüllt. Aber lassen wir diese Hegel'sche Konstruktion auf sich beruhen. Für uns völlig verblüffend war die Erfahrung, dass jedem von uns eine Vielzahl von Stichworten einfiel, von denen man ausgehen könnte, um einen umfassenderen Zusammenhang zu begründen. Aber wir waren unzufrieden mit diesen Stichworten, die sich schwer zu einem festen Ausgangspunkt für unsere Betrachtungen zusammenstellen ließen.

Das war bei unseren ersten drei Büchern ganz anders. Als wir uns an *Öffentlichkeit und Erfahrung*[100] machten, war uns die strategische Begriffslinie klar; natürlich hatten wir damals den großen Vorteil, dass uns mit Habermas' *Strukturwandel der Öffentlichkeit* eine literarische Vorlage Orientierung verschaffte. Das war es aber nicht allein, sondern der assoziative Horizont um proletarische und bürgerliche Öffentlichkeit leitete unsere Betrachtungen bis zum Abschluss des Buchs. Etwas Ähnliches gilt für *Geschichte und Eigensinn*[101]. Hier wollten wir die aufgefächerten Formen lebendiger Arbeit in allen ihren Verästelungen aufspüren. Der Grundgedanke dieses Werks war die Entwicklung einer *politischen Ökonomie lebendiger Arbeit.* Dass ein solches Projekt ein im Grunde offenes Feld erschließt, das weiterer Beackerung bedurfte, war uns am Anfang nicht so klar; aber der Anfang, die *treibenden Erkenntnismotive,* mussten nicht umständlich gesucht werden, sondern sie waren uns gegenwärtig und sind auch von unseren Leserinnen und Lesern sofort ausfindig gemacht worden. Auch das dritte gemeinsame Buch hatte einen unzweideutigen Standort, von dem aus klare Linien gezeichnet werden konnten. Es war die Zeit nach der Wiedervereinigung und die Zeit der Versuche, Elemente der alten Arbeiterbewegung gegenüber dem zudringlichen Kapitalinteresse zu verteidigen. *Maßverhältnisse des Politischen*[102] beklagt die Tendenz des einsetzenden Privatisierungswahns, Gemeinwesen und Soziales auszuplündern.

Unser viertes gemeinsames Buch, die Sammlung von Fernsehdialogen aus den Jahren 1988 bis 2001, trägt dann mit Recht den Titel *Suchbegriffe.*[103] Es ist nicht so, dass man nicht mehr gewusst hätte, was Wahrheit ist. Den verbreiteten Relativismus haben wir nie geteilt. Wir sind auch keine Skeptiker im Sinne Kants, der von ihnen als »Nomaden des Geistes« spricht, die in der Furcht leben, irgendwo festen Boden unter ihre Füße zu bekommen. Aber dieser feste Boden, dieser begründete Anfang, der fehlt uns eben heute. Die Situation, die Jürgen Habermas schon sehr früh als »neue Unübersichtlichkeit« bezeichnete, hat sich verschärft. Ganze Imperien sind innerhalb weniger Jahre zusammengebrochen. Die Globalisierung hat die Welt verändert. Mikroelektronik und die Digitalisierung eröffnen neue Chancen und Gefahren. *Entfremdung und ihre Gegenmittel* liegen nahe beieinander, sie sind kein klares Gegenüber mehr. Deshalb ist jede Bearbeitung von Objekten verknüpft mit Veränderungen des Subjekts. Das kantische »Ich, das alle meine Vorstellung muss begleiten können«, hat seine universelle Geltung verloren. Revolutionen entstehen und führen sehr schnell zurück zu den alten Herrschaftssystemen; und dieselben Massen, welche gerade noch auf den öffentlichen Plätzen ihr Freiheitsbedürfnis kundgetan haben, übergeben die Macht den neuen Herren, die ihre Unterdrückungswerkzeuge in den alten Herrschaftswerkstätten erprobt haben.

Vielleicht ist eine Zugangsweise zur gegenständlichen Realität denkbar, die über den Substanzgehalt der Worte geht. Ein Lieblingssatz Alexander Kluges bezieht sich darauf – ein Zitat von Karl Kraus: »Je näher man ein Wort ansieht, desto ferner sieht es zurück.«[104] Das bedeutet ja nichts anderes als die Vertiefung in den Substanzgehalt eines Wortes; es ist die sicherste Methode, Fälschung und Missbrauch zu verhindern.

## Am Anfang war das Wort

Anknüpfend an unser Gespräch in Wien will ich einige Aspekte dieses methodischen Zugriffs auf die Realität sichtbar machen. Wir, die wir uns als radikale Aufklärer verstehen, nahmen einen uns fremden Ausgangstext, eine Bibelstelle. Geschrieben steht: »Im Anfang war das Wort.« Das erlaubt einen sehr weiten Assoziationshorizont. Im Alltagsgeschehen geht es um

Worthalten und Wortbruch; das wiederum ist verknüpft mit der Glaubwürdigkeit des Wortes. In vielen Bereichen der Öffentlichkeit, aber auch im Privaten, wird allgemein beklagt, dass die Glaubwürdigkeit des Wortes, das Verbindliche, das darin zum Ausdruck kommen sollte, weitgehend verloren gegangen ist. Und je tiefer man in den Sinngehalt von »Glaubwürdigkeit« und »Wahrheit« eindringt, desto komplexer und verwirrender blickt dieses Wort zurück.

Nehmen wir ein Beispiel. Das äußere Erscheinungsbild vermittelt uns den Eindruck, dass wir in einem Zeitalter des Kredits leben, in einer Welt der Geldleihgabe, der universalisierten Bürgschaft – und das ist keineswegs nur im materiellen Sinne zu verstehen. Die Wortgeschichte von »Kredit« verweist auf das 16. Jahrhundert: Das Wort ist dem italienischen *credito* entlehnt, was so viel wie »Leihwürdigkeit« heißt. *Creditum* ist »das auf Vertrauen hin Anvertraute«. Darin steckt auch der Sinngehalt von *credere*: »Vertrauen schenken, nur das von Dingen behaupten, was glaubwürdig ist«. So definiert Aristoteles den Zweck des lebendigen Sprechens, die Wissenschaft der Rhetorik als geregelte Umgangsweise mit dem öffentlichen Wort. Aufrichtigkeit und Wahrheitswille gehören zu dieser Zumutung an andere, den eigenen ernst gemeinten Worten zu vertrauen und ihnen Anerkennung zu zollen.

Eine Einschätzung des gegenwärtigen Weltzustandes als Zeitalter des Kredits könnte einen freilich auf den Gedanken bringen, dass die Beziehungen zwischen den Menschen noch nie so fest im Boden wechselseitigen Vertrauens verankert gewesen seien wie heute. Denn es müssen doch viele Vertrauensbezeugungen und mannigfache Glaubensgewissheiten im Spiel sein, wenn Teile von Staatshaushalten verpfändet werden, um die Kreditfähigkeit angeschlagener, ja maroder Banken abzusichern, ohne dass die davon betroffenen Menschen einen Aufstand wagen. »Schutzschirm« nennt man das, als müsse man befürchten, das kollektive Unglück komme von oben, schlage sich als eine Art schicksalhafter Regen nieder.

Eine gesellschaftliche Situation, in der viel davon abhängt, dass das Vertrauen auf das Anvertraute nicht zerbricht und das Anvertraute nicht sofort zurückgefordert wird oder in die Hände von Räubern gerät – eine solche Situation ist ein günstiger Nährboden für Politik als magische Praxis. Diese lebt nämlich von der Treffsicherheit der Wortwahl, von der Orientierungskraft, die dem Wort und seiner begrifflichen Bindungsfähigkeit anhaftet. In Zeiten kultureller Erosion wie den heutigen, in denen alte Werte nicht mehr unbesehen gelten, neue aber noch rar sind, jedoch intensiv gesucht werden, sind deshalb die Verbindlichkeit und Wahrhaftigkeit des Wortes, Worthalten und Wortbruch von besonderem Gewicht.

Mir ist kein Text bekannt, der dem Wort einen vergleichbar bevorzugten Platz in der Rangordnung der Kulturbedeutungen zuschriebe wie das Johannes-Evangelium. Es beginnt mit einer Totalaussage, einer Art Fanfarenstoß: »Im Anfang war das Wort«, heißt es da. Ist das eine normative Feststellung, die nur das Vergangene betrifft? Oder hat es auch Geltung für die heute Lebenden, für den Weltzusammenhang im Ganzen? Um welches Wort handelt es sich hierbei?

Es gibt über 150 sinnverwandte Wortverbindungen von *logos*, dem griechischen Leitwort dieses Textes. Bleibt man im theologischen Zusammenhang, ist die Antwort einfach: Es ist das Wort Gottes, das, wie es heißt, Fleisch geworden ist. Aber es ist schon merkwürdig, dass hier das Wort, der *logos*, zum Schöpfungsgrund allen Seins aufgewertet wird – merkwürdig deshalb, weil selbst bei den vorsokratischen Denkern, diesen klassischen Ursprungssuchern, der Weltaufbau nie so strikt mit der Ordnungsmacht des Wortes, eben des *logos*, verbunden wird.

Ich vermute, dass es sich im Johannes-Evangelium in den Passagen 1 bis 14 um *zwei* radikal verschiedene Bedeutungszusammenhänge handelt, die Luther mit *einem* Begriff abdeckt, weil beide ursprüngliche Schöpfungsakte sind. »Im Anfang war das Wort« (1,1) verweist auf die Produktion eines Herrschaftszusammenhangs. Artikel 14,23 – »Wer mich liebt, der wird mein Wort halten« – weist den Weg in eine ganz andere Richtung. Das eine ist ein einseitiger Schöpfungsakt, das andere ist ein zweiseitiger. In der Tradition der politischen Philosophie würde man sagen, das erste ist eine Art *Herrschaftsvertrag* und das zweite ein *Gesellschaftsvertrag*, der die Mitentscheidung der betroffenen Menschen voraussetzt.

Unter weltlichen Verhältnissen wird der ursprüngliche Schöpfungsakt praktiziert, indem die Dinge bei jeder neuen Herrschaft entmischt werden und spezifische Namen erhalten. Ovids *Metamorphosen* beschreiben das vorausgegangene Chaos: »Eines stand dem anderen im Weg. In einem und demselben Körper waren das Warme und Kalte, das Trockene und Feuchte, Weiches und Hartes im Zwist, und Schwereloses mit Schwerem.«[105] Erst durch den sprachlich vermittelten Schöpfungsakt wird die Welt bewohnbar. Die Welt in Ordnung zu bringen, die gesellschaftlichen Gliederungen harmonisch, das heißt in Proportionen, zu gestalten, bedeutet deshalb für die, die Herrschaft ausüben, immer Neuordnung der Sprache. Ja, man kann sagen, dass die wesentliche konstitutive Tätigkeit der Herrschaft in dieser Arbeit der Sprachordnung liegt. So wurden zum Beispiel im Jahr 485 n. Chr. in China die Wörterlisten kraft eines kaiserlichen Aktes um tausend neue Ausdrücke erweitert; das diente der Befestigung des neuen Herrschaftssystems. Auch Thomas Hobbes beschreibt die Sprache als ein Instrument von Herrschaft; er sagt in seinem *Leviathan*, die menschliche Sprache diene hauptsächlich dazu, dass Befehle verstanden werden.

Ich behaupte nicht, dass die Herrschaftsfunktion der Sprache in den Anfangspassagen des Johannes-Evangeliums diese Reichweite hat. Denn in jenen Passagen, in denen vom Worthalten die Rede ist, ist ein radikal verschiedener Ansatz formuliert, der jedes Herrschaftsverhältnis ausschließt: »Wer mich liebt, der wird mein Wort halten.« (14,23) Von jeder metaphysischen Sicherheit abgelöst, lese ich das so, dass Worthalten ein Akt der *wechselseitigen Einbeziehung des anderen* ist.

Wenn aber Beziehungsarbeit Anfang und Basis dafür ist, dass die Menschen Wort halten und mit der selbstgesetzten Wahrhaftigkeit des eigenen Wortes Vertrauen in die Worte des anderen gewinnen, dann reicht es nicht mehr aus, die Charakterprägungen dafür verantwortlich zu machen, ob jemand Wort hält oder nicht. Im Privatbereich sind die Anforderungen unstrittig. Mit Menschen, die fortwährend ihr Wort brechen oder fortwährend ihr Sprachvermögen zur Täuschung benutzen, will man auf Dauer nichts zu tun haben. Aber wie steht es mit dem öffentlichen Wort? »Nihil est tam flexibilis quam oratio« – nichts ist so flexibel wie die Rede, hat der große Rhetoriker Cicero gesagt. Das war ein selbstkritisches Wort eines Redners, der über Jahrzehnte die Senatspolitik bestimmte. Wie oft haben wir in der Öffentlichkeit von Politikern, aber auch von anderen Menschen in der gesellschaftlichen Herrschaftshierarchie gehört: »Ich gebe ihnen mein Wort!« Oder gar: »Ich schwöre!« Es mag sich um Einzelfälle handeln, wenn solche Worte schamlos gebrochen wurden, wie etwa in der Affäre Barschel oder bei den von Politikern verfertigten Dissertationsplagiaten. Die Häufigkeit, mit der solche Fälle auftreten, kennzeichnet aber doch ein gesellschaftliches Klima, in dem die Geltung des öffentlichen Wortes, des öffentlichen Versprechens erheblich geschrumpft ist.

Worthalten im Sinne der humanistischen Tradition und der Aufklärung setzt voraus, dass die Würde des Wortes selbst Anerkennung findet. Es gibt eine Art Leidensgeschichte des Wortes – die besteht in der Trennung vom Begriff. Sobald nicht mehr die Anweisung eingehalten wird, sich auf die komplexe Bedeutungswelt der Begriffe einzulassen, leiden Worte unter der Aufzehrung ihrer Substanz; sie werden manipulierbar.

Das Wiener Treffen mit Alexander Kluge bot Anlass, über das Gemeinsame zu reflektieren, über die von uns gemeinsam verwendeten Worte und Begriffe nachzudenken. Um einen Sachverhalt plausibel und für jeden Menschen nachvollziehbar zu machen, erzählt Kluge Alltagsgeschichten. Es sind häufig zugespitzte Situationen, immer Kurzdialoge, die Auswege signalisieren, aber nie vorgeben. Leserinnen und Leser seiner kurzen Geschichten werden nicht mit dem Gefühl entlassen, jetzt über eine verlässliche Lebensvorlage zu verfügen. Es bleibt ein offener Rest in diesen verdichteten Erzählungen – eine Aufforderung, sich des eigenen Verstandes und der eigenen Gefühle zu bedienen, um herauszubekommen, worum es eigentlich in diesen Erzählungen geht. Alexander Kluge hat die Dialektik von Allgemeinem und Besonderem mit Alltagsgeschichten ausgefüllt, die Verallgemeinerungen nahelegen, aber nicht ausdrücklich formulieren.

In meiner Werkstatt hat dieses Beziehungsgeflecht zwischen Allgemeinem und Besonderem eine andere Struktur; aber die Ausgangslage ist eine ähnliche wie bei Kluge. Alltagsbedürfnisse und Interessen sind der zugrunde liegende Rohstoff, von dem unser philosophisches Denken ausgeht. Aber seit meinen ersten Erfahrungen mit Lernprozessen im Zusammenhang der Arbeiterbildung bin ich um die Konkretisierung einer Zwischenebene bemüht – etwa durch die Entwicklung von Didaktiken und Lernkompetenzen. Ich bin der Überzeugung, dass in der heutigen gesellschaftlichen Situation Wege und Umwege bei Erziehung und Bildung selbst Gegenstand der Reflexion sein müssen.

Das sind verschiedene Ausgangspunkte von Kluge und mir, aber keine Trennungen – weder im Prozess noch in den Resultaten. Wir haben uns beide immer wieder auf Hegel bezogen, den man gut als einen besonders begabten Sprachphilosophen bezeichnen kann. Das zeigt sich beispielsweise darin, wie er den Begriff des *Aufhebens* der Alltagssprache entnimmt. In der Doppeldeutigkeit dieses Begriffs steckt viel philosophische Reflexion. »Aufheben« bedeutet *tollere* und *negare,* »aufbewahren« und »negieren, trennen«; es ist einer der Zentralbegriffe der Hegel'schen Philosophie. Ohne ihn könnte der absolute Geist nicht die ganze Welt und die Subjektivität durchwandern. Stufe für Stufe findet Aufhebung mit der Bewahrung der Substanz und der Negation statt.

So versteht Hegel auch in der *Großen Logik* Dialektik als die Entfaltung des Widerspruchs in der Einheit. In der *Wesenslogik* heißt es: »Wenn in der Bewegung, dem Triebe und dergleichen der Widerspruch in die Einfachheit dieser Bestimmungen für das Vorstellen verhüllt ist, so stellt sich hingegen in den Verhältnisbestimmungen der Widerspruch unmittelbar dar. Die trivialsten Beispiele von Oben und Unten, von Rechts und Links, Vater und Sohn und so fort ins Unendliche, enthalten alle den Gegensatz in Einem. Oben ist, was *nicht* unten ist; oben ist bestimmt nur dies, nicht unten zu sein und ist nur, insofern ein Unten ist; und umgekehrt; in der einen Bestimmung liegt ihr Gegenteil. Vater ist das Andere des Sohns, und Sohn das Andere des Vaters und jedes ist nur als dies Andere des Anderen; und sogleich ist die eine Bestimmung nur in Beziehung auf die andere; ihr Sein ist ein Bestehen. Der Vater ist außer der Beziehung auf Sohn auch etwas für sich; aber so ist er nicht Vater, sondern Mann überhaupt; wie Oben und Unten und Rechts und Links auch in sich reflektierte außer der Beziehung etwas sind; aber nur Orte überhaupt.«[106]

## Der Gebrauchswert von Erzählungen und Analysen

Was Alexander Kluge und mich, bei aller Verschiedenheit der Zugangsweise zu bestimmten Problemen, miteinander verbindet, ist die Arbeit der Zuspitzung, der Herstellung von Konstellationen, die Reibung erzeugen, sodass Funken überspringen. Das ist wiederum ein Hegel'scher Gedanke, der uns beide angeleitet hat: Zuspitzung nicht als eine bloße Vereinfachung zu betrachten, sondern als ein notwendiges Element der Erkenntnis. Bei Hegel heißt es: »Die denkende Vernunft aber spitzt, sozusagen, den abgestumpften Unterschied des Verschiedenen, die bloße Mannigfaltigkeit der Vorstellung, zum wesentlichen Unterschiede, zum Gegensatze, zu. Die Mannigfaltigkeiten werden erst, auf die Spitze des Widerspruchs getrieben, regsam und lebendig gegeneinander, und erhalten in ihm die Negativität, welche die inwohnende Pulsation der Selbstbewegung und Lebendigkeit ist.«[107]

Wir haben immer die Klassiker der Philosophie befragt, was sie zu bestimmten Problemen zu sagen haben, bevor wir dazu übergingen, unsere eigentümlichen und eigensinnigen Gedanken zu formulieren. Daraus haben sich eine Reihe von Leitideen ergeben, die uns beide begleitet haben, seit wir die ersten gemeinsamen Sätze für *Öffentlichkeit und Erfahrung* niedergeschrieben haben. Wenn wir in Wien darauf zu reflektieren versuchten, dann war dabei nicht immer Neues zu erwarten; es spielte auch der Gedanke eine Rolle, was aufbewahrungswürdig ist und was fortgesetzt werden müsste. Die Frage nach dem fortexistierenden Wahrheitsgehalt ist immer wieder zu stellen, es ist zu überprüfen, was von unseren Gedanken für die gegenwärtig lebenden Menschen noch brauchbar ist.

Damit meinen wir nicht allein die sogenannten Diskurse, die aktuell stattfinden; wir beziehen uns auf das, was wir in unseren gemeinsamen Schriften angekündigt haben: *Eine Analyse oder eine Erzählung muss einen Gebrauchswert haben.* Dieser Gebrauchswert kann darin bestehen, einige aufklärende Aspekte der Weltwahrnehmung zu gewinnen – oder auch die Subjektivität, das Ich, vor Irrwegen zu bewahren. Ein bisschen sollten unsere gemeinsamen Arbeiten dazu dienen, den gegenwärtigen Notstand zu mildern. Das war das Mindeste, was wir erhofften. Insofern ist die Kategorie der Aufhebung ein Fixpunkt unserer reflektierenden Betrachtungen.

Hegel feiert den spekulativen Geist der deutschen Sprache. Diese steht dem Altgriechischen mit ihrer Mehrdeutigkeit wohl näher als dem Lateinischen. Wenn wir entschlossen sind, dem Wort selbst neues Gewicht zu geben, dann müssen die alten Kategorien aufs Neue überprüft werden. Hier zunächst noch einmal Hegel, der diesen Begriff der *Aufhebung* exponiert: »Es ist hierbei an die gedoppelte Bedeutung unseres deutschen Ausdrucks *aufheben* zu erinnern. Unter aufheben verstehen wir einmal so viel als hinwegräumen, negieren, und sagen demgemäß zum Beispiel, ein Gesetz, eine Einrichtung usw. seien aufgehoben. Weiter heißt dann aufheben aber auch so viel als auch *aufbewahren*, und wir sprechen in diesem Sinn davon, dass etwas wohl aufgehoben sei. Dieser sprachgebräuchliche Doppelsinn, wonach dasselbe Wort eine negative und eine positive Bedeutung hat, darf nicht als zufällig angesehen noch etwa gar der Sprache zum Vorwurf gemacht werden, als zur Verwirrung Veranlassung gebend, sondern es ist darin der über das bloß verständige Entweder-Oder hinausschreitende spekulative Geist unserer Sprache zu erkennen.«[108]

## Festhalten am Möglichkeitssinn

An diesem Leitfaden der Aufhebung gewinnt betrachtende Kritik eine Dimension, die bei aller scharfen Verneinung bestehender Verhältnisse am *Möglichkeitssinn* festhält, also die Dinge und Verhältnisse unter dem Gesichtspunkt ihrer Veränderbarkeit interpretiert. Insofern trifft die zugespitzte Situation, die sich in der elften Feuerbach-These von Marx kristallisiert, auf unsere Arbeitsweise nicht zu; Interpretation und Veränderung sind nicht voneinander zu trennen.

Die Suchbegriffe, über die wir in Wien sprachen, enthalten diesen spekulativen Doppelsinn. Sie erschließen ein weites Feld, das zu beackern wäre; und sie sind gleichzeitig Hinweise auf einen Hausbau der Vernunft, auf die Befestigung des Bodens, auf dem wir stehen und von dem aus wir die Welt betrachten. Dazu gehört – wie ich schon ausgeführt habe – der *verantwortungsbewusste Umgang mit dem Wort*, das in die Welt gesetzt wird.

Zu diesen Suchbegriffen gehört auch *Heimat*: die Verankerung an Ort und Stelle, von der die Menschen leben. Heimat ist kein erdachter Seelenzustand, sondern ein Bedürfnis. *Die Sicherheit, irgendwo in der Welt einen festen Boden unter den Füßen zu spüren, ist etwas zutiefst Menschliches.* So ist die Flüchtlingsfrage in Europa und in der übrigen Welt ein Zentralproblem des Zusammenhalts der Gesellschaftsordnungen geworden. Und es geht nicht nur um die Asylsuchenden, die aus politischen Gründen aus ihren Heimatländern vertrieben wurden oder vor einem Krieg fliehen mussten, sondern es geht auch um diejenigen, die aus Existenznot ihre angestammten Gebiete verlassen müssen. Wenn massenhafte Vertreibung und Flucht zur Selbstverständlichkeit geworden sind, dann ist etwas »faul im Staate« – und oft genug kommt es in diesen Staaten zu Gräueltaten wie sie Hamlet im Dänemark seiner Zeit beklagt. Aber auch eine Gesellschaftsordnung, in welcher der Zufluchtsuchende, der Fremde, zum Problem geworden ist, verliert ihre Wärmeströme; es entsteht ein weites Bezugsfeld von Vorurteilen. Wenn Kälte die Beziehungen zwischen den Menschen bestimmt, wenn Formen der Solidarität und des gegenseitigen Anerkennens verschwinden, dann treten an die Stelle menschlicher Beziehungsregeln Machttechniken. Verständigung findet dann allenfalls über das kalte Medium Geld statt; die phantastische Macht des Geldes beruht darauf, dass der gesellschaftliche Kältestrom größer geworden ist. Es darf nicht sein, dass der gesamtgesellschaftliche Zustand immer weiter die Kälte der gesellschaftlichen Monaden befördert. In *Erziehung nach Auschwitz* schreibt Adorno über den Kältestrom als gesellschaftlichen Grundzustand – und über seine Folgen: »Die Kälte der gesellschaftlichen Monade, des isolierten Konkurrenten, das war als Indifferenz gegen das Schicksal der Anderen die Voraussetzung dafür, dass nur ganz Wenige sich regten. Das wissen die Folterknechte, auch darauf machen sie stets erneut die Probe.«[109]

Ein weiterer Suchbegriff, über den wir in Wien sprachen, war Europa Die Probleme, vor denen Europa und die ganze Welt heute stehen, erfordern Orientierungshilfen, die den gegenwärtigen Zeithorizont weit überschreiten. Die Geschichtszeichen stehen auf Sturm. Aufklärung und Orientierung, die das Opfer der Vernunft und die Übergabe der menschlichen Bedürfnisse an fremde Verfügungsmächte ausschließen, sind heute unabdingbar miteinander verknüpft. Was ich unter politischer Orientierung verstehe, hat als wesentliche Kraftquelle den Emanzipationsanspruch der Menschen in einem Gemeinwesen, das menschenwürdig ist. Es mag konservativen Weltanschauungen bedauerlich erscheinen, dass die Sicherheit der Tradition und der überlieferten Lebensregeln nicht mehr als Bürgschaft verstanden werden kann, um den Menschen einfache Antworten auf ihre Lebensprobleme zu garantieren; aber diese Sicherheit ist obsolet. Politische Aufklärung und Bildung sind deshalb notwendiger und aktueller denn je. Doch so zentral auch die Verknüpfung von Aufklärung, Orientierung und Emanzipation in Prozessen der politischen Bildung ist, so entschieden ist zu betonen, dass diese drei Komponenten erst dann in konkreten Lernprozessen ihre eigentliche Wirksamkeit zeigen, wenn sie in einem spezifischen Weltverständnis fundiert sind. *Weltbilder sind kollektive Gesamtheitsprojektionen. In der Regel enthalten sie eine Mischung aus normativen Elementen, wie die Welt auszusehen hätten und eine Kritik an ihren faktischen Zuständen.*

Der Beginn des Ersten Weltkriegs weist mit Nachdruck darauf hin, wie schnell aus sogenannten »Bruchlinienkriegen«, wie Huntington das nennt, Weltbrände entstehen können. Es verläuft immer ähnlich: An der Peripherie entwickelt sich aus lokalen Konflikten ein Brandherd, der sich unter der Hand immer weiter ins gesellschaftliche Zentrum frisst. Die Politik beschränkt sich zunächst darauf, für diese lokale Konfliktsituation lokale Problemlösungen zu suchen – wenn überhaupt. Fast ausschließlich darin besteht in einem bestimmten Anfangsstadium das politische Handeln. Wenig öffentliche Aufmerksamkeit wird darauf gelenkt, die bestimmenden Ursachen dieser Randkonflikte in die öffentlichen Diskurse einzubeziehen. Wenn dann die militärische Option versagt, werden immer stärker die Großmächte mit ihren Drohpotenzialen einbezogen. Der Konflikt in der Ukraine und der Krieg in Syrien sind Beispiele dafür. Eskalationen dieser Art haben ihre eigene Logik und sind ab einem bestimmten Entwicklungspunkt nicht mehr beeinflussbar.

Es gilt also, die *Dialektik von Peripherie und Zentrum* neu zu überdenken – auch das haben wir in Wien besprochen. Und diese Dialektik von Peripherie und Zentrum muss unter vielfältigen Aspekten neu betrachtet werden. Wir hatten in *Öffent-*

*lichkeit und Erfahrung* einen klaren Bezugspunkt in den *Ausgrenzungsmechanismen,* welche die bürgerliche Öffentlichkeit kennzeichnen und auch heute dazu führen, dass die Bereiche unterschlagener Wirklichkeit anwachsen. *Aber die Proletarisierung im Sinne der Enteignung von menschlichen Fähigkeiten und Perspektiven hat Dimensionen angenommen, die wir 1972 überhaupt noch nicht im Blick haben konnten.* Inzwischen sind nicht nur einzelne Menschen, Gruppen oder Schichten vom Produktions- und Lebenszusammenhang abgekoppelt, sondern die Tendenz ist weiter gefasst. Es werden ganze Volkswirtschaften und historisch gewachsene Gesellschaften auf diese Weise vernichtet.

Wenn wir uns mit dem Wahrheitsgehalt des Wortes »proletarische Öffentlichkeit« beschäftigen, müssen wir uns auch mit der inneren Widersprüchlichkeit des Massenwiderstandes auseinandersetzen, der sich auf den großen Plätzen einzelner Länder bildete – auf dem Maidan in Kiew ebenso wie auf dem Tahrir in Kairo. Dieser Massenwiderstand brachte die bestehenden Herrschaftsstrukturen zu Fall, brachte aber am Ende die proklamierten Freiheitsrechte und die soziale Befreiung nicht zustande. Die Logik der Auflösung bestehender Herrschaftsstrukturen und *die Logik des Aufbaus einer neuen Gesellschaft* haben sich immer wieder als unvereinbar erwiesen. Es wäre die Hypothese zu überprüfen, ob die durch demonstrative Öffentlichkeit zustande gebrachten Befreiungspotenziale sofort wieder eingegliedert wurden in alte Herrschaftspraktiken. Was sind die Bedingungen dafür, dass sich das nicht wiederholt?

# MARX UND DER SOZIALISMUS – WAS BLEIBT?

## Auf der Suche nach einem demokratischen Sozialismus

Der Sozialismus ist kein Wissenschaftsprojekt. Deshalb haben sich alle historischen Versuche als trügerisch erwiesen, für eine sozialistische Gesellschaft Wissen und Motive zu mobilisieren, die das Unvermeidliche oder moralisch Gebotene einer Gesellschaftsveränderung unter Beweis stellen wollten. Gleichwohl ist es nicht ins Belieben gesetzt, auf welche Traditionen, Begriffe und Erkenntnisweisen sozialistische Politik zurückgreifen darf, wenn sie den Emanzipationsanspruch nicht zerstören will. *Zur Aufklärung in einem umfassenden Sinn gibt es keine Alternative.*

Es ist eine sonderbare Stimmungslage, in der sich die Linke Westeuropas befindet. Niemand weiß so recht, woher dieses Unbehagen kommt – in einer Kultur, die durch den Abbruch alter Fronten friedensfähiger hätte werden können. Das gilt vor allem für meine Generation, die sehr intensiv, Stück für Stück, das Zerbrechen eines imperialen Herrschaftssystems wahrgenommen hat, das sich zu Unrecht sozialistisch oder kommunistisch nannte. Als die polnische Gewerkschaft Solidarność auf die geschichtliche Bühne der europäischen Zentralstaaten trat, signalisierte dieser Prozess die Macht eines solidarischen Massenprotests. Dagegen wurden Maschinengewehre und Panzer in Stellung gebracht, aber sie konnten die Menschen immer weniger in Angst versetzen. Diese im Massenprotest kollektiver Solidarität neutralisierte Angst war der *Anfang vom Ende des Sowjetimperiums.* Der Fall der Mauer, das Zerbröckeln der übrigen Machtinstrumente und die Lähmung der Macht der

Herrschenden weckten Zukunftserwartungen. Aber es bildeten sich schnell Wundmale: bei denjenigen, die, wie ich selbst, angesichts der Verschrottung autoritärer und totalitärer Systeme stets im Hinterkopf an der Idee eines *demokratischen Sozialismus* als Orientierungslinie festhielten, die nie den Kapitalismus als Ziel der neuen Bewegungen betrachteten, selbst in seiner reformierten Form nicht. Zunächst fragten sich viele Menschen, die für diesen demokratischen Sozialismus gekämpft hatten und von denen etliche für ihre alternativen Ideen ins Gefängnis gegangen waren: Wofür haben wir einen wesentlichen Teil unserer Lebenszeit geopfert? Was bleibt?

Von meinen ersten Erfahrungen mit den staatlichen Propagandisten des Sozialismus nach DDR-Muster in der Einheitsschule Falkensee und von den Fragen, die ich mir stellte, nachdem dieser vermeintliche Sozialismus meinen Vater, einen aufrechten Sozialdemokraten, mit seiner Familie zum zweiten Mal in die Flucht getrieben hatte, berichte ich ausführlich im ersten Band meiner Autobiographie.[110] Aus der Einheitsschule ist mir grölendes Gelächter in Erinnerung, als eine FDJ-Funktionärin erklärte, die Sowjetunion sei die einzige friedensstiftende Macht der Welt und der Westen gefährde den Weltfrieden. Die Art und Weise, wie hier Marx, Lenin und die aktuellen Parteiführer zitiert wurden, verschreckte uns alle – eine öde Belehrung, die schnell vergessen war. Nach der zweiten Flucht innerhalb weniger Jahre erinnerte ich mich an diese Auseinandersetzungen; mit großer Dringlichkeit stellte ich mir die Frage: Warum hatten wir erneut flüchten müssen? Als alter Sozialdemokrat war mein Vater anfangs hofiert worden; er baute wieder einen Hof auf, war erfolgreich. Aber es wollte ihm nicht in den Sinn, warum die produktive, gut funktionierende Landwirtschaft, zu der er als Kleinbauer beitrug, kollektiviert werden sollte. Als politisches Wesen tat er seine kritische Meinung auch öffentlich kund. Dabei beschränkte sich seine Kritik nicht auf die beginnende Kollektivierung, sondern richtete sich auch gegen die Vereinnahmung der SPD durch die Kommunisten. Wenn es nach ihm gegangen wäre, hätten die Sozialdemokraten eine kritisch begleitende Kraft der Gesellschaftsreform sein sollen. Ihre Zerstörung war für meinen Vater eines der Grundübel der Fehlkonstruktion DDR.

Als ich zum Studium nach Göttingen aufbrach, spielte in meinen Gedanken die Deutschlandfrage eine wichtige Rolle – allerdings nicht in der Weise, wie es im Nachkriegsdeutschland üblich war, wo es eher um eine Spaltung der Nation ging. Mir ging es vielmehr um die Frage des Sozialismus: *Ist das, was ich in den vier Jahren in der sowjetisch besetzten Zone und in der DDR erlebt hatte, wirklich das, wovon Marx träumte?* Es war für mich Aufklärung im buchstäblichen Sinn, als ich das *Kommunistische Manifest* zum ersten Mal vollständig las. Nichts von dem, was in diesem Text stand, hatte ich während der Anfangsstadien der DDR erlebt; der darin enthaltene pathetische Begriff der Freiheit fand in meinen Erinnerungen keinen Ort. Ich war entschlossen, die Realität zu untersuchen und nicht einer antikommunistischen Ideologie Folge zu leisten, die allmählich im westlichen Teil Deutschlands zur Staatsdoktrin wurde.

## Marx neu lesen

Je deutlicher heute der Grundriss der geschichtlichen Verstrickungen und der theoretischen Gesteinsverschiebungen sich abzeichnet, desto stärker wirken *drei* Umgangsweisen mit Marx zusammen, die sich als radikal verschiedene offiziell heftig befehden. Auf der einen Seite stehen die seit über einem Jahrhundert auftretenden Marx-Töter, sie sich in zeitgemäße Gewänder kleiden, aber ihr *ceterum censeo:* »Marx ist tot!« wie in einem Ritual zur magischen Bannung eines umgehenden Gespensts kundtun. Auf der anderen Seite finden sich die pathetischen Verteidigungsredner: Von den Ausprägungen des Sozialismus im 20. Jahrhundert in Bedrängnis gebracht, sehen sie den einzigen Ausweg aus der beklagten Misere darin, sich der Unschuld der Quellen zu vergewissern: »Zurück zu Marx!«, lautet *ihr* Schlachtruf (nach Jürgen Kuczynskis programmatischem, gegen den sozialdemokratischen Revisionismus gerichteten Buch aus dem Jahr 1926). Diesen gesellt sich eine dritte Gruppe hinzu, die ich die *Verabschiedungslogiker* nennen möchte; durch den Zerfall einer falschen Gestalt des Sozialismus glauben sie sich im postmodernen Selbstverständnis einer Zeitenwende bestätigt und aufgewertet. Sie fühlen sich dem Zeitgeist am nächsten, erheben den Anspruch, ihn lediglich zum Sprechen und zum Erzählen zu bringen, wenn sie Marx, die bürgerliche Weltauffassung und den Untergang des »real existierenden Sozialismus« *in Einem* verrechnen und dem Ende des utopischen Zeitalters zuordnen – dem aufgebrauchten Vorrat an »großen Erzählungen« (Lyotard).

In diesem merkwürdigen »Kampfgeschehen« geht es eher um Besitzsicherung und Revierabgrenzung als um Prozesse, die neue Erkenntnisse und Erfahrungen produzieren. Die gemeinsamen Regeln ergeben sich aus der Tatsache, dass keine dieser drei Positionen sich im Ernst auf den *Theorietypus* des Marx'schen Denkens einlässt, für den die innere geschichtliche Spannung von *Wahrheits- und Wirklichkeitsgehalt* konstitutiv ist (in diesem Punkt vielleicht nur noch der Philosophie des Aristoteles vergleichbar). In den charakterisierten Zugangsweisen bleibt die Marx'sche Theorie unberührt – ein unbekannter erratischer Block, selbst dort noch, wo Ansätze einer Rekonstruktion versucht werden. Für die einen ist sie falsch, für die anderen ist sie wahr, die dritten halten sie für überholt und ausgestanden.

Das berührt auch den begrenzten Zusammenhang, in dem ich die Marx'sche Theorie hier diskutiere. Ginge es nur um ihre wirkungsgeschichtliche Bedeutung in der wissenschaftlichen Kultur, so müsste man sich um den Bestand der Marx'schen Theorie, wie sehr Kritiker sie auch immer infrage stellen mögen, keinerlei Sorgen machen.

Das gesamte 20. Jahrhundert war – zumal in der ersten Hälfte und besonders in seinen Gesellschaftstheorien, seinen politischen und ästhetischen Diskursen – durch die Reibung am Marx'schen Denken und durch Konflikte mit den politischen Umsetzungen des Marxismus geprägt. Keine Theorie hat im 20. Jahrhundert eine ähnliche Bedeutung im Konstellationsprozess der Welteinstellungen, der Begriffsbildungen und der Erkenntnisse gewonnen. Alfred North Whitehead, Philosoph aus später Neigung, sagte, dass die Geschichte der Philosophie wesentlich aus Fußnoten zu Platon bestehe. Ich greife dieses Wort auf und gebe ihm eine moderne Wendung. Die *geistige Situation des 20. Jahrhunderts* bestand wesentlich aus Reaktionen auf die von Marx ausgehenden politischen und intellektuellen Herausforderungen. Wollte man das Whitehead'sche Diktum auf *diese* Situation anwenden, so läge die Vermutung nahe, dass die Denkgeschichte dieser Epoche aus *Fußnoten zu Marx* besteht. Es gibt keinen großen Denker dieser Zeit, der ein neues Paradigma in den Forschungsmethoden und den Weltbilddeutungen formulierte, der sich nicht auf Marx bezogen hätte. Die Beziehungen sind häufig verwickelt, indirekt oder (wie im Fall Karl Poppers) durch intime Feindschaft bestimmt, in der Regel aber doch erkennbar.

Stolz und Genugtuung der Anhänger, dass die Marx'sche Theorie schon deshalb aus der wissenschaftlichen Kultur nicht vertrieben werden könne, weil eine Reihe ihrer bestimmenden Kategorien, erkenntnisleitenden Interessen und politischen Fragestellungen so sehr in den Traditionsbestand der akademischen und der alltagssprachlichen Lebenswelt eingegangen sind, dass deren Ursprungsgeschichte gar nicht mehr erkennbar ist, können über die *Tragödien* selbst im begrenzten Zusammenhang der Wissenschaftsgeschichte nicht hinwegtäuschen. Denn erklärungsbedürftig ist der geistesgeschichtliche Grundkonflikt, der gerade (um im Bild Whiteheads zu bleiben) darin besteht, dass das Marx'sche Denken zwar in einem breiten Facettenreichtum solche *Fußnoten* herausfordert, dass aber der wirkliche Erkenntnisfortschritt nicht im Haupttext (also den Thesen von Marx und Engels) gesucht wird, sondern zunehmend in jener Welt der Fußnoten.

So liegt die Vermutung nahe, dass für die Geschichte des Marxismus nicht nur eine von Klassen- und Machtinteressen bestimmte Politik der *Ausgrenzung der materialistischen Geschichtsauffassung und der Kritik der politischen Ökonomie* aus der wissenschaftlich-akademischen Kultur charakteristisch ist, sondern dass dem ebenso Tendenzen der *Selbstausgrenzung* entgegenkommen. Wäre die Marx'sche Philosophie traditionelle Theorie – also ein, wie Hegel sagt, auf den Begriff der fertigen Welt ausgelegtes Denken –, so hätte sie nur die Konkurrenz philosophischer Denkschulen und die institutionellen Machtverteilungskämpfe der Wissenschaftsapparate zu fürchten und wäre vom Anspruch befreit, die Wirklichkeit zu verjüngen.

*So* ist es aber nicht. In ihrem Wesensgehalt eine *geschichtliche Theorie,* drängt die Marx'sche Philosophie mit Macht über die fertige Welt hinaus und will unter keinen Umständen zu spät kommen. Sie beansprucht, eingreifendes Medium der sozialen Emanzipationsbewegung und Geburtshelferin einer neuen Gesellschaft zu sein. Das ist einer der Gründe dafür, dass bei aller Konsequenz des Denkens, die ihren Wahrheitsanspruch auszeichnet, *theoretische* Schlüssigkeit kein Selbstzweck dieser Theorie ist. Liegt die Bewährung der Marx'schen Theorie also prinzipiell in der *Veränderung* der Verhältnisse, dann muss damit keineswegs der Verzicht auf immanenten Wahrheitsgehalt verbunden sein. Im Gegenteil, nicht die *Verengung*, sondern die *Erweiterung* des Wahrheitsgehalts scheint das Problem zu sein, mit dem es die Marx'sche Theorie zu tun hat – eine Erweiterung, die auf einer Verdoppelung der Aufgabenstellung beruht: als *Begreifen der wirklichen Verhältnisse*, das sich jedoch dabei nicht beruhigt und zur Ruhe setzt, und als *Sprengen dieser Verhältnisse*, was nur dann möglich ist, wenn die Kraft der begrifflichen Arbeit, die sich aus überschüssigem Bewusstsein speist, die Struktur dieser Verhältnisse wirklich trifft.

In dieser Erweiterung ist jedoch auch ein zentrales Problem der kritischen Aufarbeitung des Marxismus enthalten. Das Aufsprengen der dem Marx'schen Denken innewohnenden *Dialektik von Wahrheits- und Wirklichkeitsgehalt*, die Verteilung der erkenntnisleitenden Interessen auf zwei voneinander getrennte Bereiche, will nicht so recht gelingen, obwohl es Vorarbeiten dafür gibt.

Jene unter den marxistischen Intellektuellen, die mit den (mittlerweile obsoleten) Formen der Gesellschaft, die sich in ihrem Selbstverständnis auf Marx bezogen, unzufrieden sind, ja diese Formen geradezu als die völlige Umkehrung und moralische Korrumpierung der Marx'schen Denkansätze betrachten, haben die Neigung, sich ausschließlich dem ursprünglichen Wahrheitsgehalt der Theorien von Marx und Engels zuzuwenden. Sie vertiefen sich in deren Werk, fördern immer neue Facetten seiner humanistischen Grundsubstanz zutage und gewinnen aus der Rekonstruktion der Originalgeschichte dieses Denkens die moralische und spekulative Kraft für ihre politische Widerstandsarbeit – in einer Haltung, die sich von der normativen Kraft des Faktischen nicht einschüchtern und auf Wege führen lässt, wo die *Wirklichkeit* des Irrtums ein höheres Ansehen genießt als die *Unwirklichkeit* der Wahrheit. Es ist die eigensinnige Position von Intellektuellen, die auf einer Art »Naturrecht« großer Theorien beharren, ihrem immanenten Sinnzusammenhang gerecht zu werden, wie immer die Einzelaussagen auch missbraucht oder missverstanden worden sind.

Dieser in moralischer und politischer Integrität begründeten Haltung ist radikal jene entgegengesetzt, welche marxistisches Denken im Wesentlichen dort für wahrheitshaltig annimmt, wo es in die Wirklichkeit existierender Gesellschaften eingebunden ist oder war. Die These Lenins: »Die Lehre von Marx ist allmächtig, weil sie wahr ist«[111], unterstellt eine solche unmittelbare Koppelung von Wahrheits- und Wirklichkeitsgehalt – oder genauer gesagt, sie legt die Reduktion des Wahrheitsgehalts auf die Wirklichkeit nahe: Was sich als Wirklichkeit behauptet, kann nicht unwahr sein.

*Diese Wirklichkeit ist zusammengebrochen.* Zieht sie unrettbar den Wahrheitsanspruch mit in den Abgrund? Darüber ist nur schwer ein Urteil zu fällen. Aber dem darin eingeschlossenen Dilemma auszuweichen, indem die Marx'sche Philosophie aus den eingreifenden Realitätsverwicklungen herausgenommen und auf den Status einer moralisch schuldlosen, allenfalls missbräuchlich verwendeten akademischen Sozialphilosophie reduziert wird, folgt den bekannten Mechanismen von Schuld und Abwehr in Sachen unbewältigter Vergangenheit. Erst die *kollektive Haftung* selbst derjenigen, die absolut nichts mit den theoretischen Verwerfungen und marxistisch-leninistischen Verbrechenslegitimationen zu tun haben, sich heute jedoch nach wie vor als marxistisch orientierte Sozialisten bezeichnen, für *alles*, was in Namen von Marx in der Welt angerichtet wurde, könnte einen Punkt der politischen Moral setzen, an dem mit Glaubwürdigkeit und intellektueller Redlichkeit an Aufarbeitung zu denken wäre. Am Anfang einer neuen Lektüre von Marx stünde somit eine *moralische* Entscheidung, keine der intellektuellen Originalität.

Der junge Lukács, noch *vor Geschichte und Klassenbewusstsein*, also etwa zur Zeit der kurzen Ungarischen Räterepublik von 1919, trifft in dem kleinen Aufsatz *Taktik und Ethik* in der Unbefangenheit des aufbrechenden Revolutionärs genau *diesen* Punkt. Das moralisch richtige Handeln hänge, sagt er, für jeden Sozialisten zutiefst mit der richtigen Erkenntnis der gegebenen geschichtsphilosophischen Situation zusammen. Aber Ethik, die Neutralität nicht kenne, auch die der Untätigkeit nicht, wende sich an den Einzelnen, sie stelle *vor* das individuelle Gewissen und das Verantwortungsbewusstseins des Einzelnen das Postulat, dass er so handeln müsse, als ob von *seinem* Handeln und von *seiner* Untätigkeit die Wendung des Schicksals der Welt abhinge. Wenn der moralische Anspruch so hoch gesetzt ist, und Sozialisten setzen ihn derart hoch, dann hat das *die* Folgen, die Lukács beschreibt: »Jeder, der sich gegenwärtig für den Kommunismus entscheidet, ist [...] verpflichtet, für jedes Menschenleben, das im Kampf für ihn umkommt, dieselbe *individuelle* Verantwortung zu tragen, als wenn er selbst alle getötet hätte. Aber alle, die sich der anderen Seite – der Verteidigung des Kapitalismus – anschließen, müssen für die Vernichtung in den sicherlich folgenden neuen imperialistischen Revanchekriegen, für die künftige Unterdrückung der Nationalitäten und Klassen die gleiche individuelle Verantwortung tragen. Ethisch kann sich keiner der Verantwortung mit der Begründung entziehen, dass er nur ein Einzelner sei, von dem das Schicksal der Welt nicht abhinge. Dies kann man nicht nur objektiv nicht mit Sicherheit wissen, weil es immer möglich ist, dass es gerade vom

Einzelnen abhängt, sondern ein derartiges Denken wird auch durch das innerste Wesen der Ethik, durch Gewissen und Verantwortungsbewusstsein, unmöglich gemacht; wer nicht aus dieser Überlegung heraus entscheidet – sei er sonst auch ein noch so entwickeltes Wesen – steht nach dem Standpunkt der Ethik auf dem Niveau eines primitiven, unbewussten Trieblebens.«[112]

Lukács weiß, wovon er spricht; die Klassenethik ersetzt nicht individuelle Verantwortung. *Im Sozialismus als einer Gerechtigkeitsutopie* ist die Sensibilität für die Verletzung auch nur eines einzigen Menschen eine Frage des Prinzips, nicht die Ausnahme. Dem Erfahrungssatz »Wo gehobelt wird, da fallen Späne« ist jede moralische Legitimation abzusprechen.

Marx neu zu lesen, berührt den substanziellen Gehalt seiner Theorie selbst und unseres spezifischen Verhältnisses zu ihr. *Alles muss neu durchdacht werden, wenn die vom fatalen Erbe des Stalinismus und seiner autoritären Nachfolgegesellschaften befreite sozialistische Utopie ihre Kraft in den eigensinnigen Emanzipationsbewegungen der kommenden Jahrzehnte lebendig entfalten soll.* Gewiss: Ideen haben, das ist kaum bestreitbar, allesamt im 20. Jahrhundert ihre *moralische Unschuld* verloren. Und wir, die wir der Überzeugung sind, der Sozialismus sei kompliziert, aber durch unbeugsame Gesinnung und durch unbeirrbare Basisarbeit am Ende doch in die Wirklichkeit umsetzbar, mussten am Ende des 20. Jahrhunderts ganz von vorne anfangen – ein Prozess, der noch lange nicht zu Ende ist.

Dass der Kapitalismus seine aufgehäuften Trümmer besitzt – imperiale Verelendung anderer Länder, Krieg und Völkermord, nachkoloniale Verirrungen von Militäraktionen – ist von den kritischen Zeitgenossen nie in Zweifel gezogen worden. Aber auch der Sozialismus blickt auf *seine* Trümmer, auf die Schädelstätte *seines* absoluten Geistes. Das Buch seiner wirklichen Tragödien, in seinen deutlich voneinander unterschiedenen

Kapiteln von *Verabschiedungen, Erneuerungen* und *ungelösten Fragen,* ist noch nicht geschrieben. Das ist nicht in erster Linie eine Frage bloßer Erkenntnis und des Wissens, sondern zentral eine der politischen Moral.

## Anerkennung der historischen Schranke

Nachdem über die kollektive moralische Haftung kein Zweifel mehr besteht, ist die Grundvoraussetzung für die Wiederherstellung eines lebendigen Umgangs mit dem Marx'schen Denken die Anerkennung der *historischen Schranke* der Marx'schen Theorie selbst – und damit die Möglichkeit, die Geschichte des Marxismus unter Gesichtspunkten ihrer Ausgrenzungen zu untersuchen. In dieser Anerkennung liegt kein Einwand gegen ihren Wahrheitsgehalt, im Gegenteil: Wahrheit konstituiert sich allererst durch Geschichte, hat einen *Zeitkern.* Wer meint, dass die Genesis von Erkenntnis ein Makel an deren Geltung sei, fällt auf den ideologischen Schein der bürgerlichen Ursprungsphilosophie zurück. Eine substanziell geschichtliche Theorie wie die Marx'sche kann von ihrer ganzen Struktur her aus geschichtlichen Konstellationen nicht herausgenommen und zu fertigen Wahrheiten verdinglicht werden. Was Marx dem Denkriesen Aristoteles zuschreibt, muss auch auf ihn selbst anwendbar sein – nämlich eine *historische Schranke,* die den Wahrheitsgehalt seiner Theorie nicht im mindesten schmälert.

Eine solche Anerkennung der historischen Schranke des Marx'schen Denkens zwingt uns, mit diesem epochalen Werk geschichtlich umzugehen. Eine der Folgen dieser Anerkennung wäre, dass wir aus der abstrakten Alternative herauskommen können, entweder alles, was Marx geschrieben und gedacht hat, als wahr hinzunehmen oder als falsch zu verwerfen. Der

Zwangscharakter, der in dieser Alternativlogik liegt, hat sehr viel zur Verbreitung und Zementierung von antimarxistischem Denken beigetragen, das zu einem gewichtigen Teil eine praktische *Wahrheitsreaktion* auf die scholastischen Konstruktionen ist. Diese durch Abstraktionsabschnitte bestimmte Alternative hat auch dazu geführt, dass es seit Marx' Tod verschiedene Wellenbewegungen gab, in denen Phasen ausgetrockneter Orthodoxie mit solchen des emotionalen Antimarxismus abwechselten. Die sogenannten Neuen Philosophen zum Beispiel, die Mitte der 1970er Jahre in Frankreich einen renegatenhaften Antimarxismus predigten und Stalin zum konsequentesten Marxisten deklarierten, der die Marx'sche Herrschaftstechnologie am besten verstanden habe, waren *vorher* fast alle orthodoxe Marxisten-Leninisten, einige sogar maoistischer Färbung. Sie spitzten die komplexen politischen und gesellschaftlichen Verhältnisse auf propagandistische Vereinfachungen zu, sodass es ihnen zufolge nur zwei Gruppen von Menschen gibt: die einen, die bereits im Gefängnis sind, und die anderen, die noch draußen sind. Dadurch haben sie totalitäre Ansprüche, die sie der Theorieherrschaft des Marxismus und seiner Vor- und Nachgeschichte unterstellen, nur umgekehrt: *Alles bei Marx ist falsch* – das Weltverständnis der ewigen Dissidenten.

Wenn wir uns geschichtlich zu Marx verhalten, geht es aber nicht darum, nach dem Schema absolutistischer Wahrheitsansprüche zu urteilen. In dieser Globalkonfrontation, ob alles im Marx'schen Denken wahr oder falsch sei, stellt sich die entscheidende Frage überhaupt nicht, ob es nicht eher darum geht, im Einzelnen zu bestimmen, wo erfüllte und wo unerfüllte Programme im Marx'schen Denken vorliegen. *Erfüllt ist das Programm einer Kapitalanalyse. Unerfüllt das Programm der Subjektkonstitution, der Moral und der Menschenrechte.* Was Sartre den Marxisten ins Stammbuch schreibt, gilt schon für Marx selbst: »Die Marxisten von heute kümmern sich nur um die Erwachsenen: wenn man sie liest, könnte man glauben, wir kämen an dem Tag zur Welt, an dem wir unser erstes eigenes Geld verdienen.«[113]

Als Karl Korsch 1923, in seiner scharfsinnigen erkenntnistheoretischen Kritik des Leninismus, die Anwendung der Forschungsmethode des historischen Materialismus auf die eigene Entwicklungsgeschichte des Marxismus verlangte, waren erst die Anfänge jener fatalen wissenschaftlichen Selbstausgrenzungen erkennbar, die sich dann in der Orthodoxie des »Marxismus-Leninismus« zu einem versteinerten Gebäude von Rechtgläubigkeit zusammenfügten, in dessen Räumen Zitierkartelle um besonders günstige Zugangsbedingungen zu den jeweils vorherrschenden staatlichen und gesellschaftlichen Machtzentren kämpften.

Dass die soziale Revolution in einem Land siegte, das sich in den Anfangsstadien der industriellen Entwicklung, der Herausbildung bürgerlicher Formen der Öffentlichkeit und des gesellschaftlichen Lebens befand, ist als isolierter Tatbestand kein ausreichender Grund für die Verkehrungen des Marx'schen Denkens. In den ersten Jahrzehnten nach der Oktoberrevolution gab es (zum Beispiel in der Zeitschrift *Unter dem Banner des Marxismus)* durchaus eine lebendige Auseinandersetzung mit dem Marx'schen Denken, mit der Naturdialektik des späten Engels und eine experimentelle Umgangsweise mit den bei Marx und Engels ja keineswegs eindeutig definierten Beziehungen zur philosophischen Tradition.

Der eigentliche Bruch in der Denkgeschichte des Marxismus liegt dort, wo die stalinistische These vom »Sozialismus in einem Lande« die bis dahin selbst von Lenin und den Leninisten geteilte Auffassung ersetzte, dass eine sozialistische Gesellschaft als isolierte und von entwickelten Industriegesellschaften abgekoppelte Gesellschaft unmöglich ist. Je stärker der Einwand der Realität gegen die Einlösung der sozialistischen Utopie war, desto terroristischer wurde die materialistische Geschichtsauffassung in staatliche Dienste genommen, zum *Gewaltidealismus* transformiert. Eine solche Verkehrung der kritischen Substanz dieser Theorie in ein von der Spannung zur Realität befreites methodisches Instrumentarium der Legitimation politischer Entscheidungen hat freilich ihre eigene Dialektik. Die empirisch-kritische Verarbeitung der Realität hat keinen Ort mehr in Erkenntnishaltungen, die das Bestehende erfahrbar und öffentlich machen. Dass etwas existiert, wird zum entscheidenden Einwand gegen Denken und Utopie. Je mehr diese Spannung zwischen Begriff und Gegenstand, zwischen objektiver Möglichkeit und subjektiver Wunschphantasie verloren geht, desto stärker werden die Denkverbote und die Zensurmechanismen zu unantastbaren Formen der Realitätsverleugnung.

Entscheidend ist, dass in den westlichen Ländern die im Stalinismus zum System gegossenen Marx'schen Erkenntnisse und Kategorien und die für viele Menschen tödlichen Prozesse der Stalinisierung des Denkens aufgegriffen wurden. *Sie* vermittelten dem Westen den Schein eines realitätshaltigen Marxismus, der sich als einzig revolutionär präsentierte. Die bloße *Tatsache* der Oktoberrevolution und deren staatliche Aufbewahrung wurden so zum *Seinsgrund* einer marxistischen Denkweise, die nunmehr die Funktion von Polizeibegriffen selbst dort annahm, wo der Arm der sowjetischen Geheimpolizei nicht hinreichte. Nicht nur im Denken, sondern in vielen menschlichen Schicksalen wurden hier Tragödien produziert.

Ist der Marxismus in dieser Weise auf das Niveau einer geschlossenen, mit naturgesetzlichen Analogien gespickten *Weltanschauung* gekommen, deren einzige Lebendigkeit darin besteht, die Zulassungskriterien zu formulieren und die Wand zwischen Innen und Außen zu betonieren, so kann die Fortentwicklung der Ursprungsideen des Materialismus, der politischen Ökonomie und der Dialektik von Individuum und Gesellschaft nur in zweierlei Richtung erfolgen. *Zum einen* durch eine komplette Ausgrenzung von Erkenntnisbereichen aus der Marx'schen Lehre selbst dann, wenn sie von dieser Anstöße und Orientierungen empfangen haben. Auf diese Weise koppelten sich ganze Bereiche der Wissenschaftsgeschichte des 20. Jahrhunderts vom Marxismus ab. Von diesem Ausgrenzungsschicksal waren zum Beispiel die empirische Sozialforschung, die Industriesoziologie, die kritische Sozialpsychologie und die Psychoanalyse betroffen. *Zum anderen* ging das Marx'sche Denken in politische und sozialwissenschaftliche Zusammenhänge ein, die als wesentlichen Erkenntnisgegenstand das Begreifen der Gegenwart haben. Diese lösten sich nicht vollständig aus dem Marx'schen Denken, aber sie rückten die Kritik des Bestehenden und die Aufarbeitung des philosophischen Erbes ins Zentrum der Theoriebildung. Zu diesem Typus der Theoriebildung gehören jene Philosophien, die im Traditionszusammenhang von Hegel und Marx weiterarbeiten, aber in spezifischer Weise die Leerstelle bei Marx durch besonderen Erkenntnisaufwand und durch Rezeption moderner wissenschaftlicher Methoden und Kenntnisse zu füllen versuchen. In der Theoriearbeit in höchstem Maße verschieden, dem Erkenntnisanspruch nach jedoch in einer gemeinsamen Haltung und Denkweise verknüpft, lassen sich hier die Theorieansätze von Korsch, Horkheimer und Adorno, Bloch und Marcuse miteinander in konkrete Beziehung setzen. Sie sind allesamt Versuche, die Marx'sche Theorie zu erneuern – und zwar in einem veränderten Verhältnis zum deutschen Idealismus und zu dem in der Marx-Orthodoxie der Sozialdemokratie (Kautsky'scher Prägung) und des daran sich anhängenden Leninismus Ausgegrenzten. Die Dialektik steht im Zentrum dieser Erneuerungsversuche. Kennzeichnend für diese Theorietradition ist freilich auch, dass die Wandlungen im modernen Wissenschaftsverständnis und die veränderten Bedingungen sozialer Bewegungen und der Subjektausstattung wahrgenommen werden.

## Geschichtsmächtige Irrtümer – Selbstausgrenzungen des Marxismus

Die Bedingungen für die Selbstausgrenzung des Marxismus liegen wesentlich darin, dass die soziale Revolution der fortgeschrittenen kapitalistischen Industrieländer misslungen und die Oktoberrevolution ein isoliertes Fragment geblieben ist. Will man die Geschichte dieser Selbstausgrenzung rekonstruieren, schließt das entscheidende Gegenwartsfragen an die Struktur und Erkenntnisresultate der Marx'schen Gesellschaftstheorie selbst ein. Aus der umfangreichen Liste dieser Fragen greife ich einige wenige heraus:

Marx hat den Produktivkräften die Funktion zugeschrieben, zu eng gewordene Produktionsverhältnisse zu sprengen. Das Rissigwerden von Eigentums- und Herrschaftsformen, die der gesellschaftlichen Produktion des Reichtums nicht mehr genügend Raum bieten, sollte Grundbedingung einer Epoche sozialer Revolution sein. Nie ist der objektive Widerspruch zwischen Produktivkräften und Produktionsverhältnissen größer gewesen als heute; aber die Sprengkraft, die darin liegt, ist kaum spürbar. Im Gegenteil: Es sieht so aus, als würden sich die bestehenden Herrschaftsformen mit den Produktivkräften geradezu verbünden, um auch den kleinsten Schritt auf dem Weg zu einer freieren, höher zivilisierten Gesellschaft zu einem beschwerlichen Unterfangen zu machen. Ich erinnere in diesem Zusammenhang an die überschwänglichen Worte im *Kommunistischen Manifest*, mit denen Marx und Engels die revolutionäre Rolle des Bürgertums beschreiben. Die Bourgeoisie habe in ihrer kaum hundertjährigen Klassenherrschaft massenhaftere und kolossalere Produktionskräfte geschaffen, als alle vergangenen Generationen zusammen, schreiben sie darin. Das drückt doch ihre Bewunderung für diese gewaltigen Leistungen aus. Marx spitzt den Gedanken so zu: »Dampf, Elektrizität und Spinnmaschinen waren Revolutionäre von viel gefährlicherem Charakter als selbst die Bürger Barbès, Raspail und Blanqui.«[114] Gefährlicher ja, aber für wen?

Für die Welt des Vergangenen, sicherlich. Überholte Produktionsweisen und morsche Verhältnisse halten der Gewalt der industriellen Dynamik und der aufgeklärten Vernunft des Privateigentums nicht stand – wie sehr sie sich auch an alte Gewohnheiten und überkommene Rechte klammern mögen. Das wird uns gerade heute nachdrücklich verständlich gemacht. Aber die genannten Revolutionäre hatten wohl eher die keineswegs abwegige Vorstellung, dass *Zerstörung einer alten* und *Aufbau einer neuen Gesellschaft* ganz verschiedene Maßverhältnisse der Willensentscheidung und des bewussten Eingriffs erfordern.

Das Utopieverbot, das Marx und Engels erlassen haben, war zweifellos berechtigt als Kritik am Handeln Einzelner, denen der historisch-materielle Hebel einer sozialen Bewegung fehlt und die daher gezwungen sind, Scheinkämpfe zu führen. Ihrem eigensinnigen Vertrauen in die Entfaltung der Produktivkräfte und des Klassenkampfes hat die Geschichte jedoch keinerlei Beachtung geschenkt. Gehe ich fehl in dem Verdacht, dass in ihrer Einschätzung der Produktivkräfte eine perspektivische Verzerrung in zweierlei Hinsicht erfolgt: Unterschätzung der gesamtgesellschaftlichen Folgen der zerstörerischen, Überschätzung ihrer emanzipativen Wirkung?

Meine Frage ist, ob sich Marx bei der Untersuchung des Proletariats und seiner Eigenschaften derselben Sorgfalt bediente wie bei jedem anderen Forschungsgegenstand. Ich muss gestehen, dass ich immer wieder nach Begründungen in Marx' Schriften gesucht habe, warum er seine großartige Analyse des *Fetischcharakters der Ware,* die ja theoretische Grundlage der Erforschung des verdinglichten Bewusstseins, der Erfahrungs- und Verhaltungsblockierungen wie der Bürokratisierungsmechanismen sein kann, *auf alle gesellschaftlichen Erscheinungen anwendet, nur nicht auf die Arbeiterklasse selbst. Hätte er doch nur einen Bruchteil der intellektuellen Energie, die er den Zelleneigenschaften der Ware gewidmet hat, auf die mikrologische Untersuchung der Eigenschaften des Proletariats gewandt – oder noch besser: des einzelnen Proletariers!* Ich meine damit die gesellschaftlichen Eigenschaften, nicht die rein privaten.

Ich habe den Eindruck, dass im Ansatz der Marx'schen Theorie die Handlungsmotive der Menschen zu eng und zu äußerlich gefasst sind. Geschoben durch die Not der Verhältnisse, unter dem Zwang, sich kollektiv organisieren zu müssen – diese Druckverhältnisse, die in dieselbe Richtung zu weisen scheinen, können Marx die Überzeugung vermittelt haben, dass die innere Zusammensetzung des Proletariats ausschließlich oder doch überwiegend durch proletarische, das heißt auf soziale und politische Emanzipation gerichtete Eigenschaften bestimmt wird. Das hat sich jedoch, wie ich meine, als eine gefährliche Übertreibung erwiesen. Jeder Mensch hängt mit einem Teil seiner Interessen und Eigenschaften im bestehenden Herrschaftssystem.

Es gehört zu den geschichtsmächtigsten Irrtümern des 20. Jahrhunderts, dass Engels den utopischen Sozialismus aus der Gemeinschaft der *menschlichen Motive* des Handelns verbannte, um einem selbst gesetzten Ideal *wissenschaftlicher*

*Sicherheit* im Begründungszusammenhang intellektueller Produktionsweise Folge leisten zu können. Die Entwicklung des Sozialismus von der Utopie zur Wissenschaft ist ein Ur-Pseudos, ein Irrtum, *der vom Wissenschaftsglauben des 19. Jahrhunderts in die Weltanschauungsbedürftigkeit des 20. Jahrhunderts bedrohlich hineinragte.* Das Versprechen der *Erkenntnissicherheit*, mit dem die zerbrochene Welt des 19. Jahrhunderts auftrumpfte, konnte nur durch die Glaubensgewissheiten des 20. Jahrhunderts überboten werden. Im Dogmatismus, der die rationale Begründung ausschließt, stehen sie sich in nichts nach. Gerade wenn man davon ausgeht, dass Marx in aller Bescheidenheit seine Theorie in der doppelten Funktion gesehen hat – *als Anleitung zur Forschung und als Anleitung zum Handeln* –, ist Vorsicht geboten in der Festlegung, *worin* authentisches materialistisches Denken besteht. Was die Forschung betrifft, so ist für uns wahrscheinlich sehr viel mehr aus der Art und Weise zu lernen, wie Marx selbst mit Theorien und gesellschaftlichen Verhältnissen umgegangen ist, als durch die Wiederholung seiner *Darstellungslogik*, die sehr stark der Tradition der großen bürgerlichen Philosophie verpflichtet ist: der kantischen *Kritik der reinen Vernunft* und Hegels *Wissenschaft der Logik*. Dialektik ist ja, wie Marx selbst hervorhebt, *die* Form des Denkens, die sich im Material bewegt – und zwar so, dass über das Material nicht äußerlich verfügt wird, sondern in der Anstrengung des Begriffs sich dieses Material in seiner Eigenbewegung zusammenfügt. Hegel hatte gesagt, dass Dialektik das reine Zuschauen sei. Aber dieses Zuschauen sei nur möglich durch äußerste Anstrengung, durch die *Arbeit des Begriffs*. Wenn ich von einer Priorität der *Forschungslogik* im Verhältnis zur *Darstellungslogik* spreche, dann im Sinne des genuin Marx'schen Gedankens, fertige Resultate in deren Produktionsprozesse zurückzuübersetzen. So verfährt Marx ja in seiner gesamten Kritik der politischen Ökonomie;

nicht die Produkte werden in Beziehung gesetzt, sondern die zugrunde liegenden Produktionsprozesse.

Beschränkt man sich auf die durch die Darstellungslogik strukturierten *Resultate* und spürt deren logischen Konstruktionsprinzipien nach, ohne den wissenschaftlichen Gesamtprozess zu reflektieren, in dem vielfache, genauso wesentliche, aber in der theoretischen Produktion offenere Untersuchungen (wie zum Beispiel der *Achtzehnte Brumaire, Debatten über den Holzdiebstahl*) zu finden sind, so ist das Resultat nicht selten *theoretische Verzweiflung*. Die über Jahre hinweg veranstalteten *Kapital*-Schulungen mit den Anfangskapiteln des ersten Bandes haben in Sackgassen geführt und Generationen von gutwilligen und theoretisch interessierten Marxisten für die politische Arbeit im Zusammenhang des Marx'schen Denkens verdorben.

In einer neuen Lektüre Bertolt Brechts ist eine Erneuerung des Marxismus eher erkennbar als in wissenschaftlichen Aufrechnungen. Brecht hat – seinen stalinistischen Verbeugungen zum Trotz, die auch seinem Werk Wunden zugefügt und Narben hinterlassen haben – materialistische Dialektik in den Geschichtsverbrechen und in den Alltagstragödien begriffen. Zu beherzigen, was in *zwei* seiner Sentenzen enthalten ist, wäre ein Ausweg. Sie sind auf den Marxismus bezogen und bezeichnen gleichzeitig bittere Erfahrungsgehalte seiner wissenschaftsgeschichtlichen Ausgrenzungen. »Der Lernende ist wichtiger als die Lehre«[115], so lautet das Motto, das Brecht seinen *Marxistischen Studien* von 1926 bis 1939 voranstellt. Seinem Herrn Keuner, diesem verschmitzten Dialektiker der Alltagsvernunft, der am Ende mehr von materialistischer Dialektik begriffen hat als alle Marxismus-Zünfte zusammengenommen, legt Brecht unter der Überschrift *Überzeugende Fragen* Folgendes in den ironischen Mund: »›Ich habe bemerkt‹, sagte Herr K., ›dass wir viele abschrecken von unserer Lehre dadurch, dass wir auf alles eine Antwort wissen. Könnten wir nicht im Interesse der Propaganda eine Liste der Fragen aufstellen, die uns ganz ungelöst erscheinen?‹«[116] Nicht nur im Interesse der Propaganda, sondern *im Interesse der Wahrheit* wäre es heute nötig, eine Liste ungelöster gesellschaftlicher Fragen aufzustellen.

Marx neu zu lesen, bedeutet, sich auf die Entfaltung der Dialektik im verwickelten Beziehungsgeflecht von Verabschiedungen, Erneuerungen und offenen Fragen mit kritischem Augenmaß für die veränderten gesellschaftlichen Verhältnisse vorbehaltlos einzulassen.

## Eine Art »Phänomenologie des Marxismus« – Stufen der Selbstverständigung

Die Schriften von Marx und Adorno sind wichtige Bezugspunkte meines Lebensberichts; sie boten mir die Möglichkeit, *eine* Linie der geistigen Selbstverständigung an exemplarischen Ausdrucksformen zu verfolgen. Ziel war und ist es dabei, die durch Herrschaftspraktiken verschlissenen Erkenntnisse und Kategorien in ihren Ursprungsgehalten sichtbar zu machen und dadurch zu einer Art *Phänomenologie des Marxismus* beizutragen – also der inneren Verflechtung von Wahrem und Falschem, von Freiheit und Terror auf die Spur zu kommen.

Das ist mit einem rein geistesgeschichtlichen Verfahren, etwa der *hermeneutischen Interpretation* auf der Grundlage objektivierter Sinngehalte oder der philologischen Textanalyse nicht möglich. Mein Verfahren ist ein philosophisch-soziologisches; es bezieht sich auf reale Bewegungen, aber nicht in einer vom Historiker zu erwartenden Komplexität der Erscheinungen, sondern im begrifflich gedeuteten Selbstverständnis solcher Bewegungen. Diese »Phänomenologie des Marxismus«, *die Rekonstruktion des erscheinenden Bewusstseins* und Verhaltens, kann natürlich nicht mehr von den idealistischen Prämissen der *Phänomenologie des Geistes* Hegels ausgehen. Weder ließe sich der Anfang so konstruieren, wie Hegel es mit der erkenntnistheoretischen Figur des unmittelbaren Bewusstseins versuchte, noch könnte das Ende der zu sich selbst gekommene, die Schalen der Realgeschichte abgeworfene Geist sein; etwas von der Schädelstätte des absoluten Geistes, wie sie sich Hegel darstellt, ist allerdings auch in der Phänomenologie des Marxismus anzutreffen.

## Sozialistische Utopie und kapitalistische Gesellschaftsordnung

Die sozialistische Utopie, als deren Eckpfeiler seit weit mehr als 150 Jahren *soziale Demokratie*, ein *unentfremdetes System gesellschaftlicher Arbeit* und die *Menschenrechte* gelten, hat ganz andere geschichtliche Quellen als die, welche Russland zu Beginn des 20. Jahrhunderts den Realitätsvorteil der ersten gelungenen Revolution verschafften. Dass dieser Realitätsvorteil zum Anlass genommen wurde, die Marx'sche Theorie sowjetischer Fassung nachträglich dem europäischen Sozialismus aufzuprägen, gehört zu den großen (theoretisch wie praktisch folgenreichen) Tragödien des 20. Jahrhunderts.

Die sozialistische Utopie hat, seit ihren Ursprüngen, die *reiche Gesellschaft* zu ihrer Grundlage – nicht die Notwendigkeit gerechter Verteilung der Armut unter dem autoritären Diktat eines atemlosen Konkurrenzkampfes nachholender Modernisierung. Man könnte behaupten, dass der Kapitalismus und der Stalinismus einschließlich seiner Folgesysteme voneinander profitierten, indem sie gleichermaßen eine Kausalität herstellten, welche die authentische sozialistische Utopie mit diktatorischen Gesellschaftsordnungen in Verbindung brachte. Es ist von besonderer Tragik, dass, um zu dieser praktischen Klarheit zu gelangen, zahllose Opfer nötig waren.

Wenn aus dem zusammengebrochenen Stalinismus die sozialistische Utopie sich wieder lebendig zu regen vermag, ohne dass fortwährend begründet werden muss, warum der »real existierende Sozialismus« ein normales, mit vorbürgerlichen, despotischen Traditionen durchsetztes Herrschaftssystem, aber kein Sozialismus war, so ist diese überfällige Befreiung von einem tödlichen Legitimationsdruck freilich nur durch ein völlig verändertes Verhältnis der Sozialisten zu ihrer eigenen Geschichte glaubwürdig zu machen. Alle Sicherheiten, die aus vorgeblichen Gesetzen zu gewinnen wären, sind trügerisch.

Die im ursprünglichen Wahrheitsgehalt der Idee des Sozialismus enthaltenen Vorschläge zur Lösung gesellschaftlicher Probleme sind nicht ausgestanden. Sie sind, wie Bloch es ausgedrückt hätte, »unabgegolten«. Denn sie gehören zum Zusammenhang der drei großen Herausforderungen: der *sozialen Frage*, der *Frage der politischen Demokratie* und der *Frage der individuellen Emanzipation*. Keine ist ohne die Beteiligung der anderen zu lösen. Darüber, welche Idee, welches Ordnungsprinzip einer künftigen Gesellschaft die angemessensten Antworten auf diese Herausforderungen zu geben vermag, ist die Entscheidung noch nicht gefallen.

Überzeugendes Fragen zuzulassen, bedeutet gleichzeitig, dass die Grenzen des eigenen politischen Handelns markiert werden. So ist aus den Trümmern der kommunistischen Gespensterwirklichkeit und dem von allen Barrieren und Beißhemmungen befreiten Kapitalismus, wodurch sich gesellschaftliche Probleme in gewaltigen Materialmassen vor uns auftürmen, ein Arbeitsprozess der öffentlichen Zuspitzung in

Gang zu bringen: der *gesellschaftlichen Widersprüche* und der *verzerrten Maßverhältnisse*. Das kann nur auf dem Wege einer gleichsam angehaltenen geschichtlichen Besinnung gelingen – eines Stillhaltens, das für den Augenblick die Mechanik der Beschleunigung, der Bewegung ohne Ziel, bricht. Was muss verabschiedet, der geschichtlichen Vergangenheit überantwortet und als ausgestanden betrachtet werden? Und was bedarf der Wiederaneignung und Erneuerung?

Zum ersten Mal in der Geschichte erweist sich der Kapitalismus als Weltsystem der Lebensführung, welches kein *Außen* mehr hat, das zu fürchten wäre. Damit ist eine der wenigen, aber wesentlichen Prognosen von Marx erfüllt, dass eine sozialistische Gesellschaftsordnung nur dann eine Chance besitzt, wenn der Kapitalismus seine eigenen Potenziale vollständig ausgeschöpft hat und in einem, was die Kräfte *außerhalb* betrifft, alternativlosen geschichtlichen Milieu existiert. *Der Sozialismus wächst aus der kapitalistischen Gesellschaftsordnung heraus, ist ihr Produkt und Erbe zugleich.*

Die kapitalistische Gesellschaftsordnung hat lange in vielfacher Hinsicht von der durchsichtigen Unaufrichtigkeit und der Lebenslüge der vor fast dreißig Jahren zusammengebrochenen Formen des Sozialismus gelebt, die sich als machtgestützte geschichtliche Alternativen präsentierten. Nicht viele Probleme auf dem Weg zu einer *menschlichen* Gesellschaft sind seitdem wirklich gelöst. Und warum sollte ein zur Weltgesellschaft universalisierter Kapitalismus zur Lösung von Problemen fähig sein, wenn in den fortgeschrittenen Ländern bisher so vieles auf der Strecke geblieben ist? Nichts ist erledigt! Ein Sozialismus mit menschlichem Gesicht hätte gute Chancen, wirkliche gesellschaftliche Alternativen für die Menschen zu entwickeln – nicht im Sinne von Programmen und Schreibtischmodellen, sondern indem er *die Alltagsutopien der Menschen* ernst nimmt.

*Eine in die Zukunft reichende Sozialismusdebatte hätte von den Utopien in der Wirklichkeit auszugehen, nicht von einem jenseitigen Bereich bloßen Sollens und der guten Absichten.* Sie hätte den Begriff des Sozialismus zu erweitern und zur Subjektseite hin zu vertiefen.

## Offene Fragen an einen Totgesagten

Folgte man nach dem Mauerfall den öffentlichen Bekundungen und den nagenden Selbstzweifeln vieler Linksintellektueller, die sich kurz zuvor noch als kämpferische Anhänger Marx'scher Lehren oder wenigstens als kritische Dulder hervorgetan hatten, so musste man den Eindruck gewinnen, dass der Tod des immer wieder Totgesagten, der dann doch irgendwo wieder lebendig hervortrat, nach der Götter- und Götzendämmerung des »real existierenden Sozialismus« *wirklich eingetreten war.* Das war umso bemerkenswerter, als nicht sehr viel Zeit verstrichen war, seit man 1983 mit überwiegend monumentalistischen Worten – ob nun aus feindlicher Gesinnung, mit kritischer Abwägung oder unvermindert hohlem Legitimationspathos – der hundertsten Wiederkehr des Todestags von Marx gedacht und seinem Gesamtwerk öffentliche Aufmerksamkeit gezollt hatte.

Es war ein höchst angespanntes kulturelles Klima, in dem 1983 an den hundertsten Todestag von Karl Marx erinnert wurde: Die gesellschaftliche Atmosphäre war gekennzeichnet durch Endabrechnungen mit der Reformperiode, die die 68er-Revolte weltweit in Gang gesetzt hatte; in allen westeuropäischen Ländern zeichneten sich konservativ-wirtschaftsliberale Regierungsbildungen ab, das Wettrüsten erreichte einen strategischen Höhepunkt. Keine Fernsehanstalt, kein Rundfunksender, nicht einmal Provinzzeitungen wagten es, dieses

Datum zu ignorieren. Ich selbst schrieb aus Verlegenheit, etwas schreiben zu müssen, aber der Flut der Würdigungen nichts Bekanntes hinzufügen zu wollen, in der *Frankfurter Rundschau* vom 22.3.1983 einen fiktiven Brief an Karl Marx, der wesentlich aus Fragen an ihn bestand.

Als ich 2018, anlässlich des 200. Geburtstags von Marx, diesen Brief erneut las, war ich sehr berührt: Mit Erstaunen musste ich zur Kenntnis nehmen, wie hartnäckig und dringlich die Fragen geblieben sind, die ich darin gestellt hatte, obwohl sich nach dem Mauerfall objektiv sehr viel verändert hat.

Die eine Frage bezog sich auf die *Subjekte der Veränderung*. Marx hat den Produktivkräften die Funktion zugeschrieben, zu eng gewordene Produktionsverhältnisse zu sprengen; dieses Aufsprengen sollte Grundbedingung einer Epoche sozialer Revolution sein. Nie ist der objektive Widerspruch zwischen Produktivkräften und Produktionsverhältnissen größer gewesen als heute; aber die Sprengkraft, die darin liegt, ist kaum spürbar. Im Gegenteil: Es sieht so aus, als würden sich die bestehenden Produktions- und Herrschaftsverhältnisse mit den Produktivkräften geradezu verbünden. Die Produktivkräfte wachsen und wachsen; sie bedrohen inzwischen die *Lebensgrundlagen* der Menschen. Die Arbeiterklasse, der Marx die historische Mission zugesprochen hat, die Vorgeschichte zu beenden, verhält sich dazu abwartend, ja häufig genug schweigend und desinteressiert. In Bereichen, deren Probleme quer zu den Klassenfronten liegen, rührt sich dagegen massiver Widerstand. Ich will diese Initiativen nicht einzeln aufführen; ihnen ist jedoch gemeinsam, dass sie in der Regel nicht von der organisierten Arbeiterschaft ausgehen, sondern von Bürgern und »Kleinbürgern«, von Frauen, Jugendlichen, Studenten. Und ihr Handlungsmotiv ist weitgehend ein praktisch-utopisches – nämlich in der alten Weise nicht mehr leben zu wollen.

Ist es möglich, dass der Ansatz der Marx'schen Theorie, was die *Handlungsmotive* der Menschen betrifft, viel zu eng gefasst ist? Ich habe nie Begründungen dafür finden können, warum Marx seine großartige Analyse des Fetischcharakters der Ware, die ja Grundlage der Verdinglichung des Bewusstseins und der Erfahrungsblockierung ist, auf die Machtkonstellation der Herrschenden anwendet, aber nicht auf die Arbeiterklasse selbst. Die Subjekte der Veränderung bleiben im Dunkeln.

Das führt mich zu meiner zweiten Frage, die ich 1983 überschrieb: *Vom Standpunkt des Kapitals zur Perspektive der lebendigen Arbeit.* Betrachtet man den kategorischen Reichtum in Marx' Entfaltung der Kapitallogik, scheint es mir so zu sein, dass alles, was dem Kapital nicht unmittelbar zu Verwertung dient, in der Hierarchie von Erkenntnisgegenständen als »weiche Materie« stark abfällt – zum Beispiel Bewusstsein, Wille, Bedürfnis. Vom Standpunkt des Kapitals ist eine solche Bewertung auch durchaus gerechtfertigt. Aber was durch das Nadelöhr des Kapitals geht, ist offensichtlich doch nur ein kleiner Ausschnitt aus dem Gesamtvermögen lebendiger Arbeitskräfte, an deren Entstehung, Erhaltung und anderweitigen Vergegenständlichungen eine Vielzahl von Arbeitsprozessen beteiligt ist, für die das Kapital absolut nichts zahlt, von denen es aber zehrt.

Die Wertbestimmung der Ware Arbeitskraft enthält ein historisches und moralisches Element, schreibt Marx. Nur die Wertbestimmung? Davon abgesehen, richtet er auf keines der beiden Elemente, weder innerhalb noch außerhalb der Wertbestimmung, ein systematisches Erkenntnisinteresse. Das ist umso erstaunlicher, als ja die Entdeckung des Mehrwerts und damit der Wertquelle mit Recht als die große Neuerung seiner Theorie gilt. Wenn es zutrifft, dass lebendige Arbeitskraft die bestimmende Quelle ist, aus der Wert und Mehrwert kommen, dann ist mir unverständlich, dass Marx so wenig Aufmerksamkeit und Unterscheidungsvermögen auf die historisch und gesellschaftlich spezifischen Prägungen der Arbeitskraft verwendet, da er sonst doch nicht zögert, auch den geringsten Vorgang im Kapitalzusammenhang weiterzuverfolgen, wenn er die Ökonomie der toten Arbeit betrifft. Übte die Realitätsmacht des Kapitals, die Marx illusionslos erfassen wollte, um sie zu brechen, eine solche Faszination auf ihn aus, dass es ihm unmöglich war, *außerhalb* des zum Kollektiv-Subjekt aufgewerteten Proletariats Widerstandsformen lebendiger Arbeitskraft überhaupt wahrzunehmen?

Eine politische Ökonomie der Arbeitskraft hat er nicht geschrieben, aber angedeutet. Nach seinen Methoden entwickelt, wäre sie die Grundlage der politischen Ökonomie des Kapitals, das *Übergreifende*. Würde er das als Ausführung eines unerfüllten Programms seiner Theorie ansehen – oder als Ausgeburt reiner Phantasie?

Die Realität bietet genug Hinweise auf die Notwendigkeit der Weiterführung seiner Gedanken in dieser Richtung; denn die Situation wird immer absurder. Durch die sprunghafte Entwicklung der Produktivkräfte wird in wachsendem Ausmaß lebendige Arbeit nicht nur, wie bisher, *ersetzt*, sondern dauerhaft überflüssig gemacht. Selbst ein altes gattungsgeschichtliches Privileg des Menschen, Monopolbesitzer der Verausgabung von Hirn, Muskeln und Nerven zu sein, ist von den modernen Maschinensystemen bedroht. Wo bleibt unter diesen Bedingungen die lebendige Arbeitskraft? Was sind ihre neuen Realisierungsbedingungen? Wie kann verhindert werden, dass einzelne geschichtliche Fähigkeiten verrotten oder in Tätigkeitsbereiche abgedrängt werden, die der zusätzlichen Ausbeutung und der Erniedrigung der Menschen dienen?

# KODA

## Täuschende Wirksamkeit der Ideologien

Dieser zweite Teil meiner autobiographischen Spurensuche trägt – ich habe es einleitend schon gesagt – eine zentrale Botschaft für die Gegenwart und für die Zukunft: *Wir dürfen nicht warten, bis das Gemeinwesen verrottet ist und die moralische Verkrüppelung ein gesellschaftliches Betriebsklima geschaffen hat, das die Mühe um Anstand und politische Urteilskraft immer beschwerlicher und vielfach aussichtslos werden lässt.*

Die gesellschaftliche Balance ist gegenwärtig auf drei Ebenen fundamental gestört: durch Polarisierung, Flexibilisierung und Abkoppelung. Daraus ergibt sich ein bestürzendes Schichtungsmodell der Gesellschaft. Alle drei Entwertungsprozesse werden hingenommen, als handele es sich um Naturvorgänge; für diese ist charakteristisch, dass sie sich nicht ändern lassen, selbst wenn sie hier und da Empörung hervorrufen. Von dieser Form der Gleichgültigkeit des resignativen Rückzugs lebt ein Herrschaftssystem, das sich als »Gehäuse der Hörigkeit« etabliert hat und deshalb auf die Folgebereitschaft der Menschen setzen kann. Es muss aufgedeckt werden, was an Gesellschaftsreformen erforderlich ist, um die gesellschaftliche Balance wiederherzustellen.

Die Beschreibung einer gesellschaftlichen Situation, wie wir sie heute vorfinden, ist mit dem beklemmenden Gefühl verbunden, den Vorrat an nutzlosen Einsichten zu erweitern und jene Menschen nicht zu erreichen, deren Sehvermögen doch gerade geschärft werden soll. Wir befinden uns in einer Umbruchsituation, die manches auf den Kopf stellt, was durchaus erträglich wäre; bedrohlicher ist jedoch der Prozess, in dem der Kopf entmachtet wird und die Verhältnisse auf die Füße gestellt werden. Diese Verdrehungen treten unter sehr verschiedenen Namen auf; der anspruchsvollste ist der der Ideologie. Wer seine Lehrjahre am Frankfurter Institut für Sozialforschung oder dort in den philosophischen Seminaren verbracht hat, wird wissen, dass die täuschende Wirksamkeit der Ideologien gerade darin besteht, dass sie *Wahrheitselemente* enthalten. Sie sind nicht die reine Lüge oder Betrug; vielmehr sind die Postulate der Französischen Revolution – Freiheit, Gleichheit, Brüderlichkeit – mit enthalten, wenn es ein System geschafft hat, die Herrschaftsverhältnisse ideologisch in den Subjekten zu befestigen. Unter solchen Bedingungen der Verdrehung kann es gelingen, dass ein Herrschaftssystem oder Bewegungen durch Kräfte getragen werden, die gegen ihre eigenen Interessen votieren.

Brecht schrieb: »Wer seine Lage erkannt hat, wie soll der aufzuhalten sein?«[117] Vielleicht ist er nicht aufzuhalten. Die Wutbürger sind schnell zur Stelle. Ist aber sicher, dass sie in die richtige Richtung marschieren? Dass sie die an ihnen praktizierten Manipulationen durchschauen? Wann wird Gewalt, die einem selbst angetan wird, als solche begreifbar? Gehen wir davon aus, dass jedenfalls von den Arbeitslosen Arbeitslosigkeit als eine solche Gewalttat wahrgenommen wird: Um welche Form der Gewalt handelt es sich dabei? Ist es sublime oder strukturelle Gewalt? Der Arbeitslose, der seinen Job verloren hat, der junge Mensch, der keine findet, sie sind zweifellos Opfer. Aber wer ist der Täter? Sind es die Gesetze der Globalisierung? Ist es die Aktienbilanz oder vorauseilender Gehorsam gegenüber einer betriebswirtschaftlichen Kalkulation, die größeres Übel vermeiden soll?

Wir befinden uns, man kann das nicht oft genug wiederholen, inmitten einer epochalen gesellschaftlichen Umbruchsituation. Alte Wertvorstellungen und Gesellschaftsbilder haben ihre Gültigkeit verloren, neue sind noch nicht da, werden aber intensiv gesucht. Wir befinden uns also in einer kulturellen Situation *intensiver Suchbewegungen*. Der Soziologe Émile Durkheim hat für solche gesellschaftlichen Umbruchsituationen den Begriff des *moralischen Vakuums* geprägt. Dieser trifft nicht alles, womit wir es heute zu tun haben. Er bezeichnet aber eine Dimension, die wir einbeziehen müssen. Dazu gehört auch die Vermutung, dass wir es in diesem Vakuum mit einer Form *gesellschaftlicher Verwahrlosung* zu tun haben; der Anstand im Gebrauch von Worten in der öffentlichen Sphäre geht verloren. Dass ein US-amerikanischer Präsident ganze Bevölkerungsgruppen des eigenen Landes beleidigt, die Freiheit des Wortes in Frage stellt und demokratische Werte mit Füßen tritt, ist ein einzigartiger Vorgang. Wo die Gewalt der Worte durch höchste staatliche Instanzen legitimiert wird, ist die reale Gewalt nicht mehr weit entfernt. In Deutschland schmäht eine im Parlament vertretene Partei die Presse, deren Freiheit grundgesetzlich verbürgt ist, als »Lügenpresse«; Mitglieder derselben Partei verbünden sich auf der Straße mit dem rechtsradikalen Mob, der gegen Fremde und alles Fremdartige hetzt. *Der Krieg beginnt im Denken. Das ist ein Grundsatz der kantischen Philosophie. Aufklärende Kritik ist deshalb ein Beitrag zur Friedenssicherung des Gemeinwesens.* Der Frieden hängt wesentlich auch davon ab, wie die Subjektseite der Verhältnisse aussieht – wie sich die Menschen in ihrem Gemeinwesen orientieren, welche Bindungen und Verpflichtungen sie einzugehen bereit sind.

Die Schriftstellerin Christa Wolf lässt Kassandra sagen: »Wann Krieg beginnt, das kann man wissen. Wann aber beginnt der Vorkrieg.«[118] Das ist viel schwieriger zu sagen, denn der Vorkrieg beginnt in den Alltagsverhältnissen und im Denken. Wie ist der Boden zu bearbeiten, auf dem sich antidemokratische und gewaltbereite Einstellungen und Denkweisen herausbilden? Gesetze, Vorschriften und Verbote gehören sicher dazu. Aber sie reichen nicht aus. Gewaltprävention bedeutet die Förderung grundlegender Charaktereigenschaften, die es den Menschen ermöglichen, sich urteilsfähig und angstfrei in der Gesellschaft zu bewegen. Wenn heute der flexible Mensch als Ideal gefeiert wird, dann ist viel Kraft auf die Gegentendenzen zu richten, auf Verwurzelung und Bindungsfähigkeit. Der mündige, innengeleitete Mensch ist weniger anfällig für Gewalt und Ideologie als der leistungsbewusste Mitläufer, der allseits verfügbare Mensch.

Wo das Selbstwertgefühl der Menschen bestärkt wird, ohne dass dies mit der Entwertung des Anderen verknüpft wird, ist zu erwarten, dass die Suche nach Anerkennung nicht über Gewalt und autoritäres Gebaren verläuft. Die Erweiterung des Lebenszuschnitts der Menschen, die Kommunikationsfähigkeit, die Schaffung von Bedingungen, unter denen Arbeit auch Selbstverwirklichung sein kann – das sind Bauelemente für eine Gesellschaft, in der Gewaltbereitschaft und antidemokratische Tendenzen in Grenzen gehalten werden können.

## Rückblick

Überprüft man die Suchbewegungen, zufälligen Begegnungen, weitschweifigen Assoziationen, die ich hier versammelt habe, auf Inhalt und Tendenz, dann wird man unschwer feststellen können, wie uneinheitlich die Blicke des Achtzigjährigen auf vergangene Wünsche, Hoffnungen, Bedürfnisse sind, wenn er sich ein Gesamtbild machen will – so habe ich diese Autobiographie begonnen, diesen Gedanken will ich an ihrem Ende aufnehmen.

Der konzentrierte Rückblick auf die eigenen Lebensstadien bedurfte einer gewissen Verfremdung, denn fortwährend verhaspelt man sich im Gestrüpp der eigenen Erinnerungen, und zwar umso mehr, je stärker diese dem Erlebnisgeschehen verhaftet bleiben. Deshalb sind Brechungen und begrenzte Abschweifungen, die der lustbesetzten Phantasie entgegenkommen, keine nutzlosen Spekulationen, sondern drücken aus, wie sich die *Lebensfäden*, von denen Goethe spricht, tatsächlich verknoten und wieder lösen.

Ich habe über mein Älterwerden nie besonders nachgedacht, weil es mir immer als eine Art *naturgeschichtliches Geschehen* vorgekommen ist, das man beeinflussen, aber nicht wirklich steuern kann. Wie das Altwerden sich abspielt, wo es beginnt, welche Beschwernisse und welches Glück Lebenswege mit sich bringen, die ebenso unvermeidlich wie gestaltungsoffen sind, hat das Erkenntnisinteresse der Menschen immer wieder erregt. Um sich eine Vorstellung von dem machen zu können, wie durch eine Kultivierung des Altwerdens Lebensängste gemildert werden können, hat man immer wieder auf Symbole zurückgegriffen.

Die Dichter und Denker waren darin besonders erfindungsreich. Man sprach von *Lebenstreppen*, ab dem 17. Jahrhundert waren sie sehr populär. In der Kunst verwendet man, um das Altern symbolisch in den Lebenslauf einbinden zu können, Kreise, Räder und Bäume. Bekannt ist Rilkes Gedicht mit den Ringen: »Ich lebe mein Leben in wachsenden Ringen, / die sich über die Dinge ziehn. / Ich werde den letzten vielleicht nicht vollbringen, / aber versuchen will ich ihn.«[119] Auch in Hermann Hesses Gedicht *Stufen* geht es darum, das Altwerden und den Tod einzubinden in einen Lebenslauf, zu dem die Alten genauso gehören wie die Jungen. Sogar der Hegel'sche Gedanke des *Aufhebens* taucht bei Hesse auf: »Der Weltgeist will nicht fesseln uns und engen, / Er will uns Stuf' um Stufe heben, weiten.«[120]

Das Leben ist, wie in einer idealisierten neoliberalen Biographie, mit stetig wechselnden Erfahrungsräumen belegt. Nie soll man sich an einen dieser Räume binden, schreibt Hesse: »Es wird vielleicht auch noch die Todesstunde / Uns neuen Räumen jung entgegen senden, / Des Lebens Ruf an uns wird niemals enden ... / Wohlan denn, Herz, nimm Abschied und gesunde!«[121] Ein merkwürdiges Gedicht. Beim ersten Lesen gewinnt man tatsächlich den Eindruck, als ginge es hier um das Produkt eines neoliberalen Auftrags; jede Altersstufe ist auf ein reichhaltiges Aufheben im Hegel'schen Sinne von *negare* und *tollere*, Verneinung und Aufbewahrung, angelegt.

So sehr freilich auch der Wunschtraum jeder Biographie mit ununterbrochener Stufenfolge verknüpft ist, die das Wahrheitshaltige aufnimmt und bewahrt, das Schmerzliche und Leidvolle vergisst und verdrängt, so ist doch bereits in den Anfängen des philosophischen Reflektierens über das Altern der Tragödienstoff mit angelegt.

Als Cicero seine Schrift über das Alter, *De Senectute* (Vom Alter), verfasste, war er 62 Jahre alt. Seit gut einem Jahrzehnt kämpfte er gegen jene Kräfte, die der Senatsrepublik den Todesstoß zu versetzen versuchten. Es waren die jungen Feldherren, an der Spitze Caesar und Pompeius, die in ihrem Militärmachtpotenzial auf die Senatsrhetorik herabblickten und das hergestellt hatten, was Cicero als *res publica amissa* bezeichnete: eine vergessene, vernachlässigte Republik. Caesars Ermordung erscheint Cicero als eine Art Geschichtszeichen, dem er entnimmt, dass die Republik ihn eines Tages rufen werde, die alten Tugenden Roms, die durch die konkurrierenden jungen Feldherren beschädigt worden sind, wieder zur Geltung zu bringen. Er bemüht den alten Cato, der als Maß und Sinnbild römischer Tugenden gilt, um in einem Dialog mit Laelius über die Notwendigkeit zu reflektieren, die Lebensweisheit der Alten zu nutzen.

*Der große Senatsrhetor wartet auf einen Notruf der Republik. Das erweist sich als fataler Irrtum.* Cicero wird bestialisch ermordet, sein Haupt wird aufgespießt auf der Rostra, der Rednertribüne des Forums – zum Zeichen dafür, dass die *redenden Alten* nicht nur nutzlos, sondern politisch auch gefährlich sind.

Gleichwohl bleibt der Grundtext über die Kultur des Alterns – die *Nikomachische Ethik* des Aristoteles mit der Fragestellung *Was ist ein gutes Leben?* – anwesend und aktuell in praktisch allen Texten, die mit dem Altern zu tun haben. Die Tatsache, dass das Altwerden mit Beschwernissen verknüpft ist, hat in der antiken Literatur nur sehr geringes Gewicht angesichts der Bedeutung, die auf den einzelnen Stufen des Lebens die Frage nach dem guten oder schlechten Leben einnimmt. In jeder philosophischen Überlegung zur Einordnung des Alters klingt Ulpians Dreischritt an: *honeste vive, neminem laede, suum cuique tribuere* (lebe ehrenhaft, verletzte niemand, lasse jedem das Seine zukommen). Diese Formeln waren jedem gebildeten Römer präsent, der sich Gedanken über ein verträgliches oder gar gutes Leben machte. Gewiss, es gab Tragödien wie die Ciceros; aber im Allgemeinen ist in der griechisch-römischen Kultur eine undramatische Betrachtung üblich, wenn über das Altern und das Alter nachgedacht wird. Auch in *De Senectute* spielen die normalen Verlaufsstufen eines ehrenvollen und erfüllten Lebens, bis hin zum Tode, eine entscheidende Rolle.

*Jede Kultur hat ihre Idealvorstellung von einem gelungenen Leben, mit einem vielleicht geglückten Anfang und einem Ende, das möglichst wenige Trümmer hinterlässt.* Ulpians erste Kategorie, *honeste vive* (lebe ehrenhaft), hat mit dem ethischen Zusammenhalt einer Gemeinschaft zu tun, berührt die Frage nach dem Wohlergehen des Gemeinwesens. Wo die substanzielle Idee dieses Gemeinwesens beschädigt ist, verlieren sich die Orientierungspunkte der Individuen in einem Nebel moralischer Postulate, die sich aus der Wirklichkeit verabschiedet haben.

Cicero, der in seinem Begriff der Kultur Bezüge zur Agrikultur herstellt, nimmt auch in *De Senectute* immer wieder Beispiele aus der agrarischen Produktion in den Blick. *Die Verankerung in den Zeitstrukturen des Wachsens und des Reifens der Früchte gibt den Rhythmus vor, der mit Geduld und Warten verbunden ist.* Die Einübung der Umgangsweise mit der Zeit ermöglicht es, dass differenzierte Zeitstrukturen auch im gesellschaftlichen Leben der Menschen Anerkennung finden. Man könnte nun annehmen, dass in der antiken Welt, da die Menschen mit einer viel kürzeren Lebenszeit rechnen mussten als die heute Lebenden, die Zeitnot in den Reflexionen des Alters eine bestimmende Rolle spielen müsste; das ist nicht der Fall. In der antiken Denktradition wie in der alttestamentarischen nimmt die *Zeitdifferenzierung* dem Altwerden das Schreckliche. »Alles hat seine Zeit«, heißt es in der Bibel, in den *Sprüchen Salomo*: »Geborenwerden hat seine Zeit und Sterben hat seine Zeit, Kämpfen hat seine Zeit und Ruhen hat seine Zeit.«

Diese Zeitdehnungen, welche die Menschen motivieren, von dem in ihrem Leben angesammelten Erfahrungswissen zu erzählen, stoßen heute auf eine gesellschaftliche Wirklichkeit, in der mit der kulturell dekorativen Phrase von den großen Erzählungen, von Narrativen, gleichzeitig verschleiert wird, dass *die Erzähllust der Alten nur störend ist für den gesellschaftlichen Betrieb. Die betriebswirtschaftlich beschädigte Vernunft betrifft auch die prekäre Beziehung, welche unsere Gegenwartsgesellschaft zu den Alten und dem Älterwerden hat.*

Um mich allmählich herantasten zu können an die Krisensituationen der entwickelten gegenwärtigen Gesellschaftsordnungen, also der Ortsbestimmung, von der ich in meinen autobiographischen Betrachtungen ausging, will ich ein Beispiel erörtern. In meinen letzten Jahren der akademischen Lehrtätigkeit vollzog sich eine bemerkenswerte Veränderung in der Zusammensetzung der Zuhörerschaft. Die Altersstruktur veränderte sich von Jahr zu Jahr, sodass am Ende die überwiegende Zahl der Zuhörerinnen und Zuhörer etwa in meinem Alter oder älter war. Am Anfang waren mir ältere Menschen im Publikum gar nicht unangenehm, ganz im Gegenteil. Ich begrüßte die Altersmischung als eine Form des gegenseitigen Austauschs der Generationen. Allmählich veränderte sich jedoch das Aufmerksamkeitsklima, bei den anschließenden Diskussionen über die Vorlesung dominierten die Alten mit ihrer Erzähllust derart, dass die Jüngeren, für die diese Vorlesungen eigentlich gedacht waren, in Schweigen versanken. Es waren gute Beiträge, die der pensionierte Oberstudiendirektor oder die berufsmüde Studienrätin, aber auch Zuhörerinnen und Zuhörer aus einfachen Berufen mitzuteilen hatten, aber sie verzerrten schließlich das Lernklima in den Vorlesungen so, dass ich autoritär die Regel festlegte: Es müssten erst drei Fragen von Studierenden gestellt werden, bevor die Älteren zu Wort kommen können. Das erwies sich als eine vorübergehende Lösung, verdeckte aber das zugrunde liegende Problem. Denn es war keineswegs nur die Altersgeschwätzigkeit, die seit der Antike bekannte *eloquentia senilis,* die hier im Spiel war. Vielmehr machte mich die komplizierte Situation darauf aufmerksam, dass es den *Erzählraum* nicht gibt, der den alten Menschen zur Verfügung stehen müsste, damit sie ihre Erfahrungen und Erinnerungen öffentlich machen können.

## Aktive Geduld

Die Schwerkraft der Verhältnisse ist drückend. Der Pandabär im Tiergarten Schönbrunn, der mir fast eine Stunde den Blick verwehrte, wird sich eines Tages umdrehen und sein Gesicht zeigen. Aber nicht, wenn ich das will, sondern wenn ihn die Unbeweglichkeit langweilt und die Neugier in Bewegung setzt. *Aktive Geduld ist ein wesentliches Element der Veränderung.* In Brechts *Legende von der Entstehung des Buches Taoteking auf dem Weg des Laotse in die Emigration* finden sich Hinweise auf ein neues und höchst aktuelles Revolutionsverständnis. Bei der Begegnung zwischen einem Zöllner, der die zu kontrollieren hat, die das Land verlassen, und dem unscheinbaren Gelehrten Laotse, der in geflickter Joppe und ohne Schuhe in Begleitung eines Jungen die Grenze überschreitet, weil er mit diesem Land nichts mehr zu tun haben will, kommt es zu folgendem, nur scheinbar flüchtigen Dialog. Der Zöllner fragt: »Kostbarkeiten zu verzollen?« »Keine!«, antwortet der Knabe, der den Ochsen führt. Und er spricht: »Er hat gelehrt.« Doch der Zöllner gibt sich damit nicht zufrieden und fragt nach: »Hat er was rausgekriegt?« Darauf entgegnet der Knabe: »Dass das weiche Wasser in Bewegung / Mit der Zeit den mächtigen Stein besiegt. / Du verstehst. Das Harte unterliegt.«[122] Ja, das Harte unterliegt. So beginnen alle Revolutionen, aber ihr Ende erfüllt in der Regel wenig von dem, was ihnen einmal die Kraft gegeben hat: Herrschaftsverhältnisse aufzulösen. Was ist das, wenn man vom weichen Wasser spricht, das den mächtigen Stein besiegt?

Etwas davon hatte Kant geahnt, als er davon sprach, dass Revolution die Evolution der naturrechtlichen Verfassung sei. Es sind ganz andere Zeitmaße, die hier ins Spiel kommen. Bei Marx heißt es: »Die Revolutionen sind die Lokomotiven der Geschichte.«[123] Walter Benjamin greift diesen Gedanken auf und wendet ihn so: »Vielleicht ist dem gänzlich anders. Vielleicht sind die Revolutionen der Griff des in diesem Zuge reisenden Menschengeschlechts nach der Notbremse.«[124] Vielleicht muss der Zug angehalten werden, weil bei dieser Art von Fortschritt all das immer stärker ausgegliedert wird, was sich nach Prinzipien der Reifung vollzieht.

Orientiert man sich an den Prinzipien solcher Machtverhältnisse, die alles, was außen passiert, im Innern bearbeitbar machen, dann darf man sich nicht darauf beschränken, die Entwicklungspotenziale der Ungleichzeitigkeit zu beschreiben, sondern muss die der Gleichzeitigkeit ebenso ins Auge fassen. »Altsein ist eine herrliche Sache, wenn man nicht verlernt hat, was anfangen heißt«, sagt Martin Buber.

So bin ich auf Umwegen wieder an die Frage des Anfangs gekommen: Womit beginnen? Wir haben es nicht vergessen! Und indem wir über den Anfang reflektieren, begeben wir uns in die Sache: Die Gesellschaft mit ihren mannigfaltigen Bruchlinien bietet eine verlässliche Vorlage, die der Bearbeitung bedarf. An dieser Stelle möchte ich noch einmal Hegel zitieren: »Es ist übrigens nicht schwer zu sehen, dass unsere Zeit eine Zeit der Geburt und des Übergangs zu einer neuen Periode ist. Der Geist hat mit der bisherigen Welt seines Daseins und Vorstellens gebrochen.«[125]

*Jede Denkweise, die auf Wahrheitssuche bedacht ist, lebt von der Vorstellung, dass sie sich in besonderer Weise eignet, Geburtshelfer einer neuen Welt zu sein.*

# ANMERKUNGEN

1 In: *Briefe an und von Hegel, Bd. 1: 1785–1812*. Hg. von Johannes Hoffmeister. Meiner Verlag, Hamburg, 1969, S. 253.

2 *Kants Werke, Akademie-Ausgabe*. Bd. IX. Berlin/Leipzig 1923, S. 24.

3 Oskar Negt: *Überlebensglück. Eine autobiographische Spurensuche*. Steidl Verlag, Göttingen 2016.

4 Immanuel Kant: *Kritik der praktischen Vernunft*. In: Immanuel Kant: *Werke VII. Schriften zur Religionsphilosophie und Ethik I*. Frankfurt/M. 1968, S. 289.

5 Karl Marx: »Thesen über Feuerbach« (1845). Zitiert nach: Karl Marx / Friedrich Engels: *Werke*. Bd. 3. Dietz Verlag, Berlin/DDR 1969, S. 5 ff.

6 Negt: *Überlebensglück*, a.a.O., S. 57–59.

7 Der gut durchdachte und organisierte Prozess zeigt an, wie sorgfältig hier gearbeitet wird. Jeder hat die Möglichkeit, bei einem gewissen Stand der wissenschaftlichen Arbeit eine Öffentlichkeit herzustellen, die sich kritisch mit dem Projekt auseinandersetzt.

8 Die Rede wurde im Fernsehen gesendet, aber nicht in die Schriftreihe aufgenommen: Die europäischen Verhältnisse hatten sich in so kurzer Zeit derart verschoben, dass schon einige Monate später eine grundlegende Überarbeitung notwendig gewesen wäre.

9 Es war deshalb ein besonderes Geschenk meiner Frau, meinen sechzigsten Geburtstag in Hannovers Zoorestaurant zu gestalten – mit zwei besonders pikanten Zugaben: einem Flügel, der in den Zoo transportiert und von einem Pianisten kompetent gespielt wurde, und dem Besuch zweier junger Schimpansen mit ihrem Wärter. Alexander Kluge und Jürgen Habermas nahmen wohlwollend, aber mit großer Distanz und irritiertem Vergnügen

diese Verbindung von Kulturgeschichte und Natur, städtischer Weltläufigkeit und ursprünglichem Dasein auf.

10 Negt: *Überlebensglück,* a.a.O.

11 Ausführlich behandelt diesen Lebensabschnitt der erste Band der Autobiographie: Negt: *Überlebensglück,* a.a.O., bes. S. 243 ff.

12 Nikolai Bucharin / Abram Deborin: *Kontroversen über dialektischen und mechanistischen Materialismus.* Einleitung von Oskar Negt. Suhrkamp Verlag, Frankfurt/M. 1969.

13 Max Horkheimer: *Kritische Theorie. Eine Dokumentation.* Bd. II. Hg. von Alfred Schmidt. S. Fischer Verlag, Frankfurt/M. 1968, S. 175.

14 Adorno, Theodor W.: *Drei Studien zu Hegel.* Suhrkamp Verlag, Frankfurt/M. 1963, S. 96.

15 Alexander Kluge / Oskar Negt: *Öffentlichkeit und Erfahrung. Zur Organisationsanalyse von bürgerlicher und proletarischer Öffentlichkeit.* Suhrkamp Verlag, Frankfurt/M. 1972; Neuauflage als Bd. 4 von Oskar Negt: *Werkausgabe in 19 Bänden.* Steidl Verlag, Göttingen 2016.

16 Jürgen Seifert: *Gefahr im Verzuge. Zur Problematik der Notstandsgesetzgebung.* Europäische Verlagsanstalt, Frankfurt/M. 1963.

17 Mehr zu der Arbeit in Oberursel und zum exemplarischen Lernen findet sich in dem Kapitel »Eingriffe – Versuche, die Welt zu verbessern«, auf S. 250–279 im vorliegenden Werk.

18 Oskar Negt: *Der politische Mensch. Demokratie als Lebensform.* Steidl Verlag, Göttingen 2010, hierzu bes. S. 242 f.

19 Theodor W. Adorno: *Prismen. Kulturkritik und Gesellschaft.* Suhrkamp Verlag, Frankfurt/M. 1955, S. 23.

20 Wladimir Iljitsch Lenin: *Materialismus und Empiriokritizismus. Kritische Bemerkungen über eine reaktionäre Philosophie.* Dietz-Verlag, Berlin 1957, S. 95 ff.

21 Marx Horkheimer: »Traditionelle und kritische Theorie«. In: *Kritische Theorie.* Bd. II. S. Fischer Verlag, Frankfurt/M. 1968, S. 171.

22 Horkheimer: *Traditionelle und kritische Theorie,* a.a.O., S. 168.

23 Theodor W. Adorno: »Spätkapitalismus oder Industriegesell-

schaft?« In: Ders.: *Gesammelte Schriften.* Bd. 8: *Soziologische Schriften I.* Hg. von Rolf Tiedemann. Suhrkamp Verlag, Frankfurt/M. 1972, S. 359.

24 Theodor W. Adorno: »Über den Fetischcharakter in der Musik und die Regression des Hörens«. In: Zeitschrift für Sozialforschung, Jg. VII, H. 3, 1938, S. 330.

25 Theodor W. Adorno: *Philosophie der neuen Musik.* Europäische Verlagsanstalt, Frankfurt/M. 1958, S. 46.

26 Jürgen Habermas: »Literaturbericht zur philosophischen Diskussion um Marx und den Marxismus« (1957). Als Anhang wieder erschienen in: *Theorie und Praxis. Sozialphilosophische Studien.* Suhrkamp Verlag, Frankfurt/M., 4. Aufl. 1971.

27 Jürgen Habermas: *Ach, Europa. Kleine Politische Schriften XI.* Suhrkamp Verlag, Frankfurt/M. 2008.

28 *Die Linke antwortet Jürgen Habermas.* Mit Beiträgen von Wolfgang Abendroth u. a. Europäische Verlagsanstalt, Frankfurt/M. 1968.

29 Muharrem Acikgöz: *Die Permanenz der Kritischen Theorie. Die zweite Generation als zerstrittene Interpretationsgemeinschaft.* Westfälisches Dampfboot, Münster 2014

30 Horkheimer: »Traditionelle und kritische Theorie«, a.a.O., S. 171.

31 Dazu mehr im gleichnamigen Kapitel auf S. 213–249 im vorliegenden Werk.

32 Bertolt Brecht: »Über meinen Lehrer«. Aus: *Marxistische Studien.* In: Ders.: *Gesammelte Werke.* Bd. 20. Suhrkamp Verlag, Frankfurt/M. 1967, S. 66.

33 Ebd., S. 66

34 Ebd.

35 Zitiert nach: *links,* Nr. 7, Januar 1970, S. 8

36 Carlos Marighella: *Handbuch des Stadtguerillero.* Rowohlt Verlag, Reinbek 1971.

37 Georg Büchner: *Dantons Tod,* 1. Akt, 6. Szene.

38 Ebd., 2. Akt, 1. Szene.

39 Ebd., 1. Akt, 6. Szene.

40 Ebd.

41 Georg Wilhelm Friedrich Hegel: *Phänomenologie des Geistes*. Felix Meiner Verlag, Hamburg 1988, S. 390.

42 Olaf Ihlau in der *Süddeutschen Zeitung* vom 05.06.1972.

43 Der Text erschien in der Zeitschrift *links*, 39/1972, S. 9–11.

44 Mehr zum Sozialistischen Büro findet sich in dem Kapitel »Eingriffe – Versuche, die Welt zu verbessern« auf S. 250–279 im vorliegenden Werk.

45 Jean Garve: »Réformes et Révolution« (1896). Zitiert nach Wolfgang Harich: *Zur Kritik der revolutionären Ungeduld*. Editon Etcetera, Basel 1971, S. 1.

46 Gedruckt erschien die Rede zuerst in *Die neue Rundschau*, Oktober 1945.

47 Thomas Mann: *Ausgewählte Essays*. Bd. 2: *Politische Reden und Schriften*. Hg. von Hermann Kurzke. Fischer Taschenbuch Verlag, Frankfurt/M. 1977, S. 287 f.

48 Vgl. das eindrucksvolle Buch von Michael Meisner: *Die zerbrochenen Hände. Tilman Riemenschneider und seine Zeit*. Stürtz Verlag, Würzburg 1978.

49 Dass der Begriff des Sympathisanten als politischer Kampfbegriff von rechten Medien und von den Staatsorganen missbraucht wurde, ist freilich ebenso offenkundig. Jürgen Seifert hat in einem öffentlichen Brief an den Bundespräsidenten Scheel (als Erklärung der Humanistischen Union von Dr. Charlotte Maack unterzeichnet) dagegen mit Nachdruck Einspruch erhoben. Vgl. Freimut Duve, Heinrich Böll, Klaus Staeck (Hg.): *Briefe zur Verteidigung der Republik*. Rowohlt Verlag, Reinbek 1977, S. 173 ff.

50 Die Rede von Joschka Fischer ist abgedruckt in der Zeitschrift *links*, Juni/August 1976, S. 11. Auch die folgenden Zitate Fischers stammen daraus.

51 Leserbrief Rudi Dutschkes an den *Spiegel* 48/1974, abgedruckt in: Rudi Dutschke: *Mein langer Marsch. Reden, Schriften und Tagebücher aus zwanzig Jahren*. Hg. von Gretchen Dutschke-Klotz,

Hellmut Gollwitzer und Jürgen Miermeister. Rowohlt Verlag, Reinbek 1980, S. 103.

52 Leserbrief von Rudi Dutschke. In: *Frankfurter Rundschau*, 28.09.1977. Abgedruckt in: *Mein langer Marsch*, a.a.O., S. 103.

53 Ebd., S. 105 f.

54 Erich Fried: »Die verirrten Genossen«. In: Ders.: *Die Freiheit den Mund aufzumachen. Achtundvierzig Gedichte*. Verlag Klaus Wagenbach, Berlin 1972, S. 17.

55 Theodor W. Adorno: »Die Transzendenz des Dinglichen und Noematischen in Husserls Phänomenologie«. In: *Gesammelte Schriften in 20 Bänden*. Bd. 1: *Philosophische Frühschriften*. Suhrkamp Taschenbuch Wissenschaft. Suhrkamp Verlag, Frankfurt/M. 2003, S. 377.

56 Theodor W. Adorno: »Die Aktualität der Philosophie«. In: *Gesammelte Schriften in 20 Bänden*. Bd. 1: *Philosophische Frühschriften*, a.a.O., S. 325 f.; Hervorhebungen O. N.

57 Georg Wilhelm Friedrich Hegel: *Berliner Schriften (1818–1831)*. Hg. von Walter Jaeschke. Meiner Verlag, Hamburg 1997, S. 48.

58 Max Horkheimer: »Die gegenwärtige Lage der Sozialphilosophie und die Aufgaben eines Instituts für Sozialforschung« [1931]. In: Ders.: *Gesammelte Schriften*. Hg. von Alfred Schmidt und Gunzelin Schmid Noerr. Bd. 3. Suhrkamp Verlag, Frankfurt/M. 1988, S. 28–30.

59 Immanuel Kant: *Kritik der reinen Vernunft*. In: *Kant. Werke in zwölf Bänden*. Bd. IV. Frankfurt/M. 1968, A 839 f. / B 867 f.

60 Ebd., A 804 f. / B 832 f.

61 Ebd., Fußnote A 840 / B 868.

62 Theodor W. Adorno: *Minima Moralia. Reflexionen aus dem beschädigten Leben*. Suhrkamp Verlag, Berlin/Frankfurt/M. 1951, S. 55.

63 Vgl. Theodor W. Adorno: »Wozu noch Philosophie«, in: Ders.: *Gesammelte Schriften*, Bd. 10.2. Suhrkamp Verlag, Frankfurt/M. 1977, S. 472.

64 *Universität und Widerstand. Versuch einer politischen Universität*

*in Frankfurt*. Hg. von Detlev Claussen und Regine Dermitzel. Europäische Verlagsanstalt, Frankfurt/M. 1968.

65 Ebd. Zitat Wilhelm von Humboldt aus: »Über die innere und äußere Organisation der höheren wissenschaftlichen Anstalt in Berlin«. Zitiert nach: *Idee der deutschen Universität*. Gentner, Darmstadt 1956, S. 379.

66 Bernhard Häußermann in der *Hannoverschen Allgemeinen Zeitung* vom 15.01.1971.

67 Frank Kuhne: *25 Jahre Fakultät für Geistes- und Sozialwissenschaft an der Universität Hannover. Versuch einer Chronik und Dokumentation 1968–1993*. Hannover 1996.

68 Oskar Negt: *Modernisierung im Zeichen des Drachen. China und der europäische Mythos der Moderne*. Fischer Taschenbuch Verlag, Frankfurt/M. 1988. Erweiterte Ausgabe: Steidl Verlag, Göttingen 2007. (= Band 7 der *Werkausgabe in 19 Bänden*).

69 Dass die Hans-Böckler-Stiftung mir ein mehrjähriges Forschungsprojekt zu diesen Tonbandaufzeichnungen bewilligt hat, betrachte ich als einen Glücksfall in der Forschungslandschaft.

70 Problematisch erscheinen mir deshalb Tendenzen, Fachhochschulen einfach in Universitäten umzudefinieren, ohne dass sich im Lernprozess und in den Lernvorgängen etwas veränderte. Es ist doch ein unbestreitbarer Tatbestand, dass Herrschaftssysteme von fragmentiertem Wissen zehren – Verfügungswissen kann man das nennen.

71 *Kants Vorlesungen, Bd. 1: Vorlesungen über Logik*. Hg. von der Akademie der Wissenschaft Göttingen. Verlag De Gruyter, Berlin 1970, S. 956.

72 Bertolt Brecht: »Schriften zur Politik und Gesellschaft«. In: Ders.: *Gesammelte Werke in 20 Bänden*. Bd. 20. Suhrkamp Verlag, Frankfurt/M. 1967, S. 46.

73 *Kants Vorlesungen, Bd. 5: Vorlesungen über Metaphysik und rationale Theologie*. Hg. von der Akademie der Wissenschaft Göttingen. Verlag De Gruyter, Berlin 1970, S. 534.

74 Karl Marx: »Thesen über Feuerbach«, a.a.O.

75 Siehe dazu das Kapitel »Die Universität – Öffentlicher Denkraum

und Vorratskammer, S. 213–249 in diesem Werk, besonders S. 229.

76 Schriften und Bücher, die aus diesen Erfahrungs- und Arbeitszusammenhängen hervorgingen, dokumentiert die Werkausgabe: Oskar Negt: *Werkausgabe in 19 Bänden, a.a.O.*

77 Vgl. dazu auch S. 70–72 im vorliegenden Werk.

78 Georg Wilhelm Friedrich Hegel: *Phänomenologie des Geistes*. Felix Meiner Verlag, Hamburg 1988, S. 35.

79 Georg Wilhelm Friedrich Hegel: *Enzyklopädie der philosophischen Wissenschaften im Grundrisse. Erster Teil. Die Wissenschaft der Logik*. Suhrkamp Verlag, Frankfurt/M., 5. Aufl. 1999, S. 369.

80 Oskar Negt: *Soziologische Phantasie und exemplarisches Lernen* (zuerst 1968, überarbeitete Neuausgabe 1971 u.ö.). (= Band 2 der *Werkausgabe in 19 Bänden, a.a.O.)*.

81 Zum Sozialistischen Büro vgl. auch den Abschnitt auf S. 136–140 im vorliegenden Werk.

82 Oskar Negt: *Philosophie des aufrechten Gangs. Streitschrift für eine neue Schule*. Steidl Verlag, Göttingen 2014 (= Band 19 der *Werkausgabe in 19 Bänden*, a.a.O.).

83 Oskar Negt: *Lebendige Arbeit, enteignete Zeit. Politische und kulturelle Dimensionen des Kampfes um die Arbeitszeit*. Campus Verlag, Frankfurt/M. 1984.

84 Friedrich Schiller: »An die Freude«. In: Ders.: *Sämtliche Werke*. Bd. 1: *Gedichte/Dramen I*. Hg. von Gerhard Fricke und Herbert G. Göpfert in Verbindung mit Herbert Stubenrauch. Carl Hanser Verlag, München 1980, S. 133.

85 Aristoteles: *Nikomachische Ethik*. Bücher VIII und IX, 1155a8–a9

86 Der *heteiros* als Gefährte im Kampf und auf wilder See ist stets ein Abhängiger, so wie Odysseus ja seine Gefährten hat. Sie sind keine Freunde, weil ihnen das Merkmal frei anerkannter Gleichheit fehlt.

87 Eine von mir am Rande mitbetreute Dissertation des Doktoranden einer Kollegin verschafft einen Überblick zum Problemfeld »Freundschaft«: Andreas Schinkel: *Freundschaft. Von der gemeinsamen Selbstverwirklichung zum Beziehungsmanagement.*

*Die Verwandlungen einer sozialen Ordnung.* Alber Verlag, Freiburg i. Br./München 2003. Diese Arbeit trägt hoffentlich dazu bei, die Beziehungsform der Freundschaft wieder psychologisch und sozialwissenschaftlich zu aktualisieren und ernst zu nehmen.

88 Immanuel Kant: *Metaphysik der Sitten. Zweiter Teil.* § 46. in: Ders.: *Werke in zwölf Bänden.* Bd. 8. Frankfurt/M. 1977, S. 608.

89 Ebd.

90 Ebd.

91 Immanuel Kant: *Metaphysik der Sitten.* Zweiter Teil. § 47. In: Ebd.

92 Friedrich Hölderlin: »Lied der Freundschaft«. Erste Fassung.

93 Friedrich Hölderlin: »Brod und Wein«. Erste Fassung.

94 Friedrich Schiller: »An die Freude«, a.a.O.

95 Oskar Negt und Hans Werner Dannowski: *Königsberg – Kaliningrad.* (= Band 12 der *Werkausgabe in 19 Bänden,* a.a.O.).

96 Karl Marx: *Das Kapital. Kritik der politischen Ökonomie. Erster Band.* = Karl Marx / Friedrich Engels: *Werke.* Bd. 23. Dietz Verlag, Berlin/DDR 1977, S. 345.

97 Oskar Negt und Alexander Kluge: *Der unterschätzte Mensch. Gemeinsame Philosophie in zwei Bänden.* Verlag zweitausendeins, Frankfurt/M. 2001. Die gemeinsam mit Kluge verfassten Werke sind auch Teil von Oskar Negt: *Werkausgabe in 19 Bänden,* Steidl Verlag, Göttingen 2016, und zwar: Bd. 4: *Öffentlichkeit und Erfahrung,* Bd. 6: *Geschichte und Eigensinn,* Bd. 8: *Maßverhältnisse des Politischen,* Bd. 15: *Suchbegriffe. 26 TV-Dialoge.*

98 Oskar Negt und Alexander Kluge: *Öffentlichkeit und Erfahrung.* Suhrkamp Verlag, Frankfurt/M. 1972 (= Band 4 von Oskar Negt: *Werkausgabe in 19 Bänden,* a.a.O.).

99 Oskar Negt und Alexander Kluge: *Suchbegriffe. 26 TV-Dialoge* (zuerst 2001). (= Band 15 von Oskar Negt: *Werkausgabe in 19 Bänden,* a.a.O.).

100 Oskar Negt und Alexander Kluge: *Öffentlichkeit und Erfahrung.* A.a.O.

101 Oskar Negt und Alexander Kluge: *Geschichte und Eigensinn.*

Verlag zweitausendeins, Frankfurt/M. 1981 (= Band 6 von Oskar Negt: *Werkausgabe in 19 Bänden,* a.a.O.).

102 Oskar Negt und Alexander Kluge: *Maßverhältnisse des Politischen.* Verlag S. Fischer, Frankfurt/M. 1992 (= Band 8 von Oskar Negt: *Werkausgabe in 19 Bänden,* , a.a.O.).

103 Oskar Negt und Alexander Kluge: *Suchbegriffe. 26 TV-Dialoge.* A.a.O.

104 Karl Kraus: »Pro domo et mundo«. In: Die Fackel, Nr. 326/327/328, 8. Juli 1911, S. 44.

105 Ovid: *Metamorphosen.* Erstes Buch, V. 5 ff.

106 Georg Wilhelm Friedrich Hegel: *Wissenschaft der Logik II.* Suhrkamp Verlag, Frankfurt/M., 5. Aufl. 1999, S. 77.

107 Ebd., S. 78.

108 Georg Wilhelm Friedrich Hegel: *Enzyklopädie der philosophischen Wissenschaften I,* S. 204 f.

109 Theodor W. Adorno: *Erziehung zur Mündigkeit.* Suhrkamp Verlag, Frankfurt/M. 1963, S. 101.

110 Oskar Negt: *Überlebensglück,* a.a.O.; S,. 296 ff. Vgl. auch im vorliegenden Werk S. 41 im Kapitel »Frankfurter Lehrjahre«.

111 Wladimir Iljitsch Lenin: »Drei Quellen und drei Bestandteile des Marxismus« (1933). In: Ders.: *Werke.* Bd. 19, S. 3–9.

112 Georg Lukács: *Taktik und Ethik. Politische Aufsätze 1: 1918–1920.* Hg. von Jörg Kammler und Frank Benseler. Luchterhand Verlag, Darmstadt/Neuwied 1975, S. 50.

113 Jean-Paul Sartre: *Marxismus und Existentialismus.* Rowohlt Verlag, Reinbek 1964, S. 522.

114 Karl Marx: [Rede auf der Jahresfeier des »People's Paper« am 14. April 1856 in London]. In: Karl Marx/Friedrich Engels: *Werke.* Bd. 12. Dietz Verlag, Berlin/DDR 1961, S. 3.

115 Bertolt Brecht: »Marxistische Studien. 1926–1939«. In: Ders.: *Gesammelte Werke.* Bd. 20. Suhrkamp Verlag, Frankfurt/M. 1967, S. 46.

116 Bertolt Brecht: »Überzeugende Fragen«. Aus: *Geschichten vom*

*Herrn Keuner*. In: Ders.: *Gesammelte Werke*. Bd. 12. Suhrkamp Verlag, Frankfurt/M. 1967, S. 382.

117 Bertolt Brecht: »Lob der Dialektik«. Aus: *Lieder, Gedichte, Chöre*. In: Ders.: *Gesammelte Werke in 20 Bänden*. Bd. 9. Suhrkamp Verlag, Frankfurt/M. 1967, S. 467 f.

118 Christa Wolf: *Kassandra. Erzählung*. Luchterhand Verlag, Darmstadt/Neuwied 1983, S. 76.

119 Rainer Maria Rilke: »Ich lebe mein Leben in wachsenden Ringen«. Aus: *Das Stundenbuch. Das Buch vom mönchischen Leben*, 1899. Zitiert nach: Rainer Maria Rilke: *Die Gedichte*. Insel Verlag, Frankfurt/M. 1986.

120 Hermann Hesse: »Stufen«. Aus: Ders.: *Sämtliche Gedichte in einem Band*. Suhrkamp Verlag, Frankfurt/M. 1995.

121 Ebd.

122 Bertolt Brecht: »Legende von der Entstehung des Buches Taoteking auf dem Weg des Laotse in die Emigration«. Aus: *Svendborger Gedichte*. In: Ders.: *Gesammelte Werke*. Bd. 9. Suhrkamp Verlag, Frankfurt/M. 1967, S. 661.

123 Karl Marx: »Die Klassenkämpfe in Frankreich« (1850). In: Karl Marx / Friedrich Engels: *Werke*. Bd. 7. Dietz Verlag, Berlin/DDR, 8. Aufl. 1982, S. 85.

124 Walter Benjamin: Anmerkungen. In: *Gesammelte Schriften*. Bd. I.3. Hg. von Rolf Tiedemann und Hermann Schweppenhäuser. *Werkausgabe. Bd. 3*. Suhrkamp Verlag, Frankfurt/M. 1980, S. 1232.

125 Georg Wilhelm Friedrich Hegel: *Phänomenologie des Geistes*, a.a.O., S. 9 f.

# INHALT

**OSKAR NEGT**

**WERKAUSGABE**

In 20 Bänden

Die Werkausgabe umfasst Oskar Negts Schriften in der Reihenfolge ihres Erscheinens. Sie beginnt mit der zweiten verbesserten und ergänzten Auflage von Oskar Negts Dissertationsschrift *Konstituierung der Soziologie zur Ordnungswissenschaft* und erstreckt sich über sein umfangreiches Schaffen von den späten 60er Jahren bis zur letzten Streitschrift *Philosophie des aufrechten Gangs.* Die Edition enthält außerdem die Titel, die in gemeinsamer Autorenschaft mit dem Filmemacher, Produzenten und Schriftsteller Alexander Kluge zwischen 1972 und 1992 entstanden sind, sowie den Titel *Königsberg – Kaliningrad,* eine Reise zusammen mit dem Theologen Hans Werner Dannowski auf den Spuren der eigenen Kindheit. Mit dieser Edition sind alle bedeutenden Schriften des großen Sozialwissenschaftlers und Philosophen Oskar Negt endlich wieder erhältlich.

*Die Konstituierung der Soziologie zur Ordnungswissenschaft • Soziologische Phantasie und exemplarisches Lernen • Politik als Protest • Öffentlichkeit und Erfahrung • Keine Demokratie ohne Sozialismus • Geschichte und Eigensinn I • Geschichte und Eigensinn II • Geschichte und Eigensinn III • Modernisierung im Zeichen des Drachen • Maßverhältnisse des Politischen • Unbotmäßige Zeitgenossen • Achtundsechzig • Kindheit und Schule • Königsberg – Kaliningrad • Arbeit und menschliche Würde • Die Faust-Karriere • Suchbegriffe • Der politische Mensch • Nur noch Utopien sind realistisch • Streitschriften*

Steidl Verlag • Düstere Straße 4 • 37073 Göttingen
steidl.de

**OSKAR NEGT**

**ÜBERLEBENSGLÜCK**

Eine autobiographische Spurensuche

Oskar Negt hat Glück gehabt. Sein Leben könnte als Erfolgsgeschichte erzählt werden: Als jüngstes von sieben Kindern auf einem Kleinbauernhof ohne Bildungsgüter im ostpreußischen Kapkeim aufgewachsen, wurde er zum Repräsentanten der Frankfurter Schule, zum anerkannten, in der ganzen Welt geehrten Philosophen und Soziologieprofessor. Doch Negts Kindheit und Jugend war von schmerzhaften Erfahrungen und Erlebnissen geprägt, von der Flucht mit zwei halbwüchsigen Schwestern in die »Totenstadt« Königsberg und über die Ostsee nach Dänemark, wo er jahrelang in Internierungslagern lebte bis die Familie nahe Ostberlin wieder zusammengeführt wurde. Und dann erneut flüchtete, diesmal Richtung Westen. Erst 1955, zehn Jahre nach dem Aufbruch aus Ostpreußen, fühlt er sich angekommen.

*»Der renommierte Sozialphilosoph Oskar Negt blickt im Alter von nunmehr 82 Jahren auf seine Kindheit zurück und entdeckt, dass selbst unter Bedingungen von Traumatisierungen ein gelingendes Leben möglich ist«*

— DAS PHILOSOPHISCHE RADIO, WDR 5

*»Mit Überlebensglück ist ihm eine präzise Autobiographie gelungen, die viele Rückschlüsse auf sein Denken und sein Werk zulässt und zeigt, wie sehr die Generation der Kriegskinder die Bundesrepublik geprägt hat.«*

— DEUTSCHLANDRADIO KULTUR

Steidl Verlag • Düstere Straße 4 • 37073 Göttingen

steidl.de

**Editorische Notiz**
Zitate wurden, wie in den anderen Werken Oskar Negts, behutsam der reformierten Rechtschreibung angepasst, um den Lesefluss des Buches zu erhalten.

**Bildnachweis**
*S. 167* © Fukumoto Kazuo; *S. 187* © Dirk Reinartz; *S. 168–186* © Archiv Oskar Negt. – Der Verlag hat sich bemüht, alle Rechteinhaber der Abbildungen zu ermitteln. Sollte dem Verlag gegenüber der Nachweis der Rechtsinhaberschaft geführt werden, wird er sich um nachträgliche Abdruckgenehmigung zu den branchenüblichen Konditionen (VG Bild-Kunst) bemühen.

**Textnachweis**
*S. 134–136* Olaf Ihlau: »Nicht die geringste Gemeinsamkeit«.
© 1972, *Süddeutsche Zeitung* vom 05.06.

*S. 161–162* Erich Fried: »Die verirrten Genossen«, aus: Ders.: *Die Freiheit, den Mund aufzumachen. Achtundvierzig Gedichte.*
© 1972, 2001 Verlag Klaus Wagenbach, Berlin

*S. 149–150* Thomas Mann: *Ausgewählte Essays*. Bd. 2: *Politische Reden und Schriften.*
Hg. von Hermann Kurzke.
© 1977, 1996 S. Fischer Verlag, Frankfurt/M.

1. Auflage 2019


Lektorat: Christa Jordan, Eltville
Gestaltung: Holger Feroudj/Steidl Design
Gesetzt aus der Scala
Gedruckt auf Munken Print Cream 1.8/90g

Steidl
Düstere Straße 4, 37073 Göttingen
Telefon +49 551 496060 / Fax +49 551 4960649
mail@steidl.de
steidl.de

ISBN 978-3-95829-522-3
Printed in Germany by Steidl